SFV

Carlos Castaneda

Der Ring der Kraft

Don Juan in den Städten

S. Fischer

Aus dem Amerikanischen
von Nils Thomas Lindquist

Redaktion Willi Köhler

Titel der amerikanischen Originalausgabe »Tales of Power«
Erschienen bei Simon and Schuster, New York 1974

Umschlagentwurf Hannes Jähn
Satz und Druck Georg Wagner, Nördlingen
Einband Hans Klotz, Augsburg
Printed in Germany 1976
ISBN 3 10 010203 7

Inhalt

1. Teil
Zeuge von Taten der Kraft

2. Teil
Das Tonal und das Nagual

3. Teil
Die Erklärung der Zauberer

Der Bedingungen eines einsamen Vogels sind fünf:
Die erste, daß er zum höchsten Punkt fliegt;
die zweite, daß er sich nicht nach Gesellen sehnt,
nicht einmal seiner eigenen Art;
die dritte, daß sein Schnabel gen Himmel zielt;
die vierte, daß er keine bestimmte Farbe hat;
die fünfte, daß er sehr leise singt.

San Juan de la Cruz, *Dichos de Luz y Amor*

1. Teil
Zeuge von Taten der Kraft

Eine Verabredung mit der Kraft

Seit Monaten hatte ich Don Juan nicht gesehen. Es war jetzt Herbst 1971. Ich war überzeugt, daß er sich bei Don Genaro in Zentralmexiko aufhielt, und so traf ich die nötigen Vorbereitungen für eine sechs- oder siebentägige Fahrt, um ihn zu besuchen. Doch am zweiten Tag meiner Reise, am Spätnachmittag, machte ich, einer Eingebung folgend, an Don Juans Wohnort im Staat Sonora halt. Ich parkte das Auto und ging die kurze Entfernung bis zu seinem Haus zu Fuß. Zu meiner Überraschung traf ich ihn dort an.

»Don Juan! Ich hatte nicht erwartet, dich hier zu treffen«, sagte ich.

Er lachte; meine Überraschung schien im Spaß zu machen. Er saß auf einer leeren Milchbütte vor der Haustür. Er schien auf mich gewartet zu haben. Die Ungezwungenheit, mit der er mich begrüßte, war irgendwie vollendet. Er nahm den Hut ab und schwenkte ihn mit einer komischen Gebärde. Dann setzte er ihn wieder auf und grüßte militärisch. Er lehnte sich an die Wand und saß dabei auf der Bütte, als wäre es ein Sattel.

»Setz dich, setz dich«, sagte er in jovialem Tonfall. »Wie gut, dich wiederzusehen.«

»Fast wäre ich umsonst den ganzen Weg nach Zentralmexiko gefahren«, sagte ich. »Und dann hätte ich nach Los Angeles zurückfahren müssen. Daß ich dich hier antreffe, erspart mir viele Tage Autofahrt.«

»Irgendwie hättest du mich schon gefunden«, sagte er mit geheimnisvoller Stimme, »aber nehmen wir an, du schuldest mir nun sechs Tage, die du gebraucht hättest, um hinzufahren – Tage, die du nutzen solltest, um etwas Interessanteres zu tun, als das Gaspedal deines Autos zu drücken.«

Don Juans Lächeln war irgendwie gewinnend. Seine Herzlichkeit war ansteckend.

»Wo ist dein Schreibzeug?« fragte er.

Ich sagte ihm, ich hätte es im Auto gelassen; er meinte, ohne es sähe ich unnatürlich aus, und so hieß er mich gehen und es holen.

»Ich habe gerade ein Buch abgeschlossen«, sagte ich.
Er warf mir einen langen, seltsamen Blick zu, der mir ein Kribbeln in der Magengrube verursachte. Es war, als ob er einen weichen Gegenstand gegen meinen Bauch preßte. Ich glaubte, ich müsse mich übergeben, aber dann wandte er den Kopf zur Seite, und ich gewann mein ursprüngliches Wohlbefinden wieder.
Ich wollte über mein Buch sprechen, aber er machte eine Geste, die mir bedeutete, er wolle nicht, daß ich etwas darüber sagte. Er lächelte. Seine Stimmung war unbeschwert und bezaubernd, und er verwickelte mich sofort in ein zwangloses Gespräch über Leute und aktuelle Ereignisse. Schließlich gelang es mir, die Unterhaltung auf das Thema zu lenken, das mich interessierte. Ich fing an, indem ich erwähnte, ich hätte meine früheren Notizen noch einmal durchgesehen und festgestellt, daß er mir schon von Anfang unserer Beziehung an eine detaillierte Beschreibung der Welt eines Zauberers gegeben habe. Im Lichte dessen, was er mir in jenem ersten Stadium gesagt habe, sei ich dahin gelangt, die Bedeutung der halluzinogenen Pflanzen in Frage zu stellen.
»Warum hast du mich diese Pflanzen so viele Male einnehmen lassen?« fragte ich.
Er lachte und murmelte ganz leise: »Weil du ein Tölpel bist.«
Ich hatte ihn wohl verstanden, aber ich wollte mich vergewissern und tat so, als hätte ich nicht recht gehört.
»Wie bitte?« fragte ich.
»Du weißt sehr gut, was ich gesagt habe«, antwortete er und stand auf.
Im Vorbeigehen tätschelte er mir den Kopf. »Du bist ziemlich schwer von Begriff«, sagte er. »Und es gab keine andere Möglichkeit, dich aufzurütteln.«
»Also war das alles nicht absolut notwendig?« fragte ich.
»Doch, das war es, in deinem Fall. Es gibt aber andere Menschentypen, die dies anscheinend nicht brauchen.«
Er stand neben mir und blickte unverwandt auf die Wipfel der Büsche an der linken Seite seines Hauses; dann setzte er sich und sprach über Eligio, seinen anderen Lehrling. Eligio, sagte er, habe nur einmal psychotrope Pflanzen genommen, seit er

sein Lehrling geworden sei, und doch habe er vielleicht mehr Fortschritte gemacht als ich.

»Sensibel zu sein ist für manche Menschen ein natürlicher Zustand«, sagte er. »Du bist es nicht. Aber ich auch nicht. Letzten Endes kommt es auf die Sensibilität überhaupt nicht an.«

»Was ist es denn, worauf es ankommt?« fragte ich.

Er schien nach einer passenden Antwort zu suchen.

»Es kommt nur darauf an, daß ein Krieger makellos ist«, sagte er schließlich. »Aber das ist bloß eine Redeweise, eine ungefähre Annäherung. Du hast bereits einige Aufgaben der Zauberei vollbracht, und ich glaube, es ist an der Zeit, die Ursache all dessen, worauf es ankommt, beim Namen zu nennen. Ich möchte also sagen, für einen Krieger kommt es darauf an, die Ganzheit seiner selbst zu erreichen.«

»Was ist die Ganzheit des Selbst, Don Juan?«

»Ich sagte ja, daß ich der Sache nur einen Namen geben wollte. Es gibt immer noch eine Menge loser Enden in deinem Leben, die du zusammenknüpfen mußt, bevor wir über die Ganzheit deines Selbst sprechen können.«

Hier endete unser Gespräch. Er machte eine Gebärde mit den Händen, um mir anzuzeigen, daß er wünschte, ich solle aufhören zu sprechen. Anscheinend war irgend etwas oder irgend jemand in der Nähe. Er neigte den Kopf nach links, als lausche er. Ich konnte das Weiße seiner Augen sehen, während er den Blick auf die Büsche links neben dem Haus konzentrierte. Einen Augenblick lauschte er aufmerksam, und dann stand er auf, kam zu mir und flüsterte mir ins Ohr, wir müßten das Haus verlassen und einen Spaziergang machen.

»Ist etwas nicht in Ordnung?« fragte ich, ebenfalls flüsternd.

»Nein. Alles klar«, sagte er. »Alles ist ganz in Ordnung.«

Er führte mich in den Wüsten*chaparral.* Wir wanderten vielleicht eine halbe Stunde und kamen dann zu einer kleinen, kreisförmigen Fläche, die frei von Vegetation war, ein Flecken von etwa vier Metern Durchmesser, wo der rötliche Sand eine feste, vollkommen flache Ebene bildete. Es gab jedoch keine Anzeichen dafür, daß die Fläche mit Maschinen gerodet und eingeebnet worden war. Don Juan setzte sich in die Mitte,

nach Südosten gewandt. Er deutete auf eine Stelle etwa zwei Meter von ihm entfernt und forderte mich auf, mich dort, ihm gegenüber, hinzusetzen.
»Was werden wir hier tun?« fragte ich.
»Wir haben heute abend eine Verabredung hier«, antwortete er.
Mit einem raschen Blick erforschte er die Umgebung, wobei er sich auf der Stelle drehte, bis er das Gesicht wieder nach Südosten wandte.
Seine Bewegungen beunruhigten mich. Ich fragte ihn, mit wem wir die Verabredung hätten.
»Mit dem Wissen«, sagte er. »Nehmen wir an, das Wissen schleicht hier umher.«
Er ließ mich nicht bei dieser rätselhaften Antwort verweilen. Rasch wechselte er das Thema und forderte mich in jovialem Ton auf, ich solle mich ganz natürlich geben, das heißt, Notizen machen und sprechen, als ob wir bei ihm zu Hause wären.
Was meine Gedanken in diesem Augenblick am meisten beschäftigte, das war die lebhafte Empfindung, die ich vor sechs Monaten gehabt hatte, als ich mit einem Koyoten »sprach«. Für mich bedeutete dieser Vorgang, daß ich zum erstenmal fähig gewesen war, mit meinen Sinnen und bei klarem Bewußtsein die Welt-Beschreibung des Zauberers zu erkennen oder zu erahnen, eine Darstellung, in deren Rahmen die Verständigung mit Tieren durch die Sprache etwas Selbstverständliches war.
»Wir werden uns nicht damit aufhalten, über dergleichen Erfahrungen nachzudenken«, sagte Don Juan, kaum daß er meine Frage gehört hatte. »Es ist für dich nicht ratsam, in der Beschäftigung mit vergangenen Ereignissen zu schwelgen. Wir können zwar darüber sprechen, aber nur in Anspielungen.«
»Warum ist dies so, Don Juan?«
»Du hast noch nicht genug persönliche Kraft, um nach der Erklärung der Zauberer zu suchen.«
»Dann gibt es also eine Erklärung der Zauberer!«
»Gewiß. Zauberer sind nur Menschen. Wir sind denkbegabte Geschöpfe. Wir suchen nach Erklärungen.«

»Und ich hatte den Eindruck, es sei es meine große Schwäche, nach Erklärungen zu suchen.«
»Nein, deine Schwäche ist, daß du bequeme Erklärungen suchst. Erklärungen, die für dich und deine Welt von praktischem Nutzen sind. Was ich beanstande, ist deine Vernünftigkeit. Auch ein Zauberer erklärt in seiner Welt die Dinge, aber er ist nicht so starrköpfig wie du.«
»Wie kann ich die Erklärung der Zauberer finden?«
»Indem du persönliche Kraft ansammelst. Die persönliche Kraft wird bewirken, daß du mit Leichtigkeit in die Erklärung der Zauberer hineingleitest. Die Erklärung ist nicht das, was du Erklärung nennst; trotzdem macht sie die Welt und ihre Geheimnisse wenn nicht klar, so doch zumindest weniger ehrfurchtgebietend. Dies ist doch das Wesen einer Erklärung. Aber das ist es nicht, was du suchst. Dir geht es um die Reflexion deiner Ideen.«
Mir verging die Lust, Fragen zu stellen. Aber sein Lächeln forderte mich auf weiterzusprechen. Ein anderes, mir sehr bedeutsames Problem war sein Freund Don Genaro – und die außerordentliche Wirkung, die sein Tun auf mich gehabt hatte. Jedesmal wenn ich mit ihm in Kontakt gekommen war, hatte ich die seltsamsten Sinnestäuschungen erlebt.
Als ich meine Frage vorbrachte, lachte Don Juan.
»Genaro ist erstaunlich«, sagte er. »Aber im Augenblick hat es keinen Sinn, über ihn zu sprechen, oder über das, was er mit dir tut. Wieder muß ich sagen, du hast nicht genug persönliche Kraft, um diesen Sachverhalt zu enträtseln. Warte, bis du sie hast, dann wollen wir sprechen.«
»Und was ist, wenn ich sie nie haben werde?«
»Dann werden wir nie darüber sprechen.«
»Werde ich je genug davon haben, bei dem Tempo, mit dem ich vorankomme?« fragte ich.
»Das hängt von dir ab«, entgegnete er. »Ich habe dir alle nötigen Informationen gegeben. Jetzt ist es deine Aufgabe, genügend persönliche Kraft zu erlangen, um Gewicht zu bekommen.«
»Du sprichst in Metaphern«, sagte ich. »Drück dich klar aus. Sag mir genau, was ich tun soll. Falls du es mir schon gesagt hast, nehmen wir an, ich habe es vergessen.«

Don Juan kicherte und legte sich hin, die Arme hinter dem Kopf verschränkt.
»Du weißt genau, was du brauchst«, sagte er.
Ich sagte ihm, daß ich dies manchmal wisse, daß ich aber meistens kein Selbstvertrauen hätte.
»Ich fürchte, du bringst die Dinge durcheinander«, sagte er. »Das Selbstvertrauen des Kriegers ist nicht das Selbstvertrauen des Durchschnittsmenschen. Der Durchschnittsmensch strebt nach Bestätigung in den Augen des außenstehenden Betrachters und nennt dies Selbstvertrauen. Der Krieger strebt nach Makellosigkeit in seinen eigenen Augen und nennt dies Bescheidenheit. Der Durchschnittsmensch ist auf seine Mitmenschen angewiesen, während der Krieger nur auf sich selbst angewiesen ist. Vielleicht jagst du nach Luftschlössern. Du suchst nach dem Selbstvertrauen des Durchschnittsmenschen, wo du nach der Demut eines Kriegers suchen solltest. Zwischen beiden besteht ein großer Unterschied. Selbstvertrauen setzt voraus, daß man etwas mit Sicherheit weiß; Demut setzt voraus, daß man in seinen Taten und Gefühlen makellos ist.«
»Ich habe versucht, nach deinen Vorschriften zu leben«, sagte ich. »Vielleicht schaffe ich nicht alles, aber ich gebe mein Bestes. Ist das Makellosigkeit?«
»Nein. Du mußt mehr als das tun. Du mußt dich zwingen, deine Grenzen zu überschreiten – immer.«
»Aber das wäre verrückt, Don Juan. Das kann niemand.«
»Es gibt viele Dinge, die du heute tust und die dir vor zehn Jahren verrückt erschienen wären. Die Dinge selbst haben sich nicht verändert, aber deine Vorstellung von dir selbst hat sich geändert; was vorher unmöglich war, ist jetzt ohne weiteres möglich, und vielleicht ist es nur eine Frage der Zeit, wann es dir gelingt, dich vollkommen zu ändern. In diesen Dingen hat ein Krieger nur die eine Möglichkeit, konsequent und ohne Vorbehalte zu handeln. Du weißt genug über den Weg des Kriegers, um dementsprechend handeln zu können, aber deine alten Gewohnheiten und Routinen stehen dir im Weg.«
Ich verstand, was er meinte.
»Meinst du, das Schreiben sei eine meiner alten Gewohnhei-

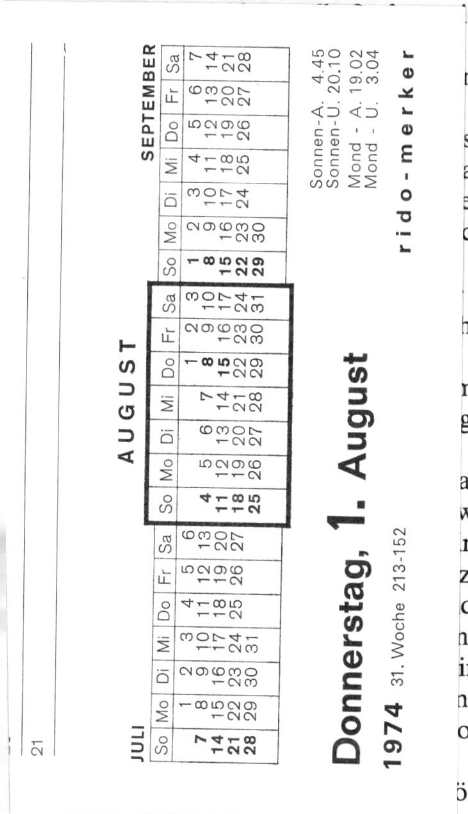

ch. »Sollte ich mein neues

nd ließ den Blick über den

schiedenen Leuten Briefe
alsch, über meine Lehrzeit
e Meister der esoterischen
chweigen über ihre Unter-

in dem Gefühl, Meister zu
h anzusehen. »Ich bin kein
Daher weiß ich wirklich
nag.«
ge, die ich nicht verraten

an verrät oder was man für
wir tun, alles, was wir sind,
raft. Haben wir genug da-
ziges Wort, das uns gesagt
dern. Haben wir aber nicht
nag es sein, daß uns die
ird, und diese Offenbarung
n.«
ollte er mir ein Geheimnis

ößte Wissen mitteilen, das
man überhaupt in Worte fassen kann«, sagte er. »Wir wollen sehen, was du damit anfangen kannst.

Weißt du, daß dich genau in diesem Moment die Ewigkeit umgibt? Und weißt du, daß du diese Ewigkeit benutzen kannst, wenn du es willst?«

Nach einer langen Pause, in deren Verlauf er mich mit einer leichten Bewegung der Augen aufforderte, mich zu äußern, sagte ich, daß ich nicht verstünde, wovon er spreche.

»Hier! Hier ist Ewigkeit!« sagte er und deutete zum Horizont.

Dann wies er zum Zenit hinauf. »Oder dort, oder vielleicht können wir sagen, die Ewigkeit ist dies.« Er streckte beide Arme aus und zeigte nach Osten und nach Westen.

Wir sahen einander an. In seinen Augen stand eine Frage.
»Was sagst du dazu?« fragte er und forderte mich auf, über seine Worte nachzudenken.
Ich wußte nicht, was ich sagen sollte.
»Weißt du, daß du dich in jede der Richtungen, in die ich gezeigt habe, auf ewig ausdehnen kannst?« fuhr er fort. »Weißt du, daß ein Augenblick die Ewigkeit sein kann? Dies ist kein Rätsel, es ist eine Tatsache, aber nur, falls du auf der Höhe dieses Augenblicks bist und ihn nutzt, um die Ganzheit deiner selbst in jeder Richtung zu erfassen.«
Er blickte mich an.
»Dieses Wissen kanntest du vorhin noch nicht«, sagte er lächelnd. »Nun kennst du es. Ich habe es dir offenbart, aber es bewirkt überhaupt nichts, weil du nicht genug persönliche Kraft hast, dir meine Offenbarung zunutze zu machen. Hättest du aber genug Kraft, dann würden meine Worte allein dir als Mittel dienen, um die Ganzheit deiner selbst zu erfassen und um den wesentlichen Teil davon aus den Fesseln, in die sie gebunden ist, zu befreien.«
Er trat neben mich und stieß mich mit den Fingern in die Rippen; es war eine ganz leichte Berührung.
»Dies sind die Fesseln, von denen ich spreche«, sagte er. »Man kann sich daraus befreien. Wir sind ein Gefühl, ein Bewußtsein, das hier eingeschlossen ist.«
Mit beiden Händen schlug er mir auf die Schultern. Mein Schreibblock und der Bleistift fielen zu Boden. Don Juan stellte den Fuß auf den Block und starrte mich an, und dann lachte er.
Ich fragte ihn, ob er etwas dagegen habe, wenn ich mir Notizen machte. Nein, sagte er in beschwichtigendem Ton und zog den Fuß zurück.
»Wir sind leuchtende Wesen«, sagte er und schüttelte rhythmisch den Kopf. »Und für leuchtende Wesen zählt allein die persönliche Kraft. Aber wenn du mich fragst, was persönliche Kraft ist, dann muß ich dir sagen, daß meine Erklärung sie nicht erklären wird.«
Don Juan blickte zum Horizont im Westen und meinte, es blieben uns noch ein paar Stunden Tageslicht.
»Wir werden lange hierbleiben müssen«, erklärte er. »Darum

g dasitzen oder sprechen. Zu schweigen,
bei dir, daher laß uns weitersprechen.
Platz der Kraft, und sie muß sich vor
an uns gewöhnen. Du mußt möglichst
ıne Furcht oder Ungeduld. Anscheinend
eichtesten, dich zu entspannen, wenn du
um schreib nach Herzenslust.

r, zum Beispiel, von deinem *Träumen.*«

ndung traf mich unvorbereitet. Er wieder-
Dazu muß ich nun einiges sagen. »Träu-
n Juan, daß man eine eigenartige Kontrolle
e entwickelt, und zwar so, daß die in ihnen
hrungen und die Erlebnisse im Wachzustand
ische Bedeutung gewinnen. Die Auffassung
agte, daß unter dem Einfluß von »Träumen«
terien der Unterscheidung zwischen Traum
t außer Kraft gesetzt werden.

is des »Träumens« war eine Übung, die darin
an in einem Traum seine Hände sucht. Mit
n, man muß absichtlich träumen, daß man im
Hände sucht und findet, indem man einfach
an die Hände vor die Augen hebt.

gen erfolglosen Versuchen war mir dies schließ-
. Rückblickend betrachtet, war mir klargewor-
ıir erst gelungen war, nachdem ich ein gewisses
rolle über meine Alltagswelt gewonnen hatte.

kundigte sich nach den wesentlichen Punkten. Ich
l erzählte ihm, daß es mir oft unüberwindbar
schienen war, mir den Befehl zu erteilen, meine Hände anzusehen. Er hatte mich gewarnt, daß die erste Phase der Vorbereitung, die er als »Planen des Träumens« bezeichnete, ein tödliches Spiel darstelle, das der Geist des Betreffenden mit sich selbst spiele, und daß ein Teil meiner selbst alles tun werde, um die Erfüllung meiner Aufgabe zu verhindern. Dazu konnte nach den Worten von Don Juan gehören, daß ich in Hoffnungslosigkeit, Melancholie oder sogar eine selbstmörderische Depression verfiel. Aber so weit war es nicht gekommen. Meine Erlebnisse waren eher harmlos, sogar komisch; trotzdem war das Ergebnis ebenso frustrierend. Jedesmal,

wenn ich im Traum im Begriff stand, meine Hände anzusehen, geschah etwas Außergewöhnliches; ich fing an zu fliegen, oder mein Traum schlug in einen Alptraum um, oder er verwandelte sich lediglich in eine sehr angenehme körperliche Erregung; in solchen Träumen ging, was die Lebhaftigkeit betrifft, alles weit über das »Normale« hinaus und war daher äußerst spannend. Angesichts der immer neuen Situationen vergaß ich stets die ursprüngliche Absicht, meine Hände zu beobachten.
Einmal aber, ganz unerwartet, fand ich im Traum meine Hände. Ich träumte, ich ging durch eine unbekannte Straße in einer fremden Stadt, und plötzlich hob ich die Hände und hielt sie vors Gesicht. Es war, als habe irgend etwas in mir nachgegeben und mir erlaubt, meine Handrücken zu betrachten.
Don Juan hatte mich angewiesen, ich solle, sobald der Anblick meiner Hände sich auflöste oder sich zu etwas anderem verwandelte, den Blick von den Händen fortnehmen und auf irgendeinen anderen Bestandteil der Umgebung meines Traums richten. In diesem einen Traum richtete ich den Blick auf ein Gebäude am Ende der Straße. Als das Bild des Gebäudes sich aufzulösen begann, konzentrierte ich meine Aufmerksamkeit auf die übrigen Dinge der Umgebung meines Traums. Das Ergebnis war ein unglaublich klares, zusammenhängendes Bild einer verlassenen Straße in einer unbekannten, fremden Stadt.
Don Juan hieß mich fortfahren und von anderen Erlebnissen beim »Träumen« berichten. Wir sprachen noch lange.
Als ich meinen Bericht beendet hatte, stand er auf und ging ins Gebüsch. Ich stand ebenfalls auf. Ich war nervös. Dieses Gefühl war ungerechtfertigt, denn es gab nichts, was zu Angst oder Besorgnis Anlaß gegeben hätte. Don Juan kehrte binnen kurzem zurück. Er bemerkte meine Erregung.
»Beruhige dich«, sagte er und faßte mich sanft am Arm.
Er hieß mich niedersitzen und legte mir mein Notizbuch in den Schoß. Er überredete mich zu schreiben. Er meinte, ich solle den Platz der Kraft nicht mit unnötigen Gefühlen wie Angst oder Zaudern aufstören.
»Warum werde ich som nervös?« fragte ich.
»Das ist ganz natürlich«, sagte er. »Irgend etwas in dir ist

durch deine Aktivitäten beim *Träumen* bedroht. Solange du nicht an diese Aktivitäten dachtest, war alles in Ordnung. Aber jetzt, da du von deinem Tun gesprochen hast, fällst du fast in Ohnmacht.

Jeder Krieger hat seine eigene Art zu *träumen*. Jede Art ist anders. Das einzige, was wir gemeinsam haben, ist die Tatsache, daß wir Tricks versuchen, um die Suche aufzugeben. Das Gegenmittel besteht darin, trotz aller Schranken und Enttäuschungen beharrlich weiterzumachen.«

Dann fragte er mich, ob ich fähig sei, die Themen des »Träumens« auszuwählen. Ich meinte, ich hätte nicht die blasseste Ahnung, wie man das machte.

»Die Erklärung der Zauberer, wie man ein Thema zum *Träumen* auswählt«, sagte er, »besagt, daß ein Krieger das Thema wählt, indem er absichtlich vor seinem inneren Auge ein Bild festhält, während er seinen inneren Dialog abstellt. Mit anderen Worten, wenn er einen Augenblick aufhören kann, mit sich selbst zu sprechen, und wenn er dann, sei es nur für einen Moment, das Bild oder die Vorstellung von dem, was er beim *Träumen* sehen will, festhalten kann, dann wird ihm der gewünschte Gegenstand erscheinen. Ich bin sicher, daß du dies getan hast, auch wenn es dir nicht bewußt geworden ist.«

Es entstand eine lange Pause, und dann begann Don Juan in der Luft zu schnuppern. Es war, als reinigte er sich die Nase; drei oder vier Male atmete er gewaltig durch die Nasenlöcher aus. Seine Bauchmuskeln verkrampften sich, was er zu kontrollieren suchte, indem er mit kurzen, keuchenden Atemzügen Luft holte.

»Wir wollen nicht mehr über das *Träumen* sprechen«, sagte er. »Du könntest davon besessen werden. Wenn einem etwas gelingen soll, dann muß der Erfolg allmählich kommen, unter großen Anstrengungen, aber ohne Streß oder Besessenheit.«

Er stand auf und ging an den Rand des Gebüschs. Er beugte sich vor und spähte durch das Laub. Er schien etwas an den Blättern zu untersuchen, ohne sich ihnen allzusehr zu nähern.

»Was tust du da?« fragte ich, unfähig, meine Neugier zu zügeln.

Er drehte sich zu mir um, lächelte und hob die Augenbrauen.
»Die Büsche sind voll von seltsamen Dingen«, sagte er, als er sich wieder hinsetzte.
Er sagte dies in so beiläufigem Ton, daß es mich mehr erschreckte, als wenn er einen plötzlichen Schrei ausgestoßen hätte. Notizbuch und Bleistift fielen mir aus der Hand. Er lachte und ahmte mich nach, dann meinte er, solche übertriebenen Reaktionen seien eines der losen Enden, die es immer noch in meinem Leben gebe.
Ich wollte etwas einwenden, aber er ließ mich nicht zu Wort kommen.
»Wir haben nur noch ein Weilchen Tageslicht«, sagte er. »Und es gibt noch andere Dinge, über die wir reden sollten, bevor die Dämmerung hereinbricht.«
Nach meinen Erfolgen beim »Träumen« zu urteilen, fügte er hinzu, hätte ich wohl gelernt, meinen inneren Dialog willentlich abzustellen. Dies sei der Fall, sagte ich ihm.
Am Anfang unserer Verbindung hatte Don Juan mir noch eine weitere Technik geschildert: Sie bestand darin, lange Strecken zu wandern, ohne den Blick auf irgend etwas zu konzentrieren. Er hatte mir empfohlen, nichts direkt anzusehen, sondern mit den Augen leicht einwärts zu schielen, um alles, was sich dem Blick darbot, peripher im Auge zu behalten. Er hatte behauptet – auch wenn ich es damals nicht verstand –, daß es möglich sei, beinahe alles gleichzeitig wahrzunehmen, was in einem Winkel von 180 Grad vor einem liegt, wenn man den Blick, ohne zu zentrieren, auf einen Punkt knapp über dem Horizont richtet. Er hatte mir beteuert, diese Übung sei das einzige Mittel, um den inneren Dialog abzustellen. Er ließ mich regelmäßig über meine Fortschritte berichten, und irgendwann fragte er nicht mehr danach.
Ich erzählte Don Juan, ich hätte diese Technik jahrelang praktiziert, ohne eine Veränderung zu bemerken, doch ich hatte ohnehin keine erwartet. Eines Tages aber war mir überraschend bewußt geworden, daß ich soeben etwa zehn Minuten gegangen war, ohne ein einziges Wort mit mir selbst zu sprechen.
Ich erwähnte auch, ich hätte bei dieser Gelegenheit erkannt,

daß das Anhalten des inneren Dialogs mehr bedeutete als ein bloßes Zurückhalten der Worte, die ich zu mir selbst sprach. Mein ganzer Denkprozeß hatte ausgesetzt, und ich hatte praktisch das Gefühl, zu schweben, dahinzutreiben. Auf diese Erkenntnis war ein Gefühl der Panik gefolgt, und ich mußte, sozusagen als Gegenmittel, meinen inneren Dialog wiederaufnehmen.

»Ich sagte dir ja, der innere Dialog ist das, was uns begründet«, meinte Don Juan. »Die Welt ist so oder anders beschaffen, nur weil wir uns vorsagen, daß sie so oder anders beschaffen ist.«

Don Juan erklärte nun, daß der Weg in die Welt der Zauberer sich erst öffne, nachdem der Krieger gelernt habe, seinen inneren Dialog abzustellen.

»Unsere Vorstellung, unsere Ansicht von der Welt zu ändern, das ist der springende Punkt bei der Zauberei«, sagte er. »Und das Anhalten des inneren Dialogs ist die einzige Möglichkeit, dies zu erreichen. Der Rest ist nur Beiwerk. Du bist jetzt in der Lage zu erkennen, daß nichts von alledem, was du gesehen oder getan hast, ausgenommen das Anhalten des inneren Dialogs, von sich aus irgend etwas an dir oder an deiner Vorstellung von der Welt hätte ändern können. Voraussetzung ist natürlich, daß diese Veränderung nicht gestört wird. Jetzt verstehst du, warum ein Lehrer seinen Schüler nicht hart anfaßt. Dies würde nur Zwangsvorstellungen und Krankheit erzeugen.«

Er fragte nach weiteren Einzelheiten über die Erfahrungen, die ich beim Abstellen des inneren Dialogs gemacht hatte. Ich berichtete alles, woran ich mich erinnern konnte.

Wir sprachen, bis es dunkel wurde und ich nicht mehr mitschreiben konnte; das Schreiben verlangte zuviel Aufmerksamkeit, und dies beeinträchtigte meine Konzentration. Don Juan erkannte es und fing an zu lachen. Er behauptete, ich hätte noch eine weitere Aufgabe der Zauberei vollbracht, nämlich zu schreiben, ohne mich zu konzentrieren. In dem Augenblick, als er dies sagte, wurde mir klar, daß das Notizenmachen mir tatsächlich kaum Aufmerksamkeit abverlangte. Es schien eine automatische Tätigkeit zu sein, mit der ich nichts zu tun hatte. Ich kam mir komisch vor. Don Juan

forderte mich auf, mich neben ihn, in den Mittelpunkt des Kreises zu setzen. Er meinte, es sei schon zu dunkel und ich sei jetzt in Gefahr, wenn ich zu nah am *Chaparral* säße. Mir lief ein Frösteln über den Rücken, und ich sprang zu ihm hinüber.
Er hieß mich nach Südosten blicken und verlangte, ich solle mir befehlen, zu schweigen und keinerlei Gedanken zu haben. Zuerst gelang es mir nicht, und ich wurde einen Augenblick ungeduldig. Don Juan wandte mir den Rücken zu und sagte, ich solle mich gegen seine Schulter stützen. Sobald ich einmal meine Gedanken beruhigt hätte, meinte er, solle ich die Augen offenhalten und den Blick auf das Gebüsch im Südosten richten. Mit geheimnisvoller Stimme fügte er hinzu, er wolle mir eine Aufgabe stellen, und wenn es mir gelänge, sie zu lösen, dann wäre ich bereit für einen weiteren Ausschnitt der Welt der Zauberer.
Ich fragte kleinlaut, welcher Art diese Aufgabe sei.
Er kicherte leise. Ich wartete auf seine Antwort, und dann schaltete irgend etwas in mir ab. Ich spürte, daß ich schwebte. Meine Ohren schienen sich zu öffnen, und Tausende von Geräuschen des Chaparral wurden hörbar. Es waren so viele, daß ich sie im einzelnen nicht unterscheiden konnte. Ich glaubte einzuschlafen, und dann fesselte plötzlich etwas meine Aufmerksamkeit. Es war nichts, woran mein Denken beteiligt gewesen wäre; es war kein visuelles Bild, auch kein Gebilde der äußeren Umwelt, sondern mein Bewußtsein wurde durch etwas Unbestimmtes eingenommen. Ich war völlig wach. Meine Augen konzentrierten sich auf eine Stelle im Chaparral, aber ich schaute weder hin, noch dachte ich, noch sprach ich zu mir. Meine Gefühle waren klare Körperempfindungen; sie bedurften keiner Worte. Ich hatte das Gefühl, als raste ich durch etwas Unbestimmtes hindurch. Was da raste, wären normalerweise vielleicht meine Gedanken gewesen; jedenfalls hatte ich die Empfindung, mich mitten in einem Erdrutsch zu befinden, so etwas wie eine Lawine stürzte zu Tal, und ich steckte mittendrin. Ich spürte den Sturz im Magen. Irgend etwas zog mich in den Chaparral. Ich konnte die dunklen Massen der Büsche vor mir nicht unterscheiden. Es handelte sich aber nicht um eine unterschiedslose Dunkelheit, wie es

normalerweise der Fall gewesen wäre. Ich konnte jeden einzelnen Busch sehen, als betrachtete ich sie im Zwielicht. Sie schienen sich zu bewegen; ihre Blättermassen sahen aus wie schwarze Frauenröcke, die mir entgegenwallten, als würden sie vom Wind hochgeweht, aber es gab keinen Wind. Ihre hypnotisierenden Bewegungen nahmen mich ganz gefangen; es war eine pxulsierende Wellenbewegung, die sie immer näher zu mir heranzuführen schien. Und dann nahm ich eine hellere Silhouette wahr, die sich von den dunklen Umrissen der Büsche abzuheben schien. Ich richtete den Blick auf eine Stelle neben der helleren Silhouette und entdeckte dort ein hellgrünes Leuchten. Dann sah ich hin, ohne meinen Blick scharf einzustellen, und ich war sicher, daß die hellere Silhouette ein Mann war, der sich im Unterholz verbarg.
In diesem Augenblick befand ich mich in einem höchst seltsamen Zustand der Bewußtheit. Ich war mir der Umgebung und der seelischen Prozesse bewußt, die diese Umgebung in mir auslöste, und doch dachte ich nicht, wie ich für gewöhnlich denke. Als ich zum Beispiel erkannte, daß die Silhouette, die sich vom Gebüsch abhob, ein Mann war, erinnerte ich mich an einen anderen Vorfall in der Wüste; damals bemerkte ich, während Don Genaro und ich eines Nachts durch den Chaparral wanderten, daß sich in den Büschen hinter uns ein Mann verbarg, aber in dem Augenblick, als ich versuchte, das Phänomen rational zu erklären, hatte ich den Mann aus den Augen verloren. Diesmal jedoch wollte ich den Überblick behalten und weigerte mich, überhaupt etwas zu denken. Einen Augenblick hatte ich den Eindruck, ich könne den Mann festhalten und ihn zwingen, zu bleiben, wo er war. Dann spürte ich einen seltsamen Schmerz in der Magengrube. Irgend etwas schien mich inwendig aufzureißen, und ich konnte die Bauchmuskeln nicht mehr anspannen. Genau in dem Augenblick, als ich mich dieser Empfindung überließ, taumelte der dunkle Schatten eines riesigen Vogels oder irgendeines fliegenden Tieres aus dem Chaparral auf mich zu. Es war, als habe die Gestalt des Mannes sich in die Gestalt eines Vogels verwandelt. Ich hatte die klare, bewußte Empfindung von Angst. Ich schnappte nach Luft, und dann stieß ich einen lauten Schrei aus und fiel auf den Rücken.

Don Juan half mir auf. Sein Gesicht war ganz nah an meinem. Er lachte.
»Was war das?« rief ich.
Er gebot mir Schweigen und legte mir die Hand auf den Mund. Er brachte seine Lippen an mein Ohr und flüsterte, wir müßten dieses Gebiet in ruhiger, gesammelter Verfassung verlassen, so als sei nichts geschehen.
Wir gingen nebeneinander. Sein Schritt war entspannt und gleichmäßig. Etliche Male wandte er sich rasch um. Ich tat es ihm gleich, und zweimal erspähte ich eine dunkle Masse, die uns zu folgen schien. Ich hörte einen lauten, unheimlichen Schrei hinter mir. Einen Augneblick erlebte ich die reine Panik; wellenförmige Bewegungen liefen durch meine Bauchmuskeln; sie traten krampfartig auf und nahmen an Heftigkeit zu, bis sie meinen Körper einfach zwangen zu laufen.
Über meine Reaktion zu sprechen ist mir nur in Don Juans Terminologie möglich; so kann ich sagen, daß mein Körper aufgrund der Furcht, die ich erlebte, etwas auszuführen vermochte, was Don Juan als »Gangart der Kraft« bezeichnete – eine Technik, die er mich vor Jahren gelehrt hatte und die darin bestand, in der Dunkelheit zu rennen, ohne zu stolpern oder sich zu verletzen.
Mir war nicht gänzlich bewußt, was ich getan hatte oder wie ich es getan hatte. Plötzlich fand ich mich in Don Juans Haus wieder. Anscheinend war er ebenfalls gerannt, und wir waren zur gleichen Zeit angekommen. Er zündete seine Petroleumlampe an, hängte sie an einen Balken an der Decke und forderte mich beiläufig auf, Platz zu nehmen und mich zu entspannen.
Eine Weile trabte ich auf der Stelle, bis ich meine Nervosität besser beherrschen konnte. Dann setzte ich mich. Er befahl mir nachdrücklich, so zu tun, als sei nichts geschehen, und reichte mir mein Notizbuch. Ich hatte nicht bemerkt, daß ich es in meiner Hast, das Gebüsch zu verlassen, verloren hatte.
»Was ist dort draußen geschehen, Don Juan?« fragte ich schließlich.
»Du hattest eine Verabredung mit dem Wissen«, sagte er und wies mit einer Kopfbewegung zum dunklen Rand des Wüsten-*chaparral* hinüber. »Ich führte dich dorthin, weil ich vorhin

mit einem flüchtigen Blick erspähte, wie das Wissen um das Haus schlich. Man könnte sagen, das Wissen wußte, daß du kommen würdest, und erwartete dich. Statt ihm hier zu begegnen, fand ich es richtiger, ihm an einem Platz der Kraft zu begegnen. Dann stellte ich dich auf die Probe, um zu sehen, ob du genügend persönliche Kraft hättest, um es von den übrigen Dingen um uns her zu unterscheiden. Du hast es gut gemacht.«

»Augenblick mal!« protestierte ich. »Ich sah die Silhouette eines Mannes, der sich hinter einem Busch verbarg, und dann sah ich einen riesigen Vogel.«

»Du hast keinen Mann gesehen!« sagte er mit Nachdruck. »Auch hast du keinen Vogel gesehen. Die Silhouette im Gebüsch, die dann auf uns zuflog, war ein Nachtfalter. Wenn du es in der Sprache der Zauberer genau, in deiner eigenen Sprache aber völlig lächerlich ausdrücken willst, dann könntest du sagen, daß du heute abend eine Verabredung mit einem Nachtfalter hattest. Das Wissen ist ein Nachtfalter.«

Er sah mich durchdringend an. Das Licht der Laterne warf auf seinem Gesicht seltsame Schatten. Ich wandte die Augen ab.

»Vielleicht hast du persönliche Kraft genug, um dieses Geheimnis heute abend zu enträtseln«, sagte er. »Wenn nicht heute abend, dann vielleicht morgen. Vergiß nicht, du schuldest mir sechs Tage.«

Don Juan stand auf und ging in die Küche an der Hinterseite des Hauses. Er nahm die Laterne und stellte sie, an die Wand gelehnt, auf den kurzen, runden Baumstrunk, der ihm als Bank diente. Wir setzten uns einander gegenüber auf den Boden und aßen Bohnen mit Fleisch aus einem Topf, den er zwischen uns gestellt hatte. Wir aßen schweigend.

Von Zeit zu Zeit warf er mir verstohlene Blicke zu und schien jeden Augenblick in Gelächter auszubrechen. Seine Augen waren wie zwei Schlitze. Wenn er mich ansah, weiteten sie sich etwas, und das Licht der Laterne spiegelte sich in seinen feuchten Pupillen. Es war, als ob er sich das Licht zunutze machte, um diese Reflexe zu erzeugen. Er spielte mit ihnen, indem er jedesmal, wenn er die Augen auf mich richtete, fast unmerklich den Kopf schüttelte. Die Wirkung war ein faszinierendes Lichtflimmern. Erst nach etlichen Malen bemerkte ich, daß er dies absichtlich tat. Ich war davon überzeugt, daß er damit einen bestimmten Zweck verfolgte. Ich fühlte mich geradezu gezwungen, ihn danach zu fragen.

»Ich habe einen tieferen Grund«, versicherte er. »Ich besänftige dich mit meinen Augen. Offenbar bist du nicht mehr so nervös, nicht wahr?«

Ich mußte zugeben, daß ich mich recht wohl fühlte. Das stetige Flimmern in seinen Augen war nicht bedrohlich, und es hatte mich keineswegs erschreckt oder beunruhigt.

»Wie kannst du mich mit den Augen besänftigen?« fragte ich.

Er wiederholte sein unmerkliches Kopfschütteln. Tatsächlich spiegelte sich das Licht der Petroleumlampe in seinen Pupillen.

»Versuch es doch selbst einmal«, sagte er wie nebenbei, als er noch mal nach dem Essen griff. »Du kannst dich selbst beruhigen.«

Ich versuchte den Kopf zu schütteln; meine Bewegung fiel unbeholfen aus.

»Du wirst dich nicht beruhigen, wenn du derart mit dem Kopf wackelst«, sagte er lachend. »Statt dessen wirst du dir Kopfschmerzen einhandeln. Das Geheimnis liegt nicht im Kopfschütteln, sondern in dem Gefühl, das aus der Gegend unterhalb des Magens in die Augen strömt. Das ist es, was das Kopfschütteln verursacht.«

Er rieb sich die Nabelgegend.

Als ich mit dem Essen fertig war, lehnte ich mich bequem gegen einen Stapel Holz und ein paar Rupfensäcke. Ich versuchte sein Kopfschütteln nachzuahmen. Don Juan fand das anscheinend ungemein komisch. Er lachte und schlug sich auf die Schenkel.

Dann unterbrach plötzlich ein Geräusch sein Gelächter. Ich hörte einen seltsamen, tiefen Klang, wie ein Pochen auf Holz, das aus dem Chaparral kam. Don Juan hob das Kinn, um mir zu bedeuten, ich solle wachsam bleiben.

»Das ist der kleine Nachtfalter, der dich ruft«, sagte er mit tonloser Stimme. Ich sprang auf die Füße. Augenblicklich hörte das Geräusch auf. Ich sah Don Juan an und erwartete eine

Erklärung. Er machte eine komische Gebärde der Hilflosigkeit und hob die Schultern.
»Du hast deine Verabredung noch nicht eingehalten«, fügte er hinzu.
Ich sagte ihm, ich fühlte mich wertlos und sollte vielleicht nach Hause fahren, um wiederzukommen, wenn ich mich stärker fühlte.
»Du redest Unsinn«, fuhr er mich an. »Ein Krieger nimmt sein Los auf sich, was es auch sei, und akzeptiert es in äußerster Demut. Er akzeptiert demütig, was er ist, und dies ist ihm kein Anlaß zu bedauern, sondern eine starke Herausforderung.
Jeder von uns braucht Zeit, um diesen Punkt zu verstehen und ihn voll zu erleben. Ich zum Beispiel haßte früher die bloße Erwähnung des Wortes ›Demut‹. Ich bin ein Indianer, und wir Indianer sind seit jeher demütig und haben nie etwas anderes getan, als den Kopf zu beugen. Ich meinte, Demut sei nichts für einen Krieger. Ich irrte mich! Heute weiß ich, daß die Demut eines Kriegers nicht die Demut eines Bettlers ist. Der Krieger beugte den Kopf vor niemandem, aber gleichzeitig erlaubt er es keinem anderen, seinen Kopf vor ihm zu beugen. Der Bettler hingegen fällt bei jeder passenden und unpassenden Gelegenheit auf die Knie und leckt jedem, den er für höher erachtet als sich selbst, die Stiefel; zugleich aber erwartet er, daß ein Geringerer als er ihm die Stiefel leckt.
Deshalb sagte ich dir heute auch schon, daß ich nicht verstehe, wie die Meister des Ostens, die Gurus, sich fühlen. Ich kenne nur die Demut eines Kriegers, und diese wird mir nie erlauben, der Meister eines anderen zu sein.«
Wir schwiegen einen Augenblick. Seine Worte hatten mich tief angerührt. Ich fühlte mich betroffen, und gleichzeitig beschäftigte mich das, was ich im Chaparral erlebt hatte. Mein bewußtes Urteil lautete, daß Don Juan mir etwas verheimlichte und offenbar wußte, was wirklich geschehen war.
Ich hing solchen Überlegungen nach, als das gleiche seltsame, pochende Geräusch mich aus meinen Gedanken aufschreckte.
Don Juan lächelte und fing an zu kichern.

»Du hältst dich an die Demut des Bettlers«, sagte er sanft. »Du beugst den Kopf vor der Vernunft.«
»Ich glaube immer, daß mich jemand hereinlegt«, sagte ich. »Das ist der Kern meines Problems.«
»Da magst du recht haben. Du wirst hereingelegt«, erwiderte er mit entwaffnendem Lächeln. »Dies kann aber nicht dein Problem sein. Der eigentliche Kern der Sache ist, daß du glaubst, ich lüge dich absichtlich an. Habe ich recht?«
»Ja. Da ist etwas in mir, das mich nicht glauben läßt, daß das, was geschieht, wirklich ist.«
»Du hast wieder recht. Nichts von alledem, was geschieht, ist wirklich.«
»Was meinst du damit, Don Juan?«
»Die Dinge sind erst dann wirklich, wenn man sich auf ihre Wirklichkeit geeinigt hat. Was zum Beispiel heute abend passiert ist, kann für dich unmöglich wirklich sein, weil sich niemand mit dir darüber einigen könnte.«
»Willst du damit sagen, du hättest nicht gesehen, was geschah?«
»Natürlich sah ich es. Aber ich kümmere mich nicht darum. Ich bin es doch, der dich anschwindelt, weißt du noch?«
Don Juan lachte, bis er hustete und keuchte. Obwohl er sich über mich lustig machte, war sein Lachen freundlich.
»Gib nicht allzu viel auf meinen Unsinn«, beruhigte er mich. »Ich versuche dir nur zu helfen, dich zu entspannen, und ich weiß, daß dir nur wohl ist, wenn du völlig durcheinander bist.«
Sein Gesichtsausdruck war gewollt komisch, und wir lachten beide. Was er eben gesagt hatte, meinte ich zu ihm, mache mir mehr Angst als alles andere.
»Hast du Angst vor mir?« fragte er.
»Nicht vor dir, aber vor dem, wofür du eintrittst.«
»Ich trete für die Freiheit eines Kriegers ein. Hast du davor Angst?«
»Nein. Aber ich habe Angst vor der furchtbaren Entrücktheit deines Wissens. Darin ist kein Trost für mich, kein sicherer Hafen, in den ich mich flüchten könnte.«
»Schon wieder bringst du die Dinge durcheinander. Trost, sicherer Hafen, Furcht, all dies sind Stimmungen, die du

gelernt hast, ohne jemals ihren Wert in Frage zu stellen. Wie man sieht, hast du dich schon ganz den Schwarzen Magiern verschrieben.«
»Wer sind die Schwarzen Magier, Don Juan?«
»Die Schwarzen Magier sind unsere Mitmenschen. Und da du zu ihnen gehörst, bist auch du ein Schwarzer Magier. Denk mal einen Augenblick nach! Kannst du von dem Weg abweichen, den sie dir vorschreiben? Nein. Dein Denken und dein Handeln sind auf ewig nach ihren Bedingungen festgelegt. Das ist Sklaverei. Ich dagegen habe dir Freiheit gebracht. Freiheit ist teuer, aber der Preis ist nicht unerschwinglich. Darum fürchte deine Gefängniswärter, deine Meister! Vergeude nicht deine Zeit und deine Kraft, indem du Angst vor mir hast!«
Ich wußte, daß er recht hatte, und doch, trotz meiner ehrlichen Zustimmung, wußte ich auch, daß meine lebenslangen Gewohnheiten mich unausweichlich auf meinem alten Weg festhalten würden. Tatsächlich, ich kam mir wie ein Sklave vor.
Nach langem Schweigen fragte mich Don Juan, ob ich mich stark genug für eine weitere Begegnung mit dem Wissen fühlte.
»Du meinst, mit dem Nachtfalter?« fragte ich halb im Scherz.
Sein Körper krümmte sich vor Lachen. Es war, als hätte ich ihm eben den besten Witz der Welt erzählt.
»Was meist du wirklich, wenn du sagst, das Wissen sei ein Nachtfalter?« fragte ich.
»Ich habe nichts anderes im Sinn«, erwiderte er. »Ein Nachtfalter ist ein Nachtfalter. Ich hatte geglaubt, daß du jetzt, nach allem, was du vollbracht hast, genügend Kraft hättest, um zu *sehen*. Statt dessen hast du einen Mann wahrgenommen, und das war nicht das wirkliche *Sehen*.«
Vom Anfang meiner Lehrzeit an hatte Don Juan mir das »Sehen« als eine besondere Fähigkeit geschildert, die man entwickeln könne und die einem erlaubte, das »innerste« Wesen der Dinge zu erfassen.
In den Jahren unserer Verbindung hatte ich die Vorstellung gewonnen, daß das, was er unter »Sehen« verstand, ein intui-

tives Begreifen der Dinge ist, oder die Fähigkeit, etwas unmittelbar zu verstehen, oder die Eigenschaft, menschliche Interaktionen zu durchschauen und verborgene Bedeutungen und Motive zu entdecken.

»Ich könnte es so beschreiben, daß du heute abend, als du den Nachtfalter erblicktest, halb schautest und halb *sahst*«, fuhr Don Juan fort. »Obgleich du in diesem Zustand nicht gänzlich dein gewohntes Selbst warst, warst du doch in der Lage, voll bewußt zu sein, um dich deiner Kenntnis der Welt zu bedienen.«

Don Juan machte eine Pause und schaute mich an. Zuerst wußte ich nicht, was ich sagen sollte. Dann fragte ich:

»Wie bediente ich mich meiner Kenntnis der Welt?«

»Deine Kenntnis der Welt sagte dir, daß sich im Gebüsch nur umherschleichende Tiere oder Menschen verstecken können. An diesem Gedanken hieltst du fest, und natürlich mußtest du eine Möglichkeit finden, die Welt in Übereinstimmung mit diesem Gedanken zu bringen.«

»Aber ich dachte überhaupt nichts, Don Juan.«

»Nun, nennen wir es nicht Denken. Es ist eher die Gewohnheit, die Welt stets in Übereinstimmung mit unseren Gedanken zu sehen. Wenn sie dies nicht ist, sorgen wir einfach dafür, daß sie übereinstimmt. Nachtfalter, groß wie ein Mann, kann man sich nicht einmal in Gedanken ausmalen, daher mußte das, was sich im Gebüsch bewegte, für dich ein Mann sein.

Dasselbe geschah mit dem Koyoten. Deine alten Gewohnheiten bestimmten auch den Charakter dieser Begegnung. Irgend etwas ereignete sich zwischen dir und dem Koyoten, aber es war kein Gespräch. Ich selbst war einmal in einem gleichen Dilemma. Ich habe dir erzählt, daß ich einmal mit einem Reh sprach; und du hast nun mit einem Koyoten gesprochen, aber weder du noch ich werden jemals wissen, was bei diesen Gelegenheiten wirklich geschah.«

»Was erzählst du mir da, Don Juan?«

»Als ich die Erklärung der Zauberer begriff, da war es zu spät, um zu erkennen, was das Reh mit mir anstellte. Ich sagte, daß wir miteinander sprachen, aber so war es nicht. Wenn ich sage, daß wir ein Gespräch hatten, dann ist dies nur eine bildliche Redeweise, die mir hilft, daß ich darüber sprechen kann. Das

Reh und ich taten irgend etwas, aber damals, als dies geschah, mußte ich die Welt in Übereinstimmung mit meinen Gedanken bringen, genau wie du es tust. Mein Leben lang habe ich geredet, genau wie du, deshalb beherrschten meine Gewohnheiten mich weiter und erstreckten sich auch auf das Reh. Als das Reh zu mir kam und etwas tat, was es auch sein mochte, war ich gezwungen, dies als Reden zu verstehen.«

»Ist dies die Erklärung der Zauberer?«

»Nein. Dies ist meine Erklärung, die ich dir gebe. Aber sie widerspricht nicht der Erklärung der Zauberer.«

Diese Feststellung versetzte mich in eine starke seelische Erregung. Einen Augenblick lang vergaß ich den umherschleichenden Nachtfalter und sogar mein Mitschreiben. Ich versuchte, seine Äußerungen mit meinen eigenen Worten wiederzugeben, und wir vertieften uns in eine lange Diskussion über den reflexiven Charakter unserer Welt. Die Welt mußte, wie Don Juan meinte, mit ihrer Beschreibung übereinstimmen; das heißt, die Beschreibung reflektierte sich selbst. Ein weiterer Punkt seiner Erläuterungen war, daß wir gelernt hätten, uns zu unserer Beschreibung der Welt mittels dessen zu verhalten, was er als »Gewohnheiten« bezeichnete. Ich führte einen, wie ich glaubte, umfassenderen Begriff ein, nämlich Intentionalität, die Eigenschaft menschlichen Bewußtseins, mit deren Hilfe man sich auf ein Objekt bezieht oder es intendiert.

Unser Gespräch führte zu einer sehr interessanten Spekulation. Betrachtete man mein »Reden« mit dem Koyoten im Licht von Don Juans Erklärung, dann nahm es einen neuen Charakter an. Tatsächlich hatte ich den Dialog »intendiert«, da ich nie ein anderes Mittel der intentionalen Kommunikation gekannt habe. Ich hatte mich auch erfolgreich an die Beschreibung angepaßt, daß Kommunikation durch den Dialog stattfindet, und so hatte ich es dahin gebracht, daß die Beschreibung sich selbst reflektierte.

Einen Augenblick geriet ich völlig in Verzückung. Don Juan lachte und meinte, die Tatsache, daß ich mich derart von Worten beeindrucken lasse, sei ein weiteres Zeichen meiner Dummheit. Er machte eine komische Grimasse lautlosen Sprechens.

»Alle fallen wir auf den gleichen Quatsch herein«, sagte er nach langer Pause. »Die einzige Möglichkeit, dies zu überwinden, besteht darin, beharrlich wie ein Krieger zu handeln. Das übrige kommt von selbst und durch sich selbst.«
»Was ist das übrige, Don Juan?«
»Wissen und Kraft. Die Wissenden haben beides. Und doch könnte keiner von ihnen sagen, wie er dahin gelangt ist, es zu besitzen, außer daß er stets wie ein Krieger handelte und daß in einem bestimmten Augenblick sich alles änderte.«
Er sah mich an. Er schien unentschlossen, dann stand er auf und sagte, es bleibe mir nichts anderes übrig, als meine Verabredung mit dem Wissen einzuhalten.
Ein Frösteln überkam mich; mein Herz schlug schneller. Ich stand auf. Don Juan umkreiste mich, als wolle er meinen Körper von allen Seiten untersuchen. Er gab mir ein Zeichen, ich solle mich setzen und weiterschreiben.
»Wenn du zuviel Angst hast, wirst du deine Verabredung nicht einhalten können«, sagte er. »Ein Krieger muß ruhig und gesammelt sein, und er darf niemals die Nerven verlieren.«
»Ich fürchte mich wirklich«, sagte ich. »Nachtfalter oder was sonst, da draußen schleicht etwas durch die Büsche.«
»Natürlich ist da etwas!« rief er. »Ich beanstande nur, daß du beharrlich glaubst, es sei ein Mann, genau wie du beharrlich denkst, du hättest mit einem Koyoten geredet.«
Ein Teil von mir verstand vollkommen, was er sagte; da war jedoch noch ein anderer Teil meiner selbst, der nicht aufgeben wollte und sich, dem Augenschein zum Trotz, an die »Vernunft« klammerte.
Ich sagte Don Juan, daß seine Erklärung meine Sinne nicht zufriedenstelle, wenngleich ich ihr intellektuell völlig zustimmte.
»Das ist ja der Fehler an den Worten«, sagte er in überzeugendem Ton. »Sie zwingen uns stets, uns aufgeklärt zu fühlen, aber kaum drehen wir uns um und betrachten die Welt, wie sie ist, lassen sie uns im Stich, und wir betrachten die Welt schließlich, wie wir es immer taten, ohne jede Aufklärung. Aus diesem Grund ist ein Zauberer bestrebt, lieber zu handeln, statt zu sprechen, und zu diesem Zweck übernimmt er

eine neue Beschreibung der Welt – eine neue Beschreibung, wo Reden nicht so wichtig ist und wo neue Taten neue Reflexion nach sich ziehen.«

Er setzte sich neben mich, starrte mir in die Augen und forderte mich auf, auszusprechen, was ich wirklich im *Chaparral* »gesehen« hätte.

Ich stand vor einem beunruhigenden Widerspruch: Ich hatte die dunkle Gestalt eines Mannes gesehen, aber ich hatte auch gesehen, wie diese Gestalt sich in einen Vogel verwandelte. Ich hatte also mehr erlebt, als meine Vernunft mir für möglich zu halten gestattete. Statt aber meine Vernunft überhaupt aus dem Spiel zu lassen, hatte ein Teil meiner selbst gewisse Elemente meiner Erfahrung – etwa die Größe und die groben Umrissen der dunklen Gestalt – herausgegriffen und sie als vernünftige Möglichkeiten in Betracht gezogen, wobei ich andere Elemente außer acht ließ, so etwa den Umstand, daß die dunkle Gestalt sich in einen Vogel verwandelt hatte. Folglich war ich zu der Überzeugung gelangt, daß ich einen Mann gesehen hatte.

Als ich meine Verlegenheit in Worte faßte, schüttelte Don Juan sich vor Lachen. Er meinte, früher oder später werde die Erklärung der Zauberer mir behilflich sein, und dann werde alles vollkommen klarwerden, ohne deshalb notwendig vernünftig oder unvernünftig zu sein.

»Inzwischen kann ich nur eines für dich tun, nämlich dir versichern, daß es kein Mann war«, sagte er.

Don Juans wachsamer Blick entnervte mich. Unwillkürlich zitterte ich am ganzen Leib. Er machte mich verlegen und nervös.

»Ich suche nach irgendwelchen Zeichen an deinem Körper«, erklärte er. »Vielleicht weißt du es nicht, aber heute abend hattest du dort draußen eine ziemliche Kraftprobe zu bestehen.«

»Nach was für Zeichen suchst du denn?«

»Keine wirklichen physischen Zeichen an deinem Körper, sondern Male, Anzeichen deiner leuchtenden Fasern, glänzende Flecken. Wir sind leuchtende Wesen, und alles, was wir sind, oder alles, was wir fühlen, zeigt sich an unseren Fasern. Die Menschen zeigen ein für sie eigentümliches Leuchten.

Dies ist die einzige Möglichkeit, sie von anderen lebenden leuchtenden Wesen zu unterscheiden.
»Hättest du heute abend *gesehen,* dann hättest du bemerkt, daß die Gestalt im Gebüsch kein lebendes leuchtendes Wesen war.«
Ich wollte noch weiterfragen, aber er legte mir die Hand auf den Mund und gebot mir Schweigen. Dann näherte er sich meinem Ohr und flüsterte mir zu, ich solle horchen und versuchen, ein leises Rascheln zu hören, die sanften, gedämpften Schritte eines Nachtfalters auf dem trockenen Laub und auf den Zweigen am Boden.
Ich hörte nichts. Plötzlich stand Don Juan auf, nahm die Laterne und sagte, wir sollten uns auf die Veranda vor seiner Haustür setzen. Er führte mich zur Hintertür hinaus und, am Rande des Chaparral entlang, ums Haus herum statt durch den Innenraum und die Vordertür. Er erklärte, es sei wichtig, daß wir unsere Anwesenheit zu erkennen gäben. Wir gingen im Halbkreis links um das Haus. Don Juans Gang war quälend langsam. Seine Schritte waren tapsig und schwankend. Seine Hand mit der Laterne zitterte.
Ich fragte, ob ihm etwas fehle. Er winkte mich heran und flüsterte mir zu, der große Nachtfalter, der hier umherschleiche, habe eine Verabredung mit einem jungen Mann, und der langsame Gang eines schwachen, alten Mannes sei das geeignete Mittel um anzuzeigen, wem die Verabredung gelte.
Nachdem wir schließlich die Vorderfront des Hauses erreicht hatten, hängte Don Juan die Laterne an einen Balken und hieß mich, mit dem Rücken gegen die Wand zu sitzen. Er setzte sich rechts neben mich.
»Hier werden wir sitzenbleiben«, sagte er, »und du wirst schreiben und dich ganz normal mit mir unterhalten. Der Nachtfalter, der dich heute angefallen hat, ist dort draußen im Gebüsch. Nach einiger Zeit wird er näher kommen, um nach dir zu schauen. Darum habe ich auch die Laterne direkt über dir aufgehängt. Das Licht wird den Nachtfalter leiten, damit er dich finde. Wenn er den Rand des Gebüschs erreicht, wird er dich rufen. Es ist ein ganz besonderes Geräusch. Schon das Geräusch allein kann dir vielleicht helfen.«
»Was ist das für ein Geräusch, Don Juan?«

»Es ist ein Gesang. Ein beschwörender Lockruf, den Nachtfalter ausstoßen. Gewöhnlich kann man ihn nicht hören, aber der Falter dort draußen ist ein ungewöhnlicher Nachtfalter; du wirst seinen Ruf ganz klar hören, und vorausgesetzt, daß du makellos bist, wird er den Rest deines Lebens bei dir bleiben.«

»Wobei wird er mir helfen?«

»Heute nacht wirst du versuchen, etwas zu vollenden, was du bereits begonnen hast. Das *Sehen* geschieht nur, wenn es dem Krieger gelingt, seinen inneren Dialog anzuhalten.

Heute hast du, dort draußen im Gebüsch, willentlich dein Selbstgespräch angehalten. Und du hast *gesehen.* Was du *sahst,* war nicht klar. Du glaubtest, es sei ein Mann. Ich sage, es war ein Nachtfalter. Keiner von uns hat recht, aber nur deshalb, weil wir sprechen, uns mit Worten verständigen müssen. Trotzdem bin ich im Vorteil, weil ich besser *sehe* als du und weil ich mit der Erklärung der Zauberer vertraut bin; daher weiß ich, auch wenn es nicht ganz richtig ist, daß die Gestalt, die du heute abend *sahst,* ein Nachtfalter war.

Und jetzt wirst du schweigend und ohne Gedanken hier abwarten und diesen kleinen Nachtfalter wieder zu dir kommen lassen.«

Ich konnte kaum mitschreiben. Don Juan lachte und drängte mich, weiterzuschreiben, als ob nichts mich beunruhigte. Er faßte mich am Arm und meinte, das Schreiben sei der beste Schutzschild, den ich hätte.

»Wir haben noch nie über die Nachtfalter gesprochen«, fuhr er fort. »Bis jetzt war der richtige Zeitpunkt noch nicht gekommen. Wie du weißt, war dein Geist nicht im Gleichgewicht. Um dem entgegenzuwirken, habe ich dich gelehrt, wie ein Krieger zu leben. Du weißt, ein Krieger geht von der Gewißheit aus, daß sein Geist aus dem Gleichgewicht geraten ist; dadurch, daß er in vollkommener Selbstkontrolle und Bewußtheit, aber ohne Eile oder Zwang lebt, tut er sein Äußerstes und Bestes, um sein Gleichgewicht zu erlangen.

In deinem Fall, wie im Fall eines jeden Menschen, war dein Ungleichgewicht durch die Summe aller deiner Handlungen bedingt. Aber jetzt scheint dein Geist im richtigen Zustand zu sein, um über die Nachtfalter zu sprechen.«

»Woher wußtest du, daß dies der richtige Zeitpunkt ist, um über die Nachtfalter zu sprechen?«
»Als du ankamst, konnte ich einen kurzen Blick auf den umherschleichenden Nachtfalter werfen. Dies war das erste Mal, daß er sich freundlich und offen zeigte. Ich hatte ihn schon vorher, in den Bergen bei Genaros Haus, *gesehen,* aber nur als eine bedrohliche Gestalt, die deinen Mangel an Ordnung widerspiegelte.«
In diesem Augenblick hörte ich ein seltsames Geräusch. Es war wie das gedämpfte Knarren eines Astes, der sich an einem anderen reibt, oder wie das aus der Ferne gehörte Tuckern eines kleinen Motors. Seine Tonhöhe veränderte sich, beinah musikalisch, und schuf einen unheimlichen Rhythmus. Dann hörte es auf.
»Das war der Nachtfalter«, sagte Don Juan. »Vielleicht hast du schon bemerkt, daß hier, obwohl das Licht der Laterne hell genug wäre, um Nachtfalter anzuziehen, kein einziger umherfliegt.«
Dies war mir nicht aufgefallen, aber kaum hatte Don Juan mich darauf aufmerksam gemacht, bemerkte ich ebenfalls die unglaubliche Stille in der Wüste und vor dem Haus.
»Werde nicht nervös«, sagte er ruhig. »In dieser Welt gibt es nichts, was ein Krieger sich nicht erklären könnte. Siehst du, ein Krieger betrachtet sich als bereits gestorben, daher hat er nichts zu verlieren. Das Schlimmste ist ihm schon widerfahren, daher bleibt er klar und ruhig; nach seinen Taten oder Worten zu urteilen, käme niemand auf den Verdacht, daß er etwas Besonderes beobachtet hat.«
Don Juans Worte, und vor allem seine Stimme, wirkten sehr beruhigend auf mich. Ich erzählte ihm, daß ich in meinem täglichen Leben nicht mehr wie einst jene zwanghafte Angst verspürte, daß aber mein Körper bei dem Gedanken an das, was dort draußen in der Dunkelheit lauerte, sich vor Angst in Krämpfen wand.
»Dort draußen ist nur das Wissen«, stellte er sachlich fest. »Das Wissen jagt Furcht ein, das ist wahr. Aber wenn der Krieger die beängstigende Natur des Wissens akzeptiert, dann durchkreuzt er seine Furchtbarkeit.«
Das seltsame pochende Geräusch setzte wieder ein. Es kam

mir jetzt näher und lauter vor. Ich horchte aufmerksam. Je mehr ich darauf achtete, desto schwerer konnte ich bestimmen, was es war. Offenbar war es kein Vogelruf, auch nicht der Schrei eines Landtieres. Jeder einzelne Ton war voll und tief; einige hielten sich in einer tiefen Tonlage, andere in einer hohen. Sie hatten einen eigenen Rhythmus und eine bestimmte Dauer; einige waren lang, ich hörte sie wie eine einzige Klangeinheit; andere waren kurz und gehäuft, wie das Stakkato eines Maschinengewehrs.

»Die Nachtfalter sind die Boten oder besser gesagt, die Wächter der Ewigkeit«, sagte Don Juan, nachdem das Geräusch aufgehört hatte. »Aus irgendeinem Grund, oder aus gar keinem Grund, sind sie die Bewahrer des Goldstaubs der Ewigkeit.«

Diese Metapher war mir fremd. Ich bat ihn, sie zu erklären.

»Die Nachtfalter haben einen Staub auf den Flügeln«, sagte er. »Einen dunkel-goldenen Staub. Dieser Staub ist der Staub des Wissens.«

Seine Erklärung machte die Metapher noch unverständlicher. Ich schwankte einen Augenblick, während ich überlegte, wie ich meine Frage am besten in Worte fassen könnte. Aber er hob wieder an zu sprechen.

»Das Wissen ist eine höchst eigenartige Sache«, sagte er, »besonders für einen Krieger. Für den Krieger ist das Wissen etwas, das plötzlich kommt, ihn überwältigt und mitreißt.«

»Was hat das Wissen mit dem Staub auf den Flügeln der Nachtfalter zu tun?« fragte ich nach langer Pause.

»Das Wissen schwebt heran wie Flocken von Goldstaub, vom gleichen Staub, der die Flügel der Nachtfalter bedeckt. Daher wirkt das Wissen auf den Krieger, als nähme er eine Dusche, als ließe er sich von den dunkel-goldenen Staubflocken beregnen.«

Ich suchte mich höflich auszudrücken, aber ich mußte ihm doch sagen, daß seine Erklärungen mich einigermaßen verwirrt hätten. Er lachte und versicherte mir, er rede völlig klar, nur gestatte meine Vernunft mir nicht, dies zuzugeben.

»Die Nachtfalter sind seit undenklichen Zeiten die vertrauten Freunde und Helfer der Zauberer«, sagte er. »Ich habe dieses Thema bisher nicht erwähnt, weil du nicht bereit warst.«

»Aber wieso kann der Staub auf ihren Flügeln Wissen sein?«
»Du wirst es sehen.«
Er legte die Hand auf mein Notizbuch und befahl mir, die Augen zu schließen und ruhig zu werden, ohne jeden Gedanken. Der Ruf des Nachtfalters im Chaparral, meinte er, werde mir helfen. Wenn ich darauf achte, werde er mir von bevorstehenden Ereignissen erzählen. Er räumte ein, daß er weder wisse, wie sich die Kommunikation zwischen dem Nachtfalter und mir herstellen, noch um was es bei dieser Kommunikation gehen werde. Er forderte mich auf, unbefangen und zuversichtlich zu sein und auf meine persönliche Kraft zu vertrauen.
Nach einer anfänglichen Phase der Ungeduld und Nervosität gelang es mir, mich zu beruhigen. Meine Gedanken wurden immer weniger, bis mein Geist völlig leer war. Die Geräusche des Wüstenchaparral schienen im gleichen Maß lauter zu werden, wie ich ruhiger wurde.
Das seltsame Geräusch, das, wie Don Juan meinte, von einem Nachtfalter herrührte, war wieder da. Ich registrierte es als ein Gefühl im Körper, nicht als einen Gedanken in meinem Kopf. Ich stellte fest, daß es überhaupt nicht bedrohlich oder feindselig war. Es war lieblich und einfach. Wie der Ruf eines Kindes. Es rief die Erinnerung an einen kleinen Jungen wach, den ich einst gekannt hatte. Die langen Töne erinnerten mich an seinen runden, blonden Kopf, die kurzen Stakkato-Klänge an sein Lachen. Ein schmerzliches Gefühl bedrückte mich, und doch war mein Geist leer von Gedanken; ich spürte den Schmerz körperlich. Ich konnte nicht mehr aufrecht sitzen und glitt nach der Seite zu Boden. Meine Trauer wurde so heftig, daß mein Denken wieder einsetze. Ich überlegte, was es mit meinem Schmerz und meinem Kummer auf sich haben mochte, und plötzlich fand ich mich mitten in einem Selbstgespräch über den kleinen Jungen. Das pochende Geräusch hatte aufgehört. Meine Augen waren geschlossen. Ich hörte, wie Don Juan aufstand, und dann spürte ich, wie er mir half, mich aufrecht zu setzen. Ich wollte nicht sprechen. Auch er sagte kein Wort. Ich hörte seine Schritte. Dann öffnete ich die Augen. Er kniete vor mir und betrachtete aufmerksam mein

Gesicht, wobei er mich mit der Laterne anleuchtete. Er befahl mir, die Hände über den Magen zu legen. Er stand auf, ging in die Küche und brachte mir Wasser. Einen Teil davon spritzte er mir ins Gesicht, den Rest gab er mir zu trinken.
Er setzte sich neben mich und reichte mir mein Notizbuch. Jenes Geräusch, erzählte ich ihm, habe mich in eine ungemein peinigende Träumerei versetzt.
»Du läßt dich grenzenlos gehen«, sagte er scharf.
Er schien tief in Gedanken versunken, als wollte er einen Vorschlag machen, ohne die rechten Worte zu finden.
»Heute abend geht es darum, Menschen zu *sehen*«, meinte er schließlich. »Zuerst muß du deinen inneren Dialog anhalten, dann mußt du dir das Bild der Person vorstellen, die du *sehen* möchtest; jeder Gedanke, den man im Zustand schweigender Ruhe denkt, ist strenggenommen ein Befehl, denn es sind keine anderen Gedanken vorhanden, die ihm Konkurrenz machen könnten. Heute nacht will der Nachtfalter im Gebüsch dir helfen, darum wird er für dich singen. Sein Gesang wird die goldenen Staubflocken rieseln lassen, und dann wirst du den Menschen *sehen,* für den du dich entschieden hast.«
Ich wollte noch weitere Einzelheiten wissen, aber er vollführte eine jähe Geste und bedeutete mir, ich solle anfangen.
Nachdem ich einige Minuten darum ringen mußte, meinen inneren Dialog anzuhalten, wurde ich vollkommen ruhig. Dann bemühte ich mich, an einen Freund von mir zu denken. Ich schloß die Augen für einen, wie ich meinte, kurzen Augenblick, und dann wurde mir bewußt, daß jemand mich an den Schultern schüttelte. Es war wie ein langsames Erwachen. Ich öffnete die Augen und stellte fest, daß ich auf der linken Seite lag. Offenbar war ich in einen so tiefen Schlaf gefallen, daß ich mich nicht erinnern konnte, wann und ob ich zu Boden gesunken war. Don Juan half mir, mich wieder aufrecht zu setzen. Er lachte. Er imitierte mein Schnarchen und meinte, wenn er es nicht selbst gesehen hätte, würde er nicht glauben, daß jemand so schnell einschlafen könne. Jedesmal, wenn er mit mir zusammen sei und ich etwas tun solle, was meine Vernunft nicht wahrhaben wolle, habe er einen Riesenspaß mit mir, meinte er. Er schob mein Notizbuch beiseite und erklärte, wir müßten von vorn beginnen.

Ich traf die notwendigen Vorbereitungen. Das seltsame, pochende Geräusch setzte wieder ein. Diesmal aber kam es nicht aus dem Chaparral; vielmehr schien es in mir selbst zu sein, als brächten meine Lippen, meine Beine oder Arme es hervor. Bald hüllte das Geräusch mich ganz ein. Mir war, als ob weiche Kugeln aus mir heraussprudelten oder auf mich niederregneten; ich hatte das besänftigende, angenehme Gefühl, von schweren Baumwollbällchen bombardiert zu werden. Plötzlich hörte ich etwas, wie wenn eine Tür von einem Windstoß aufgesprengt wird, und mein Denken setzte wieder ein. Ich glaubte, ich hätte abermals eine Gelegenheit vertan. Ich öffnete die Augen und fand mich zu Hause in meinem Zimmer wieder. Die Dinge auf meinem Schreibtisch lagen da, wie ich sie verlassen hatte. Die Tür stand offen; draußen wehte ein starker Wind. Mir kam der Gedanke, ich sollte vielleicht den Warmwasserbereiter kontrollieren. Ich hörte, wie an den Schiebefenstern gerüttelt wurde, die ich selbst eingebaut hatte und die im Rahmen ein wenig klemmten. Es war ein heftiges Rütteln, als ob jemand einsteigen wollte. Schlagartig überkam mich Angst. Ich stand von meinem Stuhl auf. Ich spürte, wie mich etwas mitzog. Ich schrie.

Don Juan schüttelte mich an den Schultern. Aufgeregt berichtete ich ihm von meiner Vision. Sie war so lebhaft gewesen, daß ich davon noch zitterte. Ich meinte, eben noch an meinem Schreibtisch gesessen zu haben, in voller Körperlichkeit.

Don Juan schüttelte ungläubig den Kopf und meinte, ich sei ein Genie darin, mich selber hereinzulegen. Er schien durch meinen Bericht nicht sonderlich beeindruckt. Er schob ihn einfach beiseite und befahl mir, von neuem zu beginnen.

Dann hörte ich wieder das geheimnisvolle Geräusch. Es erreichte mich, wie Don Juan vermutet hatte, in Form eines Regens goldener Flocken. Ich spürte sie nicht wie Flocken oder flache Scheiben, als die Don Juan sie beschrieben hatte, sondern eher als sphärische Blasen. Sie schwebten mir entgegen. Eine platzte auf und enthüllte mir ein Bild. Es war, als habe sie vor meinen Augen angehalten und sich geöffnet, um einen seltsamen Gegenstand preiszugeben. Er sah aus wie ein Pilz. Ich konnte es eindeutig sehen, und was ich erlebte, war kein Traum. Das pilzähnliche Objekt blieb unverändert in meinem »Gesichts«-Feld, und dann zerbarst es, wie wenn das Licht, das es beschienen hatte, ausgeschaltet worden sei. Darauf folgte eine endlose Dunkelheit. Ich spürte ein Beben, ein sehr beunruhigendes Rütteln, und dann wurde mir plötzlich bewußt, daß mich jemand schüttelte. Plötzlich waren meine Sinne wieder hell wach. Don Juan schüttelte mich heftig, und ich sah ihn an. Offenbar hatte ich gerade in diesem Augenblick die Augen geöffnet.

Er spritzte mir Wasser ins Gesicht. Die Kälte war sehr angenehm. Nach kurzer Pause wollte er wissen, was mir diesmal begegnet sei.

Ich berichtete ihm ausführlich von meiner Vision.

»Aber was war das, was ich da *sah,* Don Juan?«

»Dein Freund«, antwortete er.

Ich lachte und erklärte ihm geduldig, ich hätte eine pilzähnliche Figur »gesehen«. Obwohl mir ein Vergleichsmaßstab fehlte, sagte ich, hätte ich sie rein nach Gefühl etwa auf einen Fuß Länge geschätzt.

Das Gefühl, beteuerte Don Juan, sei das einzige, worauf es ankomme. Meine Gefühle, meinte er, seien der Maßstab, der über den Zustand der von mir »gesehenen« Objekte entscheide.

»Deiner Beschreibung und deinen Gefühlen muß ich wohl entnehmen«, sagte er, »daß dein Freund ein feiner Kerl ist.«

Seine Worte verblüfften mich.

Die pilzähnliche Gestalt, erklärte er mir, sei das typische Kennzeichen der Menschen, solange der Zauberer sie aus großer Entfernung »sieht«; stehe der Zauberer dem Betreffenden aber unmittelbar gegenüber, dann zeige sich dessen menschliche Eigenschaft in Form eines eiförmigen Gebildes aus leuchtenden Fasern.

»Du hast deinem Freund nicht unmittelbar gegenübergestanden«, sagte er. »Darum sah er aus wie ein Pilz.«

»Aber warum ist dies so, Don Juan?«

»Das weiß niemand. Dies ist halt einfach das Aussehen der Menschen bei dieser besonderen Art des *Sehens.*«

Alle Merkmale der pilzähnlichen Gestalt hätten eine besonde-

re Bedeutung, fuhr er fort, aber ein Anfänger könne diese Bedeutung noch nicht richtig interpretieren.
Jetzt kam mir eine verblüffende Erinnerung. Vor ein paar Jahren hatte ich, in einem durch die Einnahme psychotroper Pflanzen hervorgerufenen Zustand der anderen Realität, erlebt oder wahrgenommen, daß während ich in einen Wassergraben blickte, eine Traube von Blasen auf mich zuschwebte und mich einhüllte. Die goldenen Blasen, die ich soeben gesehen hatte, waren genauso herangeschwebt und hatten mich eingehüllt. Ich konnte sogar feststellen, daß die Trauben jedesmal die gleiche Struktur und das gleiche Muster aufwiesen.
Don Juan hörte meinen Ausführungen uninteressiert zu.
»Verschwende deine Zeit nicht auf Lappalien«, sagte er. »Du hast es mit der Unendlichkeit dort draußen zu tun.«
Mit einer Handbewegung deutete er zum Chaparral.
»Du gewinnst nichts dabei, wenn du all diese Herrlichkeit als etwas Vernünftiges erklärst. Hier umgibt uns die Ewigkeit selbst. Das Bemühen, sie auf einen handlichen Unfug zu reduzieren, ist kleinlich und geradezu verhängnisvoll.«
Dann bestand er darauf, ich solle versuchen, jemand anderen aus meinem Bekanntenkreis zu »sehen«. Sobald die Vision vorüber sei, fügte er hinzu, solle ich mich bemühen, aus eigener Kraft die Augen zu öffnen und zum vollen Bewußtsein meiner unmittelbaren Umgebung aufzutauchen.
Es gelang mir, den Anblick einer anderen pilzähnlichen Gestalt festzuhalten, aber während die erste gelblich und klein gewesen war, war die zweite weißlich, größer und verschwommen.
Als wir schließlich unser Gespräch über die zwei Gestalten, die ich »gesehen« hatte, beendeten, hatte ich den »Nachtfalter« im Gebüsch, der mich erst zuvor so beeindruckt hatte, ganz vergessen. Ich erzählte Don Juan, wie sehr es mich verwunderte, daß ich mich mit solcher Leichtigkeit über etwas so wahrhaft Unheimliches hinwegsetzen konnte. Mir schien, als sei ich nicht mehr derselbe, als den ich mich kannte.
»Ich sehe nicht ein, warum du soviel Wesens davon machst«, sagte Don Juan. »Sobald der Dialog aufhört, bricht die Welt zusammen, und außerordentliche Seiten unseres Selbst wer-

den sichtbar, als wären sie bis dahin durch unsere Worte streng bewacht worden. Du bist, wie du bist, weil du dir sagst, daß du so bist.«

Nach kurzer Pause drängte mich Don Juan, weitere Freunde von mir zu »rufen«. Es komme darauf an, meinte er, daß man so oft wie möglich, versuche zu »sehen«, um eine Richtschnur des Fühlens zu gewinnen.

Nacheinander rief ich zweiunddreißig Personen an. Nach jedem Versuch verlangte er von mir eine sorgfältige, ausführliche Schilderung all dessen, was ich in meiner Vision wahrgenommen hatte. Dieses Verfahren änderte er jedoch in dem Maß ab, wie mein Bemühen erfolgreicher wurde – jedenfalls danach zu urteilen, wie es mir gelang, den inneren Dialog binnen Sekunden abzustellen, am Ende einer jeden Erfahrung aus eigener Kraft die Augen zu öffnen und ohne Übergang wieder zu normalen Beschäftigungen zurückzukehren. Diese Veränderung bemerkte ich, während wir die Färbung der pilzförmigen Gestalten diskutierten. Er hatte gerade festgestellt, daß das, was ich Färbung nannte, keine Farbnuance sei, sondern ein Leuchten von unterschiedlicher Intensität. Ich wollte eben ein gelbliches Leuchten schildern, das ich wahrgenommen hatte, als er mich unterbrach und genau beschrieb, was ich »gesehen« hatte. Von diesem Augenblick an diskutierte er den Inhalt einer jeden Vision nicht so, als verstünde er, was ich sagte, sondern als hätte er sie selbst »gesehen«. Als ich ihn um eine Erklärung dafür bat, weigerte er sich einfach, darüber zu sprechen.

Als ich schließlich alle zweiunddreißig Personen angerufen hatte, war mir klargeworden, daß ich eine Vielzahl pilzförmiger Gestalten von unterschiedlicher Leuchtkraft »gesehen« hatte und daß ich ihnen gegenüber die unterschiedlichsten Gefühle hegte, von gelindem Entzücken bis zu schierem Abscheu.

Die Menschen, erklärte Don Juan, seien von Strukturen erfüllt, die Wünsche, Probleme, Leiden, Sorgen usw. darstellen könnten. Nur ein wirklich starker Zauberer, behauptete er, könne die Bedeutung dieser Strukturen enträtseln, und so müsse ich mich damit abfinden, nur die allgemeine Gestalt der Menschen zu erkennen.

Ich war sehr müde. Irgendwie hatten diese seltsamen Gestalten mich wirklich erschöpft. Mein allgemeiner Eindruck ihnen gegenüber war – Abneigung. Sie waren mir unangenehm gewesen. Sie hatten bewirkt, daß ich mich gefangen und verurteilt fühlte.
Don Juan verlangte, ich solle schreiben, um dieses schwermütige Gefühl zu vertreiben. Nach einer längeren Pause, während welcher ich nichts notieren konnte, forderte er mich auf, Leute anzurufen, die er selbst auswählen wollte.
Nun traten eine Reihe anderer Gestalten auf. Sie waren nicht pilzförmig, sondern sahen eher wie umgestülpte japanische Sake-Schalen aus. Einige wiesen ein kopfförmiges Gebilde auf, ähnlich dem Fuß einer Sake-Schale. Andere waren eher rund. Ihre Erscheinung war angenehm und friedlich. Ich spürte, daß ein eigentümliches Glücksgefühl von ihnen ausging. Sie federten auf und ab, im Gegensatz zu der erdgebundenen Schwere, die der vorhergehenden Gruppe eigen gewesen war. Die bloße Tatsache, daß sie da waren, linderte irgendwie meine Erschöpfung.
Zu den Personen, die Don Juan auswählte, gehörte sein Lehrling Eligio. Als ich das Bild Eligios herbeibeschwor, erlitt ich einen Schock, der mich aus meinem visionären Zustand aufrüttelte. Eligio zeigte sich in einer langen, weißen Gestalt, die emporschnellte und sich auf mich stürzen zu wollen schien. Don Juan erklärte, Eligio sei ein sehr begabter Lehrling und habe zweifellos bemerkt, daß jemand ihn »sah«.
Eine weitere, von Don Juan ausgewählte Person war Pablito, Don Genaros Lehrling. Der Schock, den die Vision Pablitos mir versetzte, war noch heftiger als bei Eligios Anblick.
Don Juan lachte, bis ihm die Tränen über die Wangen rollten.
»Warum sind diese Menschen anders geformt?«
»Sie haben mehr persönliche Kraft«, erwiderte er. »Wie du vielleicht bemerkt hast, haften sie nicht am Boden.«
»Was gibt ihnen diese Leichtigkeit? Ist sie ihnen angeboren?«
»Wir sind alle mit dieser federnden Leichtigkeit geboren, aber mit der Zeit werden wir erdschwer und steif. Wir selbst machen uns dazu. Vielleicht kann man daher sagen, daß diese

Menschen eine andere Gestalt haben, weil sie wie Krieger leben. Doch das ist unwesentlich. Entscheidend ist, daß du jetzt an der Schwelle stehst. Du hast siebenundvierzig Menschen angerufen, und du brauchst nur noch einen einzigen zu rufen, um die ursprünglichen achtundvierzig vollzumachen.

In diesem Augenblick erinnerte ich mich, daß er mir vor Jahren, als wir über Maiszauber und Wahrsagerei sprachen, erzählt hatte, daß die Anzahl der Maiskörner, die ein Zauberer besitze, achtundvierzig sei. Warum, das hatte er mir nie erklärt.

»So fragte ich ihn wieder: »Warum achtundvierzig?«

»Die Achtundvierzig ist unsere Zahl«, sagte er. »Das ist es, was uns zu Menschen macht. Ich weiß nicht warum. Verschwende deine Kraft nicht auf törichte Fragen.«

Er stand auf und streckte seine Glieder. Er forderte mich auf, es ihm gleichzutun. Ich beobachtete, daß sich am Himmel im Osten schon ein Lichtschimmer zeigte. Wir setzten uns wieder. Er beugte sich vor und brachte seinen Mund an mein Ohr.

»Der letzte, den du rufen wirst, ist Genaro, der wahre McCoy«, flüsterte er.

Neugier und Erregung bestürmten mich. Blitzartig ging ich die erforderlichen Schritte durch. Das seltsame Geräusch vom Rand des Chaparral wurde lebhafter und nahm erneut an Lautstärke zu. Ich hatte es schon beinah vergessen gehabt. Die goldenen Blasen hüllten mich ein, und dann erblickte ich in einer von ihnen Don Genaro selbst. Er stand vor mir und hielt den Hut in der Hand. Er lächelte. Rasch schlug ich die Augen auf und wollte zu Don Juan gerade etwas sagen, doch bevor ich noch ein Wort herausbrachte, versteifte mein Körper sich wie ein Brett; meine Haare standen zu Berge, und einen langen Augenblick wußte ich nicht, was ich tun oder sagen sollte. Don Genaro stand unmittelbar vor mir – leibhaftig!

Ich wandte mich zu Don Juan um; er lächelte. Dann brachen die beiden in ein gewaltiges Gelächter aus. Auch ich versuchte zu lachen. Es gelang mir nicht. Ich stand auf.

Don Juan reichte mir einen Becher Wasser. Mechanisch trank

ich. Ich erwartete, er werde mein Gesicht mit Wasser bespritzen. Statt dessen füllte er meinen Becher erneut.

Don Genaro kratzte sich am Kopf und verbarg ein Grinsen.

»Möchtest du nicht Genaro begrüßen?« fragte Don Juan.

Es kostete mich eine ungeheure Anstrengung, meine Gedanken und Gefühle zu ordnen. Schließlich murmelte ich Don Genaro irgendeinen Gruß zu. Er machte eine Verbeugung.

»Du hast mich gerufen, nicht wahr?« fragte er lächelnd.

Stotternd drückte ich meine Verwunderung darüber aus, ihn leibhaftig vor mir zu sehen.

»Er hat dich gerufen«, warf Don Juan ein.

»Gut, hier bin ich«, sagte Don Genaro zu mir. »Was kann ich für dich tun?«

Allmählich schien mein Verstand wieder zu arbeiten, und schließlich hatte ich eine plötzliche Einsicht. Meine Gedanken waren glasklar, und ich »wußte«, was wirklich geschehen war. Don Genaro, so dachte ich mir, war bei Don Juan zu Besuch, und als sie mein Auto näherkommen hörten, war Don Genaro ins Gebüsch geschlichen und hatte sich dort bis zum Einbruch der Dunkelheit versteckt. Alle Anzeichen sprachen für diese These, meinte ich. Da Don Juan zweifellos die ganze Sache geplant hatte, gab er mir von Zeit zu Zeit Stichworte und lenkte damit den Gang der Dinge. Zum rechten Zeitpunkt hatte Don Genaro mich dann auf seine Anwesenheit aufmerksam gemacht, und als Don Juan und ich zum Haus zurückkehrten, war er uns auffällig gefolgt, um mich in Angst und Schrecken zu versetzen. Dann hatte er im Chaparral gewartet und, jedesmal wenn Don Juan ihm ein Zeichen gab, jenes seltsame Geräusch von sich gegeben. Den Wink, aus dem Gebüsch hervorzukommen, mußte Don Juan ihm schließlich gegeben haben, während ich die Augen geschlossen hatte, nachdem er mich aufgefordert hatte, Don Genaro zu »rufen«. Dann war Don Genaro offenbar zur Veranda gekommen und hatte gewartet, bis ich die Augen öffnete, und hatte mir diesen Schrecken eingejagt.

Die einzigen Unstimmigkeiten in meiner logischen Theorie waren, daß ich tatsächlich gesehen hatte, wie der im Gebüsch versteckte Mann sich in einen Vogel verwandelte, und daß ich Don Genaro zuerst als ein Bild in einer goldenen Blase gesehen hatte. In meiner Vison war er genauso gekleidet wie nunmehr in leibhaftiger Gestalt. Da ich keine logische Erklärung für diese Unstimmigkeiten finden konnte, nahm ich an, wie ich es unter ähnlichen Umständen stets zu tun geneigt bin, daß der emotionale Streß wohl eine wichtige Rolle bei der Bestimmung dessen gespielt haben mochte, was ich zu sehen geglaubt hatte.

Als ich mir in Gedanken diesen grotesken Trick ausmalte, begann ich unwillkürlich zu lachen. Ich berichtete ihnen von meinen Schlußfolgerungen. Sie stimmten ein schallendes Gelächter an. Ich war ehrlich überzeugt, daß ihr Lachen ein Eingeständnis war.

»Du hattest dich im Gebüsch versteckt, nicht wahr?« fragte ich Don Genaro.

Don Juan setzte sich wieder und schlug die Hände über dem Kopf zusammen.

»Nein. Ich habe mich nicht versteckt«, sagte Don Genaro nachsichtig. »Ich war weit weg von hier, und dann hast du mich gerufen, also bin ich zu dir gekommen.«

»Wo warst du denn, Don Genaro?«

»Weit weg.«

»Wie weit?«

Don Juan unterbrach mich und sagte, wenn Don Genaro gekommen sei, so habe er mir damit einen Gefallen getan, und ich solle nicht fragen, wo er gewesen sei, denn er sei nirgends gewesen.

Don Genaro nahm mich in Schutz und meinte, es sei ganz in Ordnung, wenn ich ihn alles mögliche frage.

»Wenn du dich nicht hier beim Haus versteckt hast, Don Genaro, wo warst du denn?« fragte ich.

»Ich war bei mir zu Hause«, sagte er ganz aufrichtig.

»In Zentralmexiko?«

»Ja! Es ist das einzige Zuhause, das ich habe.«

Sie schauten sich an und brachen wieder in Lachen aus. Ich wußte, daß sie sich über mich lustig machten, aber ich beschloß, bei diesem Thema nicht länger zu verweilen. Anscheinend hatten sie einen Grund, eine so komplizierte Inszenierung auszuhecken. Ich setzte mich.

Ich fühlte mich wirklich entzweigerissen; ein Teil von mir war

gar nicht schockiert und konnte alle Taten Don Juans und Don Genaros unbesehen akzeptieren. Aber ein anderer Teil meiner selbst weigerte sich einfach, und dieser war stärker. Mein bewußtes Urteil lautete, daß ich Don Juans Beschreibung der Welt lediglich auf intellektueller Ebene akzeptiert hatte, während mein Körper insgesamt sich ihr widersetzte; daher mein Dilemma. Aber andererseits hatte ich all die Jahre, die ich mit Don Juan und Don Genaro zusammen war, außerordentliche Phänomene erlebt, und diese waren körperliche, nicht intellektuelle Erfahrungen. Gerade an diesem Abend hatte ich die »Gangart der Kraft« geübt, die mir, intellektuell betrachtet, als unvorstellbare Leistung erschien; hinzu kam, daß ich unglaubliche Visionen gehabt hatte, und zwar durch kein anderes Mittel als meinen eigenen Willen.
Ich erklärte ihnen meine schmerzliche und zugleich aufrichtige Verwirrung.
»Der Junge ist ein Genie«, sagte Don Juan zu Don Genaro und schüttelte ungläubig den Kopf.
»Du bist ein gewaltiges Genie, Carlitos«, sagte Don Genaro in einem Ton, als halte er eine Ansprache.
Sie setzten sich neben mich, Don Juan zu meiner Rechten und Don Genaro zu meiner Linken. Don Juan erklärte, daß es wohl bald Tag werden würde. In diesem Augenblick hörte ich wieder den Ruf des Nachtfalters; er hatte seinen Platz gewechselt. Das Geräusch kam nun aus der entgegengesetzten Richtung. Ich schaute die beiden an und versuchte ihren Blicken standzuhalten. Mein logisches Schema begann sich aufzulösen. Das Geräusch war von faszinierender Fülle und Tiefe. Dann hörte ich gedämpfte Schritte wie von leichten Füßen, die durch das dürre Unterholz schlichen. Das pochende Geräusch kam näher, und ich schmiegte mich an Don Juan. Tonlos befahl er mir, es zu »sehen«. Ich machte eine äußerste Anstrengung, weniger ihm zuliebe als um meinetwillen. Vorhin war ich sicher gewesen, daß Don Genaro der Nachfalter war. Aber Don Genaro saß neben mir; was also war dort im Gebüsch? Ein Nachtfalter?
Das pochende Geräusch klang in meinen Ohren nach. Meinen inneren Dialog konnte ich ganz und gar nicht abstellen. Ich hörte das Geräusch, aber ich konnte es nicht mehr, wie vorhin,

in meinem Körper spüren. Eindeutig hörte ich Schritte. Irgend etwas schlich durch die Dunkelheit. Dann ertönte ein lautes knackendes Geräusch, als ob ein Ast entzweibräche, und plötzlich erfaßte mich eine furchtbare Erinnerung. Vor Jahren hatte ich eine schreckliche Nacht in der Wildnis verbracht und war von einem Wesen belästigt worden, einem ganz leichten und weichen Etwas, das immer wieder über meinen Nacken lief, während ich am Boden kauerte. Don Juan hatte mir erklärt, dieses Ereignis sei eine Begegnung mit dem »Verbündeten« gewesen, mit einer geheimnisvollen Kraft, die ein Zauberer, wie er sagte, als Wesenheit wahrzunehmen lerne.
Ich beugte mich näher zu Don Juan und berichtete ihm flüsternd von meiner Erinnerung. Don Genaro kroch auf allen vieren näher zu uns her.
»Was hat er gesagt?« fragte er Don Juan flüsternd.
»Er sagt, dort draußen ist ein Verbündeter«, antwortete Don Juan leise.
Don Genaro kroch zurück und setzte sich: Dann wandte er sich an mich und sagte, laut flüsternd: »Du bist ein Genie.«
Sie lachten gedämpft. Don Genaro wies mit einer Kopfbewegung zum Chaparral hinüber.
»Geh hin und pack ihn«, sagte er. »Zieh dich nackt aus, und jage dem Verbündeten einen Schreck ein!«
Sie schüttelten sich vor Lachen. Das Geräusch hatte inzwischen aufgehört. Don Juan befahl mir, meine Gedanken anzuhalten, aber die Augen offenzuhalten und mich auf den Rand des Chaparral vor mir zu konzentrieren. Er sagte, der Nachtfalter habe seinen Platz gewechselt, weil Don Genaro da sei, und wenn er sich mir zeigen wolle, dann werde er es vorziehen, von vorn zu kommen.
Ich mußte einen Augenblick darum ringen, meine Gedanken zu beruhigen, und dann nahm ich das Geräusch wieder wahr. Es war jetzt voller denn zuvor. Zuerst hörte ich die gedämpften Schritte auf trockenem Laub, und dann spürte ich sie auf meinem Körper. In diesem Moment entdeckte ich direkt vor mir, am Rand des Chaparral, eine dunkle Masse.
Ich fühlte, wie ich gerüttelt wurde. Ich schlug die Augen auf. Don Juan und Don Genaro standen über mich gebeugt, und ich kniete, als sei ich in kauernder Haltung eingeschlafen. Don

Juan gab mir Wasser zu trinken, und ich setzte mich wieder mit dem Rücken zur Wand.
Bald darauf dämmerte es. Der Chaparral schien zu erwachen. Die Morgenkühle war scharf und belebend.
Der Nachtfalter war nicht Don Genaro gewesen. Mein rationales Gebäude fiel auseinander. Ich wollte keine Fragen mehr stellen, aber ich wollte auch nicht schweigen. Ich mußte endlich sprechen.
»Aber wenn du doch in Zentralmexiko warst, Don Genaro, wie bist du dann hierhergekommen?« fragte ich.
Don Genaro machte komische, sehr belustigende Bewegungen mit dem Mund.
»Tut mir leid«, sagte er, »mein Mund will nicht sprechen.«
Dann wandte er sich an Don Juan und sagte grinsend: »Warum sagst du es ihm nicht?«
Don Juan schien unschlüssig. Dann meinte er, daß Don Genaro, als vollendeter Künstler der Zauberei, zu erstaunlichen Taten imstande sei.
Don Genaros Brust wölbte sich, als ob Don Juans Worte sie aufblähten. Er hatte anscheinend so viel Luft eingeatmet, daß sein Brustkorb das Doppelte seines normalen Umfangs zu haben schien. Jeden Moment schien er davonzuschweben. Er sprang in die Luft. Ich hatte den Eindruck, daß die Luft in seinen Lungen ihn gezwungen hatte zu springen. Er raste über dem Boden hin und her, bis er anscheinend die Kontrolle über seinen Brustkorb wieder gewann; er klopfte ihn ab und strich kräftig mit den Handflächen von den Brustmuskeln zum Bauch hinab, als ob er die Luft aus einem Autoreifen pressen wollte. Schließlich setzte er sich.
Don Juan grinste. Seine Augen leuchteten vor Begeisterung. »Schreib an deinen Notizen«, befahl er mir leise. »Schreib, schreib, sonst mußt du sterben.«
Dann erklärte er, daß selbst Don Genaro es nicht mehr so komisch finde, wenn ich mir Notizen machte.
»Das stimmt!« erwiderte Don Genaro. »Ich habe selbst schon daran gedacht, mit dem Schreiben anzufangen.«
»Genaro ist ein Wissender«, sagte Don Juan wie beiläufig. »Und als Wissender ist er ohne weiteres imstande, sich über große Entfernungen hinweg zu befördern.«

Er erinnerte mich daran, wie wir drei einmal vor Jahren im Gebirge gewesen waren und Don Genaro, im Bemühen, mir bei der Überwindung meiner törichten Vernunft zu helfen, einen gewaltigen Satz hinauf zu den Gipfeln der Sierra getan hatte – zehn Meilen weit. Ich erinnerte mich an das Ereignis, aber mir fiel auch ein, daß ich damals nicht einmal begriffen hatte, daß er gesprungen war.
Don Juan fügte hinzu, daß Don Genaro zu gewissen Zeiten imstande sei, außerordentliche Taten zu vollbringen.
»Zu gewissen Zeiten ist Genaro nicht Genaro, sondern sein Doppelgänger«, sagte er.
Dies wiederholte er drei oder viermal. Dann beobachteten mich die beiden, als warteten sie auf meine unmittelbare Reaktion.
Ich hatte nicht verstanden, was er mit »seinem Doppelgänger« meinte. Er hatte nie zuvor dergleichen erwähnt. Ich bat um eine Erklärung.
»Es gibt noch einen anderen Genaro«, erläuterte er.
Alle drei blickten wir uns an. Mir wurde ganz ungemütlich. Durch einen Augenwink drängte mich Don Juan, ich solle weitersprechen.
»Hast du einen Zwillingsbruder?« fragte ich zu Don Genaro gewandt.
»Natürlich«, sagte er. »Ich habe einen Zwilling.«
Ich war unschlüssig, ob sie mich an der Nase herumführten oder nicht. Die beiden kicherten mit der Ausgelassenheit von Kindern, die jemandem einen Streich spielen.
»Man könnte sagen«, fuhr Don Juan fort, »daß Genaro in diesem Augenblick sein eigener Zwilling ist.«
Auf diese Feststellung hin fielen die beiden fast um vor Lachen. Aber ich konnte ihrer Heiterkeit nichts abgewinnen. Mein Körper zitterte unwillkürlich.
Don Juan sagte in strengem Ton, ich sei zu schwerfällig und nähme mich selbst zu wichtig.
»Sei locker!« befahl er mir scharf. »Du weißt, daß Genaro ein Zauberer und ein makelloser Krieger ist. Daher kann er Taten vollbringen, die für den normalen Menschen undenkbar sind. Sein Doppelgänger, der andere Genaro, ist eine dieser Taten.«

Ich war sprachlos. Ich konnte mir nicht vorstellen, daß sie mich einfach an der Nase rumführten.
»Für einen Krieger wie Genaro«, fuhr er fort, »ist es kein gar so ungewöhnliches Unterfangen, den Anderen hervorzubringen.«
Lange überlegte ich, was ich noch sagen sollte, dann fragte ich: »Ist der Andere wie das Selbst?«
»Der Andere ist das Selbst«, erwiderte Don Juan.
Seine Erklärung hatte eine unglaubliche Wendung genommen, doch war sie eigentlich nicht unglaublicher als alles andere, was sie taten.
»Woraus besteht der Andere?« fragte ich Don Juan nach Minuten der Unentschlossenheit.
»Das zu wissen ist unmöglich«, sagte er.
»Ist er real oder bloß eine Ilusion?«
»Natürlich ist er real.«
»Könnte man dann sagen, daß er aus Fleisch und Blut ist?« fragte ich.
»Nein, das kann man nicht«, antwortete Don Genaro.
»Aber wenn er so wirklich ist wie ich . . .«
»So wirklich wie du?« unterbrachen mich Don Juan und Don Genaro wie aus einem Mund.
Sie schauten einander an und lachten, bis ich meinte, sie müßten sich gleich übergeben. Don Genaro warf seinen Hut auf den Boden und tanzte um ihn herum. Sein Tanz war gewandt und anmutig und aus irgendeinem unerklärlichen Grund äußerst spaßig. Vielleicht lag der Witz in den höchst »professionellen« Schritten, die er ausführte. Diese Unstimmigkeit war so subtil und gleichzeitig so auffällig, daß ich in ihr Gelächter einstimmen mußte.
»Die Schwierigkeit mit dir, Carlitos«, meinte er, als er wieder saß, »besteht darin, daß du ein Genie bist.«
»Ich muß mehr über den Doppelgänger wissen«, sagte ich.
»Es ist unmöglich zu wissen, ob er aus Fleisch und Blut ist«, sagte Don Juan. »Denn er ist nicht so wirklich wie du. Genaros Doppelgänger ist so wirklich wie Genaro. Verstehst du, was ich meine?«
»Aber du mußt zugeben, Don Juan, daß es doch möglich sein muß, dies zu wissen.«

»Der Doppelgänger ist das Selbst. Diese Erklärung sollte genügen. Aber wenn du *sehen* könntest, dann wüßtest du, daß ein großer Unterschied zwischen Genaro und seinem Doppelgänger besteht. Für einen Zauberer, der *sieht,* leuchtet der Doppelgänger heller.«
Ich fühlte mich zu schwach, um noch weitere Fragen zu stellen. Ich legte mein Schreibzeug weg, und einen Augenblick war mir, als würde ich ohnmächtig. Ich hatte die Vision eines Tunnels; alles um mich her war dunkel, ausgenommen ein runder Fleck vor meinen Augen, der ein klares Bild zeigte.
Don Juan sagte, ich müsse etwas essen. Ich war nicht hungrig. Don Genaro verkündete, er sei ganz ausgehungert, dann stand er auf und ging in den rückwärtigen Teil des Hauses. Don Juan stand ebenfalls auf und bedeutete mir, ihm zu folgen. In der Küche füllte Don Genaro sich einen Teller und ahmte dann äußerst komisch einen Menschen nach, der essen will, aber nicht schlucken kann. Mir kam es so vor, als wolle Don Genaro gleich seinen Geist aufgeben; er brüllte, strampelte, schrie, keuchte und würgte vor Lachen. Auch ich mußte mir den Bauch halten. Don Genaros Possen waren unvergleichlich.
Schließlich hielt er inne und blickte Don Juan und mich nacheinander an; seine Augen leuchteten und er lächelte strahlend.
»Es geht nicht«, sagte er achselzuckend.
Ich aß eine gewaltige Portion, Don Juan ebenfalls; dann kehrten wir alle drei zum Vorplatz des Hauses zurück. Die Sonne strahlte, der Himmel war klar, und die Morgenbrise erfrischte die Atmosphäre. Ich fühlte mich glücklich und gestärkt.
Wir saßen im Dreieck einander gegenüber. Nach einem höflichen Schweigen beschloß ich, sie zu bitten, mir bei der Klärung meines Dilemmas zu helfen. Ich fühlte mich wieder in bester Form und wollte meine Stärke erproben.
»Erzähl mir mehr über den Doppelgänger, Don Juan«, sagte ich.
Don Juan deutete auf Don Genaro, und Don Genaro verbeugte sich.

»Das ist er«, sagte Don Juan. »Mehr gibt es nicht zu sagen. Er ist hier, damit du dich selbst von seiner Existenz überzeugen kannst.«
»Aber das ist doch Don Genaro«, sagte ich in einem schwachen Versuch, das Gespräch zu steuern.
»Gewiß bin ich Genaro«, sagte er und hob die Schultern.
»Was ist also ein Doppelgänger, Don Genaro?« fragte ich.
»Frag ihn doch«, fuhr er mich an und wies auf Don Juan. »Er ist es, der spricht. Ich bin stumm.«
»Ein Doppelgänger ist der Zauberer selbst, in einer durch sein *Träumen* hervorgebrachten Gestalt«, erläuterte Don Juan. »Für den Zauberer ist ein Doppelgänger ein Akt seiner Kraft, für dich aber nur eine Erzählung der Kraft. Im Falle Genaros ist sein Doppelgänger vom Original nicht zu unterscheiden. Und zwar deshalb, weil seine Makellosigkeit als Krieger unübertroffen ist; daher hast du selbst nie den Unterschied bemerkt. Aber in all den Jahren, die du ihn kennst, bist du nur zweimal mit dem eigentlichen Genaro zusammen gewesen; alle anderen Male warst du mit seinem Doppelgänger zusammen.«
»Aber das ist doch absurd!« rief ich.
Ich spürte, wie Beklemmung meine Brust erfaßte. Ich war so erregt, daß ich mein Schreibzeug fallen ließ, und mein Bleistift rollte davon. Don Juan und Don Genaro stürzten sich kopfüber auf den Boden und fingen an, in einer ganz närrischen Pantomime nach dem Bleistift zu suchen. Nie hatte ich eine erstaunlichere Darbietung von Bühnenmagie und Taschenspielerei gesehen. Nur, daß es keine Bühne, keine Kulissen und keinerlei technische Apparate gab und daß die Darsteller höchstwahrscheinlich keine Taschenspielertricks einsetzten.
Don Genaro, der Oberzauberer, und sein Assistent, Don Juan, brachten binnen Minuten die erstaunlichste, bizarrste und seltsamste Kollektion von Gegenständen zusammen, die sie unter, hinter oder auf jedem größeren Gegenstand im Umkreis der Veranda fanden.
Im Stil der Bühnenmagie stellte der Assistent die Requisiten auf, in diesem Fall etliche Gegenstände – Steine, Rupfensäke, Holzscheite, eine Milchbütte, eine Laterne und meine Jacke –, die sich auf der Erde fanden; dann zauberte der

Magier, Don Genaro, einen Gegenstand hervor, den er beiseite warf, sobald er sich vergewissert hatte, daß es nicht mein Bleistift war. Zu den so gefundenen Gegenständen gehörten Kleidungsstücke, Perücken, Brillen, Spielzeug, Haushaltsgeräte, Maschinenteile, Damenunterwäsche, menschliche Gebisse, Butterstullen und religiöse Kultgegenstände. Ein Stück war geradezu ekelerregend. Es war ein fester Klumpen menschlichen Kots, den Don Genaro unter meiner Jacke hervorzauberte. Schließlich fand Don Genaro meinen Bleistift und überreichte ihn mir, nachdem er mit seinem Hemdzipfel den Staub abgewischt hatte.

Die beiden zelebrierten ihre Possen unter Schreien und Gelächter. Ich stand starr vor Staunen dabei, unfähig, mich ihnen anzuschließen.

»Nimm die Dinge nicht so ernst, Carlitos«, sagte Don Genaro mit besorgter Stimme. »Sonst fängst du dir noch ein . . .«

Er machte eine drollige Gebärde, die alles und nichts bedeuten konnte.

Nachdem ihr Gelächter sich gelegt hatte, wollte ich von Don Genaro wissen, was ein Doppelgänger mache oder was ein Zauberer mit dem Doppelgänger mache.

Don Juan gab die Antwort. Der Doppelgänger, sagte er, verfüge über Kraft und werde benutzt, um Taten zu vollbringen, die unter gewöhnlichen Umständen unvorstellbar seien.

»Ich habe dir immer wieder gesagt, daß die Welt unergründlich ist«, sagte er zu mir. »Und auch wir sind es, und jedes Ding, das auf dieser Welt existiert. Daher ist es unmöglich, dem Doppelgänger mit der Vernunft beizukommen. Doch du hattest Gelegenheit, dich von seiner Existenz zu überzeugen, und das sollte mehr als genug sein.«

»Aber es muß doch möglich sein, darüber zu sprechen«, sagte ich. »Du selbst hast mir gesagt, daß du über dein Gespräch mit dem magischen Reh berichtet hast, um darüber zu sprechen. Kannst du es mit dem Doppelgänger nicht ebenso halten?«

Er schwieg eine Weile. Ich drängte ihn. Die Beklemmung, die ich verspürte, überstieg alles, was ich je erlebt hatte.

»Nun, ein Zauberer kann sich verdoppeln«, sagte Don Juan. »Mehr gibt's darüber nicht zu sagen.«

»Aber ist er sich dessen bewußt, daß er doppelt ist?«

»Natürlich ist er sich dessen bewußt.«
»Weiß er, daß er an zwei Orten gleichzeitig ist?«
Die beiden schauten mich an und wechselten dann einen Blick.
»Wo ist der andere Don Genaro?« fragte ich.
Don Genaro beugte sich vor und starrte mir in die Augen.
»Ich weiß es nicht«, sagte er. »Kein Zauberer weiß, wo sein Anderer ist.«
»Genaro hat recht«, sagte Don Juan. »Ein Zauberer hat keine Vorstellung davon, daß er an zwei Orten zugleich ist. Sich dessen bewußt zu sein hieße soviel, wie seinem Doppelgänger zu begegnen, und der Zauberer, der seinem Doppelgänger von Angesicht zu Angesicht gegenübersteht, ist ein toter Zauberer. Das ist die Regel. So hat die Kraft die Dinge eingerichtet. Niemand weiß, warum.«
Sobald ein Krieger die Fähigkeit des »Träumens« und »Sehens« erreicht und einen Doppelgänger hervorgebracht habe, müsse es ihm, erklärte Don Juan, auch gelingen, sein persönliche Geschichte, sein Gefühl der eigenen Wichtigkeit und seine Routineverhalten auszulöschen. Alle die Techniken, die er mich gelehrt habe und die ich als leeres Gerede betrachtet hätte, seien im Grunde Mittel zur Aufhebung der Unmöglichkeit, in der gewöhnlichen Welt einen Doppelgänger zu besitzen; und zwar indem man das Selbst und die Welt in Bewegung bringe und sie beide außerhalb der Grenzen des Vorhersagbaren stelle.
»Ein beweglich gewordener Krieger kann die Welt nicht mehr chronologisch anordnen«, erklärte Don Juan. »Und für ihn sind die Welt und er selbst keine Objekte mehr. Er ist ein leuchtendes Wesen, das in einer leuchtenden Welt existiert. Der Doppelgänger ist für den Zauberer eine einfache Sache, denn er weiß, was er tut. Das Notizenanlegen ist für dich eine einfache Sache, aber dennoch machst du Genaro mit deinem Bleistift Angst.«
»Kann ein Außenstehender, der den Zauberer beobachtet, feststellen, daß er an zwei Orten gleichzeitig ist?« fragte ich Don Juan.
»Gewiß. Das wäre die einzige Möglichkeit, es zu erkennen.«
»Aber könnte man nicht logischerweise annehmen, daß auch

der Zauberer nachträglich feststellt, daß er an zwei Orten gleichzeitig gewesen ist?«
»Aha!« rief Don Juan. »Diesmal hast du es getroffen. Sicher mag ein Zauberer nachträglich feststellen, daß er an zwei Orten zugleich gewesen ist. Aber dies ist nur Buchhalterei und hat keinerlei Bedeutung für die Tatsache, daß er, während er handelt, keine Ahnung von seiner Dualität hat.«
Mein Verstand stockte. Wenn ich jetzt nicht wie wild weiterschriebe, das fühlte ich, müßte ich explodieren.
»Denk daran«, fuhr er fort, »die Welt erschließt sich uns nicht unmittelbar! Dazwischen steht die Beschreibung der Welt. Genaugenommen sind wir also stets einen Schritt weit von ihr entfernt, und unsere Erfahrung der Welt ist stets eine Erinnerung an die Erfahrung. Immerfort erinnern wir uns an den Augenblick, der soeben geschehen und vorüber ist. Wir erinnern, erinnern, erinnern uns.«
Er drehte seine Hand auf und ab, um mir zu veranschaulichen, was er meinte.
»Wenn unsere ganze Erfahrung der Welt Erinnerung ist, dann ist der Schluß gar nicht so abwegig, daß ein Zauberer an zwei Orten gleichzeitig sein kann. Für seine eigene Wahrnehmung gilt dies nicht, denn um die Welt zu erfahren, muß der Zauberer, wie jeder andere Mensch, sich an die Handlung, die er eben ausgeführt hat, an das Ereignis, dem er eben beigewohnt hat, an die Erfahrung, die er eben gemacht hat, wieder erinnern. In seinem Bewußtsein gibt es nur eine einzige Erinnerung. Aber für einen Außenstehenden, der den Zauberer beobachtet, mag es so aussehen, als agiere er in zwei verschiedenen Episoden gleichzeitig. Doch der Zauberer erinnert sich an zwei einzelne unzusammenhängende Augenblicke, denn der Leim der Zeit-Beschreibung bindet ihn nicht mehr.«
Als Don Juan geendet hatte, war mir, als hätte ich Fieber. Don Genaro beobachtete mich neugierig.
»Er hat recht«, sagte er. »Wir sind immer einen Schritt hinterher.«
Er bewegte seine Hand, wie Don Juan es getan hatte; sein Körper fing an zu zittern, und er sprang in sitzender Haltung zurück. Es war so, als habe er einen Schluckauf und als lasse der Schluckauf seinen Körper zurückschnellen. Jetzt bewegte

er sich, auf dem Gesäß hüpfend, nach rückwärts bis ans Ende der Veranda – und wieder vor.
Statt daß der Anblick Don Genaros, wie er da auf seinem Hinterteil hin- und hersprang, mich – wie man meinen sollte – belustigt hätte, stürzte er mich in einen solchen Anfall von Angst, daß Don Juan mich mehrmals mit den Fingerknöcheln auf den Kopf schlagen mußte, um mich wieder zu ernüchtern.
»Ich begreife das alles nicht, Don Juan«, sagte ich.
»Ich auch nicht«, entgegnete Don Juan und hob die Achseln.
»Und ich auch nicht, lieber Carlitos«, schloß Don Genaro sich an.
Meine Erschöpfung, der Ansturm der Sinneswahrnehmungen, die leichte, humorvolle Stimmung, die bei alledem vorherrschte, und Don Genaros Possen – das war zuviel für meine Nerven. Ich konnte die Erregung meiner Bauchmuskeln nicht mehr beherrschen.
Auf Don Juans Geheiß wälzte ich mich am Boden, bis ich mich wieder beruhigt hatte, und dann nahm ich ihnen gegenüber wieder Platz.
»Ist der Doppelgänger aus fester Materie?« fragte ich Don Juan nach langem Schweigen.
Sie sahen mich an.
»Ist der Doppelgänger körperlich?« fragte ich.
»Gewiß«, sagte Don Juan, »Festigkeit, Körperlichkeit, das sind Erinnerungen. Daher sind sie, wie alles, was wir über die Welt wissen, Erinnerungen, die wir ansammeln. Erinnerungen an die Beschreibung. Du hast eine Erinnerung an meine Festigkeit, genau wie du eine Erinnerung an die Verständigung mit Worten hast. Daher sprachst du mit einem Kojoten und empfindest mich als fest.«
Don Juan rückte näher und stieß mich leicht mit der Schulter an.
»Faß mich an!« sagte er.
Ich berührte ihn, und dann fiel ich ihm in die Arme. Ich war den Tränen nahe.
Don Genaro stand auf und kam näher. Er sah aus wie ein kleines Kind mit leuchtenden, schelmischen Augen. Er spitzte die Lippen und schaute mich eindringlich an.

»Und was ist mit mir?« fragte er und versuchte ein Lächeln zu verbergen. »Willst du nicht auch mich umarmen?«
Ich stand auf und streckte die Arme aus, um ihn anzufassen; mein Körper erstarrte auf der Stelle. Ich hatte keine Kraft, mich zu bewegen. Mit aller Gewalt versuchte ich, den Arm nach ihm auszustrecken, aber meine Mühe war vergeblich. Don Juan und Don Genaro standen da und beobachteten mich. Ich spürte, wie mein Körper sich unter einem unheimlichen Druck krümmte.
Don Genaro setzte sich und tat so, als sei er gekränkt, weil ich ihn nicht umarmt hatte; er schmollte und stampfte mit dem Fuß auf den Boden – und abermals brachen die beiden in brüllendes Gelächter aus.
Meine Bauchmuskeln bebten, und ich zitterte am ganzen Körper. Don Juan beschwor mich, meinen Kopf so zu bewegen, wie er es mir früher einmal empfohlen hatte, und meinte, dies sei die einzige Möglichkeit, mich zu beruhigen, indem ich nämlich einen Lichtstrahl in der Hornhaut meiner Augen sich spiegeln ließ. Mit Gewalt zerrte er mich unter dem Vordach heraus aufs offene Feld. Nun brachte er meinen Körper in eine Haltung, bei der die östliche Sonne in meine Augen fiel. Aber als er mich schließlich in die richtige Stellung gebracht hatte, zitterte ich nicht mehr. Erst als Don Genaro meinte, daß mein Zittern wohl vom Gewicht des Papiers herrühren müsse, bemerkte ich, daß ich meinen Notizblock fest umklammert hielt.
Ich sagte Don Juan, daß mein Körper mich zum Fortgehen drängte. Ich winkte Don Genaro zu. Ich wollte ihnen keine Zeit lassen, mich umzustimmen.
»Lebe wohl, Don Genaro«, rief ich. »Ich muß jetzt gehen.«
Er winkte zurück.
Don Juan begleitete mich ein paar Schritte bis zu meinem Auto.
»Hast du auch einen Doppelgänger, Don Juan?« fragte ich.
»Natürlich!« rief er.
In diesem Augenblick kam mir eine beängstigende Idee. Ich wollte sie abschütteln und eilig aufbrechen, aber irgend etwas in mir machte mich stutzig. In all den Jahren unserer Verbindung hatte ich mich daran gewöhnt, daß ich jedesmal, wenn

ich Don Juan sehen wollte, nur nach Sonora oder Zentralmexiko zu fahren brauchte, um ihn anzutreffen – stets mich erwartend. Ich hatte gelernt, dies als selbstverständlich hinzunehmen, und bis dahin war mir nie eingefallen, etwas Besonderes dabei zu finden.

»Sag mir etwas, Don Juan«, sagte ich halb im Scherz. »Bist du es selbst oder bist du dein Doppelgänger?«

Er beugte sich zu mir herüber. Er grinste.

»Mein Doppelgänger«, flüsterte er.

Mein Körper schnellte in die Luft, wie von einer unheimlichen Kraft getrieben. Ich rannte zu meinem Auto.

»Ich habe bloß Spaß gemacht«, rief Don Juan mit erhobener Stimme. »Du darfst noch nicht fort. Du schuldest mir immer noch fünf Tage.«

Die beiden rannten auf mein Auto zu, während ich einstieg. Sie lachten und hüpften auf und ab.

»Carlitos, ruf mich, wann immer du willst!« schrie Don Genaro.

Der Träumer und der Geträumte

Ich fuhr zu Don Juan und traf am frühen Morgen bei ihm ein. Die Nacht hatte ich unterwegs in einem Motel verbracht, damit ich noch vormittags bei ihm einträfe.

Don Juan war im Haus und trat heraus, als ich ihn rief. Er begrüßte mich herzlich, und ich hatte den Eindruck, daß er sich freute, mich zu sehen. Er machte eine Bemerkung, die mich offenbar aufheitern sollte, die aber die gegenteilige Wirkung auf mich hatte.

»Ich habe dich kommen gehört«, sagte er lachend, »und bin ins Haus gelaufen. Ich fürchtete, wenn ich hier draußen geblieben wäre, hättest du Angst gekriegt.«

Beiläufig meinte er, ich sei in düsterer und bedrückter Stimmung. Er sagte, ich erinnerte ihn an Eligio, der schwermütig genug sei, um ein guter Zauberer zu sein, aber zu schwermütig, um ein Wissender zu werden, und er fügte hinzu, um den verheerenden Folgen einer Begegnung mit der Welt der Zauberer entgegenzuwirken, bleibe einem nur die Möglichkeit, darüber zu lachen.

Mit seinem Urteil über meine Stimmung hatte er recht. Tatsächlich plagten mich Sorgen und Ängste. Wir unternahmen einen langen Spaziergang. Es brauchte Stunden, bis ich mich unbeschwerter fühlte. Einfach neben ihm dahinzugehen tat mir wohler, als wenn ich versucht hätte, mich aus meiner Trübseligkeit herauszureden.

Am Spätnachmittag kehrten wir zum Haus zurück. Ich war ausgehungert. Nachdem wir gegessen hatten, setzten wir uns auf die Veranda. Der Himmel war heiter. Das milde Licht des Nachmittags stimmte mich behaglich. Ich wollte sprechen.

»Seit Monaten fühle ich mich unwohl«, sagte ich. »Was du und Don Genaro beim letzten Mal, als ich hier war, gesagt und getan habt, war wirklich furchtbar.

Don Juan sagte nichts. Er stand auf und schritt um die Veranda herum.

»Ich muß darüber sprechen«, sagte ich. »Es verfolgt mich, und ich muß dauernd darüber nachdenken.«

»Hast du Angst?« fragte er.
Ich hatte keine Angst, sondern war verwirrt und überwältigt durch das, was ich gehört und gesehen hatte. Die Lücken meiner Vernunft waren so gewaltig, daß ich sie entweder auffüllen oder meine Vernunft überhaupt aufgeben mußte. Meine Ausführungen brachten ihn zum Lachen.
»Wirf deine Vernunft noch nicht fort!« sagte er. »Es ist noch nicht Zeit dafür. Es wird ohnehin geschehen, aber ich glaube nicht, daß dies schon der richtige Augenblick ist.«
»Sollte ich also versuchen, für das Geschehene eine Erklärung zu finden?« fragte ich.
»Gewiß!« erwiderte er. »Es ist deine Pflicht, deinen Verstand in Ordnung zu bringen. Krieger erringen ihre Siege nicht, indem sie mit dem Kopf gegen die Wand stürmen, sondern indem sie die Wand überwinden. Krieger überspringen die Wand; sie reißen sie nicht nieder.«
»Aber wie kann ich diese hier überspringen?« frage ich.
»Vor allem halte ich es für grundfalsch, daß du alles dermaßen ernst nimmst«, sagte er und setzte sich neben mich. »Es gibt dreierlei schlechte Gewohnheiten, in die wir immer wieder verfallen, sobald wir im Leben mit ungewöhnlichen Situationen konfrontiert sind. Erstens können wir das, was geschieht oder geschehen ist, leugnen und so tun, als sei es nie geschehen. So machen es die Bigotten. Zweitens können wir alles unbesehen akzeptieren und so tun, als wüßten wir, was geschieht. So machen es die Frommen. Drittens kann ein Ereignis uns zwanghaft beschäftigen, weil wir es weder leugnen noch rückhaltlos akzeptieren können. So machen es die Narren. Du etwa auch? Doch es gibt noch eine vierte Möglichkeit, die richtige nämlich, die des Kriegers. Ein Krieger handelt so, als sei überhaupt nichts geschehen, weil er an gar nichts glaubt, und doch akzeptiert er alles unbesehen. Er akzeptiert, ohne zu akzeptieren, und leugnet, ohne zu leugnen. Nie tut er so, als wisse er, noch tut er so, als sei nichts geschehen. Er handelt so, als ob er die Situation in der Hand hätte, auch wenn ihm vielleicht die Hosen schlottern. Diese Art zu handeln vertreibt die zwanghafte Beschäftigung mit den Dingen.«
Lange schwiegen wir. Don Juans Worte wirkten wie Balsam auf mich.

»Darf ich etwas über Don Genaro und seinen Doppelgänger sagen?« fragte ich.

»Es hängt davon ab, was du über ihn sagen willst«, antwortete er. »Willst du dich mit deinen Zwangsvorstellungen beschäftigen?«

»Ich will mich mit Erklärungen beschäftigen«, sagte ich. »Ich beschäftige mich zwanghaft damit, weil ich nicht wagte, dich zu besuchen, und nicht imstande war, mit irgend jemandem über meine Skrupel und Zweifel zu sprechen.«

»Redest du denn nicht mit deinen Freunden?«

»Das wohl, aber wie könnten sie mir helfen?«

»Ich habe nie daran gedacht, daß du Hilfe benötigst. Du mußt das Gefühl entwickeln, daß ein Krieger nichts benötigt. Du sagst, du brauchst Hilfe. Hilfe wofür? Du hast alles, was du für diese großartige Reise brauchst, die dein Leben ist. Ich habe versucht, dich zu lehren, daß die wirkliche Erfahrung darin besteht, ein Mensch zu sein, und daß es nur darauf ankommt zu leben; das Leben ist der kleine Umweg, den wir heute machen. Das Leben ist ein zureichender Grund, es erklärt sich aus sich selbst und ist vollkommen.

Ein Krieger weiß dies und lebt dementsprechend. Daher könnte man ohne Überheblichkeit sagen, daß es die Erfahrung der Erfahrungen ist, ein Krieger zu sein.«

Er schien darauf zu warten, daß ich etwas sagte. Ich zögerte. Ich wollte mir meine Worte sorgfältig überlegen.

»Wenn ein Krieger Trost braucht«, fuhr er fort, »dann wendet er sich einfach an den Nächstbesten und erklärt diesem ausführlich, was ihn bedrückt. Jedenfalls sucht der Krieger nicht Hilfe oder Verständnis; indem er spricht, befreit er sich lediglich von dem Druck, der auf ihm lastet. Vorausgesetzt allerdings, daß es dem Krieger gegeben ist zu sprechen; wenn nicht, erzählt er niemandem etwas von sich. Du aber lebst überhaupt nicht wie ein Krieger. Jedenfalls noch nicht. Und die Fallstricke, in die du tappst, müssen wahrhaft gewaltig sein. Du kannst auf mein ganzes Mitleid zählen.«

Er meinte es nicht scherzhaft. Nach der Anteilnahme in seinem Blick zu urteilen, schien er zu wissen, wovon er sprach. Er stand auf und streichelte mir den Kopf. Er schritt die volle Länge der Veranda auf und ab und blickte gleichgültig zum

Chaparral hinter dem Haus hinüber. Seine Bewegungen lösten bei mir ein Gefühl der Rastlosigkeit aus.
Um mich zu entspannen, fing ich an, über mein Dilemma zu sprechen. Ich hatte den Eindruck, daß es im Grunde zu spät war, so zu tun, als sei ich ein harmloser Außenstehender. Unter Don Juans Leitung hatte ich mich geübt, bis ich zu seltsamen Wahrnehmungen fähig war, wie etwa das »Anhalten des inneren Dialogs« oder das Kontrollieren meiner Träume. Das waren Dinge, die man nicht vortäuschen konnte. Ich hatte seine Anweisungen befolgt, wenn auch nie buchstäblich, und es war mir zum Teil gelungen, meine Alltagsroutine zu unterbrechen, die Verantwortung für meine Handlungen zu übernehmen und meine persönliche Geschichte auszulöschen, und schließlich hatte ich einen Punkt erreicht, vor dem ich mich vor Jahren noch gefürchtet hätte; ich konnte jetzt allein sein, ohne daß dies meinem körperlichen oder emotionalen Wohlbefinden Abbruch tat. Dies war vielleicht mein allererstaunlichster Sieg. In Anbetracht meiner früheren Hoffnungen und Stimmungen war der Zustand, allein und dabei nicht »wie von Sinnen« zu sein, ganz unvorstellbar. Ich war mir all der Veränderungen, die in meinem Leben und in meiner Weltauffassung stattgefunden hatten, wohl bewußt, und mir war klar, daß es irgendwie überflüssig war, sich von Don Juans und Don Genaros Enthüllungen über den »Doppelgänger« so tief aufwühlen zu lassen.
»Was mache ich denn falsch, Don Juan?« fragte ich.
»Du läßt dich gehen«, fuhr er mich an. »Du meinst, es sei ein Zeichen von Sensibilität, in Zweifeln und Klagen zu schwelgen. Nun, wenn du die Wahrheit hören willst, du bist alles andere als sensibel. Warum gibst du es also vor? Irgendwann habe ich dir einmal gesagt, ein Krieger akzeptiert in Demut, was er ist.«
»Du stellst es so dar, als brächte ich mich absichtlich in Verlegenheit«, sagte ich.
»Allerdings bringen wir uns absichtlich in Verlegenheit«, sagte er. »Wir sind uns stets unserer Taten bewußt. Unsere kümmerliche Vernunft bläht sich absichtlich zu dem Monstrum auf, das sie zu sein vorgibt. Sie ist aber zu klein für eine so große Schale.«

Ich erklärte ihm, daß mein Dilemma wohl komplizierter sei, als er es nun darstelle. Denn solange er selbst und Don Genaro Menschen wie ich waren, machte ihre eindrucksvolle Überlegenheit sie zu Vorbildern für mein eigenes Verhalten. Waren sie aber im Grunde völlig andere Menschen als ich, dann konnte ich sie nicht mehr als Vorbilder akzeptieren, sondern mußte sie für wunderliche Originale halten, denen ich unmöglich nacheifern mochte.

»Genaro ist ein Mensch«, sagte Don Juan mit Bestimmtheit. »Gewiß, er ist nicht mehr Mensch als du. Aber das ist sein Verdienst, und es sollte dir keine Angst machen. Wenn er anders ist – um so mehr Grund, ihn zu bewundern.«

»Aber sein Anderssein ist kein menschliches Anderssein«, sagte ich.

»Und was, glaubst du wohl, ist es? Etwa wie der Unterschied zwischen einem Menschen und einem Pferd?«

»Ich weiß es nicht. Aber er ist nicht wie ich.«

»Doch, das war er einmal.«

»Aber kann denn ich seine Veränderung begreifen?«

»Gewiß. Denn du selbst veränderst dich.«

»Willst du damit sagen, daß auch ich einen Doppelgänger hervorbringen werde?«

»Niemand bringt einen Doppelgänger hervor. Das ist nur eine bildliche Redeweise. Und du, bei all deinem vielen Reden, bist doch den Wörtern hilflos ausgeliefert. Du gehst ihrer Bedeutung auf den Leim. Jetzt meinst du, man bringe den Doppelgänger durch unredliche Tricks hervor, nehme ich an. Aber wir leuchtenden Wesen haben alle einen Doppelgänger. Wir alle! Ein Krieger lernt lediglich, sich dessen bewußt zu sein, das ist alles. Es gibt anscheinend unüberwindliche Schranken, die dieses Bewußtsein versperren. Aber das kann nicht anders sein. Gerade diese Schranken machen das Erreichen eines solchen Bewußtseins zu einer so einzigartigen Herausforderung.«

»Warum habe ich soviel Angst davor, Don Juan?«

»Weil du glaubst, der Doppelgänger sei das, was das Wort besagt, ein Doppelgänger oder ein anderes Ich. Ich gebrauche diese Wörter nur, um den Sachverhalt zu beschreiben. Der

Doppelgänger – das bist du selbst. Anders darfst du es nicht betrachten.«

»Und wie, wenn ich ihn nicht haben will?«

»Der Doppelgänger ist keine Sache der persönlichen Entscheidung. Auch ist es keine Sache der persönlichen Entscheidung, wer auserwählt wird, um das Wissen der Zauberer zu lernen, das zu jenem Bewußtsein führt. Hast du dich jemals gefragt, warum ausgerechnet du es bist?«

»Das habe ich immer. Ich habe dir hundertmal diese Frage gestellt, aber du hast sie nie beantwortet.«

»Ich meinte nicht, daß du es als Frage stellen solltest, die eine Antwort verlangt, sondern in dem Sinn, wie ein Krieger über sein großes Glück nachdenkt – das Glück, eine lohnende Herausforderung gefunden zu haben.

Diesen Sachverhalt als gewöhnliche Frage zu formulieren, darauf verfallen eingebildete Leute, die dafür bewundert oder bemitleidet werden wollen. Eine solche Frage interessiert mich nicht, weil es unmöglich ist, sie zu beantworten. Die Entscheidung, dich auszuwählen, war eine Absicht der Kraft. Niemand kann die Absichten der Kraft entschlüsseln. Jetzt, da du einmal ausgewählt bist, gibt es nichts, was du tun könntest, um die Erfüllung dieser Absicht aufzuhalten.«

»Aber du selbst sagtest mir doch, Don Juan, daß man stets scheitern kann.«

»Das ist richtig. Man kann stets scheitern. Aber mir scheint, dir geht es um etwas anderes. Du suchst nach einer Ausflucht. Du möchtest die Freiheit haben, nach eigenem Belieben zu scheitern und dich aus dem Staub zu machen. Zu spät dafür! Ein Krieger ist in der Hand der Kraft, und er hat nur noch die Freiheit, sich für ein Leben der Makellosigkeit zu entscheiden. Es ist unmöglich, Sieg oder Niederlage vorzutäuschen. Vielleicht will deine Vernunft, daß du überhaupt scheiterst, um die Ganzheit deines Selbst auszulöschen. Aber es gibt ein Gegenmittel, das es dir nicht erlauben wird, einen falschen Sieg oder eine falsche Niederlage zu bekennen. Falls du glaubst, du könntest dich in den sicheren Hafen des Scheiterns flüchten, dann bist du von Sinnen. Dein Körper wird wachsam sein und dir weder das eine noch das andere erlauben.«

Er lachte leise vor sich hin.

»Warum lachst du?« fragte ich.
»Du steckst furchtbar in der Klemme«, sagte er. »Es ist für dich zu spät, einen Rückzieher zu machen, aber es ist noch zu früh, um zu handeln. Du kannst nichts anderes tun als miterleben und beobachten. Du bist in der scheußlichen Situation eines Kindes, das nicht mehr in den Mutterleib zurückkehren, aber auch noch nicht fortlaufen und selbst handeln kann. Das Kind kann nichts anderes tun als beobachten und den erstaunlichen Geschichten von Taten zuhören, die ihm erzählt werden. Genau an diesem Punkt stehst du jetzt. Du kannst nicht in den Mutterleib deiner alten Welt zurückkehren, aber du kannst auch noch nicht durch die Kraft handeln. Für dich gibt es nur eines: die Taten der Kraft beobachten und den Erzählungen – den Erzählungen der Kraft – zuhören.
Der Doppelgänger ist eine dieser Erzählungen. Das weißt du, und das ist auch der Grund, warum deine Vernunft dadurch so sehr erschüttert ist. Wenn du vorgibst zu verstehen, dann rennst du mit dem Kopf gegen eine Wand. Alles, was ich im Sinn einer Erklärung darüber sagen kann, ist, daß ein Doppelgänger, obgleich man durch das *Träumen* zu ihm gelangt, so wirklich ist, wie er nur sein könnte.«
»Nach allem, was du mir gesagt hast, Don Juan, kann der Doppelgänger handeln. Kann er also auch . . .«
Er ließ mich meine Überlegungen nicht fortsetzen. Es sei doch unpassend, ermahnte er mich, davon zu sprechen, er habe mir vom Doppelgänger erzählt, während ich doch behaupten dürfe, ihn selbst erlebt zu haben.
»Offensichtlich kann der Doppelgänger handeln«, sagte ich.
»Offensichtlich!« erwiderte er.
»Aber kann der Doppelgänger anstelle des Selbst handeln?«
»Verdammt, er ist das Selbst!«
Ich hatte große Mühe, mich verständlich zu machen. Ich hatte die Vorstellung, daß – wenn ein Zauberer zwei Handlungen gleichzeitig ausführen konnte – seine Fähigkeit, nützliche Dinge zu tun, sich verdoppeln mußte. Demnach konnte er gleichzeitig zwei Arbeiten verrichten, an zwei Orten sein, zwei Besuche machen usw.
Don Juan hörte geduldig zu.
»Darf ich es mal folgendermaßen ausdrücken?« sagte ich.

»Man könnte doch hypothetisch behaupten, daß Don Genaro Hunderte von Kilometern entfernt jemanden töten kann, indem er seinen Doppelgänger dies ausführen läßt, nicht wahr?«

Don Juan sah mich an. Er schüttelte den Kopf und wandte sich ab.

»Du bist voll von gewalttätigen Geschichten«, sagte er. »Genaro kann niemanden töten, weil er kein Interesse mehr an seinen Mitmenschen hat. Wenn ein Krieger einmal das *Sehen* und das *Träumen* beherrscht und sich seiner leuchtenden Gestalt bewußt ist, dann hat er für derlei kein Interesse mehr.«

Ich wandte ein, er habe doch zu Beginn meiner Lehrzeit geäußert, daß ein Zauberer sich mit Hilfe seines »Verbündeten« über viele hundert Kilometer hinwegsetzen könne, um einen Schlag gegen seine Feinde zu führen.

»Ich bin verantwortlich für deine Verwirrung«, sagte er. »Aber erinnere dich: bei einer anderen Gelegenheit sagte ich dir, daß ich bei dir nicht jene Schritte eingehalten habe, die mein eigener Lehrer mir vorschrieb. Er war ein Zauberer, und ich hätte dich regelrecht in diese Welt hineinstürzen sollen. Ich tat es nicht, weil ich mich nicht mehr um das Auf und Ab meiner Mitmenschen kümmere. Dennoch hafteten die Worte meines Lehrers mir an. Viele Male habe ich zu dir gesprochen, genau wie er selbst zu sprechen pflegte.

Aber Genaro ist ein Wissender. Der vollkommenste von allen. Seine Taten sind unfehlbar. Er steht über den gewöhnlichen Menschen, auch über den Zauberern. Sein Doppelgänger ist ein Ausdruck seiner Freude und seines Humors. Daher kann er ihn unmöglich einsetzen, um alltägliche Situationen zu schaffen oder zu lösen. Soviel ich weiß, ist der Doppelgänger das Bewußtsein von unserem Zustand als leuchtende Wesen. Ich mag tun, was ich will, und doch zieht er es vor, unauffällig und freundlich zu sein.

Es war mein Fehler, daß ich dich mit entlehnten Worten in die Irre führte. Mein Lehrer war nicht fähig, solche Dinge zu bewirken wie Genaro. Unglücklicherweise blieben für meinen Lehrer – genau wie für dich – gewisse Dinge lediglich Erzählungen der Kraft.«

Ich fühlte mich gezwungen, meinen Standpunkt zu verteidigen. Ich sagte, ich spräche doch nur in hypothetischem Sinne.
»Es gibt keinen hypothetischen Sinn, sobald man über die Welt der Wissenden spricht«, sagte er. »Ein Wissender kann seinen Mitmenschen niemals Schaden zufügen, ob hypothetisch oder sonstwie.«
»Aber wie, wenn seine Mitmenschen einen Anschlag auf seine Sicherheit und sein Wohl planen? Kann er dann seinen Doppelgänger einsetzen, um sich zu schützen?«
Er schnalzte mißbilligend mit der Zunge.
»Welch unglaubliche Gewalttätigkeit steckt in deinen Gedanken«, sagte er. »Niemand kann einen Anschlag auf die Sicherheit und das Wohl eines Wissenden planen. Er *sieht,* daher wird er Vorkehrungen treffen, um dergleichen zu verhindern. Genaro zum Beispiel nimmt ein kalkuliertes Risiko auf sich, wenn er sich mit dir abgibt. Aber du könntest gar nichts tun, um seine Sicherheit zu gefährden. Falls es dergleichen gäbe, würde sein *Sehen* es ihn wissen lassen. Wenn nun irgend etwas an dir ist, das von Natur aus schädlich für ihn ist, und sein Sehen dies nicht erfassen kann, dann ist es eben sein Schicksal, und diesem kann weder Genaro noch sonst jemand entgehen. Du siehst also, ein Wissender hat die Kontrolle, ohne irgend etwas zu kontrollieren.«
Wir schwiegen. Die Sonne berührte schon die hohen Büsche an der westlichen Seite des Hauses. Somit blieben noch zwei Stunden Tageslicht.
»Warum rufst du nicht Genaro?« fragte Don Juan beiläufig.
Mein Körper schnellte empor. Meine erste Reaktion war, alles fallenzulassen und zum Auto zu rennen. Don Juan lachte aus vollem Hals. Ich sagte ihm, ich hätte es nicht nötig, mir irgend etwas zu beweisen, und es genüge mir vollauf, mit ihm zu sprechen. Don Juan konnte sich nicht halten vor Lachen. Es sei eine Schande, meinte er schließlich, daß Don Genaro nicht hier sei, um dieses tolle Spektakel mitzuerleben.
»Hör mal, wenn du schon keine Lust hast, Genaro zu rufen, dann will ich es tun«, sagte er entschlossen. »Ich liebe seine Gesellschaft.«
Ich spürte einen scheußlich bitteren Geschmack unter dem Gaumen. Schweißperlen liefen mir über die Stirn und über die

Oberlippe. Ich wollte etwas einwenden, aber es gab wirklich nichts zu sagen.
Don Juan musterte mich mit einem langen, prüfenden Blick. »Komm schon!« sagte er. »Ein Krieger ist immer bereit. Um ein Krieger zu sein, ist es nicht einfach damit getan, daß man einer sein möchte. Vielmehr ist es ein endloser Kampf, der bis zum allerletzten Augenblick unseres Lebens währt. Niemand ist als Krieger geboren, genau wie niemand als vernunftbegabtes Wesen geboren wird. Wir machen das eine oder das andere aus uns.
Reiß dich zusammen! Ich will nicht, daß Genaro sieht, wie du zitterst.«
Er stand auf und schritt auf dem sauber gefegten Vorplatz auf und ab. Ich konnte nicht gelassen bleiben. Meine Nervosität wurde so heftig, daß ich nicht mehr schreiben konnte, und ich sprang auf die Füße.
Don Juan hieß mich, mit dem Gesicht nach Westen auf der Stelle traben. Schon vorher hatte er mich bei verschiedenen Gelegenheiten dieselbe Bewegung ausführen lassen. Dabei ging es darum, aus der anbrechenden Dämmerung »Kraft« zu ziehen, indem man die Arme mit fächerförmig gespreizten Fingern zum Himmel streckte und dann, wenn die Arme sich in der Mitte zwischen Horizont und Zenit befanden, die Hände kraftvoll zu Fäusten ballte.
Diese Übung tat ihre Wirkung, und fast augenblicklich wurde ich ruhig und gefaßt. Ich konnte jedoch nicht umhin, mich zu fragen, was mit meinem alten »Ich« geschehen sein mochte, das sich durch das Ausführen so einfacher und törichter Bewegungen niemals so vollkommen hätte entspannen können.
Nun wollte ich meine ganze Aufmerksamkeit auf das Verfahren konzentrieren, das Don Juan zweifellos befolgen würde, um Don Genaro zu rufen. Ich erwartete irgendwelche grotesken Vorkehrungen. Don Juan aber stand, nach Südosten gewandt, auf der Veranda, legte die Hände trichterförmig um den Mund und rief: »Genaro! Komm her!«
Im nächsten Augenblick tauchte Don Genaro aus dem Chaparral auf. Die beiden strahlten. Sie tanzten buchstäblich vor mir hin und her.

Don Genaro begrüßte mich überschwenglich und setzte sich dann auf die Milchbütte.
Irgend etwas stimmte ganz und gar nicht mit mir. Ich war ruhig, gelassen. Eine unglaubliche Gleichgültigkeit und Entrücktheit hatten mein ganzes Wesen erfaßt. Fast war es so, als beobachtete ich mich selbst aus einem Versteck. Ganz unbekümmert berichtete ich Don Genaro, daß er mich bei meinem letzten Besuch beinahe zu Tode erschreckt habe und ich nicht einmal bei meinen Erlebnissen mit psychotropen Pflanzen in einem so völlig chaotischen Zustand gewesen sei. Die beiden bejubelten meine Äußerungen, als hätte ich einen guten Witz gemacht. Ich fiel in ihr Lachen ein.
Offensichtlich wußten sie um meine emotionale Betäubung. Sie beobachteten mich und hänselten mich, als ob ich betrunken wäre.
Irgend etwas in mir kämpfte verzweifelt, um die Situation in den Griff zu bekommen. Ich hätte mich lieber betroffen und verängstigt gefühlt.
Schließlich spritzte Don Juan mir Wasser ins Gesicht und nötigte mich, ruhig sitzen zu bleiben und mir Notizen zu machen. Er sagte, wie schon vorhin, ich müsse entweder schreiben, oder ich würde sterben. Der bloße Akt, ein paar Worte niederzuschreiben, brachte mir meine vertraute Stimmung wieder. Es war, als würde irgend etwas wieder glasklar – etwas, das einen Augenblick zuvor noch stumpf und taub war.
Das Wiederauftauchen meines gewohnten Selbst bedeutete auch das Wiederauftauchen meiner gewohnten Ängste. Seltsamerweise hatte ich weniger Angst davor, Angst zu haben, als keine Angst zu haben. Die Vertrautheit meiner alten Gewohnheiten, ganz gleich, wie unangenehm sie sein mochten, brachte mir eine wunderbare Erleichterung.
Dann erst wurde mir voll bewußt, daß Don Genaro gerade aus dem Chaparral aufgetaucht war. Meine gewohnten Denkprozesse begannen wieder zu arbeiten. Von Anfang an weigerte ich mich, über den ganzen Vorgang nachzudenken oder zu spekulieren. Ich faßte den Entschluß, ihn nichts zu fragen. Diesmal wollte ich ein stummer Zeuge bleiben.
»Genaro ist wiedergekommen, ausschließlich für dich«, sagte Don Juan.

Don Genaro lehnte an der Hauswand, gegen die er, auf der umgestürzten Milchbütte hockend, seinen Rücken stützte. Er sah aus, als reite er auf einem Pferd. Die Hände hielt er nach vorn gestreckt, so daß man den Eindruck hatte, er halte die Zügel fest.

»Stimmt, Carlitos«, sagte er und stieß die Milchbütte gegen den Boden.

Er stieg ab, wobei er das rechte Bein über einen imaginären Pferdehals schwang, und sprang auf den Boden. Seine Bewegungen waren so perfekt, daß sie mir das unzweifelhafte Gefühl eingaben, er sei hoch zu Pferde angekommen. Er kam zu mir herüber und setzte sich zu meiner Linken.

»Genaro ist gekommen, weil er dir von dem Anderen erzählen will«, sagte Don Juan.

Er machte eine Gebärde, als ob er Don Genaro das Wort erteilte. Don Genaro verbeugte sich. Er drehte sich näher zu mir.

»Was möchtest du wissen, Carlitos?« fragte er mit überzogener Stimme.

»Nun, wenn du mir etwas über den Doppelgänger erzählen willst, dann erzähl mir bitte alles«, sagte ich, Gelassenheit vortäuschend. Die beiden schüttelten die Köpfe und schauten sich an.

»Genaro wird dir etwas über den Träumer und den Geträumten erzählen«, sagte Don Juan.

»Wie du weißt, Carlitos«, sagte Don Genaro mit der Miene eines sich in Eifer redenden Volksredners, »beginnt der Doppelgänger im *Träumen.*«

Er warf mir einen Blick zu und lächelte. Seine Augen glitten von meinem Gesicht zu meinem Schreibzeug hinab.

»Der Doppelgänger ist ein Traum«, sagte er, kratzte sich unter dem Arm und stand auf.

Er ging zum Rand des Vorplatzes und trat in den Chaparral hinaus. Er stand neben einem Busch, wobei er uns sein Profil zu drei Vierteln zeigte; anscheinend urinierte er. Im nächsten Augenblick bemerkte ich, daß mit ihm etwas nicht in Ordnung war. Offenbar versuchte er verzweifelt, zu urinieren, konnte aber nicht. Don Juans Lachen zeigte mir, daß Don Genaro wieder seine Possen trieb. Don Genaro wand und drehte sich

so komisch, daß er Don Juan und mich zu hysterischem Gelächter reizte.
Don Genaro kehrte zur Veranda zurück und setzte sich. Sein Lächeln strahlte eine seltsame Wärme aus.
»Wenn's nicht geht, dann geht's halt nicht«, sagte er achselzuckend.
Nach kurzer Pause fügte er seufzend hinzu: »Ja, Carlitos, der Doppelgänger ist ein Traum.«
»Du meinst, er ist nicht real?« fragte ich.
»Nein. Ich meine, er ist ein Traum«, erwiderte er.
Don Juan mischte sich ein und erklärte, Don Genaro beziehe sich auf das erste Anzeichen der Erkenntnis, daß wir leuchtende Wesen seien.
»Wir alle sind verschieden, und daher sind die Einzelheiten unserer Kämpfe verschieden«, sagte Don Juan. »Gleichwohl sind die Schritte, die wir tun müssen, um den Doppelgänger zu gewinnen, die gleichen. Besonders die ersten Schritte, die stets verworren und unsicher sind.«
Don Genaro pflichtete ihm bei und sagte etwas über die Unsicherheit, die ein Zauberer auf dieser Stufe habe.
»Als es mir zum erstenmal passierte, wußte ich nicht, daß es geschehen war«, erklärte er. »Eines Tages sammelte ich Kräuter im Gebirge. Ich war zu einer Stelle gegangen, die bereits von anderen Kräutersammlern abgesucht worden war. Ich hatte zwei große Säcke voll Kräuter bei mir. Ich war bereit, nach Hause zu gehen, aber vorher wollte ich noch eine kurze Rast machen. Ich legte mich am Wegrand in den Schatten eines Baumes und schlief ein. Ich hörte die Stimmen von Menschen, die den Berg herabkamen, und wachte auf. Schnell rannte ich in Deckung und versteckte mich hinter ein paar Büschen, nicht weit von der Straße entfernt, wo ich eingeschlafen war. Dort versteckt, hatte ich das peinigende Gefühl, ich hätte etwas vergessen. Ich schaute nach, ob ich meine beiden Kräutersäcke bei mir hatte. Sie waren nicht da. Ich spähte über die Straße zu dem Platz hinüber, wo ich geschlafen hatte, und da verlor ich vor Schreck fast die Hosen: Dort lag ich immer noch und schlief! Ich war es! Ich faßte meinen Körper an. Das war ich auch selbst! Inzwischen hatten die Leute, die den Berg herabkamen, mich, den Schlafenden,

erreicht, während ich, der Hellwache, hilflos aus meinem Versteck hervorspähte. Zum Teufel! Gleich würden sie mich entdecken und mir meine Säcke wegnehmen. Aber sie gingen vorüber, als sei ich gar nicht dagewesen.
Meine Vision war so lebhaft, daß ich ganz außer mir geriet. Ich schrie, und dann wachte ich noch einmal auf. Verflucht! Es war ein Traum gewesen!«
Don Genaro unterbrach seine Erzählung und schaute mich an, als warte er auf eine Frage oder einen Kommentar.
»Sag ihm, wo du das zweite Mal aufgewacht bist«, sagte Don Juan.
»Ich wachte neben der Straße auf«, sagte Don Genaro, »wo ich eingeschlafen war. Aber eine Weile wußte ich nicht recht, wo ich wirklich war. Fast möchte ich sagen, daß ich mir immer noch zuschaute, wie ich dort aufwachte. Dann zog irgend etwas mich an den Straßenrand, und ich saß da und rieb mir die Augen.«
Es entstand eine lange Pause. Ich wußte nicht, was ich sagen sollte.
»Und was hast du dann getan?« fragte Don Juan.
Als die beiden zu lachen anfingen, erkannte ich, daß er mich verulkte. Er imitierte meine Art, Fragen zu stellen.
Don Genaro sprach weiter. Er sagte, er sei einen Augenblick verblüfft gewesen, und dann habe er sich darangemacht, alles zu überprüfen.
»Die Stelle, wo ich mich versteckt hatte, war genauso, wie ich sie gesehen hatte«, sagte er. »Und die Leute, die auf der Straße an mir vorbeigegangen waren, befanden sich ganz in der Nähe. Das weiß ich, weil ich ihnen hinterherlief. Es waren die gleichen Leute, die ich gesehen hatte. Ich folgte ihnen, bis sie ins Dorf kamen. Sie müssen mich für verrückt gehalten haben. Ich fragte sie, ob sie meinen Freund am Straßenrand schlafen gesehen hätten. Alle verneinten dies.«
»Du siehst«, sagte Don Juan, »wir alle machen die gleichen Zweifel durch. Wir fürchten uns, verrückt zu werden. Zu unserem Unglück sind wir natürlich alle bereits verrückt.«
»Immerhin bist du ein bißchen verrückter als wir«, sagte Don Genaro und zwinkerte mir zu. »Und mißtrauischer.«

Sie hänselten mich wegen meines Mißtrauens. Und dann sprach Don Genaro weiter.

»Wir alle sind etwas schwer von Begriff«, sagte er. »Du bist nicht der einzige, Carlitos. Ein paar Tage lang war ich über meinen Traum erschrocken, aber dann mußte ich für meinen Lebensunterhalt arbeiten und mich um zu viele Dinge kümmern und hatte wirklich keine Zeit, über das Geheimnis meiner Träume nachzugrübeln. Daher vergaß ich es binnen kurzem. Darin war ich ganz wie du.

Aber eines Tages, ein paar Monate später, nach einem furchtbar anstrengenden Tag, schlief ich am Nachmittag tief wie ein Bär. Es hatte gerade angefangen zu regnen, und ein Loch im Dach weckte mich auf. Ich sprang aus dem Bett und kletterte aufs Dach, um das Loch zuzustopfen, bevor es hereinregnete. Ich fühlte mich so wohl und stark, daß ich augenblicklich mit dieser Arbeit fertig war und nicht einmal naß wurde. Mein kurzes Nickerchen hatte mir, dachte ich, sehr gutgetan. Als ich fertig war, kehrte ich ins Haus zurück, um mir etwas zu essen zu holen, und da erkannte ich, daß ich nicht schlucken konnte. Ich glaubte, ich sei krank. Ich zerstampfte ein paar Wurzeln und Blätter, strich mir diese Paste um den Hals und ging zu meinem Bett. Und als ich vor dem Bett stand – da verlor ich beinahe wieder die Hosen. Ich lag im Bett und schlief, ich wollte mich wachrütteln, aber ich wußte, daß dies nicht das Richtige war. Also rannte ich aus dem Haus. Mich hatte die Panik gepackt. Ziellos streifte ich durch die Berge. Ich hatte keine Ahnung, wohin ich lief, und obgleich ich mein ganzes Leben dort verbracht hatte, verirrte ich mich. Ich lief durch den Regen und spürte ihn nicht einmal. Mir war, als könne ich nicht denken. Dann wurden Blitz und Donner so heftig, daß ich davon abermals erwachte.«

Er machte eine Pause.

»Möchtest du wissen, wo ich aufwachte?« fragte er mich.

»Natürlich«, antwortete Don Juan.

»Ich erwachte in den Bergen, im Regen«, sagte er.

»Aber wieso wußtest du, daß du aufgewacht warst?« fragte ich.

»Mein Körper wußte es«, erwiderte er.

»Das war eine dumme Frage«, warf Don Juan ein. »Du weißt

doch selbst, daß irgend etwas in einem Krieger sich stets jeder Veränderung bewußt ist. Es ist ja gerade das Ziel der Lebensweise des Kriegers, dieses Bewußtsein zu entwickeln und zu erhalten. Der Krieger pflegt es, poliert es und hält es in Schuß.«

Er hatte recht. Ich mußte ihnen zugestehen, daß ich wußte, daß es irgend etwas in mir gab, das alles registrierte und sich all dessen, was ich tat, bewußt war. Und doch hatte dies nichts mit dem gewöhnlichen Bewußtsein meiner selbst zu tun. Es war etwas anderes, das ich nicht erfassen konnte. Vielleicht könnte Don Genaro es besser beschreiben als ich, meinte ich.

»Du schaffst es ganz gut allein«, sagte Don Juan.

»Es ist eine innere Stimme, die dir sagt, was los ist. Und damals sagte sie mir, daß ich zum zweitenmal erwacht war. Sobald ich aufwachte, war ich natürlich überzeugt, daß ich *geträumt* haben mußte. Offenbar war es kein gewöhnlicher Traum gewesen, aber es war auch nicht eigentlich *Träumen* gewesen. Daher kam ich zu dem Schluß, daß es etwas anderes gewesen sein mußte: Schlafwandeln war es, im Halbschlaf, nehme ich an. Ich konnte es mir nicht anders erklären.«

Don Genaro erzählte, sein Wohltäter habe ihm erklärt, daß das, was er erlebt hatte, alles andere als ein Traum war und daß er sich nicht damit begnügen dürfe, es als Schlafwandeln aufzufassen.

»Was, meinte er, war es denn?« fragte ich.

Sie tauschten einen Blick aus.

»Er sagte mir, es war der Butzemann«, antwortete Don Genaro, wobei er die Stimme eines kleinen Kindes nachahmte.

Ich erklärte ihnen, ich wüßte gern, ob Don Genaros Wohltäter es genauso erklärt habe, wie sie selbst es taten.

»Natürlich tat er das«, sagte Don Juan.

»Mein Wohltäter erklärte«, fuhr Don Genaro fort, »daß der Traum, in dem man sich selbst im Schlaf beobachtet, die Zeit des Doppelgängers sei. Er empfahl mir, ich solle, statt meine Kraft auf Grübeleien und Zweifel zu verschwenden, die Gelegenheit zum Handeln nutzen, und falls ich noch einmal eine Gelegenheit bekäme, darauf vorbereitet sein.

Meine nächste Chance ergab sich im Hause meines Wohltäters. Ich hatte ihm bei der Hausarbeit geholfen. Nun legte ich mich zur Ruhe und fiel wie gewöhnlich in einen gesunden Schlaf. Sein Haus war für mich eindeutig ein Ort der Kraft und half mir. Plötzlich beunruhigte mich ein lautes Geräusch, von dem ich erwachte. Das Haus meines Wohltäters war groß. Er war ein wohlhabender Mann und ließ viele für sich arbeiten. Der Lärm schien von einer im Kies scharrenden Schaufel herzurühren. Ich setzte mich auf, um zu horchen, und dann stand ich auf. Das Geräusch beunruhigte mich sehr, aber ich konnte nicht feststellen, warum. Ich überlegte, ob ich nachschauen sollte, als ich bemerkte, daß ich am Boden lag und schlief. Diesmal wußte ich, was ich zu erwarten und zu tun hatte, und folgte dem Geräusch. Ich ging in den hinteren Teil des Hauses. Dort war niemand. Das Geräusch schien von draußen zu kommen. Ich ging ihm nach. Je länger ich ihm folgte, desto schneller konnte ich mich bewegen. Schließlich gelangte ich an eine entfernte Stelle, wo ich Zeuge unglaublicher Vorgänge wurde.«

Zur Zeit jener Ereignisse, erklärte er, sei er noch in den Anfängen seiner Lehrzeit gewesen und habe auf dem Gebiet des »Träumens« noch wenig Erfahrung gehabt, aber er habe über eine unheimliche Gabe verfügt, sich selbst im Traum zu sehen.

»Wohin bist du gegangen, Don Genaro?« fragte ich.

»Dies war das erste Mal, daß ich mich wirklich beim *Träumen* fortbewegt habe«, sagte er. »Aber ich wußte genug darüber, um mich richtig zu verhalten. Ich achtete darauf, nichts direkt anzuschauen, und fand mich schließlich in einer tiefen Schlucht wieder, wo mein Wohltäter einen Teil seiner Kraft-Pflanzen stehen hatte.«

»Meinst du, es funktioniert besser, wenn man nur wenig über das *Träumen* weiß?«, fragte ich.

»Nein!« warf Don Juan ein. »Jeder von uns hat die Gabe zu etwas Besonderem. Genaros Begabung ist das *Träumen.*«

»Was hast du dort in der Schlucht gesehen, Don Genaro?« fragte ich.

»Ich sah meinen Wohltäter, der gefährliche Dinge mit anderen Leuten anstellte. Ich glaubte, ich sei dort, um ihm zu helfen, und versteckte mich hinter den Bäumen. Doch ich konnte nicht wissen, wie ich ihm helfen sollte. Immerhin war ich nicht dumm, und ich erkannte, daß diese Szene nur dazu bestimmt war, daß ich beobachtete, nicht aber selbst an ihr mitwirkte.«

»Wann und wie und wo bist du aufgewacht?«

»Ich weiß nicht, wann ich aufwachte. Es muß Stunden später gewesen sein. Ich weiß nur, daß ich meinem Wohltäter und den anderen Männern folgte, und als sie beinahe das Haus meines Wohltäters erreicht hatten, wurde ich durch den Lärm, den sie machten – denn sie stritten miteinander –, aufgeweckt. Ich war an der Stelle, wo ich mich schlafend liegen gesehen hatte.

Beim Erwachen erkannte ich, daß, was immer ich gesehen oder getan haben mochte, kein Traum gewesen war. Ich war wirklich, durch das Geräusch geführt, ein Stück weit gegangen.«

»Wußte dein Wohltäter, was du tatst?«

»Aber sicher. Er hatte dieses Geräusch mit der Schaufel gemacht, um mir zu helfen, meine Aufgabe zu erfüllen. Als er ins Haus trat, gab er vor, mich auszuschelten, weil ich eingeschlafen war. Ich wußte aber, daß er mich *gesehen* hatte. Später, als seine Freunde gegangen waren, erzählte er mir, er habe mein Leuchten hinter den Bäumen bemerkt.«

Diese drei Episoden, sagte Don Genaro, hätten ihn auf den Weg des »Träumens« gebracht, und es habe fünfzehn Jahre gedauert, bis er seine nächste Gelegenheit bekommen habe.

»Das vierte Mal war eine phantastischere und vollkommenere Vision«, sagte er. »Ich fand mich schlafend inmitten bebauter Felder. Dort sah ich mich, wie ich in tiefem Schlaf auf der Seite lag. Ich wußte, daß dies das *Träumen* war, denn ich hatte mich jeden Abend darauf vorbereitet zu *träumen.* In der Regel hatte ich mich jedesmal, wenn ich mich im Schlaf sah, an der Stelle befunden, wo ich eingeschlafen war. Diesmal aber war ich nicht in meinem Bett, und ich wußte, daß ich an diesem Abend zu Bett gegangen war. Bei diesem *Träumen* war es Tag. Also wollte ich der Sache auf den Grund gehen. Ich verließ die Stelle, wo ich lag, und versuchte mich zu orientieren. Ich wußte, wo ich mich befand. Tatsächlich war ich nicht allzu weit, vielleicht ein paar Meilen, von meinem

Haus entfernt. Ich ging umher und sah mir alle Einzelheiten dieses Platzes an. Ich stand im Schatten eines großen Baumes und spähte über einen flachen Landstrich zu den Maisfeldern am Hang eines Hügels hinüber. Dann überraschte mich etwas ganz Ungewöhnliches. Die Details der Umgebung veränderten sich nicht und verschwanden auch nicht, wie lange ich sie auch anstarrte. Ich bekam es mit der Angst zu tun und lief dorthin zurück, wo ich schlief. Ich lag noch genau an der Stelle, wo ich vorher gewesen war. Ich fing an, mich zu beobachten. Ich empfand eine unheimliche Gleichgültigkeit gegenüber diesem Körper, den ich beobachtete.
Dann hörte ich die Schritte von näherkommenden Menschen. Anscheinend waren immer irgendwelche Leute hinter mir her. Ich lief einen kleinen Hügel hinauf und beobachtete vorsichtig von dort oben, was geschah. Es kamen etwa zehn Menschen zu dem Feld, wo ich schlafend lag. Lauter junge Männer. Ich rannte zurück zu der Stelle, wo ich lag, und nun erlebte ich einen der verzweifeltsten Augenblicke meines Lebens, während ich mich dort liegen sah – schnarchend wie ein Schwein. Ich wußte, daß ich mich aufwecken mußte, aber ich hatte keine Ahnung, wie ich es anfangen sollte. Auch wußte ich, daß es für mich tödlich ausgehen konnte, wenn ich mich selbst weckte. Aber falls diese jungen Männer mich dort fänden, würde es für sie sehr unangenehm sein. Alle diese Überlegungen, die mir durch den Kopf schossen, waren nicht eigentlich Gedanken. Besser gesagt, es waren Szenen, die sich vor meinen Augen abspielten. Meine Besorgnis zum Beispiel war eine Szene, bei der ich mich sah, während ich das Gefühl hatte, in der Falle zu sitzen. Ich nenne das Besorgnis. Nach diesem ersten Mal ist es mir noch viele Male passiert.
Nun gut, da ich nicht wußte, was ich tun sollte, stand ich da und schaute mich an, auf das Schlimmste gefaßt. Eine Reihe flüchtiger Bilder zog vor meinen Augen vorbei. Besonders an eines klammerte ich mich: den Anblick von meinem Haus, meinem Bett. Das Bild wurde ganz klar. Ach, wie wünschte ich, daheim im Bett zu sein! Dann rüttelte mich jemand; es fühlte sich an, als ob mich jemand schlüge, und ich erwachte. Ich lag auf dem Bett! Offenbar hatte ich *geträumt*. Ich sprang auf und lief zu der Stelle, wo mein *Träumen* stattgefunden

hatte. Sie war genauso, wie ich sie gesehen hatte. Die jungen Männer waren da und arbeiteten. Lange schaute ich ihnen zu. Es waren dieselben, die ich gesehen hatte.
Gegen Ende des Tages, als alle gegangen waren, kehrte ich zu der gleichen Stelle zurück und stand genau an dem Fleck, wo ich mich im Schlaf gesehen hatte. Ja, dort hatte jemand gelegen. Das Gras war niedergedrückt.«
Don Juan und Don Genaro beobachteten mich. Sie sahen aus wie zwei seltsame Tiere. Ein Frösteln lief mir über den Rükken. Ich stand im Begriff, mich der ganz begründeten Angst hinzugeben, sie könnten keine wirklichen Menschen sein wie ich, aber Don Genaro lachte.
»Zu jener Zeit«, sagte er, »war ich genau wie du, Carlitos. Ich wollte alles herausfinden. Ich war genauso mißtrauisch wie du.«
Er machte eine Pause, dann hob er drohend den Finger. Anschließend schaute er Don Juan an.
»Warst du nicht ebenso mißtrauisch wie dieser Kerl hier?« fragte er.
»Keine Spur«, sagte Don Juan. »Er ist unbestrittener Meister.«
Don Genaro wandte sich zu mir und machte eine Geste des Bedauerns.
»Ich glaube, ich habe mich geirrt«, sagte er. »Ich war nicht ganz so mißtrauisch wie du.«
Sie kicherten leise, als wollten sie keinen Lärm machen. Don Juans Körper wand sich in unterdrücktem Lachen.
»Dies ist für dich ein Ort der Kraft«, flüsterte Don Genaro. »Du hast dir ja die Finger wund geschrieben, hier, wo du hockst. Hast du hier jemals wilde Träume gehabt?«
»Nein, das nicht«, sagte Don Juan leise. »Aber er hat wie wild geschrieben.«
Sie konnten kaum noch an sich halten. Anscheinend wollten sie nicht laut lachen. Es schüttelte sie förmlich. Ihr unterdrücktes Lachen klang wie ein rhythmisches Gackern.
Don Genaro setzte sich aufrecht und rückte näher. Er klopfte mir mehrmals auf die Schulter und sagte, ich sei ein Halunke, und dann riß er plötzlich meinen linken Arm heftig zu sich. Ich verlor das Gleichgewicht und fiel nach vorn. Fast schlug ich

mit dem Gesicht auf dem harten Boden auf. Automatisch hielt ich meinen rechten Arm nach vorn und suchte meinen Sturz zu dämpfen. Einer von ihnen hielt mich fest, indem er mein Genick nach unten drückte. Ich war nicht sicher, wer von beiden es war. Die Hand, die mich festhielt, fühlte sich nach Don Genaro an. Ich erlebte einen Augenblick verheerender Panik. Mir war, als ob ich in Ohnmacht fiele, vielleicht tat ich es auch. Auf meinem Magen lastete ein solcher Druck, daß ich mich übergeben mußte. Meine nächste klare Wahrnehmung war, daß jemand mir half, mich aufrecht zu setzen. Don Genaro hockte vor mir. Ich wandte mich um und suchte Don Juan. Er war nirgends zu sehen. Don Genaro zeigte mir ein strahlendes Lächeln. Seine Augen leuchteten. Sie blickten starr in die meinen. Ich fragte ihn, was er denn mit mir angestellt hätte, und er sagte, ich sei in Stücke gegangen. Seine Stimme klang vorwurfsvoll, und er schien verärgert oder unzufrieden mit mir. Mehrmals wiederholte er, ich sei in Stücke gegangen und müsse wieder ganz und heil werden. Er versuchte einen strengen Ton vorzutäuschen, aber mitten in seiner Rede mußte er lachen. Er erzählte mir, wie furchtbar es sei, daß ich über den ganzen Platz verstreut sei, und daß er wohl einen Besen holen müsse, um alle meine Teile auf einen Haufen zu kehren. Schließlich meinte er, ich würde die Teile womöglich falsch zusammensetzen, und endlich würde mein Penis noch dort sitzen, wo mein Daumen sein sollte. An diesem Punkt platzte er heraus. Ich wollte lachen, und dann hatte ich eine höchst ungewöhnliche Empfindung. Mein Körper fiel auseinander. Es war, als sei ich ein mechanisches Spielzeug, das sich einfach in seine Bestandteile auflöste. Ich hatte keinerlei körperliche Empfindungen mehr und verspürte auch weder Angst noch Sorge. Das Auseinanderfallen war eine Szene, die ich aus dem Blickwinkel eines unbeteiligten Beobachters erlebte, und doch gewahrte ich nichts, was einer Sinneswahrnehmung gleichgekommen wäre.

Das nächste, was mir bewußt wurde, war, daß Don Genaro sich an meinem Körper zu schaffen machte. Dann hatte ich eine körperliche Empfindung, ein so heftiges Beben, daß ich alles um mich her aus den Augen verlor.

Abermals hatte ich das Gefühl, daß jemand mir behilflich war, mich aufrecht zu setzen. Wieder sah ich Don Genaro vor mir hocken. Er zog mich an den Schultern hoch und half mir umherzugehen. Ich konnte nicht feststellen, wo ich war. Ich hatte das Gefühl, in einem Traum zu sein, und doch hatte ich ein exaktes Gefühl für den Zeitablauf. Ich war mir genau bewußt, daß ich soeben mit Don Genaro und Don Juan auf der Veranda von Don Juans Haus gewesen war.

Don Genaro ging neben mir her und stützte mich unter der linken Achsel. Die Szene, die ich beobachtete, veränderte sich dauernd. Doch ich konnte nicht feststellen, was ich da eigentlich beobachtete. Was ich vor mir sah, war eher wie ein Gefühl oder eine Stimmung; und der Mittelpunkt, von dem all diese Veränderungen ausgingen, war eindeutig mein Bauch. Dieser Zusammenhang wurde mir nicht als Gedanke oder Erkenntnis klar, sondern als körperliche Empfindung, die ganz deutlich wurde und alles beherrschte. Die Schwankungen kamen aus meinem Bauch. Ich schuf eine Welt, einen endlosen Ablauf von Gefühlen und Bildern. Alles, was ich wußte, war sichtbar da. Dies war selbst ein Gefühl, nicht aber ein Gedanke oder eine bewußte Feststellung.

Einige Zeit versuchte ich mir Rechenschaft zu geben, was eigentlich vor sich ging; meine Gewohnheit, mir über alles ein Urteil zu bilden, war anscheinend nicht kleinzukriegen. Irgendwann aber setzte meine innere Buchhaltung aus, und ein namenloses Etwas hüllte mich ein – Gefühle und Bilder aller Art.

An einem gewissen Punkt setzte das innere Registrieren bei mir wieder ein, und ich bemerkte, daß ein Bild sich dauernd wiederholte: Es waren Don Juan und Don Genaro, die mich zu fassen versuchten. Das Bild war flüchtig, es glitt schnell an mir vorbei. Es war so ähnlich, als sähe ich sie aus dem Fenster eines schnellen Fahrzeugs. Offenbar versuchten sie, mich zu fangen, während ich vorbeischwebte. Das Bild wurde klarer und hielt länger an, je öfter es sich wiederholte. Irgendwann gewahrte ich bewußt, daß ich es willkürlich aus Tausenden anderer Bilder isolieren konnte. Die übrigen überflog ich sozusagen, um zu dieser besonderen Szene zu gelangen. Schließlich konnte ich sie festhalten, indem ich an sie dachte. Kaum hatte ich angefangen zu denken, setzten meine gewohn-

ten Prozesse wieder ein. Sie waren nicht so deutlich wie meine gewohnten Aktivitäten, aber klar genug, um zu erkennen, daß die Szene oder das Gefühl, das ich isoliert hatte, darin bestand, daß Don Juan und Don Genaro auf Don Juans Veranda waren und mich unter den Armen festhielten. Ich wollte weiter durch andere Bilder und Gefühle fliehen, aber sie ließen mich nicht los. Einen Augenblick wehrte ich mich. Ich fühlte mich beschwingt und glücklich. Ich wußte, daß ich die beiden gern hatte, und dann wußte ich auch, daß ich keine Angst vor ihnen hatte. Ich wollte mit ihnen scherzen, doch ich wußte nicht wie, und ich lachte dauernd und schlug sie auf die Schultern. Noch etwas war mir bewußt. Ich war sicher, daß ich »träumte«. Sobald ich meinen Blick auf irgend etwas konzentrierte, wurde es sofort verschwommen.
Don Juan und Don Genaro sprachen zu mir. Ich konnte ihre Worte nicht recht festhalten, und ich konnte nicht unterscheiden, wer von beiden sprach. Dann drehte Don Juan meinen Körper um und wies auf ein am Boden liegendes Etwas. Don Genaro zog mich näher heran und führte mich um es herum. Das Etwas war ein Mann, der am Boden lag. Er lag auf dem Bauch, das Gesicht nach rechts gewandt. Während sie sprachen, zeigten sie immer wieder auf den Mann. Sie zogen und zerrten mich im Kreis um ihn herum. Ich konnte meinen Blick nicht auf ihn fixieren, aber schließlich hatte ich ein Gefühl der Ruhe und Nüchternheit, und ich schaute den Mann an. Ganz langsam dämmerte mir die Erkenntnis, daß der Mann dort am Boden ich selbst war. Diese Erkenntnis bereitete mir keinerlei Angst oder Unbehagen. Ich akzeptierte es einfach ohne Gefühlsbeteiligung. In diesem Augenblick schlief ich nicht ganz, aber ich war auch nicht völlig wach oder bei klarem Bewußtsein. Auch erkannte ich Don Juan und Don Genaro jetzt besser und konnte sie auseinanderhalten, wenn sie mit mir sprachen. Don Juan sagte, wir würden nun zu dem kreisrunden Platz der Kraft im Chaparral gehen. Kaum hatte er es ausgesprochen, da tauchte in meinem Kopf schlagartig das Bild jenes Ortes auf. Ich sah die dunkle Masse der ihn umgebenden Büsche. Ich wandte mich nach rechts; auch Don Juan und Don Genaro waren da. Ich spürte einen Schlag und hatte das Gefühl, daß ich mich vor ihnen fürchtete. Vielleicht

deshalb, weil sie wie zwei bedrohliche Schatten aussahen. Sie kamen näher. Sobald ich ihre Gesichter erkannte, verschwanden meine Ängste. Ich hatte sie wieder gern. Es war, als sei ich betrunken und könne meine Gedanken nirgends festmachen. Sie packten mich an den Schultern und schüttelten mich mit vereinten Kräften. Sie befahlen mir aufzuwachen. Ich konnte ihre Stimmen deutlich hören und unterscheiden. Dann kam ein einzigartiger Augenblick. Ich hatte zwei Bilder vor meinem inneren Auge, zwei Träume. Mir war, als ob irgend etwas in mir fest schlief und nun erwachte, und ich fand mich auf dem Fußboden der Veranda liegend wieder, während Don Juan und Don Genaro mich schüttelten. Aber ich war auch an dem Ort der Kraft, und Don Juan und Don Genaro schüttelten mich ebenfalls. Es gab einen entscheidenden Moment, wo ich weder an der einen noch an der anderen Stelle war, sondern an zwei Orten als Beobachter zwei Szenen gleichzeitig sah. Ich hatte die unglaubliche Empfindung, als könne ich mich in diesem Augenblick für das eine oder das andere entscheiden. Ich brauchte nur den Gesichtswinkel zu wechseln und eine der beiden Szenen, statt sie von außen zu beobachten, aus der Perspektive des Subjekts zu erfühlen.
Von Don Juans Haus ging irgendwie eine starke Wärme aus. Diese Szene bevorzugte ich.
Sodann spürte ich einen fürchterlichen Schauder, so schrecklich, daß mein volles, normales Bewußtsein augenblicklich zu mir zurückkehrte. Don Juan und Don Genaro gossen aus Eimern Wasser über mich. Ich war auf der Veranda vor Don Juans Haus.

Ein paar Stunden später saßen wir in der Küche. Don Juan hatte darauf bestanden, daß ich mich so benähme, als sei nichts geschehen. Er gab mir etwas zu essen und sagte, ich solle ordentlich zugreifen, um meine verausgabte Energie wieder aufzufrischen.
Nachdem wir uns zu Tisch gesetzt hatten, schaute ich auf die Uhr; es war halb neun abends. Mein Erlebnis hatte mehrere Stunden gedauert. Was aber meine Erinnerung betraf, so schien es mir, als hätte ich nur eine kurze Weile geschlafen. Obgleich ich jetzt ganz ich selbst war, war ich immer noch wie

betäubt. Erst nachdem ich angefangen hatte, in meinem Notizbuch zu schreiben, erlangte ich mein normales Bewußtsein wieder. Es war eine Überraschung für mich, daß das Schreiben eine sofortige Ernüchterung bewirken konnte. In dem Augenblick, als ich wieder ich selbst war, stürmte sogleich ein Trommelfeuer von vernünftigen Gedanken auf mich ein; sie drehten sich um die Erklärung des Phänomens, das ich soeben erlebt hatte. Ich »wußte« auf der Stelle, daß Don Genaro mich in dem Moment hypnotisiert hatte, als er mich auf den Boden drückte, aber ich versuchte nicht, herauszufinden, wie er es angestellt hatte.

Als ich meine Gedanken vortrug, lachten die beiden fast hysterisch. Don Genaro untersuchte meinen Bleistift und meinte, dieser Bleistift sei der Schlüssel, mit dem man mein Uhrwerk aufziehen könne. Ich war streitlustig, war müde und reizbar. Schließlich schrie ich sie förmlich an, während sie sich vor Lachen schüttelten.

Dann sagte Don Juan, es sei wohl verzeihlich, einmal daneben zu treffen, aber nicht mit so weitem Abstand; und Don Genaro sei schließlich nur gekommen, um mir zu helfen und mir das Geheimnis des Träumenden und Geträumten zu zeigen.

Meine Gereiztheit erreichte einen Höhepunkt. Don Juan gab Don Genaro mit einer Kopfbewegung ein Zeichen. Beide standen auf und führten mich hinter das Haus. Dort demonstrierte Don Genaro sein großes Repertoire von Tierstimmen und -schreien. Er forderte mich auf, mich für eine davon zu entscheiden, und lehrte mich, sie nachzuahmen.

Nach stundenlanger Übung gelang es mir, sie einigermaßen gut zu imitieren. Zu guter Letzt hatten sie selbst an meinen unbeholfenen Versuchen Spaß gefunden und lachten, bis ihnen förmlich die Tränen kamen, und ich hatte durch das Nachahmen eines lauten Tierschreis die Spannung in mir gemildert. Diese meine Imitation, so sagte ich ihnen, war mir wirklich irgendwie unheimlich. Meine körperliche Entspanntheit war unvergleichlich. Wenn ich diesen Schrei vervollkommnete, meinte Don Juan, dann könnte ich ihn zu einem Medium der Kraft machen, oder ich könnte ihn auch einfach benutzen, um meine Spannung zu lindern, wann immer es nötig sein sollte. Dann schlug er vor, ich solle schlafen gehen. Aber ich fürchtete mich vor dem Einschlafen. Einige Zeit saß ich noch bei ihnen am Herdfeuer, und dann fiel ich ganz von selbst in einen tiefen Schlaf.

Bei Tagesanbruch erwachte ich. Don Genaro schlief neben der Tür. Anscheinend erwachte er zur gleichen Zeit wie ich. Sie hatten mich zugedeckt und mir meine Jacke als Kissen unter den Kopf geschoben. Ich war sehr ruhig und fühlte mich ausgeruht. Ich bemerkte zu Don Genaro, ich sei am Vorabend wohl recht erschöpft gewesen. Er ebenfalls, meinte er. Er flüsterte, als wolle er mir etwas anvertrauen, und erzählte mir, daß Don Juan noch erschöpfter gewesen sei, weil er immerhin älter sei als wir.

»Du und ich, wir sind jung«, sagte er, und seine Augen funkelten. »Er aber ist alt. Er muß jetzt an die dreihundert Jahre alt sein.«

Ich setzte mich rasch auf. Don Genaro zog sich die Decke übers Gesicht und lachte dröhnend. In diesem Augenblick kam Don Juan herein.

Ich spürte so etwas wie Vollkommenheit und Frieden. Im Augenblick wenigstens konnte mir gar nichts etwas anhaben. Ich fühlte mich so wohl, daß mir nach Weinen zumute war.

In der vergangenen Nacht, meinte Don Juan, hätte ich angefangen, mir meiner leuchtenden Gestalt bewußt zu werden. Er empfahl mir, nicht in dem Wohlgefühl zu schwelgen, das ich empfand, denn es könnte sich in Selbstgefälligkeit verwandeln.

»Im Augenblick«, meinte ich, »will ich nichts erklärt haben. Es ist ganz egal, was Don Genaro gestern abend mit mir gemacht hat.«

»Ich habe nichts mit dir gemacht«, erwiderte Don Genaro. »Schau, ich bin es, Genaro! Dein Genaro! Faß mich doch an!

Ich umarmte Don Genaro, und wir lachten beide wie Kinder. Er fragte mich, ob es mir nicht seltsam erscheine, daß ich ihn jetzt umarmen könne, während ich ihn das letzte Mal, als ich ihn hier traf, nicht hätte anrühren können. Ich versicherte ihm, derlei Fragen interessierten mich nicht mehr.

Don Juan bemerkte, ich schwelgte jetzt wohl ganz im Gefühl, großzügig und gut zu sein.

»Paß auf!« sagte er. »Ein Krieger legt seine Wachsamkeit nie ab. Wenn du weiterhin so glücklich bist, dann wirst du das bißchen Kraft, das dir geblieben ist, bald aufgezehrt haben.«
»Was soll ich denn tun?« fragte ich.
»Sei du selbst«, sagte er. »Zweifle an allem! Sei mißtrauisch!«
»Aber es gefällt mir nicht, so zu sein, Don Juan.«
»Es kommt nicht darauf an, was dir gefällt oder nicht. Worauf es einzig ankommt, ist: Was kannst du als Schild benutzen? Ein Krieger muß alles ihm Verfügbare benutzen, um seine tödliche Lücke zu schließen, sobald sie sich öffnet. Es ist also ganz unerheblich, daß es dir nicht gefällt, mißtrauisch zu sein oder Fragen zu stellen. Die ist jetzt dein einziger Schild. Schreib, schreib! Sonst stirbst du. An freudiger Erregung zu sterben, das ist ein kläglicher Tod.«
»Wie sollte ein Krieger denn sterben?« fragte Don Genaro genau in meinem Tonfall.
»Ein Krieger stirbt schwer«, sagte Don Juan. »Sein Tod muß mit ihm kämpfen, wenn er ihn holen will. Ein Krieger wirft sich ihm nicht in die Arme.«
Don Genaro riß die Augen gewaltig auf, dann blinzelte er.
»Was Genaro dir gestern gezeigt hat, ist von größter Wichtigkeit«, fuhr Don Juan fort. »Du kannst es jetzt nicht durch frommen Eifer von dir abwehren. Gestern sagtest du mir, du interessiertest dich nur für den Doppelgänger. Aber sieh, was du jetzt machst! Du kümmerst dich gar nicht mehr um ihn. Das ist das Problem mit den Übereifrigen, sie sind nach beiden Seiten übereifrig. Gestern nichts als Fragen, heute nichts als Einverständnis.«
Ich wandte ein, er finde doch an allem, was ich tat, einen Makel, ganz gleich, wie ich es anstellte.
»Das ist nicht wahr!« rief er. »An der Lebensweise eines Kriegers gibt es keinen Makel. Befolge sie, und niemand wird deine Handlungen kritisieren können. Wie war es zum Beispiel gestern? Es wäre der Art eines Kriegers gemäß gewesen, wenn du zuerst ohne Furcht und Mißtrauen Fragen gestellt hättest und dir dann von Genaro das Geheimnis des Träumers hättest zeigen lassen, ohne dich gegen ihn aufzulehnen und ohne dich zu erschöpfen. Heute entspräche es der Art eines Kriegers, wenn du aus dem, was du gelernt hast, die Summe

zögest – ohne Überheblichkeit und ohne frommen Eifer. Tu das, und niemand wird einen Makel daran finden.«
Nach dem Ton seiner Stimme zu urteilen, mußte Don Juan über meine Stümperei sehr verärgert sein. Aber er lächelte mir zu, und dann kicherte er, als müsse er über seine eigenen Worte lachen.
Ich sagte ihm, ich hielte mich bloß zurück, da ich sie nicht mit meinen Grübeleien langweilen wolle. Tatsächlich war ich ganz überwältigt von dem, was Don Genaro getan hatte. Ich war überzeugt gewesen – obgleich es mir jetzt nicht mehr darauf ankam –, daß Don Genaro im Gebüsch gewartet hatte, bis Don Juan ihn rief. Später hatte er dann meine Furcht mißbraucht und sie ausgenutzt, um mich zu betäuben. Zweifellos war ich, als ich gewaltsam zu Boden gedrückt wurde, ohnmächtig geworden, und dann hatte Don Genaro mich wohl hypnotisiert.
Don Juan wandte ein, ich sei zu stark, mich so leicht überwältigen zu lassen.
»Was geschah also wirklich?« fragte ich ihn.
»Genaro kam zu dir, um dir etwas ganz Außerordentliches mitzuteilen«, sagte er. »Als er aus dem Gebüsch kam, da war es Genaro, der Doppelgänger. Man könnte es noch anders ausdrücken, und dies würde es noch besser erklären, aber das kann ich jetzt noch nicht.«
»Warum nicht, Don Juan?«
»Weil du noch nicht bereit bist, über die Ganzheit des Selbst zu sprechen. Im Augenblick kann ich dir nur sagen, daß dieser Genaro hier nicht der Doppelgänger ist.«
Mit einer Kopfbewegung wies er auf Don Genaro. Dieser blinzelte ein paarmal.
»Der Genaro von gestern abend war der Doppelgänger. Und wie ich dir schon sagte, hat der Doppelgänger unvorstellbare Kraft. Er hat dir etwas ganz Wichtiges gezeigt. Zu diesem Zweck mußte er dich berühren. Der Doppelgänger berührte dich einfach im Genick, an derselben Stelle, wo vor Jahren der Verbündete auf dich getreten ist. Natürlich warst du weg wie eine ausgeblasene Kerze. Und natürlich hast du dich auch wie ein Hanswurst gehenlassen. Wir brauchten Stunden, um dich wieder auf die Beine zu bringen. Dadurch hast du deine Kraft

vertan, und als es für dich Zeit war, die Tat eines Kriegers zu vollbringen, hattest du nicht mehr genug Mumm.«
»Was wäre diese Tat eines Kriegers gewesen, Don Juan?«
»Ich sagte dir doch, daß Genaro zu dir kam, um dir etwas zu zeigen, nämlich das Geheimnis der leuchtenden Wesen als Träumer. Du wolltest etwas über den Doppelgänger erfahren. Nun, er beginnt in den Träumen. Aber dann fragtest du: ›Was ist der Doppelgänger?‹, und ich sagte dir, der Doppelgänger ist das Selbst. Das Selbst träumt den Doppelgänger. Ganz einfach, nicht wahr? Nur daß an uns Menschen überhaupt nichts einfach ist. Vielleicht sind die gewöhnlichen Träume des Selbst einfach, aber das heißt nicht, daß das Selbst einfach wäre. Sobald das Selbst gelernt hat, den Doppelgänger zu träumen, erreicht es diesen unheimlichen Scheideweg, und es kommt der Augenblick, da man erkennt, daß es der Doppelgänger ist, der das Selbst träumt.«
Ich hatte alles aufgeschrieben, was er gesagt hatte. Ich hatte auch versucht, auf das Gesagte zu achten, aber ich hatte ihn nicht verstanden.
Don Juan wiederholte seine Ausführungen.
»Die Lehre von gestern abend handelte, wie gesagt, vom Träumer und vom Geträumten oder davon, wer wen träumt.«
»Wie bitte?« fragte ich.
Die beiden lachten lauthals.
»Gestern abend«, fuhr Don Juan fort, »hättest du dich beinahe dafür entschieden, am Ort der Kraft aufzuwachen.«
»Was meinst du damit, Don Juan?«
»Das wäre die Tat gewesen. Hättest du nicht in deinen blödsinnigen Gewohnheiten geschwelgt, dann hättest du genug Kraft gehabt, die Grenze zu überspringen, und du hättest dich zweifellos zu Tode erschreckt. Glücklicherweise oder unglücklicherweise, wie man's nimmt, hattest du nicht genug Kraft. Durch dein sinnloses Durcheinander hast du deine Kraft sogar in dem Maß vertan, daß du beinah nicht mehr genug zum Überleben hattest.
Du verstehst also, daß es nicht nur dumm und verschwenderisch ist, dich gehenzulassen und deinen kleinen Marotten zu frönen. Ein Krieger, der sich erschöpft, kann nicht überleben.

Der Körper ist nicht unzerstörbar. Du hättest schwer krank werden können. Du wurdest es nicht, nur weil Genaro und ich deinen Leichtsinn etwas aufgefangen haben.«
Die volle Wucht seiner Worte begann auf mich einzuwirken.
»Gestern abend führte Genaro dich durch die Schwierigkeiten des Doppelgängers hindurch«, fuhr Don Juan fort.
»Nur er kann dies für dich tun. Und es war keine Vision oder Halluzination, als du dich am Boden liegen sahst. Du hättest dies mit unendlicher Klarheit erkennen können, wenn du dich nicht in einer Schwelgerei verloren hättest, und dann hättest du erkennen können, daß du selbst wie ein Traum bist, daß dein Doppelgänger dich träumt, genau wie du ihn gestern abend geträumt hast.«
»Aber wie kann das sein, Don Juan?«
»Niemand weiß, wie es geschieht. Wir wissen nur, daß es geschieht. Dies ist das Geheimnis von uns Menschen als leuchtenden Wesen. Gestern abend hattest du zwei Träume, und du hättest in jedem von ihnen erwachen können, aber du hattest nicht genug Kraft, das zu begreifen.«
Sie schauten mich eine Weile eindringlich an.
»Ich glaube, er begreift«, sagte Don Genaro.

Das Geheimnis der leuchtenden Wesen

Stundenlang unterhielt mich Don Genaro mit absurden Instruktionen, wie ich mich im täglichen Leben verhalten sollte. Don Juan meinte, ich solle mir Don Genaros Empfehlungen ernstlich zu Herzen nehmen, denn sie seien, obzwar scherzhaft vorgetragen, keineswegs spaßig gemeint.
Gegen Mittag stand Don Genaro auf und ging ohne ein Wort der Erklärung ins Gebüsch. Ich wollte ebenfalls aufstehen, aber Don Juan hielt mich sanft zurück und verkündete mit feierlicher Stimme, daß Don Genaro wieder etwas mit mir vorhabe.
»Was wird er tun?« fragte ich. »Was will er diesmal mit mir anstellen?«
Don Juan versicherte mir, ich hätte keinen Grund, mich zu beunruhigen.
»Du näherst dich einem Scheideweg«, sagte er. »Einem gewissen Scheideweg, den jeder Krieger einmal erreicht.«
Mir kam in den Sinn, er spreche vielleicht von meinem Tod. Er schien meine Frage zu ahnen und bedeutete mir, nichts zu sagen.
»Darüber wollen wir nicht diskutieren«, sagte er. »Es muß dir genügen, wenn ich dir sage, daß der Scheideweg, den ich meine, die Erklärung der Zauberer ist. Genaro glaubt, du bist bereit dafür.«
»Wann wirst du mir etwas darüber sagen?«
»Ich weiß nicht, wann. Du bist der Empfänger, daher hängt es von dir ab. Du wirst entscheiden müssen, wann es an der Zeit ist.«
»Und warum nicht jetzt gleich?«
»Entscheiden heißt nicht, einen willkürlichen Zeitpunkt bestimmen«, sagte er. »Entscheiden heißt, daß du deinen Geist makellos gestählt und alles getan haben mußt, um des Wissens und der Kraft würdig zu sein.
Heute aber wird Genaro dir ein kleines Rätsel aufgeben. Er ist vorausgegangen und wird irgendwo im Chaparral auf uns warten. Niemand weiß die Stelle, wo er sein wird, oder den

genauen Zeitpunkt, zu dem wir ihn treffen. Gelingt es dir, die richtige Zeit zu bestimmen, das Haus zu verlassen, dann wird es dir auch gelingen, dich dorthin zu lenken, wo er ist.«
Ich sagte Don Juan, ich könne mir nicht vorstellen, daß jemand imstande sei, ein solches Rätsel zu lösen.
»Wie kann der Umstand, daß ich zu einer bestimmten Zeit das Haus verlasse, mich dorthin führen, wo Don Genaro sich aufhält?« fragte ich.
Don Juan lächelte und fing an, ein Lied zu summen. Meine Aufregung schien ihn zu belustigen.
»Das ist ja das Problem, das Genaro dir aufgibt«, sagte er. »Falls du genügend persönliche Kraft hast, wirst du mit absoluter Gewißheit den richtigen Zeitpunkt bestimmen, zu dem du das Haus verlassen mußt. Warum die Tatsache, daß du zur richtigen Zeit aufbrichst, dich führen wird, das ist etwas, was niemand weiß. Und doch, wenn du genug Kraft hast, dann wirst du selbst feststellen, daß es so ist.«
»Aber auf welche Weise werde ich geführt werden, Don Juan?«
»Auch das weiß niemand.«
»Ich glaube, Don Genaro spielt mir einen Streich.«
»Dann sei lieber vorsichtig«, sagte er. »Falls Genaro dir einen Streich spielt, dann könnte es sein, daß du von diesem Streich nicht mehr aufstehst.«
Don Juan lachte über sein Wortspiel. Ich konnte nicht einstimmen. Meine Angst vor der Gefahr, die von Don Genaros Machenschaften ausging, war zu real.
»Kannst du mir nicht wenigstens ein paar Tips geben?« fragte ich.
»Da gibt es keine Tips!« sagte er scharf.
»Warum will Don Genaro so etwas tun?«
»Er will dich auf die Probe stellen«, antwortete er. »Nehmen wir an, es ist für ihn sehr wichtig zu wissen, ob du die Erklärung der Zauberer erfassen kannst. Wenn du das Rätsel löst, dann zeigt dies, daß du genügend persönliche Kraft gespeichert hast und bereit bist. Wenn es dir aber nicht gelingt, dann deshalb, weil du nicht genug Kraft hast, und in diesem Fall wäre die Erklärung der Zauberer für dich sinnlos. Ich meine, wir sollten dir die Erklärung geben, ganz gleich, ob

du sie verstehst oder nicht. Das ist meine Auffassung. Genaro ist ein eher konservativer Krieger, er will die richtige Reihenfolge der Dinge einhalten, und er wird sich nicht zufriedengeben, bis er glaubt, daß du bereit bist.«

»Warum erzählst du mir nicht selbst von der Erklärung der Zauberer?«

»Genaro muß derjenige sein, der dir hilft.«

»Warum ist dies so, Don Juan?«

»Genaro will nicht, daß ich dir sage, warum«, sagte er, »noch nicht.«

»Würde es mir denn schaden, die Erklärung der Zauberer zu kennen?« fragte ich.

»Das glaube ich nicht.«

»Bitte, Don Juan, dann sag sie mir.«

»Du machst wohl Witze. Genaro hat über diese Sache genaue Vorstellungen, und wir müssen ihm Ehre erweisen und ihn respektieren.«

Mit einer gebieterischen Geste brachte er mich zum Schweigen.

Nach einer langen, entnervenden Pause wagte ich eine Frage zu stellen.

»Aber wie kann ich dieses Rätsel lösen, Don Juan?«

»Wirklich, das weiß ich nicht. Darum kann ich dir auch nicht raten, was du tun sollst«, sagte er. »Genaro weiß, was er will. Er hat dieses Rätsel für dich ausgedacht. Da er dies zu deinem Besten tut, ist er einzig auf dich eingestimmt, und daher kannst nur du den richtigen Zeitpunkt des Aufbruchs finden. Er selbst wird dich rufen und dich mit Hilfe seines Rufs führen.«

»Was ist das für ein Ruf?«

»Ich weiß nicht. Sein Ruf gilt dir, nicht mir. Genaro wird unmittelbar deinen *Willen* ansprechen. Mit anderen Worten, du mußt deinen *Willen* benutzen, um den Ruf zu erkennen. Genaro meint, er muß sich nunmehr davon überzeugen, daß du genügend persönliche Kraft angesammelt hast, imstande zu sein, deinen *Willen* zu etwas Funktionsfähigem zu machen.«

»Wille« war ein Begriff, den Don Juan ebenfalls sehr sorgfältig umschrieben hatte, ohne ihn jedoch zu erklären. Aus seinen Erläuterungen konnte ich entnehmen, daß »Wille«

eine Kraft sei, die vom Unterleib ausging, und zwar durch eine unsichtbare Öffnung unterhalb des Nabels, eine Öffnung, die er als »Lücke« bezeichnete. »Wille« war etwas, das angeblich nur Zauberer entwickelten. Er wird demjenigen, der die Zauberei praktiziert, als Mysterium zuteil und verleiht ihm angeblich die Fähigkeit, unglaubliche Taten zu vollbringen.
Es sei wohl aussichtslos, bemerkte ich zu Don Juan, daß etwas so Unbestimmtes in meinem Leben jemals zu einer funktionierenden Einheit werden könnte.
»Da irrst du dich«, sagte er. »Der *Wille* entwickelt sich beim Krieger entgegen allen Widerständen der Vernunft.«
»Kann Don Genaro, da er doch ein Zauberer ist, denn nicht, ohne mich auf die Probe zu stellen, wissen, ob ich bereit bin oder nicht?«, fragte ich.
»Gewiß kann er das«, sagte er. »Aber dieses Wissen bliebe ohne Wert und ohne Folgen, denn es hätte nichts mit dir zu tun. Du bist der Lernende, daher mußt du selbst dir Wissen als Kraft erwerben, nicht aber Genaro. Genaro kommt es weniger auf sein Wissen als auf dein Wissen an. Du mußt herausfinden, ob dein *Wille* funktioniert oder nicht. Dies festzustellen ist sehr schwierig. Unabhängig davon, was Genaro oder ich über dich wissen, mußt du dir selbst beweisen, daß du in der Lage bist, Wissen als Kraft zu beanspruchen. Mit anderen Worten, du mußt dich selbst davon überzeugen, daß du deinen Willen betätigen kannst. Wenn du es noch nicht bist, dann mußt du heute davon überzeugt werden. Kannst du diese Aufgabe nicht lösen, dann wird Genaro, unabhängig davon, was er vielleicht an dir *sieht,* daraus schließen, daß du noch nicht bereit bist.«
Mich befiel eine unwiderstehliche Furcht.
»Ist all dies denn notwendig?« fragte ich.
»Es ist Genaros Wunsch, und du mußt ihm nachkommen«, sagte er bestimmt, aber freundlich.
»Aber was hat Don Genaro mit mir im Sinn?«
»Das wirst du heute vielleicht herausfinden«, sagte er lächelnd.
Ich bedrängte Don Juan, mir aus dieser unerträglichen Situation herauszuhelfen und mir all diese geheimnisvollen Reden zu erklären. Er lachte und klopfte mir auf die Brust, wobei

er über einen mexikanischen Gewichtheber witzelte, der gewaltig entwickelte Brustmuskeln hatte, aber keine schwere Arbeit leisten konnte, weil sein Rücken zu schwach war.
»Schau diese Muskeln an!« sagte er. »Sie sollten nicht nur zum Vorzeigen da sein.«
»Meine Muskeln haben gar nichts mit dem zu tun, wovon du sprichst«, sagte ich streitlustig.
»Doch«, antwortete er. »Der Körper muß vollkommen sein, bevor der *Wille* eine funktionierende Einheit wird.«
Don Juan war es gelungen, meine Überlegungen in eine andere Richtung zu lenken. Ich war unruhig und frustriert.
Ich stand auf, ging in die Küche und trank etwas Wasser. Don Juan folgte mir und schlug vor, ich solle mich in dem Tierschrei üben, den Don Genaro mir beigebracht hatte. Wir gingen neben das Haus; ich setzte mich auf einen Holzstapel und versenkte mich ganz in die Nachahmung dieses Schreies. Don Juan korrigierte mich und gab mir ein paar Hinweise für meine Atmung. Das Ergebnis war ein Zustand vollkommener physischer Entspannung.
Wir kehrten auf die Veranda zurück und setzten uns wieder. Ich sagte ihm, wie sehr ich mich manchmal über mich ärgerte, weil ich so hilflos sei.
»Es ist nichts Schlechtes an dem Gefühl, hilflos zu sein«, sagte er. »Wir alle kennen es nur zu gut. Denk daran, daß wir eine Ewigkeit als hilflose Kinder leben! Ich sagte dir ja schon, daß du im Augenblick wie ein kleines Kind bist, das noch nicht allein aus der Wiege klettern, geschweige denn selbständig handeln kann. Genaro hilft dir sozusagen aus der Wiege heraus, indem er dich aufhebt. Aber ein Kind will handeln, und da es das nicht kann, jammert es eben. Dies ist an sich nicht schlecht, aber etwas anderes ist es, sich gehenzulassen und in Grübeln und Jammern zu schwelgen.«
Er verlangte, ich solle mich entspannen. Er forderte mich auf, ihm noch eine Weile Fragen zu stellen, bis ich in einer besseren seelischen Verfassung wäre.
Einen Moment war ich ratlos und konnte mich nicht entschließen, was ich fragen sollte.
Don Juan breitete eine Strohmatte aus und meinte, ich solle

mich daraufsetzen. Dann füllte er eine große Kalebasse mit Wasser und tat sie in ein Tragenetz. Anscheinend traf er Vorbereitungen für einen Ausflug. Dann setzte er sich wieder und forderte mich augenzwinkernd auf, mit meinen Fragen zu beginnen.

Ich bat ihn, mir mehr über den Nachtfalter zu erzählen.

Er warf mir einen langen, prüfenden Blick zu und lachte in sich hinein.

»Das war ein Verbündeter«, sagte er. »Du weißt es selbst.«

»Aber was ist ein Verbündeter eigentlich, Don Juan?«

»Es ist ganz unmöglich zu sagen, was ein Verbündeter wirklich ist, genauso wie es unmöglich ist zu sagen, was ein Baum eigentlich ist.«

»Ein Baum ist ein lebender Organismus«, sagte ich.

»Das will nichts besagen«, meinte er. »Ich kann auch sagen, daß ein Verbündeter eine Kraft, eine Spannung ist. Das habe ich dir bereits gesagt, aber dies besagt nicht viel über den Verbündeten.

Genau wie im Fall des Baumes kann man auch den Verbündeten nur erkennen, indem man ihn erfährt. All die Jahre habe ich mich bemüht, dich auf die folgenschwere Begegnung mit einem Verbündeten vorzubereiten. Vielleicht bist du dir nicht im klaren darüber, aber du brauchtest ja auch Jahre der Vorbereitung, um einem Baum zu begegnen. Nichts anderes ist es, einem Verbündeten zu begegnen. Der Lehrer muß seinen Schüler nach und nach, Stück um Stück mit dem Verbündeten vertraut machen. Im Lauf der Jahre hast du eine Menge Wissen über ihn angesammelt, und jetzt bist du fähig, dieses Wissen zusammenzusetzen, um den Verbündeten geradeso zu erfahren, wie du einen Baum erfährst.«

»Ich habe keine Vorstellung davon, daß ich dies tue, Don Juan.«

»Deine Vernunft ist sich dessen nicht bewußt, weil sie die Möglichkeit des Verbündeten von vornherein nicht akzeptieren kann. Zum Glück ist es nicht die Vernunft, die den Verbündeten zusammensetzt. Der Körper ist es. Du hast den Verbündeten in verschiedenen Graden und bei verschiedenen Gelegenheiten wahrgenommen. Jede dieser Wahrnehmungen wurde in deinem Körper gespeichert. Die Summe dieser Teile

ist der Verbündete. Ich kenne keine andere Möglichkeit, ihn zu beschreiben.«
Ich wandte ein, ich könne mir nicht vorstellen, daß mein Körper von sich aus handele, als sei er eine von meiner Vernunft unabhängige Einheit.
»Das ist er nicht, aber dahin haben wir ihn gebracht«, sagte er. »Unsere Vernunft ist rechthaberisch, und sie liegt dauernd im Streit mit unserem Körper. Dies ist natürlich nur eine bildliche Redeweise, aber der Sieg eines Wissenden besteht darin, daß er die beiden miteinander versöhnt. Da du kein Wissender bist, tut dein Körper heute noch Dinge, die deine Vernunft nicht begreift. Eines dieser Dinge ist der Verbündete. Du warst weder verrückt, noch hast du geträumt, als du den Verbündeten gestern nacht, genau hier an dieser Stelle, wahrgenommen hast.«
Ich fragte ihn nach der beängstigenden Vorstellung, die er und Don Genaro mir eingegeben hatten, daß nämlich der Verbündete ein Wesen sei, das mich am Rande einer kleinen Schlucht in den Bergen Nordmexikos erwarte. Früher oder später, hatten sie gesagt, müsse ich meine Verabredung mit dem Verbündeten einhalten und mit ihm ringen.
»All dies ist nur eine bildliche Art, über Geheimnisse zu sprechen, für die es keine Worte gibt«, sagte er. »Genaro und ich sagten, daß der Verbündete dich am Rand der Ebene erwarten wird. Dieser Satz war richtig, aber er hat nicht die Bedeutung, die du ihm beilegst. Der Verbündete wartet auf dich, das steht fest, aber er hält sich nicht am Rand irgendeiner Ebene auf. Er ist hier oder dort oder an jedem anderen Ort. Der Verbündete wartet auf dich, gerade wie der Tod auf dich wartet, überall und nirgends.«
»Warum wartet der Verbündete auf mich?«
»Aus dem gleichen Grund, warum der Tod auf dich wartet«, sagte er, »weil du geboren worden bist. Im Augenblick gibt es keine Möglichkeit zu erklären, was damit gemeint ist. Zuerst mußt du den Verbündeten erfahren. Du mußt ihn in all seiner Macht wahrnehmen, dann kann die Erklärung der Zauberer ihn vielleicht begreiflich machen. Bislang hattest du nicht genügend Kraft, dir auch nur eines zu erklären, daß nämlich der Verbündete ein Nachtfalter ist.

Vor ein paar Jahren gingen wir beide ins Gebirge, und du mußtest einen Kampf mit irgend etwas bestehen. Damals war es mir unmöglich, dir zu sagen, was dabei vor sich ging. Du sahst einen seltsamen Schatten vor dem Feuer hin- und herhuschen. Du kamst selbst darauf, daß er wie ein Nachtfalter aussah. Obwohl du nicht wußtest, was du da sagtest, hattest du absolut recht, denn der Schatten war ein Nachtfalter. Dann, bei einer anderen Gelegenheit, brachte irgend etwas dich vor Angst fast von Sinnen, nachdem du eingeschlafen warst, und wieder war es in der Nähe eines Feuers. Ich hatte dich gewarnt, nicht einzuschlafen, aber du hast meine Warnung in den Wind geschlagen. Dies lieferte dich dem Verbündeten aus, und der Nachtfalter trat dir ins Genick. Wieso du das überlebt hast, wird mir immer ein Rätsel bleiben. Du wußtest es nicht, aber damals hatte ich dich schon aufgegeben. So schwerwiegend war dieser Schnitzer.
Seit damals, auch wenn du es nicht bemerkt hast, folgte der Nachtfalter uns immer, wenn wir uns im Gebirge oder in der Wüste aufhielten. Alles in allem können wir also sagen, daß der Verbündete für dich ein Nachtfalter ist. Aber ich kann nicht sagen, daß er wirklich ein Nachtfalter ist, so wie wir Nachtfalter kennen. Den Verbündeten als Nachtfalter zu bezeichnen ist abermals nur eine bildliche Redeweise, eine Möglichkeit, die Unermeßlichkeit dort draußen verständlich zu machen.«
»Ist der Verbündete auch für dich ein Nachtfalter?« fragte ich.
»Nein. Die Art, wie man den Verbündeten begreift, ist eine Frage des Temperaments«, sagte er.
Ich hielt ihm vor, daß wir wieder am Ausgangspunkt seien; denn er hatte mir nicht gesagt, was ein Verbündeter wirklich ist.
»Es ist nicht nötig, sich verwirren zu lassen«, sagte er. »Die Verwirrung ist eine Stimmung, in die man hineinstürzt, aber man kann auch wieder aus ihr herausgelangen. Im Augenblick ist es unmöglich, irgend etwas zu erklären. Vielleicht werden wir heute noch, später, Gelegenheit haben, diese Fragen ausführlich zu erörtern. Das hängt ganz von dir ab. Oder besser, es hängt von deiner persönlichen Kraft ab.«

Er weigerte sich, noch ein weiteres Wort zu sagen. Ich war ganz durcheinander, aus Furcht, ich könnte die Probe nicht bestehen. Don Juan führte mich hinter das Haus und hieß mich auf einer Strohmatte am Rand eines Wassergrabens niedersitzen. Das Wasser floß so langsam, daß es fast stillzustehen schien. Er befahl mir, ruhig sitzen zu bleiben, meinen inneren Dialog abzustellen und ins Wasser zu schauen. Er erinnerte mich daran, daß ich vor Jahren an mir eine gewisse Affinität zu Gewässern entdeckt hätte, ein Gefühl, das für mein jetziges Bemühen höchst förderlich sei. Ich entgegnete, daß ich keine besondere Vorliebe für Gewässer hätte, aber auch keine Abneigung. Dies sei gerade der Grund, meinte er, warum Wasser so gut für mich sei, denn ich sei ihm gegenüber indifferent. Unter schwierigen Bedingungen könne das Wasser mich nicht gefangenhalten, aber es könne mich auch nicht abstoßen.

Er saß knapp hinter mir zu meiner Rechten und empfahl mir, mich zu entspannen und keine Angst zu haben, denn er sei ja da, um mir zu helfen, falls es irgend nötig werden sollte.

Einen Augenblick lang hatte ich Angst. Ich schaute ihn an und wartete auf weitere Anweisungen. Gewaltsam drehte er meinen Kopf zum Wasser und befahl mir weiterzumachen. Ich hatte keine Ahnung, was er von mir wollte, daher entspannte ich mich einfach. Während ich so übers Wasser schaute, fiel mein Blick auf das Schilf am anderen Ufer. Unbewußt ließ ich meinen unkonzentrierten Blick darauf ruhen. Es bebte unter der langsamen Strömung. Das Wasser hatte die Farbe von Wüstensand. Mir fiel auf, daß die Wellen an den Schilfhalmen wie kleine Rillen oder Spalten in einer weichen Oberfläche aussahen. Plötzlich wurden die Schilfhalme ganz riesig, das Wasser war eine weiche, glatte, ockerfarbene Fläche, und dann befand ich mich binnen Sekunden im tiefem Schlaf; oder besser, ich verfiel in einen Wahrnehmungszustand, wie ich ihn noch nie erlebt hatte. Die angemessenste Umschreibung wäre zu sagen, daß ich einschlief und einen absurden Traum hatte.

Diesen Traum meinte ich unendlich fortsetzen zu können, wenn ich nur wollte, aber ich beendete ihn absichtlich, indem ich ein bewußtes Selbstgespräch anfing. Ich öffnete die Augen. Ich lag auf der Strohmatte. Don Juan befand sich ein paar Meter entfernt. Mein Traum war so wundervoll gewesen, daß ich ihm davon erzählen wollte. Er gebot mir Schweigen. Mit einem langen Zweig wies er auf zwei lange Schatten, die die Äste des Wüstenchaparral auf die Erde warfen. Die Spitze seines Zweiges folgte den Umrissen des einen Schattens, als wollte sie ihn nachzeichnen, dann sprang sie zum anderen hinüber und tat dort dasselbe. Die Schatten waren etwa einen halben Meter lang und fast fünf Zentimeter breit; sie lagen zwanzig bis dreißig Zentimeter von einander entfernt. Meine Augen, die den Bewegungen des Zweiges folgten, gerieten dadurch außer Kontrolle, und schließlich sah ich mit schielenden Augen vier Schatten; auf einmal verschmolzen die zwei mittleren Schatten zu einem einzigen und riefen eine außerordentlich tiefenscharfe Wahrnehmung hervor. Der so gebildete Schatten wies eine unerklärliche Fülle und Räumlichkeit auf; er war beinah wie ein durchsichtiges Rohr, eine runde Stange aus irgendeiner unbekannten Substanz. Ich wußte, daß meine Augen schielten, und doch schienen sie auf eine Stelle zentriert zu sein; was ich dort sah, war glasklar. Ich konnte die Augen bewegen, ohne daß das Bild sich auflöste.

Ich schaute dauernd hin, ohne jedoch meine Wachsamkeit abzulegen. Ich verspürte einen komischen Zwang, mich zu entspannen und mich ganz in die Szene zu vertiefen. Irgendwie schien das, was ich beobachtete,mich anzuziehen; aber etwas anderes in mir drängte sich in den Vordergrund, und ich fing ein halbbewußtes Selbstgespräch an. Fast augenblicklich kam mir die Umgebung meiner alltäglichen Welt zu Bewußtsein.

Don Juan beobachtete mich. Er schien beunruhigt. Ich fragte ihn, was denn los sei. Er antwortete nicht. Er war mir behilflich, mich aufzusetzen. Erst dann erkannte ich, daß ich auf dem Rücken gelegen und in den Himmel geschaut hatte, während Don Juan sich über mein Gesicht beugte.

Mein erster Impuls war, ihm zu sagen, daß ich tatsächlich die Schatten am Boden gesehen hatte, während ich in den Himmel schaute, aber er legte mir die Hand auf den Mund. Einige Zeit saßen wir schweigend da. Ich hatte keinerlei Gedanken. Ich empfand einen köstlichen Frieden, und dann spürte

ich ganz plötzlich einen unwiderstehlichen Drang, aufzustehen und in den Chaparral zu gehen, um Don Genaro zu suchen.
Ich machte einen Versuch, mit Don Juan zu sprechen. Er hob das Kinn und preßte die Lippen zusammen – es war ein wortloser Befehl, jetzt nichts zu sagen. Ich versuchte mir ein vernünftiges Bild von meiner merkwürdigen Situation zu machen; aber mein Schweigen machte mich so glücklich, daß ich mich nicht mit logischen Spitzfindigkeiten herumschlagen wollte.
Nach kurzer Pause verspürte ich abermals das zwingende Bedürfnis, ins Gebüsch hineinzugehen. Ich folgte einem schmalen Pfad. Don Juan trottete hinterher, als sei ich der Führer.
Wir gingen ungefähr eine Stunde. Es gelang mir, frei von irgendwelchen Gedanken zu bleiben. Dann kamen wir an einen Hügel. Dort war Don Genaro; er saß in der Nähe des Gipfels auf einer Felsmauer. Er begrüßte mich überschwenglich, wobei er laut schreien mußte; er befand sich an die dreißig Meter über dem Boden. Don Juan befahl mir, mich zu setzen, und nahm neben mir Platz. Don Genaro erklärte, ich hätte den Platz gefunden, wo er mich erwartet hätte, denn er habe mich durch ein Geräusch geleitet, das er hervorgebracht habe. Kaum hatte er dies gesagt, da wurde mir klar, daß ich tatsächlich ein seltsames Geräusch gehört hatte, das mir wie Ohrensausen erschienen war; ich hatte es eher als ein inneres Phänomen aufgefaßt, einen körperlichen Zustand, eine so unbestimmte Klangempfindung, daß es sich jeder bewußten Beurteilung und Deutung entzog.
Ich glaubte zu sehen, daß Don Genaro ein kleines Instrument in der linken Hand hielt. Von dort, wo ich saß, konnte ich es nicht genau erkennen. Es sah aus wie eine Maultrommel; damit brachte er einen weichen, unheimlichen Klang hervor, der praktisch kaum wahrnehmbar war. Er spielte noch einen Augenblick weiter, als wolle er mir Zeit lassen, ganz zu ermessen, was er eben gesagt hatte. Dann zeigte er mir seine linke Hand. Sie war leer; keine Spur von einem Instrument. Durch die Art, wie er die Hand an den Mund hielt, hatte ich den Eindruck gehabt, als ob er ein Instrument spielte. In

Wirklichkeit brachte er diesen Klang mit den Lippen und mit der linken Handkante, zwischen Daumen und Zeigefinger, hervor.
Ich wandte mich an Don Juan, um ihm zu erklären, daß ich mich durch Don Genaros Gebärden hätte täuschen lassen. Er machte eine rasche Handbewegung und sagte, ich solle nicht sprechen und gut achtgeben, was Don Genaro tun werde. Ich schaute mich wieder nach Don Genaro um, aber er war nicht mehr da. Ich meinte, er sei wohl herabgeklettert. Einige Zeit wartete ich darauf, daß er aus dem Gebüsch auftauchte. Der Felsen, auf dem er gestanden hatte, war eine eigentümliche Gesteinsformation; er sah eher wie ein riesiger Vorsprung an der Flanke einer noch höheren Felswand aus. Ich hatte doch nur für ein paar Sekunden weggeschaut. Falls er hinaufgeklettert war, hätte ich ihn bestimmt gesehen, bevor er den Gipfel der Felswand erreichte, und falls er herabgeklettert war, hätte ich ihn von dort, wo ich saß ebenfalls sehen müssen.
Ich fragte Don Juan, wo Don Genaro sein mochte. Er antwortete, er stehe immer noch auf dem Felsvorsprung. Soviel ich erkennen konnte, war dort niemand, aber Don Juan behauptete immer wieder, Don Genaro stehe immer noch oben auf dem Felsen.
Offenbar scherzte er nicht. Seine Augen blickten fest und wild. In scharfem Ton sagte er, meine Sinne seien nicht das geeignete Mittel, um zu ermessen, was Don Genaro tue. Er befahl mir, meinen inneren Dialog abzustellen. Ich lehnte mich auf und wollte eben meine Augen schließen. Da sprang Don Juan herbei und rüttelte mich an den Schultern. Er flüsterte, ich müsse die Augen auf den Felsvorsprung richten. Ich war schläfrig und hörte Don Juans Worte wie aus weiter Ferne. Automatisch schaute ich zum Vorsprung hinauf. Don Genaro war wieder da. Das interessierte mich nicht mehr. Halb bewußt stellte ich fest, daß mir das Atmen schwerfiel, aber bevor ich noch einen Gedanken daran wenden konnte, sprang Don Genaro herab. Auch dieser Vorgang weckte nicht mein Interesse. Er kam herbei und half mir, aufrecht zu stehen, indem er mich am Arm festhielt; Don Juan hielt meinen anderen Arm. So stützten die beiden mich von links und rechts. Dann war es nur noch Don Genaro, der mir beim

Gehen half. Er flüsterte mir etwas ins Ohr, das ich nicht verstand, und plötzlich hatte ich das Gefühl, als ob er meinen Körper auf ganz komische Art vorwärtszog. Er packte mich buchstäblich an der Haut über meinem Bauch und zog mich auf den Felsvorsprung oder vielleicht auf einen anderen Felsen hinauf. Ich wußte, daß ich mich einen Augenblick lang auf einem Felsen befand. Ich hätte schwören können, daß es jener Felsvorsprung war; das Bild war jedoch so flüchtig, daß ich es nicht im einzelnen erkennen konnte. Dann spürte ich, wie irgend etwas in mir aussetzte und ich stürzte rücklings hinab. Ganz schwach empfand ich so etwas wie Angst oder körperliches Unbehagen. Als nächstes merkte ich, daß Don Juan mit mir sprach. Ich konnte ihn nicht verstehen. Ich konzentrierte meine Aufmerksamkeit auf seine Lippen. Ich fühlte mich wie im Traum und versuchte eine folienartige Hülle, die mich einschloß, von innen aufzureißen, während Don Juan sich bemühte, sie von außen aufzureißen. Schließlich platzte sie tatsächlich auf, und Don Juans Worte wurden hörbar – und ihre Bedeutung glasklar. Er befahl mir, aus eigener Kraft wiederaufzutauchen. Verzweifelt mühte ich mich, mein klares Bewußtsein wiederzugewinnen; doch ohne Erfolg. Ganz bewußt fragte ich mich, wieso es mir nur so schwerfiel. Ich kämpfte darum, mit mir selbst zu sprechen.
Anscheinend wußte Don Juan um meine Schwierigkeiten. Er forderte mich auf, mich noch mehr anzustrengen. Irgend etwas da draußen hinderte mich daran, in meinen vertrauten inneren Dialog zu verfallen. Es war, als ob eine eigentümliche Macht mich schläfrig und gleichgültig machte.
Ich kämpfte dagegen an, bis ich außer Atem war. Ich hörte, wie Don Juan auf mich einredete. Unwillkürlich krümmte mein Körper sich unter der Anspannung. Mir war, als kämpfte ich eng umschlungen einen tödlichen Kampf gegen irgend etwas, das mich am Atmen hinderte. Ich hatte keine Angst, eher war ich von einer unkontrollierbaren Wut besessen. Mein Zorn nahm solche Formen an, daß ich wie ein Tier knurrte und brüllte. Dann wurde mein Körper von einem Frösteln geschüttelt. Ich verspürte einen Schock, der mich auf der Stelle stoppte. Ich konnte wieder normal atmen, und dann wurde mir klar, daß Don Juan seinen Wasserbehälter über

meinen Bauch und mein Genick geleert hatte und ich tropfnaß war.
Er half mir aufrecht zu sitzen. Don Genaro stand auf dem Felsvorsprung. Er rief mich beim Namen, und dann sprang er in die Tiefe. Ich sah ihn aus einer Höhe von etwa zwanzig Metern herabstürzen und spürte ein unerträgliches Gefühl im Unterleib. Ich kannte dieses Gefühl aus Träumen, in denen ich abstürzte.
Don Genaro trat herzu und fragte lächelnd, ob mir sein Sprung gefallen habe. Vergeblich versuchte ich etwas zu sagen. Wieder rief Don Genaro mich beim Namen.
»Carlitos! Schau her!« sagte er.
Er schwenkte die Arme vier- oder fünfmal hin und her, wie um Anlauf zu nehmen, und dann sprang er außer Sichtweite, oder wenigstens glaubte ich dies. Oder vielleicht tat er noch etwas anderes, für das ich keine Worte hatte. Er war zwei, drei Meter von mir entfernt, und dann verschwand er, als ob eine unkontrollierbare Macht ihn verschluckt hätte.
Ich fühlte mich gleichgültig und müde. Irgendwie war mir alles egal, und ich wollte weder denken noch mein Selbstgespräch führen. Ich verspürte keine Angst, nur eine unerklärliche Traurigkeit. Mir war nach Weinen zumute. Don Juan schlug mich mehrmals mit den Fingerknöcheln auf den Kopf und lachte, als sei alles, was geschehen war, nur ein Spaß. Dann verlangte er, ich solle mit mir selbst reden, denn dies sei der Augenblick, da ich den inneren Dialog verzweifelt nötig hätte. Ich hörte, wie er mir befahl: »Rede, rede!«
Ich spürte, wie die Muskeln meiner Lippen sich unwillkürlich verkrampften. Mein Mund bewegte sich, ohne einen Ton hervorzubringen. Ich erinnerte mich daran, wie Don Genaro seinen Mund ganz ähnlich bewegt hatte, als er seine Späße machte, und ich wünschte mir, ich könnte, wie er damals, sagen: Mein Mund will nicht sprechen. Ich versuchte die Worte auszustoßen, und meine Lippen verzerrten sich schmerzhaft. Don Juan schien sich vor Lachen ausschütten zu wollen. Seine Lustigkeit war so ansteckend, daß ich ebenfalls lachen mußte. Schließlich half er mir auf die Beine. Ich fragte ihn, ob Don Genaro denn nicht zurückkäme. Er meinte, Don Genaro habe für heute genug von mir.

»Beinah hast du es geschafft«, sagte Don Juan.

Wir saßen neben der Feuerstelle. Er hatte darauf bestanden, daß ich etwas äße. Ich war weder hungrig noch müde. Eine ungewohnte Traurigkeit hatte mich befallen; alle Ereignisse dieses Tages schienen mir so fern. Don Juan reichte mir mein Schreibzeug. Ich machte eine gewaltige Anstrengung, um meinen Normalzustand wiederzugewinnen. Ich kritzelte ein paar Sätze unseres Gesprächs hin. Nach und nach kehrte meine alte Form wieder. Es war, als würde ein Schleier weggezogen; auf einmal fand ich wieder zu meiner vertrauten Haltung von Interesse und Staunen zurück.

»Brav, brav«, sagte Don Juan und streichelte mir den Kopf. »Ich sagte dir schon, daß die wahre Kunst des Kriegers darin besteht, Erschrecken und Erstaunen im Gleichgewicht zu halten.«

Don Juan war in einer merkwürdigen Stimmung. Beinahe kam er mir nervös und besorgt vor. Er schien bereit, von sich aus das Wort an mich zu richten. Ich glaubte, er habe vor, mich auf die Erklärung der Zauberer vorzubereiten, und ich wurde selbst ganz unruhig. Seine Augen zeigten ein seltsames Glitzern, das ich nur einige Male vorher bei ihm gesehen hatte. Nachdem ich ihm mitgeteilt hatte, was ich von seinem ungewöhnlichen Benehmen hielt, meinte er, er freue sich für mich, denn ein Krieger könne über die Triumphe seiner Mitmenschen frohlocken, falls es Triumphe des Geistes seien. Unglücklicherweise, fügte er hinzu, sei ich noch nicht für die Erklärung der Zauberer bereit, und das trotz der Tatsache, daß ich Don Genaros Rätsel erfolgreich gelöst hatte. Er beanstandete, daß ich, als er meinen Körper mit Wasser begossen hatte, beinahe gestorben wäre; meine ganze Leistung sei durch meine Unfähigkeit, Don Genaros letzten Angriff abzuwehren, zunichte geworden.

»Genaros Kraft war wie eine Flut, die dich wegspülte«, sagte er.

»Wollte Don Genaro mir denn Schaden zufügen?« fragte ich.

»Nein«, sagte er. »Genaro will dir helfen. Aber Kraft ist nur durch Kraft aufzuwiegen. Er hat dich auf die Probe gestellt, und du hast versagt.«

»Aber ich habe doch sein Rätsel gelöst, nicht wahr?«

»Das hast du gut gemacht«, sagte er. »So gut, daß Genaro annehmen mußte, du seist imstande, die Tat eines Kriegers zu vollbringen. Du hast es beinahe geschafft. Was dich diesmal zurückwarf, war aber nicht deine Neigung, dich gehenzulassen.«

»Was war es denn?«

»Du warst zu ungeduldig und heftig; statt dich zu entspannen und Genaro zu folgen, hast du angefangen, ihn zu bekämpfen. Gegen ihn kannst du nicht gewinnen; er ist stärker als du.«

Dann gab Don Juan mir etliche Ratschläge und Empfehlungen für meine persönlichen Beziehungen mit anderen Menschen. Seine Bemerkungen waren ein ernstes Nachspiel zu dem, was Don Genaro mir zuvor im Scherz gesagt hatte. Er war in gesprächiger Stimmung, und ohne jede Überredung meinerseits fing er an, mir zu erklären, was die beiden letzten Male, als ich bei ihm gewesen, wirklich vorgegangen war.

»Wie du weißt«, sagte er, »ist die Crux der Zauberei der innere Dialog. Dies ist der Schlüssel zu allem anderen. Wenn ein Krieger ihn anzuhalten lernt, wird alles für ihn möglich, die ausgefallensten Vorsätze werden erreichbar. Das Tor zu all den seltsamen, unheimlichen Erfahrungen, die du in letzter Zeit gemacht hast, war die Tatsache, daß du aufhören konntest, mit dir selbst zu reden. In vollkommener Nüchternheit hast du den Verbündeten gesehen, Genaros Doppelgänger, den Träumer und Geträumten, und heute hättest du beinahe die Ganzheit deiner selbst erfahren. Dies wär' die Tat des Kriegers gewesen, die Genaro von dir erwartete. All dies war möglich wegen der Summe persönlicher Kraft, die du gespeichert hast. Es begann, als du das letzte Mal hier warst und als ich ein sehr vielverspechendes Omen entdeckte. Als du eintrafst, hörte ich den Verbündeten umherschleichen. Zuerst hörte ich seine leisen Schritte, und dann *sah* ich den Nachtfalter, wie er dich anschaute, als du aus dem Auto stiegst. Der Verbündete verharrte reglos und beobachtete dich. Das war für mich das beste Omen. Wäre der Verbündete unruhig gewesen, wäre er herumgelaufen, als sei ihm deine Anwesenheit unangenehm, wie es bisher stets der Fall war, dann wäre der Verlauf der Ereignisse ein anderer gewesen. Viele Male habe ich den Verbündeten in einer dir unfreundlichen Verfassung gesehen, aber diesmal war es das richtige Omen, und ich wußte, daß der Verbündete ein Stück Wissen für dich bereithielt. Das war auch der Grund, warum ich dir sagte, du habest eine Verabredung mit dem Wissen, eine Verabredung mit einem Nachtfalter, die seit langem fällig war. Aus uns unerfindlichen Gründen wählte der Verbündete die Gestalt eines Nachtfalters, um sich dir zu offenbaren.«

»Aber du sagtest doch, der Verbündete sei gestaltlos, und man könne ihn nur an seinen Wirkungen erkennen«, sagte ich.

»Das ist wahr«, sagte er. »Aber für außenstehende Betrachter, die mit dir in Verbindung stehen – für Genaro und mich –, ist der Verbündete ein Nachtfalter. Für dich ist er nur ein Effekt, eine Empfindung in deinem Körper oder ein Geräusch oder die goldenen Flecken des Wissens. Tatsache ist aber, daß der Verbündete, indem er die Gestalt eines Nachtfalters annimmt, Genaro und mir etwas sehr Wichtiges mitteilt. Nachtfalter sind Boten des Wissens und Freunde und Helfer der Zauberer. Gerade weil es dem Verbündeten gefallen hat, in deiner Gegenwart ein Nachtfalter zu sein, nimmt Genaro es bei dir so genau.

Jene Nacht, als du, wie ich vorhergesehen hatte, dem Nachtfalter begegnet bist, da war es für dich eine echte Verabredung mit dem Wissen. Du lerntest den Ruf des Nachtfalters kennen, spürtest den Goldstaub seiner Flügel, aber vor allem warst du dir in dieser Nacht zum erstenmal bewußt, daß du *sahst,* und dein Körper erfuhr, daß wir leuchtende Wesen sind. Bisher hast du dir noch keinen rechten Begriff von diesem folgenschweren Ereignis in deinem Leben gemacht. Genaro bewies dir mit ungeheurer Eindringlichkeit und Klarheit, daß wir ein Gefühl sind und daß das, was wir unseren Körper nennen, ein Bündel leuchtender Fasern ist, die Bewußtsein haben.

Und als du gestern abend herkamst, standst du wieder unter der freundlichen Obhut des Verbündeten. Als du eintrafst, kam ich und schaute dich an, und da wußte ich, daß ich Genaro rufen mußte, damit er dir das Geheimnis vom Träumer und dem Geträumten erkläre. Wie immer glaubtest du, ich spielte dir einen Streich. Aber Genaro war nicht im

Gebüsch versteckt, wie du annehmen mochtest. Er kam eigens für dich herbei, auch wenn deine Vernunft sich weigert, es zu glauben.«

Diesen Teil von Don Juans Erläuterungen konnte ich allerdings am wenigsten glauben. Ich konnte es einfach nicht zugeben. Genaro, sagte ich, sei doch real und von dieser Welt gewesen.

»Alles, was du bisher erlebt hast, war real und von dieser Welt«, sagte er. »Es gibt keine andere Welt. Dein Stolperstein ist deine merkwürdige Halsstarrigkeit, und diese deine Eigenheit wird sich nicht durch Erklärungen kurieren lassen. Daher hat Genaro heute deinen Körper direkt angesprochen. Untersuchst du einmal sorgfältig, was du heute getan hast, dann wirst du erkennen, daß dein Körper gewisse Dinge auf höchst lobenswerte Art zusammengesetzt hat. Irgendwie hast du darauf verzichtet, dich in deinen Visionen am Wassergraben gehenzulassen. Du hast eine ungewöhnliche Beherrschtheit und Distanziertheit bewahrt, wie sie einem Krieger ansteht. Du hast nichts geglaubt, aber du hast dennoch rasch gehandelt, und dadurch warst du fähig, Genaros Ruf zu folgen. Du hast ihn tatsächlich ohne meine Hilfe gefunden.

Als wir bei jenem Felsvorsprung ankamen, warst du von Kraft erfüllt, und du sahst Genaro dort stehen, wo schon andere Zauberer aus ähnlichen Gründen gestanden sind. Nachdem er von dem Vorsprung herabgesprungen war, ging er auf dich zu. Er selbst war durch und durch Kraft. Hättest du dich verhalten, wie du es vorher am Wassergraben getan hast, dann hättest du ihn als das *gesehen,* was er wirklich ist, ein leuchtendes Wesen. Statt dessen bekamst du es mit der Angst, als Genaro dir springen half. Dieser Sprung an sich hätte ausreichen müssen, um dich über deine Grenzen hinauszutragen. Aber du warst nicht stark genug, du fielst in die Welt deiner Vernunft zurück. Dann gerietst du natürlich in einen Kampf auf Leben und Tod mit dir selbst. Etwas in dir, dein *Wille,* wollte mit Genaro gehen, während deine Vernunft sich ihm widersetzte. Hätte ich dir nicht geholfen, dann lägst du jetzt an diesem Platz der Kraft tot und begraben. Aber sogar mit meiner Hilfe war das Ergebnis einen Augenblick zweifelhaft.«

Minutenlang schwiegen wir. Ich wollte, daß er weiterspräche.

Schließlich fragte ich: »Hat Don Genaro mich auf den Felsvorsprung hinaufspringen lassen?«
»Betrachte diesen Sprung nicht als dasselbe, was du normalerweise unter einem Sprung verstehst«, sagt er. »Dies ist wiederum nur eine bildliche Redeweise. Solange du glaubst, du seist ein fester Körper, wirst du nicht begreifen, wovon ich spreche.«
Dann streute er neben der Laterne etwas Asche auf den Boden, auf eine Fläche von etwa fünfzig mal fünfzig Zentimeter, und zeichnete mit dem Finger ein Diagramm – ein Diagramm, das acht miteinander durch Linien verbundene Punkte aufwies. Es war eine geometrische Figur.
Schon vor Jahren hatte er einmal ein ähnliches gezeichnet, als er mir zu erklären versuchte, daß es keine Illusion gewesen sei, als ich das gleiche Blatt viermal vom gleichen Baum herabfallen sah.
Das in die Asche gezeichnete Diagramm hatte zwei Epizentren; das eine nannte er »Vernunft«, das andere »Wille«. »Vernunft« war direkt mit einem Punkt verbunden, den er »Sprechen« nannte; durch »Sprechen« war »Vernunft« indirekt mit drei anderen Punkten verbunden, nämlich »Fühlen«, »Träumen« und »Sehen«. Das andere Epizentrum, »Wille«, war direkt mit »Fühlen«, »Träumen« und »Sehen« verbunden; aber auch indirekt mit »Vernunft« und »Sprechen«.
Ich wandte ein, daß das Diagramm sich von demjenigen unterschied, das er vor Jahren aufgezeichnet hatte.
»Die äußere Form ist bedeutungslos«, sagte er. »Diese Punkte stellen einen Menschen dar und können gezeichnet werden, wie es einem beliebt.«
»Stellen sie den Körper eines Menschen dar?« fragte ich.
»Nenne es nicht den Körper«, sagte er. »Dies sind acht Punkte auf den Fasern eines leuchtenden Wesens. Der Zauberer sagt nun, daß ein Mensch, wie du aus dem Diagramm ersiehst, vor allem *Wille* ist, denn *Wille* ist direkt mit den drei Punkten *Fühlen, Träumen* und *Sehen* verbunden; sodann ist der Mensch *Vernunft*. Die ist, genaugenommen, ein kleineres Zentrum als *Wille;* es ist nur mit *Sprechen* verbunden.«
»Was sind die zwei anderen Punkte, Don Juan?«
Er sah mich an und lächelte.

»Heute bist du viel stärker als damals, als wir zum erstenmal über dieses Diagramm sprachen«, sagte er. »Aber du bist noch nicht stark genug, um alle acht Punkte zu kennen. Eines Tages wird Genaro dir die beiden anderen zeigen.«

»Hat jeder Mensch diese acht Punkte oder nur die Zauberer?«

»Man kann wohl sagen, daß jeder acht Punkte mit auf die Welt bringt. Zwei von ihnen, *Vernunft* und *Sprechen,* kennt ein jeder. *Fühlen* ist immer unbestimmt, aber irgendwie bekannt. Doch nur in der Welt der Zauberer wird man mit *Träumen, Sehen* und *Wille* gänzlich vertraut. Und schließlich findet man am äußersten Rand dieser Welt die anderen zwei. Diese acht Punkte bilden die Ganzheit des Selbst.«

Er zeigte mir auf dem Diagramm, daß im Grunde alle Punkte indirekt miteinander verbunden werden könnten. Ich fragte ihn nach den beiden übrigen geheimnisvollen Punkten. Er zeigte mir, daß sie nur mit »Wille« verbunden waren, daß sie von »Fühlen«, »Träumen« und »Sehen« entfernt lagen und noch viel ferner von »Sprechen« und »Vernunft«. Er zeigte mit dem Finger darauf, um mir zu zeigen, daß sie von den anderen und auch voneinander getrennt waren.

»Diese zwei Punkte werden sich niemals dem *Sprechen* oder der *Vernunft* unterordnen«, sagte er. »Nur der *Wille* kann sie beeinflussen. *Vernunft* ist so weit von ihnen entfernt, daß es völlig nutzlos ist, sie vernünftig ergründen zu wollen. Dies ist eines der am schwersten verstehbaren Dinge. Immerhin ist es das Privileg der Vernunft, daß sie alles vernünftelnd ergründen will.«

Ich fragte ihn, ob die acht Punkte gewissen Körperregionen oder Organen des Menschen entsprächen.

»Allerdings«, erwiderte er und verwischte das Diagramm.

Er berührte meinen Kopf und sagte, dies sei das Zentrum von »Vernunft« und »Sprechen«. Die Spitze meines Brustbeins sei das Zentrum von »Fühlen«. Die Region unterhalb des Nabels sei »Wille«. »Träumen« sei auf der rechten Seite des Brustkorbs. »Sehen« auf der linken. Manchmal, bei gewissen Kriegern, sagte er, seien »Sehen« und »Träumen« beide auf der rechten Seite.

»Wo sind die zwei anderen Punkte?« fragte ich.

Er antwortete mit einer derben Obszönität und lachte schallend.
»Du bist aber listig«, sagte er. »Du glaubst wohl, ich bin ein verschlafenes altes Schaf, nicht wahr?«
Ich erklärte ihm, daß meine Fragen ihre eigene Richtung entwickelten.
»Du brauchst dich nicht zu beeilen«, sagte er. »Du wirst es rechtzeitig erfahren, und dann wirst du allein sein, ganz auf dich gestellt.«
»Du meinst, ich werde dich dann nicht wiedersehen, Don Juan?«
»Niemals wieder«, sagte er. »Genaro und ich werden dann sein, was wir immer gewesen sind, Staub auf dem Weg.«
Ich spürte einen Schock in der Magengrube.
»Was sagst du da, Don Juan?«
»Ich sage, daß wir alle unergründliche Wesen sind, leuchtend und grenzenlos. Du, Genaro und ich sind durch eine Absicht vereint, die außerhalt unserer Entscheidung liegt.«
»Von welcher Absicht sprichst du?«
»Die Lebensart des Kriegers zu lernen. Du kommst nicht mehr davon los, aber auch wir beide nicht. Solange unsere Vollendung noch aussteht, wirst du mich oder Genaro immer wiederfinden, aber sobald sie vollbracht ist, wirst du frei fliegen, und niemand weiß, wohin die Kraft deines Lebens dich führen wird.«
»Welche Rolle spielt Genaro dabei?«
»Dieses Thema ist dir jetzt noch nicht zugänglich«, sagte er. »Heute habe ich nur die Aufgabe, den Nagel einzutreiben, den Genaro abgesteckt hat – nämlich die Tatsache, daß wir leuchtende Wesen sind. Wir sind Wahrnehmung. Wir sind Bewußtsein. Wir sind keine Objekte, wir haben keine feste Konsistenz, wir sind grenzenlos. Die Welt der festen Objekte ist ein Mittel, unsere Wanderschaft auf Erden angenehm zu machen. Sie ist nur eine Beschreibung, geschaffen, um uns zu helfen. Wir – oder besser: unsere *Vernunft* – vergessen gern, daß die Beschreibung nur eine Beschreibung ist, und so schließen wir die Ganzheit unseres Selbst in einen Teufelskreis ein, dem wir, solange wir leben, kaum entrinnen können.

Im Augenblick bist du zum Beispiel dabei, dich aus dem Chaos der *Vernunft* zu befreien. Es erscheint dir grotesk und undenkbar, daß Genaro einfach am Rand des Chaparral erschienen ist, und doch kannst du nicht leugnen, daß du es mit eigenen Augen gesehen hast. So und nicht anders hast du es wahrgenommen.«

Don Juan lachte leise. Sorgfältig zeichnete er ein anderes Diagramm in die Asche und bedeckte es mit seinem Hut, bevor ich es kopieren konnte.

»Wir sind wahrnehmende Wesen«, fuhr er fort. »Die Welt, die wir wahrnehmen, ist jedoch eine Illusion. Sie ist entstanden durch eine Beschreibung, die man uns seit dem Augenblick unserer Geburt erzählt hat.

Wir sind leuchtende Wesen, sind mit zwei Ringen der Kraft geboren, aber wir benutzen nur einen davon, um die Welt zu erschaffen. Dieser Ring, der sich schließt, bald nachdem wir geboren sind, ist die *Vernunft* – und ihr Begleiter das *Sprechen.* Gemeinsam hecken die beiden die Welt aus und halten sie in Schwung.

Die Welt, die deine *Vernunft* erhalten möchte, ist also im Grunde eine Welt, geschaffen durch eine Beschreibung und ihre dogmatischen, unumstößlichen Regeln, welche die *Vernunft* zu akzeptieren und zu verteidigen lernt.

Das Geheimnis der leuchtenden Wesen ist, daß sie noch einen weiteren Ring der Kraft haben, der gewöhnlich nie benutzt wird, den *Willen.* Der Trick der Zauberer ist der gleiche Trick, wie ihn die normalen Menschen anwenden. Beide haben sie eine Beschreibung. Der eine, der normale Mensch, erhält sie mit Hilfe seiner *Vernunft* aufrecht, der andere, der Zauberer, erhält sie mit seinem *Willen* aufrecht. Beide Beschreibungen haben ihre Regeln, und die Regeln sind wahrnehmbar, doch der Vorteil des Zauberers liegt darin, daß der *Wille* umfassender ist als die *Vernunft.*

Was ich dir jetzt vorschlagen möchte, ist, daß du von nun an deine Wahrnehmung entscheiden lassen sollst, ob die Beschreibung der Welt durch deine *Vernunft* oder durch deinen *Willen* aufrechterhalten wird. Ich glaube, dies ist deine einzige Möglichkeit, deine alltägliche Welt als Herausforderung und als Vehikel zu nutzen, um genügend persönliche Kraft

anzusammeln, damit du die Ganzheit deiner selbst erreichst.
Vielleicht schon das nächste Mal, wenn du kommst, wirst du genug davon haben. Jedenfalls, warte bis du fühlst, wie du es heute am Wassergraben gefühlt hast, daß eine innere Stimme es dir befiehlt. Kommst du in einem anderen Geist, dann wird es eine Zeitverschwendung und zudem gefährlich für dich sein.«
Falls ich auf diese innere Stimme warten sollte, wandte ich ein, würde ich die beiden nie wiedersehen.
»Du wirst dich wundern, was man alles kann, wenn man mit dem Rücken zur Wand steht«, sagte er.
Er stand auf und griff nach einem Bündel Feuerholz. Er legte ein paar trockene Scheiter auf das Herdfeuer. Die Flammen warfen einen gelblichen Schimmer auf den Boden. Dann löschte er die Lampe und hockte sich vor seinen Hut, der die in die Asche gezeichnete Skizze bedeckte.
Er befahl mir, ruhig sitzen zu bleiben, meinen inneren Dialog abzustellen und unverwandt seinen Hut anzuschauen. Ich gab mir eine Weile Mühe, und dann hatte ich das Gefühl zu schweben, von einer Klippe zu stürzen. Es war, wie wenn mich nichts mehr stützte, ich nicht mehr auf festem Boden säße, keinen Körper mehr hätte.
Don Juan hob den Hut auf. Darunter wurde eine in die Asche eingezeichnete Spirale sichtbar. Ich betrachtete sie, ohne mir etwas zu denken. Dann spürte ich, daß die Spirale sich bewegte. Ich spürte sie förmlich in meinem Bauch. Die Asche schien sich aufzuhäufen. Dann kreiselte sie und stob empor, und plötzlich saß Don Genaro vor mir. Dieser Anblick zwang mich augenblicklich, meinen inneren Dialog wiederaufzunehmen. Ich meinte, ich müsse wohl eingeschlafen sein. Ich fing an, kurz und keuchend zu atmen, und versuchte die Augen zu öffnen, aber meine Augen waren bereits offen.
Ich hörte, wie Don Juan zu mir sagte, ich solle aufstehen und mich bewegen. Ich sprang auf und lief auf die Veranda. Don Juan und Don Genaro rannten hinter mir her. Don Juan brachte seine Laterne mit. Ich war ganz außer Atem. Ich versuchte mich zu beruhigen, wie ich es schon vorher getan hatte, indem ich, nach Westen schauend, auf der Stelle trabte.

Ich hob die Arme und atmete tief. Don Juan trat neben mich und sagte, diese Bewegung sei nur in der Dämmerung auszuführen.

Don Genaro schrie, für mich sei wohl gerade »Dämmerung«, und die beiden lachten herzlich. Don Genaro lief bis zum Saum des Chaparral und hüpfte wieder zur Veranda zurück, als ob er an einem langen Gummiband hinge, das ihn zurückschnellen ließ. Diese Bewegungen wiederholte er drei- oder viermal, dann kam er zu mir. Derweil hatte Don Juan mich unverwandt angeschaut, lachend wie ein Kind.

Sie wechselten einen verstohlenen Blick. Mit lauter Stimme sagte Don Juan zu Don Genaro, meine Vernunft sei eine gefährliche Sache und könne mich töten, falls sie nicht beschwichtigt werde.

»Um Himmels willen!« schrie Don Genaro mit dröhnender Stimme. »Beschwichtige einer seine Vernunft!«

Sie hüpften auf und ab und lachten wie die Kinder.

Don Juan veranlaßte mich, unter der Laterne niederzusitzen, und reichte mir mein Notizbuch.

»Heute abend spielen wir dir wirklich übel mit«, sagte er versöhnlich. »Hab keine Angst. Genaro war unter meinem Hut versteckt.«

2. Teil
Das Tonal und Nagual

Man muß glauben

Ich wanderte den *Paseo de la Reforma* hinab stadteinwärts. Ich war müde; zweifellos war die Höhenluft von Mexico City schuld daran. Ich hätte auch den Bus oder ein Taxi nehmen können, aber irgendwie wollte ich, trotz meiner Erschöpfung, zu Fuß gehen. Es war am Sonntagnachmittag. Der Verkehr war gering, und doch verwandelten die Auspuffgase der Busse und Lastwagen mit ihren Dieselmotoren die engen Straßen der Innenstadt in Schluchten voller Smog.
Ich kam am Zocalo vorbei und stellte fest, daß die Kathedrale von Mexico City diesmal noch schiefer stand als beim letzten Mal, als ich sie sah. Ich schlenderte ein paar Schritte durch die riesigen Gewölbe. Ein zynischer Gedanke kam mir in den Sinn.
Von dort machte ich mich zum Lagunilla-Markt auf. Ich hatte eigentlich keine bestimmte Absicht. Ziellos, aber mit schnellem Tempo lief ich drauflos, ohne mir etwas Besonderes anzusehen. Schließlich landete ich bei den Ständen mit alten Münzen und antiquarischen Büchern.
»Hallo, hallo! Sieh mal an, wer da ist!« sagte jemand und klopfte mir leicht auf die Schulter.
Diese Stimme und die Berührung ließen mich auffahren. Rasch drehte ich mich nach rechts. Vor Überraschung blieb mir der Mund offenstehen. Wer mich da angesprochen hatte – war Don Juan.
»Mein Gott, Don Juan!« rief ich, und ein Schauder lief mir über den Körper, vom Scheitel bis zur Sohle. »Was machst du denn hier?«
»Was machst du denn hier?« echote er.
Ich sagte ihm, ich sei auf ein paar Tage in der Stadt geblieben, bevor ich in die Berge von Zentralmexiko aufbrechen wollte, um ihn aufzusuchen.
»Na schön«, sagte er lächelnd, »dann bin ich eben von den Bergen heruntergekommen, um dich aufzusuchen.«
Er klopfte mir ständig auf die Schulter. Offenbar freute er sich, mich zu sehen. Er stemmte die Fäuste in die Hüften,

blähte die Brust vor und fragte mich, was ich zu seinem Aussehen sagte. Jetzt erst fiel mir auf, daß er einen Anzug trug. Diese Unstimmigkeit machte mich ganz betroffen. Ich war verblüfft.

»Wie gefällt dir mein *tacuche*?« fragte er strahlend.

Er gebrauchte das Dialektwort »tacuche« statt des hochspanischen »traje« für Anzug.

»Heute habe ich einen Anzug an«, sagte er, als ob dies noch einer Erläuterung bedurfte. Dann deutete er auf meinen Mund und meinte: »Mach ihn zu, mach ihn zu!«

Ich lachte zerstreut. Er bemerkte meine Verwirrung und schüttelte sich vor Lachen, während er sich einmal im Kreis drehte, damit ich ihn von allen Seiten bewundern konnte. Sein Aufzug war unglaublich. Er trug einen hellbraunen Nadelstreifen-Anzug, braune Schuhe, ein weißes Hemd. Und eine Krawatte! Und dies brachte mich auf die Frage, ob er überhaupt Socken anhatte oder ob seine Füße am Ende barfuß in den Schuhen steckten.

Meine Verwirrung wurde noch durch den seltsamen Eindruck gesteigert, daß ich nämlich, als Don Juan mich auf die Schulter klopfte und ich mich umdrehte, gemeint hatte, ihn in seinen Khakihosen, seinem Khakihemd, seinen Sandalen und seinem Strohhut zu sehen und daß dann erst, als er mich auf seine Kleidung aufmerksam gemacht und ich sie überhaupt erst in allen Einzelheiten wahrgenommen hatte, die Gesamtheit seiner Erscheinung zu einem festen Bild gerann, so als hätte ich sie erst durch meine Gedanken geschaffen. Mein Mund war anscheinend der am stärksten von meiner Überraschung betroffene Körperteil. Er öffnete sich unwillkürlich. Don Juan faßte mich sanft am Kinn, als ob er mir helfen wollte, den Mund zu schließen.

»Du kriegst bestimmt noch ein Doppelkinn«, sagte er und lachte rhythmisch.

Jetzt bemerkte ich auch, daß er keinen Hut trug und daß sein kurzes weißes Haar auf der rechten Seite gescheitelt war. Er sah aus wie ein mexikanischer alter Herr, ein makellos gekleideter Städter.

Ihn hier anzutreffen, sagte ich ihm, bringe mich so durcheinander, daß ich mich erst mal hinsetzen müsse. Er schien zu

verstehen und schlug vor, wir sollten in einen nahegelegenen Park gehen.
Schweigend gingen wir ein paar Straßen weit, dann erreichten wir die *Plaza Garribaldi,* einen Platz, wo Musiker ihre Dienste anboten, eine Art Arbeitsamt für Musikanten.
Don Juan und ich tauchten in die Menge der Zuschauer und Touristen ein und wanderten durch den Park. Nach einer Weile blieb er stehen, lehnte sich an eine Mauer und zog die Hosen bis zu den Knien hoch; er trug hellbraune Socken. Ich bat ihn, mir die Bedeutung seines wunderlichen Aufzugs zu erklären. Seine reichlich unbestimmte Antwort war, er müsse heute eben einen Anzug tragen, aus Gründen, die mir später klarwerden würden.
Daß ich Don Juan in einem Anzug begegnet war, war mir so unheimlich, daß ich meine Erregung kaum beherrschen konnte. Zwar hatte ich ihn monatelang nicht gesehen und wünschte mir mehr als alles andere auf der Welt, mit ihm zu sprechen, aber irgendwie war dies nicht die richtige Situation, und meine Aufmerksamkeit wanderte hierhin und dorthin. Offenbar hatte Don Juan meine Verlegenheit bemerkt, denn er schlug vor, wir sollten nach *La Alameda* gehen, einem ein paar Straßenzeilen entfernten, ruhigeren Park.
Hier waren nur wenige Menschen, und wir fanden ohne Mühe eine leere Bank. Wir setzten uns. Meine Nervosität war einem unbehaglichen Gefühl gewichen. Ich wagte es nicht, Don Juan anzusehen.
Nun entstand eine lange, entnervende Pause; immer noch ohne in anzuschauen, sagte ich, daß die innere Stimme mich schließlich getrieben habe, ihn aufzusuchen, daß die erschütternden Ereignisse, die ich in seinem Haus erlebt hatte, mein Leben tiefgreifend verändert hätten und daß ich ganz einfach darüber sprechen müsse.
Er machte eine ungeduldige Handbewegung und meinte, es sei sein Grundsatz, sich niemals mit Vergangenem aufzuhalten.
»Worauf es jetzt einzig ankommt, ist, daß du dich an meinen Vorschlag gehalten hast«, sagte er. »Du hast deine alltägliche Welt als Herausforderung angenommen, und der Beweis, daß du genügend persönliche Kraft gespeichert hast, ist die unbe-

streibare Tatsache, daß du mich ganz mühelos gefunden hast, genau an der Stelle, wo du es solltest.«

»Diesen Zusammenhang möchte ich doch sehr bezweifeln«, sagte ich.

»Ich habe auf dich gewartet, und jetzt bist du da«, sagte er. »Das ist alles, was ich weiß. Das ist alles, was ein Krieger zu wissen braucht.

»Und was geschieht jetzt, da ich dich gefunden habe?« fragte ich.

»Eines zumindest«, sagte er. »Wir werden nicht die Probleme deiner *Vernunft* diskutieren; diese Erfahrungen gehören zu einer anderen Zeit und zu einer anderen Stimmung. Genaugenommen sind sie nur Stufen auf einer endlosen Leiter. Sich mit ihnen aufzuhalten, würde heißen, die Bedeutung dessen zu schmälern, was hier und jetzt geschieht. Und das kann ein Krieger sich nicht leisten.«

Ich spürte einen unwiderstehlichen Drang, mich zu beklagen. Nicht daß ich irgend etwas bereut hätte, das mir widerfahren war, aber ich sehnte mich nach Trost und Mitleid. Don Juan schien meine Stimmung zu erkennen, und er sprach jetzt so, als hätte ich tatsächlich meine Gedanken geäußert.

»Nur als Krieger kann man den Weg des Wissens ertragen«, sagte er. »Ein Krieger darf nichts bereuen und sich über nichts beklagen. Sein Leben ist eine immerwährende Herausforderung, und Herausforderungen sind niemals gut oder schlecht. Herausforderungen sind einfach Herausforderungen.«

Er sprach mit knappen, ernsten Worten, aber sein Lächeln war herzlich und entwaffnend.

»Jetzt, wo du hier bist, wollen wir auf ein Omen warten«, sagte er.

»Was für ein Omen??« fragte ich.

»Wir müssen herausfinden, ob deine Kraft allein für sich bestehen kann«, sagte er. »Beim letzten Mal hat sie ja kläglich versagt. Diesmal scheinen die Umstände deines persönlichen Lebens dir – zumindest oberflächlich betrachtet – alles zu geben, was du brauchst, um die Erklärung der Zauberer auszuhalten.«

»Ist es denn nicht möglich, daß du mir etwas darüber erzählst?« fragte ich.

»Das hängt von deiner persönlichen Kraft ab«, sagte er. »Wie stets beim Tun und Nichttun von Kriegern der Fall, ist die persönliche Kraft das einzige, worauf es ankommt. Bislang, meine ich, machst du es ganz gut.«

Er ließ eine kurze Pause entstehen, wie um das Thema zu wechseln, dann stand er auf und deutete auf seinen Anzug.

»Ich habe meinen Anzug für dich angelegt«, sagte er geheimnisvoll. »Dieser Anzug ist meine Herausforderung. Schau nur, wie gut ich darin aussehe! Wie gut er sitzt! Na? Da fehlt nichts!«

Tatsächlich stand der Anzug Don Juan außerordentlich gut. Der einzige Vergleich, der mir einfiel, war die Art, wie mein Großvater in seinem schweren englischen Flanell-Anzug auszusehen pflegte. Er machte mir stets den Eindruck, als fühle er sich in einem Anzug unnatürlich, fremd. Don Juan dagegen war so unbefangen.

»Glaubst du, es fällt mir leicht, in einem Anzug natürlich zu wirken?« fragte Don Juan.

Ich wußte nicht, was ich sagen sollte. Nach seinem Aussehen und Auftreten zu urteilen, so dachte ich bei mir, war es für ihn wohl das Leichteste von der Welt.

»Einen Anzug zu tragen ist eine Herausforderung für mich«, sagte er. »Eine Herausforderung, so schwierig, wie es für dich wäre, Sandalen und einen Poncho zu tragen. Doch du hast es nie nötig gehabt, derlei als Herausforderung anzunehmen. In meinem Fall ist es anders. Ich bin ein Indianer.«

Wir schauten uns an. Als stumme Frage zog er die Brauen hoch, als wolle er meine Meinung hören.

»Der grundlegende Unterschied zwischen einem normalen Menschen und einem Krieger ist, daß der Krieger alles als Herausforderung annimmt«, fuhr er fort, »während der normale Mensch alles entweder als Segen oder als Fluch auffaßt. Die Tatsache, daß du heute hier bist, zeigt mir, daß du die Gewichte zugunsten der Lebensweise eines Kriegers verschoben hast.«

Sein Blick machte mich nervös. Ich wollte aufstehen und weitergehen, aber er hieß mich, sitzen zu bleiben.

»Hier bleibst du sitzen, ohne Ausflüchte, bis wir fertig sind«, sagte er gebieterisch. »Wir warten auf ein Omen. Ohne dies können wir nicht weitermachen, denn es genügt nicht, daß du mich gefunden hast, wie es auch nicht genügte, daß du damals Genaro in der Wüste gefunden hast. Deine Kraft muß sich sammeln und ein Zeichen geben.«

»Ich ahne nicht, was du willst«, sagte ich.

»Ich habe etwas durch diesen Park schleichen *sehen*«, sagte er.

»War es der Verbündete?«

»Nein, der war es nicht. Wir müssen also hier sitzen bleiben und herausfinden, was für ein Omen deine Kraft herbeiziehen wird.«

Dann forderte er mich auf, ihm ausführlich zu berichten, wie ich die Empfehlungen ausgeführt hätte, die Don Genaro und er mir für meine alltägliche Welt und meine Beziehungen mit anderen Menschen gegeben hatten. Ich wurde etwas verlegen. Er zerstreute meine Bedenken mit dem Argument, daß meine persönlichen Angelegenheiten nichts Privates seien, weil sie eine Obliegenheit der Zauberei darstellten, in der er selbst und Don Genaro mich förderten. Ich bemerkte scherzhaft, daß diese Obliegenheit der Zauberei mein Leben ruiniert habe, und berichtete dann von meinen Schwierigkeiten, meine alltägliche Welt beisammenzuhalten.

Ich sprach sehr lange. Don Juan lachte über meinen Bericht, bis ihm Tränen über die Wangen rollten. Immer wieder schlug er sich auf die Schenkel; diese Geste, die ich Hunderte Male bei ihm gesehen hatte, wirkte eindeutig fehl am Platz, wenn es auf den Bügelfalten eines Anzugs geschah. Ich war voller Befürchtungen, die ich loswerden mußte.

»Dein Anzug erschreckt mich mehr als alles andere, was du mit mir angestellt hast«, sagte ich.

»Du wirst dich dran gewöhnen«, sagte er. »Ein Krieger muß beweglich sein und sich harmonisch mit der ihn umgebenden Welt verändern, sei es die Welt der *Vernunft* oder die Welt des *Willens*.

Der gefährlichste Moment dieser Veränderung tritt immer dann ein, wenn der Krieger feststellt, daß die Welt weder das eine noch das andere ist. Ich mußte lernen, daß die einzige Möglichkeit, diesen entscheidenden Wechsel zu überstehen, darin besteht, daß man bei seinen Handlungen so tut, als glaubte man. Mit anderen Worten, das Geheimnis eines Kriegers ist, daß er glaubt, ohne zu glauben. Aber natürlich kann der Krieger nicht einfach sagen, er glaubt, und es damit bewenden lassen. Das wäre zu leicht. Einfach glauben, das würde ihn von der Verpflichtung entbinden, seine Situation zu überprüfen. Immer wenn ein Krieger sich darauf einlassen muß, zu glauben, dann tut er es als freie Entscheidung, als Ausdruck seiner innersten Wahl. Ein Krieger glaubt nicht, ein Krieger *muß* glauben.«

Er starrte mich sekundenlang an, während ich in meinem Notizbuch schrieb. Ich schwieg still. Ich konnte nicht sagen, daß ich den Unterschied verstanden hätte, aber ich wollte nicht argumentieren oder Fragen stellen. Ich wollte darüber nachdenken, was er gesagt hatte, aber meine Gedanken wurden abgelenkt, als ich mich umschaute. Auf der Straße hinter uns bildeten hupende Autos und Busse eine lange Schlange. Am Rande des Parks, etwa zwanzig Meter entfernt, seitlich von der Bank, auf der wir saßen, stand eine Gruppe von etwa sieben Leuten, einschließlich dreier Polizisten in hellgrauen Uniformen, über einen Mann gebeugt, der reglos im Gras lag. Anscheinend war er betrunken oder ernstlich krank.

Ich warf Don Juan einen Blick zu. Auch er hatte zu dem Mann hinübergeschaut. Ich sagte ihm, daß ich aus irgendeinem Grund nicht in der Lage sei, mir klarzumachen, was er eben gesagt hatte.

»Ich möchte keine Fragen mehr stellen«, sagte ich. »Aber wenn ich dich nicht um Erklärungen bitte, dann verstehe ich nichts. Keine Fragen zu stellen, das ist ganz unnormal für mich.«

»Bitte, sei normal, um alles in der Welt!« sagte er mit gespieltem Ernst.

Ich sagte, ich verstünde nicht den Unterschied zwischen glauben und glauben müssen. Für mich sei es dasselbe. Die Unterscheidung zwischen den beiden Aussagen erschiene mir als Haarspalterei.

»Erinnerst du dich an die Geschichte von deiner Freundin und ihrer Katze, die du mir einmal erzählt hast?« fragte er beiläufig.

Er sah zum Himmel hinauf, lehnte sich auf der Bank zurück

und streckte die Beine. Er legte die Hände hinter den Kopf und spannte am ganzen Körper seine Muskeln an. Wie immer gaben seine Knochen laute, knackende Geräusche von sich.

Worauf er angespielt hatte, das war eine Geschichte, die ich ihm einmal über eine Freundin erzählt hatte, die zwei kleine Kätzchen halbtot in der Trockentrommel einer Automatenwäscherei gefunden hatte. Sie brachte sie wieder zum Leben und päppelte sie durch vorzügliche Nahrung und Pflege zu zwei stattlichen Katzen heran, die eine schwarz, die andere rötlich.
Zwei Jahre später verkaufte sie ihre Wohnung. Sie konnte die Katzen nicht mitnehmen und fand auch kein anderes Heim für sie; unter diesen Umständen blieb ihr nichts anders übrig, als sie in die Tierklinik zu bringen und einschläfern zu lassen.
Ich half ihr, sie hinzubringen. Die Katzen waren noch nie in einem Auto gefahren. Die Freundin versuchte sie zu beruhigen. Sie kratzten und bissen sie, besonders die rötliche, der sie den Namen Max gegeben hatte. Als wir schließlich die Tierklinik erreichten, griff sie zuerst nach der schwarzen Katze. Sie nahm sie auf den Arm und stieg wortlos aus dem Auto. Die Katze spielte mit ihr und haschte mit dem Pfötchen nach ihr, während sie die Glastür zur Tierklinik aufstieß.
Ich schaute mich nach Max um. Er hockte auf der Hinterbank. Meine Kopfbewegung mußte ihn erschreckt haben, denn er schoß unter den Fahrersitz. Ich ließ den Sitz nach hinten gleiten. Ich wollte nicht hinuntergreifen, denn ich fürchtete, er würde mich kratzen oder beißen. Der Kater lag in einer Vertiefung im Boden des Wagens. Er schien sehr aufgeregt. Sein Atem ging stoßweise. Er sah mich an. Unsere Blicke trafen sich, und mich überwältigte ein starkes Gefühl. Irgend etwas bemächtigte sich meines Körpers, eine Art Angst, Verzweiflung oder vielleicht auch ein schlechtes Gewissen, da ich an dem, was hier gespielt wurde, beteiligt war.
Ich verspürte das Bedürfnis, Max zu erklären, daß es doch die Entscheidung meiner Freundin war und daß ich ihr nur dabei half. Der Kater schaute mich an, als verstünde er meine Worte.
Ich schaute hinaus, ob sie schon zurückkäme. Ich sah sie

hinter der Glastür. Sie ging zur Pförtnerloge. Mein Körper verspürte einen seltsamen Schock, und ganz automatisch öffnete ich den Wagenschlag.
»Lauf, Max, lauf!« sagte ich zu dem Kater.
Er sprang hinaus und schoß – flach am Boden geduckt, wie eine echte Raubkatze – über die Straße. Die Straßenseite gegenüber war leer. Dort parkten keine Autos, und so konnte ich Max sehen, wie er am Rinnstein entlang die Straße entlang raste. Er erreichte die Kreuzung mit einer breiten Allee und tauchte durch ein Gully in die Kanalisation hinab.
Meine Freundin kam zurück. Ich sagte ihr, Max sei fort. Sie stieg ein und wir fuhren davon, ohne ein einziges Wort.
In den darauffolgenden Monaten gewann der Zwischenfall für mich eine symbolische Bedeutung. Hatte ich es mir eingebildet oder sah ich wirklich ein unheimliches Flackern in Max' Augen, als er mich anstarrte, bevor er aus dem Auto sprang? Und ich glaubte, daß dieses kastrierte, überfütterte und nutzlose Haustier für einen Augenblick ein Kater geworden war.
Ich sei davon überzeugt, erzählte ich Don Juan, daß, als Max über die Straße gerannt und in der Kanalisation verschwunden war, sein Katzengeist makellos gewesen und daß vielleicht zu keinem anderen Zeitpunkt seines Lebens seine Katzenhaftigkeit so offenbar gewesen sei. Der Eindruck, den dieser Zwischenfall bei mir hinterließ, war unvergeßlich.
Damals hatte ich die Geschichte allen meinen Freunden erzählt. Nachdem ich sie immer wieder zum besten gegeben hatte, gefiel ich mir sehr darin, mich mit dem Kater zu identifizieren. Ich stellte mir vor, ich sei wie Max, übermäßig verwöhnt, in jeder Hinsicht domestiziert, und doch konnte ich nicht anders als glauben, daß es stets die Möglichkeit eines Augenblicks gab, da der Geist eines freien Menschen mein ganzes Sein erfassen würde, genau wie der Geist der »Katzenhaftigkeit« Max' aufgeschwemmten und nutzlosen Körper erfaßt hatte.
Don Juan hatte diese Geschichte gefallen, und er hatte ein paar Anmerkungen dazu gemacht. Es sei nicht schwer, meinte er, den Geist eines freien Menschen zu wecken und sich von ihm erfassen zu lassen; doch ihn festzuhalten, das sei etwas, was nur ein Krieger könne.

»Was soll die Geschichte von den Katzen?« fragte ich.
»Du sagtest mir doch, daß du meintest, du würdest deine Chance nutzen, genau wie Max«, sagte er.
»Das glaube ich allerdings.«
»Was wir dir beizubringen versuchten, ist, daß ein Krieger dies nicht einfach glauben und es dabei bewenden lassen darf. Im Falle von Max bedeutet *glauben müssen,* daß du auch die Tatsache akzeptierst, daß seine Flucht vielleicht ein sinnloser Ausbruch gewesen ist. Vielleicht ist er in die Kanalisation gesprungen und auf der Stelle verreckt. Vielleicht ist er ersoffen oder verhungert oder vielleicht sogar von den Ratten aufgefressen worden. Ein Krieger zieht alle diese Möglichkeiten in Betracht, und dann entscheidet er sich dafür, im Einklang mit seiner innersten Wahl zu glauben.
Als Krieger *mußt* du glauben, daß Max es geschafft hat, daß er nicht nur ausgerissen ist, sondern daß er seine Kraft behalten hat. Du *mußt* es glauben. Sagen wir, ohne diesen Glauben hast du gar nichts.«
Jetzt wurde mit der Unterschied ganz klar. Ich hatte mich wohl wirklich dafür entschieden zu glauben, daß Max am Leben geblieben war, obwohl ich wußte, daß er durch eine lebenslange Verweichlichung und Hätschelei benachteiligt war.
»Glauben – das ist ein klarer Fall«, fuhr Don Juan fort. »*Glauben müssen* ist etwas anderes. In diesem Fall zum Beispiel erteilte die Kraft dir eine hervorragende Lehre, aber du hast dich damit begnügt, nur einen Teil davon zu nutzen. Wenn du glauben *mußt,* dann mußt du jedoch den ganzen Vorgang nutzen.«
»Ich verstehe, was du meinst«, sagte ich.
Ich befand mich in einem Zustand geistiger Klarheit und meinte, ich könne seine Begriffe ganz mühelos erfassen.
»Ich fürchte, du verstehst immer noch nicht«, sagte er beinahe flüsternd.
Er starrte mich an. Eine Weile hielt ich seinem Blick stand.
»Und was ist mit der anderen Katze?« fragte er.
»Ach? Die andere Katze?« wiederholte ich unwillkürlich.
Ich hatte sie ganz vergessen. Mein Symbol drehte sich nur um Max. Die andere Katze hatte keinerlei Bedeutung für mich.

»Aber das hat sie doch!« rief Don Juan, nachdem ich ihm meine Gedanken vorgetragen hatte.

»Glauben *müssen* bedeutet, daß du auch die andere Katze in Betracht ziehen mußt. Diejenige, die verspielt die Hände leckte, die sie in ihr Verderben trugen. Dies war die Katze, die voll Vertrauen in ihren Tod ging, erfüllt von ihren Katzen-Einsichten.

Du glaubst, du seist wie Max, darum hast du die andere Katze vergessen. Du weißt nicht einmal ihren Namen. Glauben *müssen* bedeutet, daß du alles in Betracht ziehen mußt, und bevor du beschließt, daß du wie Max bist, mußt du erwägen, daß du auch wie die andere Katze sein könntest. Statt um dein Leben zu laufen und deine Chance zu nutzen, könntest du auch glücklich in dein Verderben gehen, erfüllt von deinen Einsichten.«

In seinen Worten lag eine durchdringende Traurigkeit, oder vielleicht war es auch meine eigene Traurigkeit. Lange schwiegen wir. Es war mir nie in den Sinn gekommen, daß ich auch wie die andere Katze sein könnte. Dieser Gedanke war sehr beunruhigend für mich.

Plötzlich wurde ich durch einen gelinden Aufruhr und gedämpftes Stimmengewirr aus meinen Überlegungen gerissen. Polizisten vertrieben die Leute, die sich um den im Gras liegenden Mann gesammelt hatten. Irgendwer hatte den Kopf des Mannes auf ein zusammengerolltes Jackett gestützt. Der Mann lag parallel zur Straße. Er blickte nach Osten. Von meinem Platz aus konnte ich beinahe feststellen, daß er die Augen offen hatte.

Don Juan seufzte.

»Was für ein wunderbarer Nachmittag«, sagte er und schaute zum Himmel auf.

»Ich liebe Mexico City nicht«, sagte ich.

»Warum nicht?«

»Ich hasse den Smog.«

Er nickte rhythmisch mit dem Kopf, so als pflichte er mir bei.

»Lieber wäre ich mit dir in der Wüste oder in den Bergen«, sagte ich.

»Ich an deiner Stelle würde so etwas nie sagen«, sagte er.

»Ich habe mir nichts Böses dabei gedacht, Don Juan.«
»Das wissen wir beide. Es kommt aber nicht darauf an, was du denkst. Ein Krieger, und in diesem Fall auch jeder andere, darf niemals wünschen, er wäre woanders. Ein Krieger, weil er gemäß der Herausforderung lebt – ein gewöhnlicher Mensch, weil er nicht weiß, wo sein Tod ihn finden wird.
Schau dir den Mann da drüben im Gras an! Was, meinst du, fehlt ihm?«
»Er ist betrunken oder krank«, sagte ich.
»Er stirbt!« sagte Don Juan mit absoluter Gewißheit. »Als wir uns hier auf die Bank setzten, habe ich seinen Tod erspäht, wie er ihn umkreiste. Deshalb befahl ich dir auch, nicht aufzustehen. Mach, was du willst, du kommst von dieser Bank nicht los, bis es zu Ende ist! Dies ist das Omen, auf das wir gewartet haben. Es ist schon spät. Gleich wird die Sonne untergehen. Das ist deine Stunde der Kraft. Schau! Der Anblick dieses Mannes ist nur für uns da.«
Er machte mich auf den Umstand aufmerksam, daß wir von unserem Platz aus eine unverstellte Sicht auf den Mann hatten. Auf der anderen Seite, uns gegenüber, sammelte sich eine Gruppe von Neugierigen im Halbkreis.
Der Anblick dieses Menschen, der da im Gras lag, beunruhigte mich stark. Er war schlank und von dunklem Teint, noch ziemlich jung. Sein schwarzes Haar war kurz und lockig. Sein Hemd stand offen, und die Brust war entblößt. Er trug eine orangefarbene Strickjacke, die an den Ellbogen Löcher hatte, und eine abgewetzte graue Hose. Seine Schuhe, von einer undefinierbaren, verblichenen Farbe, waren aufgenestelt. Er lag reglos. Ich konnte nicht feststellen, ob er atmete. Ich fragte mich, ob er sterben würde, wie Don Juan gesagt hatte. Oder benutzte Don Juan den Vorgang etwa nur, um mir etwas zu erläutern? Meine bisherigen Erfahrungen mit ihm hatten mich überzeugt, daß es ihm irgendwie gelang, alles in sein mysteriöses System einzubauen.
Nach langem Schweigen wandte ich mich ihm wieder zu. Er hatte die Augen geschlossen. Ohne sie zu öffnen, fing er an zu sprechen.
»Der Mann wird gleich sterben«, sagte er. »Du willst es aber nicht glauben, nicht wahr?«

Er schlug die Augen auf und sah mich eine Weile an. Sein Blick war so durchdringend, daß er mich betäubte.
»Nein. Ich glaube es nicht«, sagte ich.
Ich meinte wirklich, daß dies alles zu einfach sei. Wir hatten uns in den Park gesetzt, und schon – als sei alles inszeniert – lag da ein Mann im Sterben.
»Die Welt paßt sich an sich selbst an«, sagte Don Juan, nachdem er meine Zweifel angehört hatte. »Dies ist keine abgekartete Sache. Dies ist ein Omen, ein Akt der Kraft.
Die von der *Vernunft* aufrechterhaltene Welt macht aus all dem ein Ereignis, das wir einen Augenblick beobachten können, während wir unterwegs zu wichtigeren Dingen sind. Das einzige, was wir darüber sagen können, ist, daß dort ein Mann im Gras liegt – vielleicht betrunken.
Die vom *Willen* aufrechterhaltene Welt macht es zu einem Akt der Kraft, den wir *sehen* können. Wir können *sehen,* wie der Tod um diesen Mann herumwirbelt und seinen Haken immer tiefer in seine leuchtenden Fasern senkt. Wir können *sehen,* wie die leuchtenden Fäden ihre Spannung verlieren und einer um den anderen verschwinden.
Dies sind die zwei Möglichkeiten, die uns als leuchtenden Wesen offenstehen. Du stehst jetzt irgendwo in der Mitte, denn du willst immer noch alles unter die Rubrik *Vernunft* einordnen. Und doch, wie kannst du die Tatsache leugnen, daß deine persönliche Kraft ein Omen angezogen hat? Wir sind in diesen Park gekommen, nachdem du mich an der Stelle gefunden hattest, wo ich auf dich wartete – du fandst mich, indem du mir einfach über den Weg liefst, ohne zu denken, zu planen oder absichtlich deine *Vernunft* zu gebrauchen – und nachdem wir uns hierher gesetzt hatten, um auf ein Omen zu warten, entdeckten wir diesen Mann. Jeder von uns nahm ihn auf seine Weise wahr, du mit deiner *Vernunft* und ich mit meinem *Willen.*
Dieser Sterbende ist einer jener Kubikzentimeter Chance, die die Kraft für einen Krieger stets bereithält. Die Kunst des Kriegers ist es, dauernd beweglich zu sein, um ihn zu packen. Ich habe ihn gepackt. Aber hast du es auch?«
Ich konnte nicht antworten. Mir war ein gewaltiger Riß in meinem Innern bewußt geworden, und einen Moment

wußte ich irgendwie um die zwei Welten, von denen er sprach.
»Welch ein großartiges Omen!« fuhr er fort. »Und das alles für dich. Die Kraft zeigt dir, daß der Tod ein unentbehrlicher Bestandteil des *Glaubenmüssens* ist. Ohne das Bewußtsein vom Tode ist alles gewöhnlich, banal. Nur deshalb, weil der Tod uns umschleicht, ist die Welt ein unergründliches Mysterium. Dies hat die Kraft dir gezeigt. Ich habe nichts anderes getan, als die Details dieses Omens zusammenzufügen, damit dir die Richtung klar werde. Aber indem ich die Details zusammenfügte, habe ich dir auch gezeigt, daß ich alles, was ich dir heute sagte, selbst glauben *muß,* denn dies ist die innere Wahl meiner Seele.«
Wir blickten uns eine Weile in die Augen.
»Ich erinnere mich an ein Gedicht, das du mir immer vorgelesen hast«, sagte er und wandte die Augen ab. »Es handelt von einem Mann, der sich geschworen hat, in Paris zu sterben. Wie geht es nur gleich?«
Es handelte sich um César Vallejos »Schwarzer Stein auf weißem Stein«. Die ersten beiden Verse hatte ich Don Juan auf seinen Wunsch unzählige Male vorgelesen und aufgesagt.

Ich will in Paris sterben, wenn es regnet,
An einem Tag, an den ich mich bereits erinnere.
Ich will in Paris sterben – und ich laufe nicht weg –
Vielleicht im Herbst, an einem Donnerstag, wie heute.

Ein Donnerstag wird es sein, denn heute
Am Donnerstag, da ich diese Zeilen schreibe
Spüren meine Knochen die Wende,
Und nie war ich wie heute, auf meinem langen Weg,
Mit mir so allein.

Dieses Gedicht enthielt für mich eine unbeschreibliche Traurigkeit.
Don Juan flüsterte mir zu, er *müsse* glauben, daß der sterbende Mann genug persönliche Kraft hatte, die ihn befähigte, die Straßen von Mexico City als Ort seines Sterbens zu wählen.
»Damit sind wir wieder bei der Geschichte von den zwei Katzen«, sagte er. »Wir *müssen* glauben, daß Max wußte, was

ihm bevorstand, und daß er, wie der Mann dort drüben, genug Kraft hatte, um wenigstens den Platz seines Endes zu wählen. Aber dann war da noch die andere Katze, genau wie es noch andere Menschen gibt, deren Tod sie einkreisen wird, während sie allein sind, bewußtlos, und an die Wände und die Decke eines häßlichen, öden Zimmers starren.
Dieser Mann hingegen stirbt dort, wo er immer gelebt hat, in den Straßen der Stadt. Drei Polizisten sind seine Ehrenwache. Und während er verlöscht, werden seine Augen ein letztes Bild von den Lichtern der Geschäfte auf der anderen Straßenseite auffangen, von den Autos, den Bäumen, den umherirrenden Menschentrauben, und seine Ohren werden zum letztenmal vom Verkehrslärm und den Stimmen der vorübereilenden Männer und Frauen erfüllt sein.
Du siehst also, ohne ein Bewußtsein von der Gegenwart unseres Todes gibt es keine Kraft, kein Mysterium.«
Lange starrte ich den Mann an. Er lag reglos da. Vielleicht war er tot. Aber meine Zweifel zählten nicht mehr. Don Juan hatte recht. Glauben zu müssen, daß die Welt geheimnisvoll und unergründlich ist, das war ein Ausdruck der innersten Wahl eines Kriegers. Ohne dies besäße er nichts.

Die Insel des Tonal

Anderntags, gegen Mittag, trafen Don Juan und ich uns wieder im gleichen Park. Er trug immer noch seinen braunen Anzug. Wir setzten uns auf eine Bank; er zog seinen Rock aus, faltete ihn sehr sorgfältig, aber mit überlegener Gleichgültigkeit zusammen und legte ihn auf die Bank. Seine Gleichgültigkeit wirkte sehr einstudiert und dennoch vollkommen natürlich. Ich ertappte mich dabei, wie ich ihn unverwandt anschaute. Er schien zu wissen, welch ein Paradox er mir aufgab, und lächelte. Er rückte seine Krawatte zurecht. Er trug ein beigefarbenes, langärmeliges Hemd. Es kleidete ihn sehr gut.
»Ich habe immer noch meinen Anzug an, weil ich dir etwas sehr Wichtiges sagen will«, meinte er und klopfte mir auf die Schulter. »Gestern hast du dich sehr gut gehalten. Jetzt ist es Zeit, daß wir uns über ein paar abschließende Dinge einigen.«
Er machte eine lange Pause. Anscheinend überdachte er seine Worte. Ich hatte ein seltsames Gefühl im Magen. Meine erste Vermutung war, er würde mir die Erklärung der Zauberer mitteilen. Etliche Male stand er auf und ging vor mir auf und ab, als ob es ihm schwerfiele, seine Gedanken in Worte zu fassen.
»Laß uns doch in das Restaurant da drüben gehen und eine Kleinigkeit essen!« sagte er schließlich.
Er faltete sein Jackett auseinander, und bevor er es anzog, zeigte er mir, daß es ganz gefüttert war.
»Es ist tadellos gearbeitet«, sagte er und lächelte, als sei er stolz darauf, als sei ihm viel daran gelegen.
»Ich muß dich darauf aufmerksam machen, sonst würdest du es nicht bemerken, und es ist sehr wichtig, daß du es merkst. Du merkst nur dann etwas, wenn du glaubst, du solltest es. Die Bedingung eines Kriegers ist aber, daß er zu jeder Zeit alles merkt.
Mein Anzug und das ganze Drum und Dran sind wichtig, weil es meine Bedingung im Leben darstellt. Oder besser, die Bedingung eines der zwei Teile meiner Ganzheit. Diese Diskussion war schon lange fällig. Ich glaube, jetzt ist die rechte

Zeit dafür. Sie muß jedoch korrekt geführt werden, sonst hätte sie gar keinen Sinn. Ich wollte, daß mein Anzug dir das erste Stichwort gibt. Das hat er, glaube ich, getan. Jetzt ist es Zeit zu sprechen, denn was dieses Thema betrifft, so gibt es ohne Sprechen kein völliges Verstehen.«

»Welches Thema denn, Don Juan?«

»Die Ganzheit des Selbst«, sagte er.

Er stand abrupt auf und führte mich in den Speisesaal eines großen Hotels auf der anderen Straßenseite. Eine ziemlich unfreundliche Kellnerin wies uns einen Tisch in einer rückwärtigen Nische an. Die bevorzugten Plätze waren offensichtlich an den Fenstern.

Ich erzählte Don Juan, daß diese Frau mich an eine andere Kellnerin in einem Restaurant in Arizona erinnerte, wo Don Juan und ich einmal gegessen hatten, an eine Frau, die uns fragte, bevor sie uns die Speisekarte reichte, ob wir auch genug Geld zum Bezahlen hätten.

»Auch dieser armen Frau will ich keinen Vorwurf machen«, sagte Don Juan, als habe er Mitleid mit ihr. »Auch sie, wie jene andere, hat Angst vor Mexikanern.«

Er lachte leise. Ein paar Menschen an den Nachbartischen drehten die Köpfe und schauten uns an.

Don Juan meinte, die Kellnerin habe uns unwissentlich oder vielleicht sogar entgegen ihrer Absicht den besten Tisch des Hauses gegeben, einen Tisch, wo ich nach Herzenslust schreiben und wir miteinander reden könnten.

Ich hatte gerade mein Schreibzeug aus der Tasche geholt und auf den Tisch gelegt, als der Kellner sich plötzlich vor uns aufbaute. Er schien genauso schlechter Laune zu sein. Mit herausfordernder Miene schaute er auf uns herab.

Don Juan bestellte sich ein sehr ausgefallenes Gericht. Er gab seine Bestellung auf, ohne auf die Speisekarte zu schauen, als wisse er sie auswendig. Ich war im Nachteil. Der Kellner war unerwartet aufgetaucht, und ich hatte keine Zeit gehabt, die Speisekarte zu lesen, daher sagte ich ihm, ich wolle das gleiche.

Don Juan flüsterte mir ins Ohr: »Ich wette, sie haben nicht, was ich bestellt habe.«

Er reckte seine Arme und Beine und forderte mich auf, es mir

bequem zu machen und mich zu entspannen, denn die Zubereitung des Menüs werde eine Ewigkeit dauern.
»Du befindest dich an einem ganz vertrackten Scheideweg«, sagte er. »Vielleicht ist es der letzte und vielleicht auch der am schwersten verstehbare. Einige Dinge, die ich dir heute erklären will, werden dir wahrscheinlich nie klarwerden. Sie brauchen dir ohnehin nicht klarzuwerden. Laß dich also nicht verwirren oder entmutigen! Wir alle sind dumme Toren, sobald wir die Welt der Zauberer betreten, und sie zu betreten versichert uns in keiner Weise, daß wir uns ändern werden. Manche von uns bleiben dumm bis ans Ende.«
Mir gefiel es, daß er sich selbst zu den Toren rechnete. Ich wußte allerdings, daß er das nicht aus Bescheidenheit tat, sondern es als didaktisches Hilfsmittel einsetzte.
»Mach dir nichts draus, wenn du nicht den Sinn dessen verstehst, was ich dir sagen werde!« fuhr er fort. »In Anbetracht deines Temperaments fürchte ich, du wirst dich halb umbringen, um es vielleicht doch zu verstehen. Tu das nicht! Was ich dir sagen will, soll dir lediglich eine Richtung zeigen.«
Plötzlich beschlich mich Angst. Don Juans Ermahnungen zwangen mich zu endlosen Spekulationen. Ganz ähnlich hatte er mich schon bei anderen Gelegenheiten gewarnt, und jedesmal, wenn er dies tat, hatte sich das, wovor er mich warnte, als eine verheerende Sache erwiesen.
»Es macht mich ganz nervös, wenn du so zu mir sprichst«, sagte ich.
»Das weiß ich«, entgegnete er ruhig. »Ich versuche absichtlich, dir auf die Sprünge zu helfen. Ich brauche deine Aufmerksamkeit, deine ungeteilte Aufmerksamkeit.«
Er machte eine Pause und sah mich an. Unwillkürlich mußte ich nervös lachen. Ich wußte, daß er die dramatische Spannung des Augenblicks hinauszögerte, so gut es ging.
»Dies sage ich dir nicht aus Effekthascherei«, sagte er, als habe er meine Gedanken gelesen. »Ich will dir nur Zeit geben, dich richtig darauf einzustellen.«
In diesem Augenblick blieb der Kellner vor unserem Tisch stehen, um zu verkünden, daß es das, was wir bestellt hatten, nicht gab. Don Juan lachte laut heraus und bestellte Tortillas und Bohnen. Der Kellner lachte verächtlich und meinte, so

etwas würde hier nicht serviert. Er schlug statt dessen Steaks oder Hühnchen vor. Wir einigten uns auf eine Suppe.

Wir aßen schweigend. Die Suppe schmeckte mir nicht, und ich konnte sie nicht aufessen, aber Don Juan aß seinen Teller leer.

»Ich habe einen Anzug angezogen«, sagte er unvermittelt, »um dir etwas zu verstehen zu geben, etwas, was du bereits weißt, was aber einer Klärung bedarf, wenn es für dich wirksam werden soll. Ich habe bis jetzt gewartet, weil Genaro meint, daß du nicht nur gewillt sein mußt, den Weg des Wissens auf dich zu nehmen, sondern daß deine Bemühungen selbst makellos genug sein müssen, um dich dieses Wissens würdig zu erweisen. Du hast es gut gemacht. Jetzt will ich dir die Erklärung der Zauberer sagen.«

Wieder machte er eine Pause, rieb sich die Wangen und bewegte die Zunge im Mund, als ob er seine Zähne befühlte.

»Ich werde dir jetzt etwas über das *Tonal* und das *Nagual* erzählen«, sagte er und sah mich eindringlich an.

Dies war das erste Mal, seit wir uns kannten, daß er diese beiden Begriffe erwähnte. Aus der anthropologischen Literatur über die Kulturen Zentralmexikos war ich ungefähr mit ihnen vertraut. Ich wußte, daß das »Tonal« (gesprochen toh-na'hl) als eine Art Schutzgeist – in der Regel ein Tier – vorgestellt wurde, den ein Kind bei der Geburt erhielt und mit dem es sein Leben lang eine enge Bindung unterhielt. »Nagual« (gesprochen: nah'wa'hl) war der Name des Tieres, in das ein Zauberer sich angeblich verwandeln konnte, oder des Zauberers, der eine solche Verwandlung vornahm.

»Dies ist mein *Tonal*«, sagte Don Juan und strich sich mit den Händen über die Brust.

»Dein Anzug?«

»Nein, meine Person.«

Er klopfte sich auf die Brust, die Schenkel und die Rippen.

»All dies ist mein *Tonal*.«

Er erklärte, daß jeder Mensch zwei Seiten habe, zwei getrennte Wesenheiten, zwei Gegenstücke, die im Augenblick der Geburt ihr Dasein aufnehmen; das eine heiße das »Tonal«, das andere das »Nagual«.

Ich erzählte ihm, was die Anthropologen über die beiden

Begriffe wüßten. Er ließ mich reden, ohne mich zu unterbrechen.

»Meinetwegen. Was du auch darüber zu wissen glaubst, es ist barer Unsinn«, sagte er. »Diese Behauptung gründe ich auf die Tatsache, daß alles, was ich dir über das *Tonal* und das *Nagual* sage, dir unmöglich vorher hätte gesagt werden können. Jeder Idiot wüßte, daß du nichts darüber weißt, denn um mit diesen Begriffen vertraut zu sein, müßtest du ein Zauberer sein, und das bist du nicht. Oder du hättest darüber mit einem Zauberer sprechen müssen, und das hast du nicht. Vergiß also alles, was du bisher darüber gehört hast, denn es trifft nicht zu!«

»Es war doch nur als Kommentar gemeint«, sagte ich.

Er hob die Brauen und schnitt ein komisches Gesicht.

»Deine Kommentare sind fehl am Platz«, sagte er. »Diesmal brauche ich deine ungeteilte Aufmerksamkeit, denn ich werde dich mit dem *Tonal* und dem *Nagual* vertraut machen. Die Zauberer haben ein besonderes, einzigartiges Interesse an diesem Wissen. Ich möchte sagen, *Tonal* und *Nagual* sind ausschließlich den Wissenden zugänglich. In deinem Fall ist dies sozusagen der Deckel, der alles abschließt, was ich dich bisher gelehrt habe. Darum habe ich bis jetzt gewartet, um dir davon zu erzählen.

Das *Tonal* ist nicht ein Tier, das über einem Menschen wacht. Eher könnte man sagen, es ist ein Wächter, den man sich als ein Tier vorstellen kann. Aber dies ist nicht die entscheidende Frage.«

Er lächelte und zwinkerte mir zu.

»Ich will jetzt mal deine eigenen Worte gebrauchen«, sagte er. »Das *Tonal* ist die soziale Person.«

Er lachte, wie ich annahm, über mein bestürztes Gesicht.

»Das *Tonal* gilt, mit Recht, als ein Beschützer, ein Wächter – ein Wächter, der sich meistens in einen Wärter verwandelt.«

Ich fummelte an meinem Notizbuch herum. Ich versuchte mitzubekommen, was er sagte. Er lachte und äffte meine nervösen Bewegungen nach.

»Das *Tonal* ist der Organisator der Welt«, fuhr er fort. »Vielleicht kann man seine gewaltige Arbeit am besten beschreiben, wenn man sagt, daß auf seinen Schultern die Aufgabe ruht, das Chaos der Welt zu ordnen. Es ist nicht zu weit hergeholt, wenn man – wie die Zauberer – behauptet, daß alles, was wir als Menschen wissen und tun, das Werk des *Tonal* ist.

Im Augenblick zum Beispiel ist es dein *Tonal,* das versucht, unser Gespräch zu verstehen. Ohne dieses gäbe es nur komische Geräusche und Grimassen, und du würdest nichts von alledem verstehen, was ich sage.

Ich sage also, das *Tonal* ist ein Wächter, der etwas Kostbares bewacht, unser ganzes Sein. Daher ist es eine wesentliche Eigenschaft des *Tonal,* daß es bei seinem Tun vorsichtig und bedachtsam ist. Und da seine Taten der bei weitem wichtigste Teil unseres Lebens sind, ist es kein Wunder, daß es sich schließlich bei jedem von uns aus einem Wächter in einen Wärter verwandelt.«

Er hielt inne und fragte mich, ob ich verstanden hätte. Automatisch nickte ich bestätigend, und er lächelte mit ungläubiger Miene.

»Ein Wächter ist großzügig und verständnisvoll«, erklärte er. »Ein Wärter dagegen ist ein Sicherheitsorgan, engherzig und meistens despotisch. Ich behaupte also, daß das *Tonal* bei uns allen zu einem kleinlichen, despotischen Wärter gemacht wird, während es doch ein großzügiger Wächter sein sollte.«

Zweifellos konnte ich dem Gang seiner Erläuterung nicht folgen. Ich hörte zwar jedes Wort und schrieb es mit, und doch hing ich irgendwie einem eigenen inneren Dialog nach.

»Es fällt mir sehr schwer, dir zu folgen«, sagte ich.

»Würdest du dich nicht an dein Selbstgespräch klammern, dann hättest du keine Schwierigkeiten«, sagte er scharf.

Diese Bemerkung veranlaßte mich zu einer langen, weitschweifigen Erklärung. Schließlich fing ich mich wieder und entschuldigte mich für meine beharrliche Selbstrechtfertigung.

Er lächelte und machte eine Gebärde, die anzudeuten schien, daß er sich nicht wirklich über mein Verhalten geärgert hatte.

»Das *Tonal,* das ist alles, was wir sind«, fuhr er fort. »Schau dich um! Alles, wofür wir Wörter haben, ist das *Tonal.* Und da das Tonal nichts anderes ist als sein eigenes Tun, muß folglich alles in seine Sphäre fallen.«

Ich erinnerte ihn daran, daß er gesagt hatte, das »Tonal« sei die soziale Person – ein Begriff, den ich selbst ihm gegenüber verwendet hatte, um den Menschen als Endresultat von Sozialisierungsprozessen zu bezeichnen. Falls das »Tonal« dieses Produkt sei, führte ich aus, könne es nicht »alles« sein, wie er gesagt hatte, denn die uns umgebende Welt sei nicht das Produkt einer Sozialisation.

Don Juan verwies mich darauf, daß mein Einwand für ihn gegenstandslos sei, denn er habe mir schon vor langem erklärt, daß es keine Welt schlechthin gebe, sondern nur eine Beschreibung der Welt, die wir uns vorzustellen und als gesichert hinzunehmen gelernt hätten.

»Das *Tonal* ist alles, was wir kennen«, sagte er. »Ich meine, dies allein ist ein zureichender Grund, warum das *Tonal* eine so überragende Bedeutung hat.«

Er ließ eine Pause entstehen. Zweifellos wartete er auf eine Bemerkung oder Frage von mir, aber mir fiel nichts ein. Dennoch fühlte ich mich verpflichtet, eine Frage zu stellen, und so bemühte ich mich, etwas Passendes zu formulieren. Es gelang mir nicht. Vielleicht, so meinte ich, wirkten die Warnungen, mit denen er unser Gespräch eröffnet hatte, als Abschreckung gegen jegliches Nachfragen meinerseits. Ich war seltsam betäubt. Ich konnte meine Gedanken nicht sammeln noch ordnen. Tatsächlich spürte und wußte ich ohne den leisesten Zweifel, daß ich nicht zu denken vermochte, und doch wußte ich dies, ohne es zu denken, wenn so etwas überhaupt möglich war.

Ich blickte Don Juan an. Er starrte auf meine Körpermitte. Dann hob er den Blick, und sofort kehrte mein klares Denken wieder.

»Das *Tonal* ist alles, was wir kennen«, wiederholte er langsam. »Und dies schließt nicht nur uns als Personen ein, sondern alles in unserer Welt. Man kann sagen, das *Tonal* ist alles, worauf unser Auge fällt.

Bereits im Augenblick unserer Geburt beginnen wir es zu hegen und zu pflegen. In dem Moment, da wir den ersten Atemzug tun, atmen wir auch Kraft für das *Tonal* ein; es trifft also zu, daß das Tonal eines Menschen eng mit seiner Geburt verbunden ist.

Dieses Faktum mußt du im Sinn behalten. Es ist sehr wichtig, um all dies zu verstehen. Das *Tonal* beginnt mit der Geburt und endet mit dem Tod.«

Ich wollte alle seine Behauptungen gern noch einmal zusammenfassen. Ich war sogar schon so weit, daß ich meinen Mund aufmachte, um ihn zu bitten, mir die wesentlichen Punkte unseres Gesprächs zu wiederholen, aber zu meiner Verwunderung konnte ich kein Wort hervorbringen. Ich erlebte eine ganz eigenartige Lähmung, meine Zunge war schwer, und ich hatte keinerlei Kontrolle über diese Empfindung.

Ich schaute Don Juan an, um ihm zu verstehen zu geben, daß ich nicht sprechen konnte. Wieder starrte er auf meine Magengegend.

Er hob den Blick und fragte, wie ich mich fühlte. Die Wörter sprudelten nur so aus mir heraus, als sei ein Riegel fortgeschoben worden. Ich erzählte ihm, daß ich gerade das eigenartige Gefühl gehabt hätte, nicht sprechen noch denken zu können, dennoch seien meine Gedanken kristallklar gewesen.

»Deine Gedanken waren also kristallklar?« fragte er.

Nun erkannte ich, daß diese Klarheit sich nicht auf meine Gedanken, sondern auf meine Wahrnehmung der Welt bezog.

»Machst du eigentlich irgend etwas mit mir, Don Juan?« fragte ich.

»Ich versuche, dich davon zu überzeugen, daß deine Einwände unnötig sind«, sagte er und lachte.

»Du meinst, du möchtest nicht, daß ich Fragen stelle?«

»Nein, nein. Frag nur alles, was du willst, aber laß nicht in deiner Aufmerksamkeit nach.«

Ich mußte zugeben, daß ich durch die Ungeheuerlichkeit des Themas zerstreut gewesen war.

»Ich verstehe immer noch nicht, Don Juan, was du mit der Feststellung meinst, daß das *Tonal* Alles sein soll«, meinte ich nach kurzer Pause.

»Das *Tonal* ist das, was die Welt schafft.«

»Ist das *Tonal* der Schöpfer der Welt?«

Don Juan kratzte sich am Kopf.

»Das *Tonal* schafft die Welt – das ist nur eine bildliche Redeweise. Es kann nichts erschaffen oder verändern, und doch schafft es die Welt, denn es ist seine Funktion, zu urteilen, zu bewerten und zu bezeugen. Ich sage, das *Tonal* schafft die Welt, denn es bezeugt und bewertet sie gemäß den Regeln des *Tonal.* Auf ganz seltsame Weise ist das *Tonal* ein Schöpfer, der nichts erschaffen kann. Mit anderen Worten, das *Tonal* stellt die Regeln auf, nach denen es die Welt begreift. Also erschafft es sozusagen die Welt.«

Er summte ein volkstümliches Lied, wobei er den Rhythmus mit den Fingern auf der Stuhllehne trommelte. Seine Augen leuchteten; sie schienen Funken zu sprühen. Er lachte und schüttelte den Kopf.

»Du kannst mir nicht folgen«, sagte er lachend.

»Aber doch! Es macht mir keine Mühe«, sagte ich, aber es klang nicht sehr überzeugend.

»Das *Tonal* ist eine Insel«, erklärte er. »Am besten kann man es beschreiben, wenn man sagt, dies hier ist das *Tonal.*«

Er strich mit der Hand über die Tischplatte.

»Man kann sagen, das *Tonal* ist wie diese Tischplatte. Eine Insel. Und auf dieser Insel haben wir alles mögliche. Diese Insel ist also die Welt.

Hier gibt es ein persönliches *Tonal* für jeden von uns, und da ist zu jedem gegebenen Zeitpunkt ein kollektives für uns alle, das wir als das *Tonal* der Zeiten bezeichnen können.«

Er deutete auf die Tischreihen im Restaurant.

»Schau! Jeder Tisch zeigt das gleiche Bild. Auf allen gibt es gewisse Gegenstände. Doch sie unterscheiden sich im einzelnen von einander. Auf manchen Tischen findet sich mehr als auf anderen. Verschiedene Speisen stehen auf ihnen, verschiedene Teller, da ist eine unterschiedliche Atmosphäre, und doch müssen wir zugeben, daß alle Tische in diesem Restaurant sich sehr ähnlich sind. Das gleiche gilt für das *Tonal.* Man kann sagen, es ist das *Tonal* der Zeiten, was uns einander ähnlich macht, genau wie es alle Tische in diesem Restaurant sich gleichen läßt. Dennoch ist jeder Tisch für sich ein Einzelfall, genau wie das persönliche *Tonal* eines jeden von uns. Doch das entscheidende Faktum, das wir nicht vergessen dürfen, ist, daß alles, was wir über uns selbst und über unsere Welt wissen, sich auf der Insel des *Tonal* befindet. Siehst du, was ich meine?«

»Wenn das *Tonal* all das ist, was wir über uns und unsere Welt wissen, was ist dann das *Nagual?*«
»Das *Nagual* ist derjenige Teil von uns, der uns ganz unzugänglich ist.«
»Wie bitte?«
»Das *Nagual* ist der Teil von uns, für den es keine Beschreibung gibt – keine Wörter, keine Namen, keine Gefühle, kein Wissen.«
»Das ist ein Widerspruch, Don Juan. Wenn es nicht gefühlt oder beschrieben oder benannt werden kann, dann kann es meiner Meinung nach nicht existieren.«
»Nur deiner Meinung nach ist es ein Widerspruch. Ich habe dich schon gewarnt, bring dich nicht um im Bemühen, dies zu verstehen.«
»Würdest du sagen, das das *Nagual* der Geist ist?«
»Nein. Der Geist ist nur ein Gegenstand auf dem Tisch. Der Geist ist Teil des *Tonal.* Sagen wir einmal, der Geist ist diese Chiliflasche.«
Er nahm eine Gewürzflasche und stellte sie vor mir auf den Tisch.
»Ist das *Nagual* die Seele?«
»Nein. Auch die Seele gibt es auf dem Tisch. Nehmen wir einmal an, die Seele sei der Aschenbecher.«
»Sind es die Gedanken der Menschen?«
»Nein. Auch die Gedanken sind auf dem Tisch. Die Gedanken sind das Besteck hier.«
Er nahm eine Gabel und legte sie neben die Chiliflasche und den Aschenbecher.
»Ist es ein Zustand der Gnade? Der Himmel?«
»Nein, das auch nicht. Das, was es auch sein mag, ist ebenfalls Teil des *Tonal.* Sagen wir, es sei die Serviette.«
Ich fuhr fort und zählte alle Möglichkeiten der Beschreibung auf für das, was er meinen mochte: Intellekt, Psyche, Energie, Lebenskraft, Unsterblichkeit, Lebensprinzip. Für jeden Begriff, den ich nannte, fand er auf dem Tisch einen Gegenstand, den er als Gegenstück benutzte und vor mir aufbaute, bis er alle auf dem Tisch befindlichen Objekte auf einem Haufen versammelt hatte.
Don Juan schien die ganze Sache ungeheuren Spaß zu ma-

chen. Er kicherte und rieb sich die Hände, sooft ich eine weitere Möglichkeit erwähnte.

»Ist das *Nagual* das höchste Wesen? Der Allmächtige, Gott?«

»Nein. Auch Gott gibt es auf dem Tisch. Nehmen wir an, Gott sei das Tischtuch.«

Er machte eine spaßige Gebärde, als wolle er das Tischtuch an den Zipfeln hochheben, um es über die anderen Gegenstände zu breiten, die er vor mir aufgestellt hatte.

»Aber sagtest du nicht, daß Gott nicht existiert?«

»Nein. Das habe ich nicht gesagt. Ich sagte nur, daß das *Nagual* nicht Gott ist, denn Gott ist ein Gegenstand unseres persönlichen *Tonal* und des *Tonal* der Zeiten. Wie schon gesagt, das *Tonal* ist alles, woraus die Welt sich, wie wir glauben, zusammensetzt – einschließlich Gott, natürlich. Gott hat nicht mehr Bedeutung, als daß er ein Teil des *Tonal* unserer Zeit ist.«

»In meinem Verständnis, Don Juan, ist Gott alles. Sprechen wir überhaupt über dasselbe?«

»Nein. Gott ist nur all das, was du zu denken vermagst, daher ist er, genaugenommen, nur einer unter den Gegenständen auf der Insel. Man kann Gott nicht willentlich erleben, man kann nur über ihn sprechen. Das *Nagual* hingegen steht dem Krieger zu Gebot. Man kann es erleben, aber man kann nicht darüber sprechen.«

»Wenn das *Nagual* keines der Dinge ist, die ich genannt habe, kannst du mir dann vielleicht etwas über seinen Aufenthaltsort sagen? Wo ist es?«

Don Juan fegte mit der Hand durch die Luft und wies auf den Raum außerhalb der Tischkanten. Er bewegte die Hand, als wollte er eine imaginäre Oberfläche säubern, die über die Kanten des Tisches hinausreichte.

»Das *Nagual* ist dort«, sagte er. »Dort, es umgibt die Insel. Das *Nagual* ist dort, wo die Kraft schwebt.

Vom Augenblick unserer Geburt an fühlen wir, daß wir aus zwei Teilen bestehen. Zum Zeitpunkt der Geburt und noch kurz danach sind wir nur *Nagual*. Dann fühlen wir, daß wir, um zu funktionieren, ein Gegenstück zu dem brauchen, was wir haben. Was fehlt, ist das *Tonal*, und dies gibt uns von

Anfang an ein Gefühl der Unvollkommenheit. Dann fängt das *Tonal* an zu wachsen, und es wird ungemein wichtig, so wichtig, daß es den Glanz des *Nagual* verdunkelt, es zurückdrängt. Von dem Augenblick an, da wir ganz *Tonal* sind, tun wir nichts anderes, als jenes alte Gefühl der Unvollkommenheit zu verstärken, das uns seit dem Augenblick unserer Geburt begleitet und das uns beständig sagt, daß es noch einen anderen Teil braucht, um uns zu vervollständigen.
Von dem Augenblick an, da wir ganz *Tonal* werden, fangen wir an, Paare zu bilden. Wir fühlen unsere zwei Seiten, aber wir stellen sie uns immer nur anhand von Gegenständen des *Tonal* vor. So sagen wir, daß unsere zwei Teile Körper und Seele sind. Oder Geist und Materie. Oder Gut und Böse. Gott und Satan. Aber nie erkennen wir, daß wir nur Gegenstände unserer Insel zu Paaren zusammenfassen, ganz ähnlich wie wenn wir Kaffee und Tee, Brot und Tortillas, Chili und Senf paarweise bezeichnen. Wir sind komische Wesen, sage ich dir. Wir tappen im Dunkel, und in unserer Torheit machen wir uns vor, alles zu verstehen.«
Don Juan stand auf und sprach mich an, als sei er ein Volksredner. Er deutete mit dem Zeigefinger auf mich und ließ seinen Kopf zittern.
»Der Mensch bewegt sich nicht zwischen Gut und Böse«, sagte er in einem fröhlich rhetorischen Tonfall und griff mit beiden Händen nach Pfeffer und Salz. »In Wirklichkeit bewegt er sich zwischen Negativität und Positivität.«
Er ließ die Salz- und Pfefferstreuer fallen und griff nach Messer und Gabel.
»Du irrst! Es gibt keine Bewegung«, fuhr er fort, als ob er sich selbst widerspräche. »Der Mensch ist nur Geist!«
Er griff zur Chiliflasche hob sie hoch. Dann stellte er sie hin.
»Wie du siehst«, sagte er leise, »können wir ohne weiteres Chiliflasche für Geist einsetzen und schließlich feststellen: Der Mensch ist nur Chilisoße! Wenn wir dies tun, machen wir uns nur noch verrückter, als wir schon sind.«
»Ich fürchte, ich habe nicht die richtige Frage gestellt«, sagte ich. »Vielleicht verstünden wir uns besser, wenn ich fragte, was sich im einzelnen in diesem Raum außerhalb der Insel befindet?«

»Das zu beantworten ist unmöglich. Würde ich sagen: Nichts, dann würde ich das *Nagual* nur zu einem Teil des *Tonal* machen. Man kann nichts anderes sagen, als daß man dort, jenseits der Insel, das *Nagual* findet.«

»Aber wenn du es das *Nagual* nennst, bringst du es dann nicht ebenfalls auf der Insel unter?«

»Nein. Ich habe ihm nur einen Namen gegeben, weil ich dich darauf aufmerksam machen wollte.«

»Na schön! Aber indem ich darauf aufmerksam werde, tue ich doch den Schritt, der das *Nagual* zu einem weiteren Gegenstand meines *Tonal* macht.«

»Ich fürchte, du verstehst nicht. Ich habe das *Tonal* und das *Nagual* als ein echtes Paar benannt. Etwas anderes habe ich nicht getan.«

Er erinnerte mich daran, daß ich einmal, als ich ihm erklären wollte, warum mir so viel am Sinn der Wörter gelegen sei, die Vorstellung erörtert hatte, daß Kinder vielleicht nicht imstande sind, den Unterschied zwischen »Vater« und »Mutter« zu verstehen, bevor sie nicht eine Entwicklungsstufe erreicht haben, auf der sie mit Sinn umgehen können, und daß sie vielleicht glauben konnten, »Vater« bedeute, ›Hosen tragen‹, und »Mutter« bedeute, ›Röcke tragen‹ – oder andere Unterschiede hinsichtlich Haartracht, Körpergröße oder Kleidung.

»Sicher tun wir dasselbe mit unseren zwei Teilen«, sagte er. »Wir fühlen, daß es noch eine andere Seite von uns gibt. Aber sobald wir versuchen, diese andere Seite festzumachen, gelangt das *Tonal* ans Ruder, und als Kommandant ist es ziemlich kleinlich und eifersüchtig. Es blendet uns mit seiner List und zwingt uns, auch noch die leiseste Ahnung von dem anderen Teil des echten Paares, dem *Nagual*, auszutilgen.«

Der Tag des Nagual

Als wir das Restaurant verließen, sagte ich zu Don Juan, daß er recht gehabt habe, mich vor der Schwierigkeit des Themas zu warnen, und daß meine intellektuellen Fähigkeiten nicht ausreichten, um seine Begriffe und Erklärungen zu verstehen. Ich schlug vor, ich sollte vielleicht in mein Hotel gehen und meine Aufzeichnungen noch einmal durchlesen, um ein besseres Verständnis des Themas zu gewinnen. Er suchte mich zu beruhigen. Er meinte, ich regte mich über Wörter auf. Während er sprach, verspürte ich ein Frösteln, und einen Augenblick fühlte ich, daß es tatsächlich einen anderen Bereich in mir gab.

Ich berichtete Don Juan, ich hätte gewisse, unerklärliche Empfindungen. Meine Äußerung weckte anscheinend seine Neugier. Ich erzählte ihm, ich hätte diese Empfindungen schon vorher gehabt, und anscheinend seien es momentane Entgleisungen, ein Aussetzen meiner Bewußtseinsvorgänge. Sie manifestierten sich stets als körperlicher Schock, gefolgt von dem Gefühl, daß irgend etwas mich in der Schwebe hielt. Wir gingen gemächlich stadteinwärts. Don Juan bat mich, ihm diese »Entgleisungen« ausführlich zu beschreiben. Es fiel mir schwer, sie zu schildern, außer daß ich sie als momentane Vergeßlichkeit, geistige Abwesenheit oder als Nichtwissen um mein Tun bezeichnen konnte.

Geduldig wehrte er ab. Er wies darauf hin, ich sei ein sehr anspruchsvoller Mensch, hätte ein hervorragendes Gedächtnis und sei in meinem Handeln sehr umsichtig. Zuerst hatte ich gemeint, daß diese eigenartigen Entgleisungen mit dem Abstellen des inneren Dialogs verbunden seien, doch ich erlebte sie auch, während ich extensive Selbstgespräche führte. Sie schienen aus einer Region meines Inneren herzurühren, die ganz unabhängig von allen bewußten Vorgängen war.

Don Juan klopfte mir auf den Rücken. Er lächelte mit sichtlichem Vergnügen.

»Endlich beginnst du die richtigen Zusammenhänge zu erkennen«, sage er.

Ich bat ihn, diese geheimnisvolle Feststellung zu erläutern, aber er brach das Gespräch abrupt ab und forderte mich auf, ihn in einen kleinen Park neben einer Kirche zu begleiten.

»Dies ist das Ende unseres Spaziergangs durch die Stadt«, sagte er und setzte sich auf eine Bank. »Hier haben wir einen ganz idealen Platz, um die Leute zu beobachten. Die einen gehen auf der Straße vorüber, und andere kommen aus der Kirche. Von hier aus können wir jeden sehen.«

Er deutete auf eine breite Geschäftsstraße und auf einen Kiesweg, der zur Treppe vor der Kirche führte. Unsere Bank stand halbwegs zwischen Kirche und Straße.

»Das ist meine Lieblingsbank«, sagte er und streichelte das Holz.

Er zwinkerte mir zu und fuhr grinsend fort: »Sie liebt mich. Deshalb saß auch kein anderer hier. Sie wußte, daß ich kommen würde.«

»Das wußte die Bank?«

»Nein! Nicht die Bank. Mein *Nagual.*«

»Hat das *Nagual* ein Bewußtsein? Ist es sich der Dinge bewußt?«

»Selbstverständlich. Es weiß alles. Daher finde ich auch deinen Bericht so interessant. Was du Entgleisungen und Gefühle nanntest, ist das *Nagual.* Wollten wir darüber sprechen, dann müßten wir bei der Insel des *Tonal* Anleihen machen, darum ist es praktischer, es nicht zu erklären, sondern nur von seinen Auswirkungen zu berichten.«

Ich wollte noch etwas über diese eigenartigen Empfindungen sagen, aber er gebot mir Schweigen.

»Genug! Heute ist nicht der Tag des *Nagual*, heute ist der Tag des *Tonal*«, sagte er. »Ich habe meinen Anzug angelegt, weil ich heute ganz *Tonal* bin.«

Er ließ seinen Blick auf mir ruhen. Ich wollte ihm gerade sagen, daß unser Thema mir schwieriger erschien als alles andere, was er mir je erklärt hatte; er schien meine Worte erahnt zu haben.

»Es ist schwierig«, fuhr er fort. »Ich weiß. Aber wenn du bedenkst, daß dies der abschließende Deckel, die letzte Stufe dessen ist, was ich dich gelehrt habe, dann ist es nicht übertrie-

ben zu behaupten, daß es alles umfaßt, was ich seit dem ersten Tag, als wir uns begegneten, gesagt habe.«
Lange Zeit schwiegen wir. Ich meinte, ich müsse warten, bis er seine Erklärung noch einmal zusammenfaßte, aber plötzlich überfiel mich eine Ahnung, und ich fragte schnell: »Sind das *Nagual* und das *Tonal* in uns selbst?«
Er sah mich eindringlich an.
»Eine sehr schwierige Frage«, sagte er. »Du würdest sagen, sie sind in uns. Ich würde sagen, sie sind es nicht, aber keiner von uns hätte recht. Das *Tonal* deiner Zeit verlangt, daß du behauptest, alles, was mit deinen Gefühlen und Gedanken zu tun hat, finde in dir statt. Das *Tonal* der Zauberer sagt, im Gegenteil, alles ist draußen. Wer hat nun recht? Keiner von beiden. Drinnen oder draußen – darauf kommt es wirklich nicht an.«
Ich erhob einen Einwand. Als er über das »Tonal« und das »Nagual« gesprochen hatte, sagte ich, da habe es so geklungen, als gebe es noch einen dritten Teil. Er hatte gesagt, das »Tonal« zwinge uns, Handlungen zu tun. Ich bat ihn nun, mir zu sagen, wer für ihn derjenige sei, der gezwungen werde.
Er antwortete mir nicht direkt.
»Dies läßt sich nicht so einfach erklären«, sagte er. »Ganz gleich, wie schlau die Kontrollen des *Tonal* sind – Tatsache ist, daß das *Nagual* dennoch auftaucht. Sein Auftauchen geschieht jedoch immer unabsichtlich. Es ist die große Kunst des *Tonal,* jegliche Bekundung des *Nagual* so weitgehend zu unterdrükken, daß es, selbst wenn sein Dasein das Offenkundigste von der Welt wäre, unbemerkbar bleibt.«
»Für wen ist es unbemerkbar?«
Er lachte und nickte mit dem Kopf. Ich bedrängte ihn um eine Antwort.
»Für das *Tonal*«, sagte er. »Ich spreche ausschließlich vom *Tonal.* Vielleicht bewege ich mich im Kreis, aber das darf dich nicht überraschen oder stören. Ich habe dich bereits gewarnt, wie schwierig es ist, was ich dir zu sagen habe. Ich nehme all diese Verrenkungen auf mich, weil mein *Tonal* sich dessen bewußt ist, daß es über sich selbst spricht. Mit anderen Worten, mein *Tonal* benutzt sich selbst, um die Information zu verstehen, über die dein *Tonal* sich klarwerden soll. Man kann

sagen, daß das *Tonal*, da es genau weiß, wie strapaziös es ist, von sich selbst zu sprechen, zum Ausgleich die Begriffe ›ich‹, ›mich‹ usw. geschaffen hat, und mit deren Hilfe kann es mit anderen *Tonals* oder mit sich selbst über sich selbst sprechen.

Wenn ich nun sage, daß das *Tonal* uns zwingt, etwas zu tun, dann meine ich nicht, daß es noch ein Drittes gäbe. Offensichtlich zwingt es sich selbst, seine eigenen Einsichten zu befolgen.

Doch bei bestimmten Gelegenheiten oder unter gewissen, besonderen Umständen wird etwas im *Tonal* sich dessen bewußt, daß es in uns noch etwas anderes gibt. Es ist wie eine Stimme, die von tief innen kommt, die Stimme des *Nagual*. Du siehst, die Ganzheit unseres Selbst ist ein natürlicher Zustand, den das *Tonal* nicht gänzlich austilgen kann, und es gibt Augenblicke, besonders im Leben eines Kriegers, da die Ganzheit in Erscheinung tritt. In solchen Augenblicken können wir mutmaßen und anschätzen, was wir wirklich sind.

Jene Schocks, die du verspürt hast, haben mich besonders interessiert, denn dies ist die Art, wie das *Nagual* auftaucht. In solchen Augenblicken wird das *Tonal* sich der Ganzheit unseres Selbst bewußt. Dies ist stets ein Schock, denn dieses Bewußtsein unterbricht die Windstille. Dieses Bewußtsein nenne ich die Ganzheit des Wesens, das weiß, daß es sterben wird. Man kann es sich so vorstellen, daß im Augenblick des Todes der andere Partner des echten Paares, das *Nagual*, voll in Funktion tritt und das in unseren Waden und Schenkeln, im Rücken, in den Schultern und im Hals gespeicherte Bewußtsein – unsere Erinnerungen und Wahrnehmungen – sich auszudehnen und aufzulösen beginnt. Wie die Perlen einer endlosen, zerrissenen Halskette fallen sie, ohne die bindende Kraft des Lebens, auseinander.«

Er blickte mich an. Seine Augen waren voller Frieden. Ich fühlte mich unwohl, blöde.

»Die Ganzheit unseres Selbst ist eine sehr dehnbare Sache«, sagte er. »Wir brauchen nur einen sehr geringen Teil davon, um die kompliziertesten Aufgaben des Lebens zu bewältigen. Doch wenn wir sterben, dann sterben wir mit der Ganzheit

unseres Selbst. Ein Zauberer stellt sich die Frage: Wenn wir schon mit der Ganzheit unseres Selbst sterben, warum dann nicht mit dieser Ganzheit leben?«
Durch cinc Kopfbewegung forderte er mich auf, die vielen vorbeigehenden Menschen zu beobachten.
»Sie alle sind *Tonal*«, sagte er. »Ich werde jetzt etliche von ihnen herausgreifen, damit dein *Tonal* sie beurteilt, und indem es sie beurteilt, wird es sich selbst beurteilen.«
Er lenkte meine Aufmerksamkeit auf zwei alte Damen, die eben aus der Kirche kamen. Sie standen einen Moment oben auf der Steintreppe und schickten sich nun an, mit unendlicher Vorsicht herabzusteigen, wobei sie auf jeder Stufe stehenblieben.
»Schau dir diese zwei Frauen sehr genau an«, sagte er. »Aber betrachte sie nicht als Personen oder als Gestalten, die etwas mit uns gemeinsam haben. ›Betrachte sie als *Tonals*.‹«
Die beiden Frauen erreichten den Fuß der Treppe. Sie bewegten sich über den groben Kies, als seien es lauter Murmeln, auf denen sie auszugleiten und hinzufallen fürchteten. Sie gingen Arm in Arm und stützten sich mit ihrem ganzen Gewicht auf einander.
»Schau sie an!« sagte Don Juan leise. »Diese Frauen sind das beste Beispiel für das erbärmlichste *Tonal*, das man finden kann.«
Die beiden Frauen waren, wie ich feststellte, zartgliedrig, aber fett. Sie waren vielleicht Anfang Fünfzig. Ihre Gesichter zeigten einen schmerzlichen Ausdruck, als habe der Weg über die Kirchentreppe hinunter all ihre Kräfte überfordert.
Nun waren sie vor uns, sie schwankten einen Augenblick und blieben dann stehen. Vor ihnen lag nur noch ein Schritt auf dem Kiesweg.
»Seien Sie vorsichtig, meine Damen!« rief Don Juan und sprang mit gespieltem Eifer auf.
Die Frauen sahen ihn an – offensichtlich verwirrt durch seinen plötzlichen Ausbruch.
»Genau an dieser Stelle hat meine Mutter sich einmal das Hüftgelenk gebrochen«, fügte er hinzu und schoß hinüber, um ihnen behilflich zu sein.
Sie dankten ihm überschwenglich, und er riet ihnen, sie müß-

ten, falls sie einmal das Gleichgewicht verlieren und hinfallen sollten, reglos auf dem Fleck liegenbleiben, bis der Krankenwagen käme. Dies sagte er in völlig ernstem, überzeugendem Ton. Die Frauen bekreuzigten sich.

Don Juan setzte sich wieder. Seine Augen strahlten. Er sprach leise weiter.

»Diese Frauen sind gar nicht so alt, und ihre Körper sind nicht so schwach, und doch sind sie hinfällig. Alles an ihnen ist trostlos, ihre Kleidung, ihr Geruch, ihr Verhalten. Warum, glaubst du, sind sie so?«

»Vielleicht wurden sie so geboren«, meinte ich.

»Niemand wird so geboren. Wir machen uns selbst dazu. Das *Tonal* dieser Frauen ist schwach und verzagt.

Ich sagte dir ja, heute ist der Tag des *Tonal.* Ich meinte damit, daß ich mich heute ausschließlich mit diesem befassen will. Ich sagte dir auch, daß ich zu diesem besonderen Zweck meinen Anzug angezogen habe. Damit wollte ich dir zeigen, daß ein Krieger mit seinem *Tonal* auf ganz bestimmte, sorgsame Weise umgeht. Ich habe dich auch darauf aufmerksam gemacht, daß mein Anzug tadellos gearbeitet ist und daß alles, was ich heute trage, mich perfekt kleidet. Nicht meine Eitelkeit wollte ich dir damit beweisen, sondern meinen Krieger-Geist, mein Krieger-*Tonal.*

Diese beiden Frauen haben dir heute deinen ersten Eindruck vom *Tonal* gegeben. Das Leben kann mit dir ebenso erbarmungslos sein wie mit ihnen, wenn du sorglos mit deinem *Tonal* umgehst. Mich selbst möchte ich einmal als Gegenbeispiel anführen. Falls du mich recht verstehts, brauche ich dies nicht näher zu erläutern.«

Plötzlich wurde ich unsicher und bat ihn, mir genauer zu sagen, was ich verstanden haben sollte.

Wahrscheinlich klang meine Stimme hoffnungslos. Er lachte laut heraus.

»Schau dir diesen jungen Mann in grünen Hosen und einem rosa Hemd an!« flüsterte Don Juan und deutete auf einen sehr mageren, sehr dunkelhäutigen jungen Mann mit scharfen Gesichtszügen, der beinahe vor uns stand. Er schien unentschlossen, ob er sich zur Straße oder zur Kirche wenden sollte. Zweimal hob er die Hand in Richtung Kirche, als spreche er

mit sich selbst und sei im Begriff, dorthin zu gehen. Dann starrte er mich mit ausdruckslosem Gesicht an.
»Schau nur, wie er angezogen ist!« flüsterte Don Juan. »Schau dir diese Schuhe an!«
Die Kleidung des jungen Mannes war zerlumpt und zerknittert und seine Schuhe hingen in Fetzen.
»Er ist offenbar sehr arm«, sagte ich.
»Ist das alles, was du über ihn zu sagen weißt?« fragte er.
Ich zählte eine Reihe von Gründen auf, die das schäbige Aussehen des jungen Mannes erklären mochten: Krankheit, Unglück, Nachlässigkeit, Gleichgültigkeit gegenüber seinem Äußeren oder auch die Möglichkeit, daß er gerade aus dem Gefängnis entlassen worden war.
Don Juan meinte, ich spekulierte bloß drauflos und er habe kein Interesse, irgend etwas durch den Hinweis zu rechtfertigen, daß der Mann ein Opfer unüberwindlicher Schwierigkeiten sei.
»Vielleicht ist er ein Geheimagent, der sich wie ein Strolch ausstaffiert hat«, scherzte ich.
Der junge Mann bewegte sich mit fahrigen Schritten auf die Straße zu.
»Er ist nicht wie ein Strolch ausstaffiert, er ist ein Strolch«, sagte Don Juan. »Schau nur, wie schwächlich sein Körper ist! Seine Arme und Beine sind ausgemergelt. Er kann kaum gehen. Niemand kann vortäuschen, so auszusehen. Irgend etwas an ihm ist von Grund auf falsch, aber es sind nicht seine äußeren Umstände. Ich betone noch einmal, ich möchte, daß du diesen Mann als *Tonal* betrachtest.«
»Was folgt daraus, wenn man einen Mann als *Tonal* betrachtet?«
»Daraus folgt, daß man aufhört, ihn moralisch zu beurteilen oder ihn mit der Begründung zu entschuldigen, er sei wie ein hilfloses Blatt im Wind. Mit anderen Worten, es folgt daraus, daß man einen Mann ansieht, ohne ihn dabei für verzweifelt oder hilflos zu halten.
Du weißt genau, wovon ich spreche. Du kannst diesen jungen Mann beurteilen, ohne in zu verurteilen oder zu entschuldigen.«
»Er trinkt zuviel«, sagte ich.

Diese Feststellung hatte ich nicht willentlich getroffen. Ich hatte es einfach gesagt, ohne eigentlich zu wissen, warum. Einen Moment hatte ich sogar gemeint, es stehe jemand hinter mir und sagte diese Worte. Ich fühlte mich verpflichtet zu erklären, daß meine Behauptung doch wieder nur eine meiner Spekulationen gewesen sei.
»Das ist nicht wahr«, sagte Don Juan. »Deine Stimme besaß eine Festigkeit, die ihr vorher fehlte. Du hast nicht gesagt: Vielleicht ist er ein Trinker.«
Ich war verwirrt, wenngleich ich nicht genau zu sagen wußte, warum. Don Juan lachte.
»Du hast durch den Mann hindurch *gesehen*«, sagte er. »Das war *Sehen.* So etwa ist das *Sehen.* Man äußert sein Urteil mit großer Gewißheit, und man weiß nicht, wie es dazu kam.
Du weißt, daß das *Tonal* des jungen Mannes kaputt ist, aber du weißt nicht, wieso du es weißt.«
Irgendwie, mußte ich zugeben, hatte ich diesen Eindruck gehabt.
»Du hast recht«, sagte Don Juan. »Es will gar nichts besagen, daß er jung ist, er ist genauso hinfällig wie die zwei Frauen. Die Jugend ist keineswegs eine Schranke gegen den Verfall des *Tonal.*
Du glaubtest, es gebe vielleicht eine Menge Gründe für den Zustand dieses Mannes. Ich meine, es gibt nur einen: sein *Tonal.* Doch es ist nicht so, daß sein *Tonal* etwa schwach wäre, weil er trinkt. Vielmehr umgekehrt, er trinkt, weil sein *Tonal* schwach ist. Diese Schwäche zwingt ihn zu sein, was er ist. Aber dasselbe geschieht in der einen oder anderen Form mit uns allen.«
»Aber rechtfertigst du nicht ebenfalls sein Verhalten, sobald du sagst, es sei sein *Tonal?*«
»Ich gebe dir eine Erklärung, auf die du vorher nie gekommen wärest. Das ist aber keine Rechtfertigung oder Verurteilung. Das *Tonal* dieses jungen Mannes ist schwach und verzagt. Aber er steht nicht einzig da. Wir alle sitzen mehr oder minder im gleichen Boot.«
In diesem Augenblick ging ein sehr dicker Mann an uns vorüber, in Richtung Kirche. Er trug einen teuren dunkel-

grauen Einreiher und hatte eine Aktentasche in der Hand. Sein Hemdkragen war aufgeknöpft, und der Schlips hing locker herab. Er schwitzte übermäßig. Seine Haut war sehr hell, was die Schweißperlen noch sichtbarer machte.
»Beobachte ihn!« befahl mir Don Juan.
Der Mann ging mit kurzen, schweren Schritten. Sein Gang hatte etwas Plumpsendes an sich. Er ging nicht zur Kirche hinauf; er ging außen herum und verschwand hinter ihr.
»Es ist doch nicht nötig, den Körper so schrecklich zu mißhandeln«, sagte Don Juan mit einem Anflug von Verachtung. »Aber es ist eine traurige Tatsache, daß wir alle es bis zur Perfektion gelernt haben, unser *Tonal* zu schwächen. Dies nenne ich Sichgehenlassen.«
Er legte die Hand auf mein Notizbuch und ließ mich nicht weiterschreiben. Seine Begründung lautete, ich könne mich nicht konzentrieren, solange ich mir dauernd Notizen machte. Er empfahl mir, mich zu entspannen, den inneren Dialog abzustellen und mich frei fließen zu lassen, um mit der beobachteten Person zu verschmelzen.
Ich bat ihn zu erklären, was er mit »Verschmelzen« meinte. Er sagte, dies könne man nicht erklären, es sei vielmehr etwas, das der Körper fühlt oder tut, wenn er in beobachtenden Kontakt mit anderen Körpern tritt. Dann verdeutlichte er das Gesagte, indem er feststellte, er habe diesen Vorgang sonst als »Sehen« bezeichnet und es handle sich dabei um eine Pause echten Schweigens im Innern, gefolgt von einer äußeren Verlängerung irgendeines Teils des Selbst – eine Verlängerung, die auf den anderen Körper treffe und mit ihm verschmelze oder mit allem, was sich in unserem Wahrnehmungsfeld finde.
An diesem Punkt wollte ich mein Schreibzeug wieder aufnehmen, aber er gebot mir Einhalt und fing an, verschiedene Menschen aus der vorüberziehenden Menge herauszugreifen. So machte er mich auf Dutzende von Personen aufmerksam, die den verschiedensten Typen von Männern, Frauen und Kindern aller Altersgruppen angehörten. Don Juan sagte, er habe absichtlich Menschen ausgewählt, deren schwaches »Tonal« sich in ein Kategorienschema einordnen lasse, um mir dadurch die verschiedenen vorstellbaren Spielarten des Sichgehenlassens vorzuführen.

Ich konnte mich nicht an all die Leute erinnern, die er mir gezeigt und über die er gesprochen hatte. Ich beschwerte mich, daß ich, hätte ich mir Notizen gemacht, zumindest in Umrissen seine schematische Darstellung des Sichgehenlassens begriffen hätte. Wie dem auch sei, er wollte es nicht wiederholen, oder vielleicht erinnerte er sich auch nicht mehr. Lachend meinte er, er entsinne sich nicht mehr, denn im Leben eines Zauberers sei nur das »Nagual« für schöpferische Einfälle zuständig.

Er sah zum Himmel auf und meinte, es sei schon spät und wir müßten von nun an anders vorgehen. Statt uns mit schwachen »Tonals« zu befassen, wollten wir jetzt auf das Erscheinen eines korrekten »Tonal« warten. Nur ein Krieger, fügte er hinzu, habe ein »korrektes Tonal«, und der normale Mensch könne bestenfalls ein »richtiges Tonal« haben.

Nach etlichen Minuten des Wartens schlug er sich lachend auf die Schenkel.

»Schau, wer da kommt!« sagte er und deutete mit einer Kopfbewegung auf die Straße. »Ganz, als ob sie . . .«

Ich sah drei Indianer näherkommen. Sie trugen braune Ponchos, weiße Hosen, die bis zur halben Wade reichten, langärmelige Jacken, schmutzige, ausgetretene Sandalen und alte Strohhüte. Jeder von ihnen trug ein Bündel auf dem Rücken. Don Juan stand auf und ging ihnen entgegen. Er sprach mit ihnen. Sie schienen überrascht und umringten ihn. Sie lächelten ihn an. Anscheinend erzählte er ihnen etwas über mich; die drei drehten sich um und lächelten mir zu. Sie standen etwa drei bis vier Meter entfernt. Ich horchte aufmerksam, aber ich konnte nicht hören, was sie sagten.

Don Juan griff in die Tasche und reichte ihnen ein paar Geldscheine. Sie schienen sich zu freuen; sie scharrten nervös mit den Füßen. Ich hatte sie sehr gern. Sie sahen aus wie Kinder. Alle hatten sie kleine weiße Zähne und sehr ansprechende, sanfte Gesichtszüge. Einer, allem Anschein nach der älteste, hatte einen Schnurrbart. Seine Augen waren müde, aber freundlich. Er nahm den Hut ab und näherte sich der Bank. Die anderen folgten ihm. Die drei begrüßten mich einstimmig. Wir schüttelten uns die Hand. Don Juan bat mich, ihnen etwas Geld zu geben. Sie bedankten sich, und nach einem höflichen Schweigen sagten sie Lebewohl. Don Juan setzte sich wieder, und wir sahen ihnen nach, wie sie in der Menge verschwanden.

Ich sagte zu Don Juan, ich hätte sie aus irgendeinem seltsamen Grund sehr gern gehabt.

»Das ist gar nicht so seltsam«, sagte er. »Du mußt gefühlt haben, daß ihr *Tonal* ganz richtig ist. Es ist richtig, aber nicht für unsere Zeit.

Wahrscheinlich spürtest du, daß sie wie Kinder sind. Das sind sie. Und das ist sehr schwer für sie. Ich verstehe sie besser als du, darum konnte ich nicht anders als eine Spur traurig sein. Die Indianer sind wie Hunde, sie haben nichts. Aber dies ist eben ihr Schicksal, und ich sollte nicht traurig darüber sein. Meine Traurigkeit ist natürlich meine eigene Art, mich gehenzulassen.

»Woher kommen sie, Don Juan?«

»Aus den Sierras. Sie sind hergekommen, um ihr Glück zu machen. Sie wollen Händler werden. Sie sind Brüder. Ich sagte ihnen, daß ich ebenfalls aus der Sierra komme und selbst ein Händler sei. Ich sagte ihnen, du seist mein Partner. Das Geld, das wir ihnen gaben, war ein Andenken. Solche Andenken sollte ein Krieger immer verschenken. Zweifellos brauchen sie das Geld, aber ihre Bedürftigkeit sollte kein entscheidender Grund sein, wenn man ein Andenken schenkt. Was man suchen muß, ist das Gefühl. Ich persönlich war von den dreien gerührt.

Die Indianer sind die Verlierer unserer Zeit. Ihr Niedergang fing mit den Spaniern an, und jetzt, unter der Herrschaft der Nachfahren jener Spanier, haben die Indianer alles verloren. Es ist nicht übertrieben, wenn man sagt, daß die Indianer ihr *Tonal* verloren haben.«

»Ist das eine Metapher, Don Juan?«

»Nein! Es ist eine Tatsache. Das *Tonal* ist sehr verletzlich. Mißhandlung erträgt es nicht. Seit dem Tag, da der weiße Mann seinen Fuß auf dieses Land gesetzt hat, hat er systematisch nicht nur das indianische *Tonal* der Zeit, sondern auch das persönliche *Tonal* jedes einzelnen Indianers zerstört. Man kann sich leicht vorstellen, daß die Herrschaft der Weißen für den durchschnittlichen armen Indianer die reine Hölle ist.

Und doch ist es eine Ironie, daß sie für andere Indianer der reine Segen war.«
»Von wem sprichst du? Welche anderen Indianer meinst du?«
»Die Zauberer. Für die Zauberer war die Conquista die Herausforderung ihres Lebens. Sie waren die einzigen, die nicht durch sie zerstört wurden, sondern sich ihr anpaßten und sie zu ihrem besten Vorteil nutzten.«
»Wie war das möglich, Don Juan? Ich hatte stets den Eindruck, daß die Spanier keinen Stein auf dem anderen gelassen haben.«
»Nun, vielleicht stürzten sie alle Steine um, die in Reichweite ihres eigenen *Tonal* lagen. Im Leben der Indianer aber gab es Dinge, die für den weißen Mann unbegreiflich waren. Diese Dinge bemerkte er nicht einmal. Vielleicht hatten die Zauberer einfach Glück, oder vielleicht war es ihr Wissen, das sie rettete. Nachdem das *Tonal* der Zeit und das persönliche *Tonal* jedes einzelnen Indianers ausgetilgt waren, hielten die Zauberer sich an das einzige, was unangefochten geblieben war, das *Nagual.* Mit anderen Worten, ihr *Tonal* nahm Zuflucht bei ihrem *Nagual.* Dies hätte nicht geschehen können, es sei denn unter den qualvollen Lebensbedingungen eines unterworfenen Volkes. Die heutigen Wissenden sind das Produkt dieser Bedingungen, und sie sind die besten Kenner des *Nagual,* da sie ganz allein auf dieses angewiesen waren. Bis dahin ist der weiße Mann niemals vorgedrungen. Tatsächlich hat er nicht mal eine Ahnung, daß es existiert.«
An diesem Punkt drängte es mich, einen Einwand vorzubringen. Ich behauptete allen Ernstes, daß wir im europäischen Denken eine Erklärung für das hätten, was er das »Nagual« nannte. Ich verwies auf den Begriff des transzendentalen Ich oder den in allen unseren Gedanken, Wahrnehmungen und Gefühlen anwesenden unsichtbaren Beobachter. Ich erklärte Don Juan, das Individuum könne sich durch das transzendentale Ich als ein Selbst wahrnehmen oder intuitiv erfahren, denn dieses sei die einzige Instanz, die Urteile fällen könne, die im Bereich seines Bewußtseins Realität bezeuge.
Don Juan war wenig beeindruckt. Er lachte.
»Realität bezeugen«, äffte er mich nach. »Das ist das *Tonal.*«
Das »Tonal«, wandte ich ein, könne man als das empirische

Ich bezeichnen, das sich im fließenden Strom unseres Bewußtseins oder unserer Erfahrung zeige, während das transzendentale Ich hinter diesem Strom stehe.
»Beobachtend . . ., vermute ich«, sagte er spöttisch.
»Ganz richtig! Sich selbst beobachtend«, sagte ich.
»Ich höre dich reden« sagte er, »aber du sagst nichts. Das *Nagual* ist weder Erfahrung noch Intuition, noch Bewußtsein. Diese Begriffe und alles andere, was du ins Feld führen magst, sind nur Gegenstände auf der Insel des *Tonal.* Das *Nagual* hingegen ist nur Wirkung. Das *Tonal* beginnt bei der Geburt und endet mit dem Tod, aber das *Nagual* endet niemals. Das *Nagual* ist grenzenlos. Ich habe gesagt, das *Nagual* sei dort, wo die Kraft schwebt. Das war nur eine Benennung. Aufgrund seiner Wirkung läßt das *Nagual* sich vielleicht am besten als Kraft verstehen. Als du dich zum Beispiel heute nachmittag wie betäubt fühltest und nicht sprechen konntest, da habe ich dich allerdings beschwichtigt, das heißt, mein *Nagual* wirkte auf dich ein.«
»Wie war das möglich, Don Juan?«
»Du wirst es nicht glauben, aber das weiß niemand. Ich weiß nur, daß ich deine ungeteilte Aufmerksamkeit wollte, und dann fing mein *Nagual* an, auf dich einzuwirken. Und dies weiß ich auch nur, weil ich seine Wirkung sehen kann, aber ich weiß nicht, wie es wirkt.«
Er schwieg eine Weile. Ich wollte noch weiter auf das Thema eingehen. Ich versuchte, eine Frage zu stellen; er gebot mir Schweigen.
»Man kann sagen, daß das *Nagual* für die Kreativität verantwortlich ist«, sagte er schließlich und sah mich durchdringend an. »Das *Nagual* ist der einzige Teil in uns, der etwas schaffen kann.«
Er schwieg und sah mich an. Ich hatte den Eindruck, daß er mich eindeutig auf ein Gebiet führte, über das ich mir schon früher Aufklärung von ihm gewünscht hätte. Er sagte, daß das *Tonal* nichts schaffe, sondern nur beobachte und beurteile. Ich fragte ihn, wie er sich die Tatsache erkläre, daß wir großartige Strukturen und Apparate konstruieren können.
»Das ist keine Kreativität«, sagte er. »Das ist nur Formung. Wir können mit unseren Händen alles formen, allein oder in

Verbindung mit den Händen anderer *Tonals*. Eine Gruppe von *Tonals* kann alles mögliche formen, großartige Strukturen, wie du sagtest.«

»Aber was ist dann Kreativität, Don Juan?«

Er starrte mich an und blinzelte. Er lachte leise, hob die rechte Hand über den Kopf und bog das Handgelenk ruckartig nach unten, als ob er eine Türklinke niederdrückte.

»Dies ist Kreativität«, sagte er und brachte seine hohle Hand auf die Höhe meiner Augen.

Ich brauchte unheimlich lange, um meine Augen auf seine Hand einzustellen. Ich hatte das Gefühl, als halte eine durchsichtige Folie meinen ganzen Körper in einer starren Haltung fest und als müsse ich diese durchbrechen, um meinen Blick auf seine Hand richten zu können.

Ich kämpfte, bis mir der Schweiß in die Augen rann. Schließlich hörte oder spürte ich einen Knall, und meine Augen und mein Kopf waren frei.

Auf seiner rechten Handfläche hockte das seltsamste Nagetier, das ich je gesehen hatte. Es sah aus wie ein Eichhörnchen mit buschigem Schweif. Der Schweif glich jedoch eher dem eines Stachelschweins. Er hatte starre Stacheln.

»Faß es an!« sagte Don Juan leise.

Automatisch gehorchte ich und streichelte mit dem Finger den zarten Rücken des Tierchens. Don Juan hielt mir seine Hand noch näher vor die Augen, und dann sah ich etwas, das nervöse Zuckungen bei mir auslöste. Das Eichhörnchen trug eine Brille und hatte große, breite Zähne.

»Es sieht aus wie ein Japaner«, sagte ich und fing hysterisch an zu lachen.

Dann fing das Nagetier in Don Juans Hand an zu wachsen. Und während in meinen Augen immer noch Lachtränen standen, wurde das Nagetier so riesig, daß es aus meinem Blick verschwand. Es wuchs buchstäblich über meinen Gesichtskreis hinaus. Dies geschah so rasch, daß es mich mitten in einem Lachkrampf überraschte. Als ich wieder hinschaute, vielmehr als ich mir die Augen wischte, um schärfer zu sehen, erblickte ich vor mir Don Juan. Er saß auf der Bank, und ich stand vor ihm, obwohl ich mich nicht entsann, aufgestanden zu sein.

Einen Augenblick wurde meine Nervosität unkontrollierbar. Don Juan stand ruhig auf, zwang mich niederzusitzen, stützte mein Kinn in seine Armbeuge und schlug mir mit den Knöcheln seiner rechten Hand oben auf die Schädeldecke. Die Wirkung war wie ein elektrischer Schlag. Sie beruhigte mich augenblicklich.
Es gab so vieles, was ich fragen wollte. Aber meine Worte konnten sich nicht durch das Gewirr meiner Gedanken hindurchkämpfen. Dann wurde mir scharf bewußt, daß ich die Kontrolle über meine Stimmbänder verloren hatte. Ich wollte mich aber nicht anstrengen, um zu sprechen, und so lehnte ich mich einfach auf der Bank zurück. Don Juan sagte eindringlich, ich müsse mich zusammenreißen und aufhören, mich gehenzulassen. Mir war ein wenig schwindlig. Nachdrücklich empfahl er mir, an meinen Notizen weiterzuschreiben, und reichte mir Block und Bleistift, die er vom Boden unter der Bank aufgehoben hatte.
Ich machte eine ungeheure Anstrengung, um etwas zu sagen, und wieder hatte ich das eindeutige Gefühl, daß eine Folie mich einhüllte. So keuchte und stöhnte ich eine Weile, während Don Juan sich vor Lachen krümmte, bis ich wieder einen Knall hörte. Ich fing sofort an zu schreiben. Don Juan sprach, als gebe er mir ein Diktat.
»Eine der Taten eines Kriegers ist, nie etwas auf sich einwirken zu lassen. So könnte ein Krieger den Teufel leibhaftig vor sich sehen, aber er würde sich nichts anmerken lassen. Die Selbstbeherrschung eines Kriegers muß makellos sein.«
Er wartete, bis ich mit dem Aufschreiben fertig war, und dann fragte er mich lachend: »Hast du alles?«
Ich schlug vor, wir sollten in ein Restaurant gehen und zu Abend essen. Ich war wie ausgehungert. Er sagte aber, wir müßten bleiben, bis das »korrekte *Tonal*« erscheinen würde. Mit ernster Stimme setzte er hinzu, daß wir, wenn das »korrekte *Tonal*« nicht erschiene, auf dieser Bank sitzenbleiben müßten, bis es ihm gefiel zu erscheinen.
»Was ist ein korrektes *Tonal?*« fragte ich.
»Ein *Tonal,* das einfach in Ordnung ist, ausgeglichen und harmonisch. Heute wirst du eines finden, oder vielmehr, deine Kraft wird es zu uns führen.«

»Aber wie werde ich es von anderen *Tonals* unterscheiden?«
»Mach dir darum keine Sorgen! Ich werde es dir zeigen.«
»Wie ist es denn beschaffen, Don Juan?«
»Schwer zu sagen. Es hängt von dir ab. Dies ist deine Schau, daher wirst du die Bedingungen selbst bestimmen.«
»Wie?«
»Das weiß ich nicht. Deine Kraft, dein *Nagual* wird es tun. Jedes *Tonal* hat, grob gesagt, zwei Seiten. Die eine ist der äußere Teil, der Saum, die Oberfläche der Insel. Dies ist der mit Handeln und Tun verbundene Teil, die grobe Seite. Der andere Teil ist Entscheidung und Urteil, es ist das innere Tonal und feiner, zarter und komplexer.
Das korrekte *Tonal* ist ein *Tonal,* bei dem die beiden Ebenen sich in vollkommener Harmonie und Balance befinden.«
Don Juan war still. Es war schon ziemlich dunkel, und ich hatte Mühe mitzuschreiben. Er empfahl mir, mich zu strecken und zu entspannen. Dies sei, meinte er, ein recht anstrengender, aber fruchtbarer Tag gewesen, und er sei sicher, daß das »korrekte *Tonal*« sich noch einstellen werde.
Dutzende Menschen gingen vorbei. Wir saßen zehn oder fünfzehn Minuten in entspanntem Schweigen. Plötzlich stand Don Juan unvermittelt auf.
»Meine Güte, du hast es geschafft! Schau nur, wer da kommt! Ein Mädchen!«
Mit einer Kopfbewegung deutete er auf eine junge Frau, die den Park durchquerte und sich unserer Bank näherte. Don Juan sagte, diese junge Frau sei das »korrekte Tonal«, und falls sie stehenbliebe, um an einen von uns das Wort zu richten, dann sei dies ein außerordentliches Omen, und wir müßten tun, was immer sie verlangen werde.
Ich konnte das Gesicht der jungen Frau nur undeutlich erkennen, obgleich das Tageslicht noch hell genug war. Sie näherte sich bis auf ein paar Meter, ging aber vorbei, ohne uns anzusehen. Don Juan befahl mir flüsternd, aufzustehen und mit ihr zu sprechen.
Ich lief hinter ihr her und fragte sie nach dem Weg. Nun sah ich sie aus nächster Nähe. Sie war jung, vielleicht Mitte Zwanzig, von mittlerer Statur, sehr attraktiv und gepflegt. Ihre Augen waren klar und friedlich. Sie lächelte mich an,

während ich sprach. Sie hatte irgend etwas Gewinnendes an sich. Ich mochte sie ebenso gern wie vorhin die drei Indianer. Ich kehrte zu unserer Bank zurück und setzte mich.

»Ist sie ein Krieger?« fragte ich.

»Nicht ganz«, sagte Don Juan. »Deine Kraft ist noch nicht ausgeprägt genug, um einen Krieger herbeizuholen. Aber sie ist ein ganz richtiges *Tonal.* Eines, das zu einem *korrekten Tonal* werden könnte. Aus diesem Holz sind Krieger geschnitzt.«

Seine Worte machten mich neugierig. Ich fragte ihn, ob denn auch Frauen Krieger sein könnten. Er schaute mich an – offensichtlich verwundert über meine Frage.

»Selbstverständlich können sie das«, sagte er, »und sie sind sogar besser ausgestattet für den Weg des Wissens als Männer. Männer andererseits sind etwas ausdauernder. Trotzdem möchte ich meinen, daß die Frauen, alles in allem, einen leichten Vorsprung haben.«

Ich erklärte, ich sei verblüfft, denn wir hätten im Zusammenhang mit seinem Wissen nie über Frauen gesprochen.

»Du bist ein Mann«, sagte er, »daher gebrauche ich das Maskulinum, wenn ich mit dir spreche. Das ist alles. Im übrigen sind sich beide gleich.«

Ich wollte ihn noch weiter ausfragen, aber er machte eine Geste, die das Thema abschloß. Ich blickte auf. Der Himmel war fast schwarz. Die Wolkenbänke wirkten bedrohlich dunkel. Dennoch gab es ein paar Stellen, wo das Gewölk leicht orange gefärbt war.

»Das Ende des Tages ist deine beste Zeit«, sagte Don Juan. »Das Erscheinen dieser jungen Frau genau am Rande des Tages ist ein gutes Omen. Wir sprachen über das *Tonal,* deshalb gilt das Omen deinem *Tonal.*«

»Was besagt das Omen, Don Juan?«

»Es besagt, daß du nur noch sehr wenig Zeit hast, um deine Vorbereitungen zu treffen. Alle Vorbereitungen, die du etwa getroffen hast, müssen zuverlässige Vorbereitungen sein, denn du hast keine Zeit, andere zu treffen. Deine Vorbereitungen müssen sich jetzt bewähren, sonst sind es überhaupt keine Vorbereitungen.

Ich empfehle dir, daß du, wenn du nach Hause kommst, deine

Verteidigungslinien überprüfst und dich versicherst, daß sie halten. Du wirst sie brauchen.«

»Was steht mir denn bevor, Don Juan?«

»Vor Jahren suchtest du nach der Kraft. Du hast die Mühen des Lernens getreulich auf dich genommen, ohne Sträuben und ohne Eile. Jetzt stehst du am Ende des Tages.«

»Was bedeutet das?«

»Für ein *korrektes Tonal* ist alles, was sich auf der Insel des *Tonal* findet, eine Herausforderung. Anders gesagt, für einen Krieger ist alles in dieser Welt eine Herausforderung. Die größte Herausforderung von allen ist natürlich sein Ansuchen um Kraft. Aber Kraft kommt von Nagual, und wenn ein Krieger am Rande des Tages steht, dann bedeutet dies, daß die Stunde des *Nagual* näherrückt – des Kriegers Stunde der Kraft.«

»Ich verstehe immer noch nicht die Bedeutung von alledem, Don Juan. Bedeutet es, daß ich bald sterben werde?«

»Wenn du dich töricht anstellst, dann ja«, erwiderte er scharf. »Aber gelinder ausgedrückt, bedeutet es, daß dir wohl die Hosen schlottern werden. Du hast einst um Kraft angesucht, und dieses Ansuchen ist nicht rückgängig zu machen. Ich will nicht sagen, daß dein Schicksal sich erfüllen wird, denn es gibt kein Schicksal. Das einzige, was man also sagen kann, ist, daß deine Kraft sich erfüllen wird. Das Omen war eindeutig. Diese junge Frau kam zu dir am Rande des Tages. Du hast nur noch wenig Zeit, und schon gar keine Zeit für Dummheiten. Ein wunderbarer Zustand. Ich möchte sagen, das Beste in uns kommt immer dann heraus, wenn wir mit dem Rücken zur Wand stehen, wenn wir das Schwert über uns hängen fühlen. Ich selbst wünsche es mir nicht anders.«

Das Tonal schrumpfen lassen

Am Mittwoch verließ ich gegen neun Uhr fünfundvierzig das Hotel. Ich ging langsam und gönnte mir fünfzehn Minuten, um die Stelle zu erreichen, wo Don Juan und ich uns treffen wollten. Er hatte eine Kreuzung am *Paseo de la Reforma* bestimmt, fünf oder sechs Straßen entfernt, vor dem Stadtbüro einer Fluggesellschaft.

Ich hatte soeben mit einem Freund zusammen gefrühstückt. Er hatte mich begleiten wollen, aber ich ließ durchblicken, daß ich ein Mädchen treffen wolle. Absichtlich ging ich auf der anderen Straßenseite als der, an der das Büro der Fluggesellschaft lag. Mich plagte der Verdacht, daß mein Freund, der immer schon gewünscht hatte, ich solle ihn mit Don Juan bekannt machen, wußte, daß ich mit diesem verabredet war, und mir vielleicht folgte. Ich fürchtete, ich brauchte mich nur umzudrehen, um ihn hinter mir zu sehen.

Ich sah Don Juan an einem Zeitungskiosk auf der anderen Straßenseite stehen. Ich schickte mich an, die Straße zu überqueren, mußte aber auf dem Mittelstreifen warten, bis ich sicheren Fußes den breiten Boulevard überqueren konnte. Ich drehte mich unauffällig um, um zu sehen, ob mein Freund mir folgte. Er stand an der Straßenecke hinter mir. Er grinste blöde und winkte mir zu, als wolle er mir zu verstehen geben, daß er sich nicht hatte beherrschen können. Ich schoß über die Straße, ohne ihm Zeit zu lassen, mich einzuholen.

Don Juan schien meine mißliche Lage zu erkennen. Als ich ihn erreichte, warf er einen verstohlenen Blick über meine Schulter.

»Er kommt«, sagte er. »Laß uns lieber in die Seitenstraße einbiegen!«

Er wies auf eine Straße, die den *Paseo de la Reforma* an der Stelle, wo wir standen, im spitzen Winkel kreuzte. Rasch orientierte ich mich. Ich war nie zuvor in dieser Straße gewesen, aber vor zwei Tagen war ich in dem Büro der Fluggesellschaft gewesen. Seine eigenartige Lage war mir vertraut. Das Büro lag nämlich im spitzen Winkel zwischen den beiden

Straßen. Auf jede der beiden Straßen führte eine Tür, und der Abstand zwischen den zwei Türen betrug etwa vier bis fünf Meter. Von Tür zu Tür führte eine Passage durch das Büro, und man konnte ohne weiteres von einer Straße zur anderen wechseln. Auf einer Seite dieses Durchgangs standen Schreibtische, und auf der anderen eine große, runde Schaltertheke, hinter der Hostessen und Kassierer standen. Damals, als ich hier gewesen war, hatten sich viele Leute in den Raum gedrängt.

Ich wollte schneller ausschreiten, vielleicht sogar rennen, aber Don Juan behielt sein gemächliches Tempo bei. Als wir die Tür des Büros – auf der Querstraße – passierten, wußte ich, ohne mich umdrehen zu müssen, daß mein Freund ebenfalls den Boulevard überquert hatte und sich anschickte, in die Straße einzubiegen, in der wir gingen. Ich sah Don Juan an, da ich hoffte, er wisse eine Lösung. Er hob die Schultern. Ich war ärgerlich, und mir selbst fiel nichts ein, außer vielleicht, meinen Freund in die Fresse zu hauen. Genau in diesem Augenblick mußte ich wohl geseufzt oder tief ausgeatmet haben, denn das nächste, was ich spürte, war eine plötzliche Atemnot, bedingt durch einen gewaltigen Stoß, den Don Juan mir versetzt hatte und der mich durch die Tür des Luftfahrtbüros wirbelte. Von diesem ungeheuren Stoß getrieben, segelte ich buchstäblich in den Raum. Don Juan hatte mich so unvorbereitet erwischt, daß mein Körper keinerlei Widerstand geboten hatte; mein Schrecken vermischte sich mit dem tatsächlichen Schock seines Remplers. Automatisch hob ich die Arme vors Gesicht, um mich zu schützen. Der Schubs, den Don Juan mir gegeben hatte, war so heftig gewesen, daß mir die Spucke aus dem Mund spritzte und ich einen leichten Schwindel verspürte, als ich in die Halle stolperte. Ich verlor fast das Gleichgewicht und mußte mich gewaltig anstrengen, um nicht zu stürzen. Ich drehte mich ein paarmal um meine eigene Achse. Der Schwung meiner Drehung ließ die Szene verschwommen erscheinen. Wie durch einen Schleier nahm ich die Menge der Kunden wahr, die ihren Geschäften nachgingen. Ich war sehr verlegen. Ich wußte, daß alle mich anstarrten, wie ich so durch die Halle taumelte. Die Vorstellung, daß ich mich öffentlich blamierte, war mir mehr als unangenehm. Eine Reihe von Überlegungen schoß mir durch den Kopf. Ich war ganz sicher, daß ich auf die Nase fallen würde. Oder ich würde mit einem Kunden zusammenstoßen, vielleicht einer alten Dame, die sich durch den Zusammenprall eine Verletzung zuziehen würde. Oder, noch schlimmer, die Glastür am anderen Ende mochte geschlossen sein, und ich würde dagegen fallen.

Ganz betäubt erreichte ich die Tür, die auf den *Paseo de la Reforma* führte. Sie war offen – und ich stand draußen. Meine einzige Sorge war jetzt, ganz ruhig zu bleiben, mich nach rechts zu wenden und auf dem Boulevard stadteinwärts zu schlendern, als sei nichts geschehen. Ich war sicher, daß Don Juan mich einholen würde und daß mein Freund vielleicht auf der Querstraße weitergegangen war.

Ich öffnete die Augen, oder genauer gesagt, ich konzentrierte meinen Blick auf den Schauplatz vor mir. Ich war längere Zeit benommen, bevor mir ganz klar wurde, was los war. Ich befand mich nicht auf dem *Paseo de la Reforma,* auf dem ich hätte sein sollen, sondern auf dem Lagunilla-Markt, mehr als zwei Kilometer entfernt.

Was ich in dem Augenblick empfand, als mir dies klar wurde, war ein so heftiges Erstaunen, daß ich nur noch verdutzt vor mich hinstarren konnte.

Ich schaute in die Runde, um mich zu orientieren. Ich stellte fest, daß ich tatsächlich ganz nahe der Stelle stand, wo ich an meinem ersten Tag in Mexico City Don Juan getroffen hatte. Vielleicht war es sogar genau dieselbe Stelle. Die Marktstände, an denen alte Münzen verkauft wurden, waren nur drei Meter entfernt. Ich mußte mich gewaltig anstrengen, um meine Fassung zu bewahren. Was ich hier erlebte, mußte doch eine Halluzination sein! Es gab keine andere Möglichkeit. Rasch drehte ich mich um und wollte wieder durch die Tür in das Flugbüro zurück, aber hinter mir war nur eine Reihe von Ständen, an denen antiquarische Bücher und Zeitschriften verkauft wurden. Don Juan stand rechts neben mir. Sein Gesicht zeigte ein breites Grinsen.

Ich spürte einen Druck im Kopf, ein Kitzeln, als ob Kohlensäure durch meine Nase sprudelte. Ich war sprachlos. Ich wollte etwas sagen, aber es gelang mir nicht.

Ganz deutlich hörte ich Don Juan sagen, ich solle nicht versuchen, zu sprechen oder zu denken, aber dennoch wollte ich etwas sagen, irgend etwas. Eine furchtbare Nervosität zog mir die Brust zusammen. Ich spürte Tränen über meine Wangen rollen. Diesmal schüttelte Don Juan mich nicht, wie er es zu tun pflegte, wenn ich von unkontrollierbarer Angst besessen war. Statt dessen streichelte er mir freundlich den Kopf.
»Aber, aber, kleiner Carlos«, sagte er. »Mach dir nicht in die Hose!«
Einen Augenblick hielt er mein Gesicht zwischen seinen Händen.
»Versuche nicht, zu sprechen!« sagte er.
Er ließ meinen Kopf los und deutete auf das Geschehen um uns her.
»Dies ist nicht zum Reden da«, sagte er. »Nur zum Beobachten. Beobachte! Beobachte alles!«
Ich weinte wirklich. Doch meine Reaktion auf den Umstand, daß ich weinte, war sehr merkwürdig. Ich weinte, ohne mir etwas daraus zu machen. In diesem Moment war es mir egal, ob ich mich blamierte oder nicht.
Ich sah mich um. Genau vor mir stand ein Mann in mittleren Jahren, der ein rosafarbenes, kurzärmeliges Hemd und dunkelgraue Hosen trug. Anscheinend ein Amerikaner. Eine rundliche Frau, offenbar seine Gattin, hielt seinen Arm. Der Mann befingerte ein paar Münzen, während ein dreizehn- oder vierzehnjähriger Junge, vermutlich der Sohn des Besitzers, ihn nicht aus den Augen ließ. Der Junge beobachtete jede Bewegung, die der ältere Mann machte. Schließlich legte der Mann die Münzen auf den Tisch zurück, und sofort entspannte sich der Junge.
»Beobachte alles!« verlangte Don Juan wieder.
Hier gab es nichts Ungewöhnliches zu beobachten. Nach allen Richtungen gingen Leute vorbei. Ich drehte mich um. Ein Mann, offensichtlich der Besitzer des Zeitungskiosks, starrte mich unverwandt an. Er blinzelte ständig, als sei er im Begriff einzuschlafen. Er schien müde oder krank zu sein und machte einen heruntergekommenen Eindruck.
Ich meinte, hier gebe es nichts zu beobachten, zumindest nichts wirklich Bedeutsames. Ich starrte auf den Schauplatz.

Es war mir unmöglich, mich aufmerksam auf irgend etwas zu konzentrieren. Don Juan umkreiste mich. Er benahm sich, als wolle er mich irgendwie abschätzen. Er schüttelte den Kopf und schürzte die Lippen.
»Komm schon!« befahl er und ergriff sanft meinen Arm. »Zeit, daß wir weitergehen!«
Kaum setzten wir uns in Bewegung, da bemerkte ich, daß mein Körper sehr leicht war. Tatsächlich, mir war, als fühlten meine Fußsohlen sich schwammig an. Sie vermittelten ein seltsames gummiartiges, federndes Gefühl.
Don Juan wußte anscheinend, was in mir vorging. Er hielt mich fest, als wolle er mich nicht entkommen lassen; er zog mich herab, als ob er fürchtete, ich könnte wie ein Luftballon in die Lüfte entweichen.
Das Gehen tat mir wohl. Meine Nervosität wich einer angenehmen Leichtigkeit.
Wieder bestand Don Juan darauf, ich solle alles beobachten. Ich sagte ihm, daß es hier für mich nichts zu beobachten gebe, daß es mir egal sei, was die Leute auf dem Markt taten, und daß ich ungern einen Narren aus mir machen wollte, indem ich gehorsam irgendwelche schwachsinnige Geschäftigkeit von Leuten beobachtete, die alte Münzen und Bücher kauften, während das Eigentliche mir durch die Finger glitt.
»Was ist das Eigentliche?« fragte er.
Ich blieb stehen und sagte ihm heftig meine Meinung: Das Wichtigste sei doch wohl das, was er mit mir angestellt hatte, um mich glauben zu machen, ich hätte die Entfernung zwischen dem Luftfahrtbüro und dem Markt in Sekunden zurückgelegt.
In diesem Augenblick fing ich an zu zittern und glaubte, mich übergeben zu müssen. Don Juan hieß mich meine Hände gegen den Leib pressen.
Er deutete mit der Hand im Kreise und sagte abermals in energischem Ton, das einzig Wichtige sei jene profane Geschäftigkeit um uns her.
Ich war verärgert. Ich hatte deutlich das körperliche Gefühl, mich im Kreis zu drehen. Ich holte tief Luft.
»Was hast du mir getan, Don Juan?« fragte ich mit gezwungener Gleichgültigkeit.

Darüber könne er mir jederzeit Auskunft geben, beteuerte er, aber das, was jetzt und hier um uns her geschehe, werde sich nie mehr wiederholen. Das focht mich nicht an. Gewiß würde die Geschäftigkeit, die ich hier erlebte, sich nicht in all ihrer Vielfalt und allen Einzelheiten wiederholen. Mein Einwand war aber, daß ich ganz ähnliche Aktivitäten jederzeit und überall beobachten konnte. Hingegen waren die Konsequenzen der Tatsache, daß ich, in welcher Form auch immer, über diese weite Entfernung hinweg versetzt worden war, von unermeßlicher Bedeutung.

Als ich diese Überzeugung geäußert hatte, ließ Don Juan seinen Kopf zittern, als ob das Gehörte ihm regelrecht weh täte.

Wir gingen eine Weile schweigend weiter. Mein Körper fieberte. Ich stellte fest, daß meine Handflächen und Fußsohlen glühend heiß waren. Die gleiche ungewöhnliche Hitze schien auch meine Nasenflügel und Augenlider zu erfüllen.

»Was hast du gemacht, Don Juan?« beschwor ich ihn.

Er antwortete nicht, sondern klopfte mir auf die Brust und lachte. Wir Menschen, meinte er, seien sehr schwache Geschöpfe, die sich durch ihr Sichgehenlassen noch mehr schwächten. Mit ernster Stimme forderte er mich auf, mich nicht gehenzulassen und in dem Gefühl zu schwelgen, ich würde gleich sterben, sondern meine Grenzen zu überwinden und ganz einfach meine Aufmerksamkeit auf die Welt um mich her zu richten.

Ganz langsam gingen wir weiter. Meine Beklemmung nahm überhand. Ich konnte auf nichts mehr achten. Don Juan blieb stehen und schien zu überlegen, ob er etwas sagen wollte. Er öffnete den Mund, aber dann überlegte er es sich anscheinend anders, und wir gingen weiter.

»Es ist nichts anderes passiert, als daß du hergekommen bist«, sagte er unvermittelt, indem er sich umdrehte und mich anstarrte.

»Aber wie ist das passiert?«

Dies wisse er nicht, sagte er. Er wisse lediglich, daß ich den Platz selbst ausgewählt hätte.

Je länger wir sprachen, desto hoffnungsloser drehten wir uns im Kreis. Ich wollte von ihm wissen, wie es dazu gekommen

sei, und er beharrte darauf, daß die Wahl des Platzes das einzige sei, worüber wir diskutieren könnten, und da aber ich nicht wußte, warum ich ihn gewählt hatte, gab es eigentlich nichts zu besprechen. Ohne ärgerlich zu werden, kritisierte er meine zwanghafte Besessenheit, alles mit Vernunft zu ergründen, als überflüssiges Sichgehenlassen. Er meinte, daß es doch einfacher und effektiver sei, nur zu handeln, ohne nach Erklärungen zu suchen, und daß ich meine Erfahrung nur verzettelte, indem ich darüber sprach und nachdachte.
Nach einer Weile meinte er, wir müßten diesen Ort verlassen, denn ich hätte ihn verdorben, und er würde jetzt immer gefährlicher für mich.
Wir verließen den Markt und gingen zum La-Alameda-Park. Ich war erschöpft. Ich ließ mich auf eine Bank fallen. Erst jetzt fiel mir ein, auf die Uhr zu sehen. Es war zehn Uhr zwanzig, vormittags. Ich mußte mich sehr zusammennehmen, um mich zu konzentrieren. Ich erinnerte mich nicht mehr, um welche Zeit genau ich Don Juan getroffen hatte. Ich schätzte, es mochte gegen zehn Uhr gewesen sein. Und wir hatten kaum länger als zehn Minuten gebraucht, um vom Markt bis zum Park zu gehen; mithin blieben nur zehn Minuten übrig.
Ich berichtete Don Juan von meinen Berechnungen. Er lächelte. Ich war mir sicher, daß er hinter diesem Lächeln seine Geringschätzung für mich verbarg, und doch verriet nichts in seinem Gesicht ein solches Gefühl.
»Du glaubst wohl, ich bin ein hoffnungsloser Trottel, nicht wahr, Don Juan?«
»Ach was!« rief er und sprang auf die Füße.
Seine Reaktion kam so unerwartet, daß ich gleichzeitig aufsprang.
»Sag mir genau, was du über meine Gefühle denkst!« forderte er mit Nachdruck.
Ich glaubte, seine Gefühle zu kennen. Es war, als ob ich sie selbst empfände. Aber als ich zu sagen versuchte, was ich empfand, merkte ich, daß ich nicht darüber sprechen konnte.
Das Sprechen erforderte eine ungeheure Anstrengung. Don Juan sagte, ich hätte noch nicht genügend Kraft, um ihn zu »sehen«. Aber ich könne sicherlich genug »sehen«, um

selbst eine passende Erklärung für das Geschehen zu finden.
»Sei nicht schüchtern!« sagte er. »Sag mir genau, was du *siehst*!«
Plötzlich kam mir ein seltsamer Gedanke in den Sinn, ganz ähnlich jenen Gedanken, die ich in der Regel kurz vor dem Einschlafen habe. Es war mehr als ein Gedanke. Es war ein vollkommenes Bild – das wäre eine bessere Beschreibung. Ich sah ein Gemälde, das verschiedene Personen zeigte. Die eine unmittelbar mir gegenüber war ein Mann, der an einem offenen Fenster saß. Die Fläche vor dem Fensterrahmen war verschwommen, doch der Rahmen selbst und der Mann waren glasklar zu erkennen. Er schaute mich an; sein Kopf war leicht nach links geneigt, so daß er mich buchstäblich schief anschaute. Ich sah, wie seine Augen sich bewegten, um mich im Blick zu behalten. Er stützte sich mit dem rechten Ellbogen auf die Fensterbank. Seine Hand war zur Faust geballt, seine Muskeln waren angespannt.
Links von dem Mann war auf dem Gemälde eine andere Figur zu sehen. Es war ein fliegender Löwe. Das heißt, Kopf und Mähne waren die eines Löwen, aber der untere Teil seines Rumpfes war der eines lockigen weißen Pudels.
Ich wollte ihn mir genauer ansehen, als der Mann mit den Lippen schnalzte und Kopf und Oberkörper aus dem Fenster reckte. Dann kam sein ganzer Körper zum Vorschein, als ob er von jemandem geschoben würde. Einen Moment hing er in der Luft und klammerte sich mit den Fingerspitzen an den Fensterrahmen, wobei er wie ein Pendel hin und her schwang. Dann ließ er los.
Ich empfand am eigenen Leib das Gefühl des Fallens. Es war kein regelrechter Sturz, sondern eher ein weiches Hinabgleiten und dann ein federndes Schweben. Der Mann war schwerelos. Er blieb einen Augenblick in der Schwebe, und dann verschwand er, als ob ihn eine unwiderstehliche Kraft durch einen Spalt im Gemälde aufgesaugt hätte. Im nächsten Moment war er wieder am Fenster und sah mich schief an. Sein rechter Unterarm ruhte auf der Fensterbank, doch diesmal winkte die Hand mir Lebewohl.
Don Juan beanstandete, mein »Sehen« sei zu kompliziert.

»Du kannst es besser«, sagte er. »Du willst, daß ich dir erkläre, was geschehen ist. Nun, ich will, daß du dich dazu des *Sehens* bedienst. Du hast *gesehen,* aber du hast Quatsch *gesehen.* Solche Informationen sind für einen Krieger unbrauchbar. Es würde zu lange dauern, um herauszufinden, was eigentlich was ist. Das *Sehen* muß unmittelbar sein, denn ein Krieger kann seine Zeit nicht damit vertrödeln, zu enträtseln, was er selbst *sieht. Sehen* ist *Sehen,* weil es durch all diesen Unsinn hindurchgeht.«

Ich fragte ihn, ob er meinte, daß meine Vision lediglich eine Halluzination und nicht wirklich »Sehen« gewesen sei. Er war überzeugt, daß es sich wohl um »Sehen« gehandelt habe, und zwar wegen der komplizierten Einzelheiten, aber er bezeichnete es als unzulänglich für diesen Anlaß.

»Glaubst du, daß meine Visionen irgend etwas erklären?« fragte ich.

»Gewiß tun sie das. Aber ich an deiner Stelle würde nicht versuchen, sie zu enträtseln. Am Anfang ist das *Sehen* sehr verwirrend, man kann sich leicht darin verlieren. In dem Maß aber, wie der Krieger sein Leben festigt, wird sein *Sehen* das, was es sein sollte, ein unmittelbares Wissen.«

Während Don Juan sprach, hatte ich eine jener merkwürdigen Gefühlsentgleisungen, und ich empfand ganz deutlich, daß ich im Begriff stand, etwas zu entschleiern – etwas, das ich bereits wußte und das mir dauernd entglitt, indem es sich in etwas ganz Verschwommenes verwandelte. Mir wurde bewußt, daß ich in einen Kampf verstrickt war. Je mehr ich versuchte, dieses flüchtige Wissen zu definieren oder zu erhaschen, desto tiefer versank es.

»Dieses *Sehen* war zu . . . zu visionär«, sagte Don Juan.

Der Klang seiner Stimme erschreckte mich.

»Ein Krieger stellt eine Frage, und durch sein *Sehen* erhält er eine Antwort, aber die Antwort ist klar und einfach, sie ist nie derart ausgeschmückt, daß lockige weiße Pudel durch die Lüfte fliegen.«

Wir lachten über dieses Bild. Und ich sagte ihm halb im Scherz, daß er es mit mir zu genau nehme, daß jemand, der so viel durchgemacht hätte wie ich heute morgen, wohl ein wenig Nachsicht verdiene.

»Du machst es dir zu leicht«, sagte er. »Du läßt dich wieder mal gehen. Du gründest die Welt auf die Vorstellung, daß alles deine Kräfte überfordert. Du lebst nicht wie ein Krieger.«

Ich sagte ihm, daß das, was er die Lebensart des Kriegers nannte, so viele Aspekte habe, daß es unmöglich sei, ihnen allen gerecht zu werden, und daß die Bedeutung des Ganzen mir nur klar würde, wenn ich weitere Gelegenheiten fände, sie anzuwenden.

»Als Faustregel für den Krieger gilt«, sagte er, »daß er seine Entscheidungen so sorgfältig treffen muß, daß nichts, was sich aus ihnen ergeben mag, ihn überraschen, und erst recht nicht seine Kraft erschöpfen kann.«

Ein Krieger sein heißt, bescheiden und wachsam zu sein. Heute hättest du die Szene beobachten sollen, die sich vor deinen Augen abspielte, nicht aber darüber nachgrübeln, wie all dies möglich sei. Du hast deine Aufmerksamkeit auf das falsche Ziel gerichtet. Wollte ich nachsichtig mit dir sein, dann könnte ich leicht sagen, daß du, da dir dies zum erstenmal widerfuhr, nicht vorbereitet warst. Aber dies ist nicht zulässig, denn du warst als Krieger hergekommen, bereit zu sterben. Was dir heute widerfuhr, hätte dich daher nicht mit schlotternden Hosen antreffen dürfen.«

Ich gab zu, daß ich die Neigung hätte, mich in Angst und Verwirrung gehenzulassen.

»Es sollte als Faustregel für dich gelten, daß du, immer wenn du zu mir kommst, bereit sein solltest zu sterben«, sagte er. »Wenn du herkommst, bereit zu sterben, dann dürfte es keinerlei Fallstricke oder unwillkommene Überraschungen oder unnötige Taten geben. Alles sollte sich zwanglos zusammenfügen, weil du nichts erwartest.«

»Das ist leicht gesagt, Don Juan. Aber ich bin der Empfänger. Ich bin es doch, der mit alldem leben muß.«

»Nicht, daß du mit alldem leben müßtest. Du *bist* all dies. Nur, du erträgst es im Augenblick noch nicht. Deine Entscheidung, dich dieser bösen Welt der Zauberei anzuschließen, hätte alle mitgeschleppten Gefühle ausbrennen und dir den Mumm geben sollen, all dies als deine Welt zu beanspruchen.«

Ich war verlegen und traurig. Don Juans Taten, ganz egal, wie gut ich darauf vorbereitet war, belasteten mich so sehr, daß mir jedesmal, wenn ich mit ihm in Kontakt kam, nichts anderes übrigblieb, als mich wie ein halbirrer Nörgler zu benehmen und zu fühlen. Eine Woge des Zorns stürmte auf mich ein, und ich weigerte mich, weiter mitzuschreiben. In diesem Augenblick war mir danach, meine Notizen zu zerreißen und alles auf den Müll zu schmeißen. Ich hätte es auch getan, wäre da nicht Don Juan gewesen, der mir lachend in den Arm fiel, um mich zurückzuhalten.

Spöttisch meinte er, mein »Tonal« sei wieder im Begriff, mir einen schlechten Streich zu spielen. Er empfahl mir, zum Brunnen zu gehen und meinen Nacken und meine Ohren mit Wasser zu benetzen. Das Wasser beruhigte mich. Lange schwiegen wir.

»Schreib, schreib!« drängte Don Juan mich in freundlichem Ton.

»Man könnte sagen, dein Notizbuch ist der einzige Zauber, den du hast. Es zu zerreißen hieße nur, dich deinem Tod zu öffnen. Es wäre nur wieder eine von deinen Flausen, bestenfalls eine pompöse Laune, aber keine Änderung. Ein Krieger verläßt nie die Insel des *Tonal.* Er benutzt sie.«

Mit einer raschen Handbewegung deutete er ringsumher und berührte dann mein Notizbuch.

»Dies ist deine Welt. Du kannst nicht auf sie verzichten. Es ist sinnlos, sich über sich selbst zu ärgern und enttäuscht von sich zu sein. All dies beweist nur, daß das *Tonal* des Menschen in einem inneren Kampf steht. Ein Kampf im *Tonal* selbst ist eines der sinnlosesten Gefechte, die ich mir vorstellen kann. Das gefestigte Leben eines Kriegers ist dazu bestimmt, dieses Gefecht zu verändern. Von Anfang an habe ich dich gelehrt, überflüssige Kraftvergeudung zu vermeiden. Jetzt herrscht nicht mehr Krieg in deinem Innern, jedenfalls nicht mehr so, wie es war, denn die Lebensart des Kriegers ist Harmonie – erstens die Harmonie zwischen Handlungen und Entscheidungen, sodann die Harmonie zwischen *Tonal* und *Nagual.*

Seit ich dich kenne, habe ich stets sowohl zu deinem *Tonal* wie zu deinem *Nagual* gesprochen. So muß die Unterweisung stattfinden.

Am Anfang muß man zum *Tonal* sprechen. Aber das *Tonal*

muß die Herrschaft abtreten. Man muß ihm jedoch Gelegenheit geben, dies mit Freuden zu tun. Dein *Tonal* zum Beispiel hat einige Kontrollen beinahe kampflos aufgegeben, weil ihm klar wurde, daß, wäre es so geblieben, wie es war, die Ganzheit deines Selbst jetzt tot wäre. Mit anderen Worten, das *Tonal* wird veranlaßt, unnötige Dinge wie Wichtigtuerei und Sichgehenlassen aufzugeben, die es nur zum Stumpfsinn verdammen. Die Schwierigkeit ist nur, daß das Tonal sich an diese Dinge klammert, während es doch froh sein sollte, diesen Quatsch loszuwerden. Die Aufgabe besteht also darin, das *Tonal* zu überzeugen, daß es frei und beweglich sein soll. Das ist's, was ein Zauberer vor allem anderen braucht – ein starkes, freies *Tonal*. Je stärker es wird, desto weniger klammert es sich an sein Tun und desto leichter ist's, es schrumpfen zu lassen. Heute morgen geschah also nichts anderes, als daß ich die Möglichkeit sah, dein *Tonal* schrumpfen zu lassen. Für einen Moment warst du unachtsam, gehetzt, gedankenlos, und ich nutzte den Augenblick, um dir einen Schubs zu geben.

Das *Tonal* schrumpft bei bestimmten Gelegenheiten, besonders wenn es in Verlegenheit gerät. Ja wirklich, eines der Merkmale des *Tonal* ist seine Scheu. Auf seine Scheu selbst kommt es eigentlich nicht an. Aber es gibt gewisse Gelegenheiten, da das *Tonal* überrascht ist, und dann läßt seine Scheu es unvermeidlich schrumpfen.

Heute morgen ergriff ich mein Quentchen Chance. Ich sah die offene Tür jenes Flugbüros und gab dir einen Schubs. Ein Schubs – das ist also die richtige Technik, um das *Tonal* schrumpfen zu lassen. Man muß es genau im richtigen Moment schubsen, und dazu muß man natürlich *sehen* können.

Sobald der Mann geschubst wird und sein *Tonal* geschrumpft ist, wird sein *Nagual,* falls es bereits in Bewegung ist – und ganz gleich wie gering diese Bewegung sein mag – die Führung übernehmen und außerordentliche Taten vollbringen. Heute morgen übernahm dein *Nagual* die Führung, und du bist auf diesem Markt gelandet.«

Er schwieg einige Zeit. Er schien auf meine Fragen zu warten. Wir sahen einander an.

»Ich weiß wirklich nicht, wie es geschieht«, sagte er, als habe

er meine Gedanken gelesen. »Ich weiß nur, daß das *Nagual* unvorstellbare Dinge tun kann.
Heute morgen habe ich dich aufgefordert zu beobachten. Diese Szene vor deinen Augen, was immer sie sein mochte, war von unsagbarem Wert für dich. Aber statt meinem Rat zu folgen, hast du dich in Selbstmitleid und Verwirrung gehenlassen und nicht beobachtet.
Eine Zeitlang warst du ganz *Nagual* und konntest nicht sprechen. Dies war die Zeit, um zu beobachten. Dann übernahm dein *Tonal* wieder nach und nach die Führung, und statt dich in einen tödlichen Kampf zwischen deinem *Tonal* und deinem *Nagual* stürzen zu lassen, führte ich dich hierher.«
»Was hatte es denn mit dieser Szene auf sich, Don Juan? Was war daran so wichtig?«
»Ich weiß nicht. Ich war's ja nicht, dem es widerfuhr.«
»Was meinst du damit?«
»Es war dein Erlebnis, nicht meines.«
»Aber du warst doch bei mir, nicht wahr?«
»Nein! Das war ich nicht. Du warst allein. Ich habe dir immer wieder gesagt, du solltest alles beobachten, denn diese Szene war nur für dich bestimmt.«
»Aber du warst doch neben mir, Don Juan?«
»Nein, das war ich nicht. Aber es hat keinen Zweck, darüber zu reden. Was ich auch sagen mag, es ergibt keinen Sinn, denn in diesem Augenblick waren wir in der Zeit des *Nagual.* Die Dinge des *Nagual* können nur mit dem Körper, nicht mit der Vernunft erfahren werden.«
»Aber wenn du nicht bei mir warst, Don Juan, wer oder was war die Person, die ich als du erlebte?«
»Das war ich, und doch war ich nicht da.«
»Wo warst du denn?«
»Ich war bei dir, aber nicht da. Sagen wir, ich war in deiner Nähe, aber nicht genau an der Stelle, wo dein *Nagual* dich ergriff.«
»Du meinst, du wußtest nicht, daß wir auf dem Markt waren?«
»Nein, ich wußte es nicht. Ich bin einfach hinterhergelaufen, um dich nicht zu verlieren.«
»Das ist wirklich furchtbar, Don Juan.«
»Wir waren in der Zeit des *Nagual,* und daran ist nichts

Furchtbares. Wir sind noch zu viel mehr befähigt. Dies liegt in unserer Natur als leuchtende Wesen. Doch wir haben die Neigung, beharrlich auf unserer monotonen, ermüdenden, aber bequemen Insel zu verweilen. Das *Tonal* ist der Bösewicht, und der sollte es nicht sein.«

Ich schilderte ihm das wenige, dessen ich mich erinnerte. Er wollte wissen, ob ich irgend etwas am Himmel wahrgenommen hätte, etwa das Licht, die Wolken, die Sonne, oder ob ich irgend welche Geräusche gehört hätte. Oder ob mir ungewöhnliche Menschen oder Vorgänge aufgefallen seien. Er wollte wissen, ob irgendwelche Auseinandersetzungen stattgefunden hätten. Ob irgendwelche Leute geschrien hätten, und wenn ja, was sie sagten.

Keine seiner Fragen konnte ich beantworten. Die nackte Wahrheit war, daß ich den ganzen Vorgang scheinbar unbesehen akzeptiert und wie selbstverständlich angenommen hatte, daß ich eine beträchtliche Entfernung in ein oder zwei Sekunden »im Flug« zurückgelegt hatte und daß ich, dank Don Juans Wissen, was dies auch immer sein mochte, in all meiner materiellen Körperlichkeit auf dem Marktplatz gelandet war. Meine Reaktion entsprach ganz und gar einer solchen Interpretation. Was ich wissen wollte, waren die Verfahrensweisen, das Geheimnis der Eingeweihten, die »Kunstregeln«. Daher kümmerte ich mich nicht darum, die – wie ich glaubte – alltäglichen Vorgänge eines profanen Schauspiels zu beobachten.

»Meinst du, daß die Leute mich auf dem Markt stehen sahen?« fragte ich.

Don Juan antwortete nicht. Er lachte und boxte mich sanft in die Rippen.

Ich versuchte mich zu erinnern, ob ich tatsächlich physischen Kontakt mit irgendwelchen Leuten gehabt hatte. Mein Gedächtnis ließ mich im Stich.

»Was sahen die Leute im Luftfahrtbüro, als ich hereingestolpert kam?« fragte ich.

»Sie sahen vermutlich einen Mann von einer Tür zur anderen torkeln.«

»Aber sahen sie, wie ich mich in Luft auflöste und verschwand?«

»Dafür ist das *Nagual* zuständig. Ich weiß es nicht. Ich kann dir nur sagen, daß wir bewegliche, leuchtende Wesen sind, die aus Fasern bestehen. Die Übereinkunft, daß wir feste Objekte seien, ist die Tat des *Tonal*. Wenn das *Nagual* die Führung übernimmt, sind ungewöhnliche Dinge möglich. Aber ungewöhnlich sind sie nur für das *Tonal*.

Für das *Nagual* ist es eine Kleinigkeit, sich so fortzubewegen, wie du es heute morgen getan hast. Besonders für dein *Nagual*, das bereits die schwierigsten Tricks beherrscht. Tatsächlich hat es dich heute in eine ganz unheimliche Situation gestürzt. Spürst du, was es ist?«

Eine Million Fragen und Empfindungen bestürmten mich gleichzeitig. Es war, als ob ein Windstoß meinen äußeren Firnis der Gelassenheit weggefegt hätte. Ich zitterte. Mein Körper spürte, daß er am Rand eines Abgrunds stand. Ich kämpfte um ein mysteriöses, aber konkretes Wissen. Es war, als sollte mir jeden Augenblick etwas offenbart werden, und doch zog irgendein hartnäckiger Teil meiner selbst dauernd einen Schleier davor. Dieser Kampf betäubte mich immer mehr, bis ich meinen Körper nicht mehr spürte. Ich hatte den Eindruck, sehen zu können, wie mein Gesicht immer hagerer wurde, bis es das Gesicht einer verdorrten Leiche mit gelblicher, straff über den Schädel gespannter Haut war.

Als nächstes spürte ich einen Schock. Don Juan stand neben mir und hielt einen leeren Wassereimer in der Hand. Ich war tropfnaß. Ich hustete und wischte mir das Wasser aus dem Gesicht, und wieder lief mir ein Schauder über den Rücken. Ich sprang auf. Don Juan hatte mir Wasser in den Kragen gegossen.

Nicht weit entfernt stand eine Gruppe Kinder, die lachend zu mir herüber schauten. Don Juan lächelte mir zu. Er hielt meinen Notizblock in der Hand und meinte, wir sollten lieber ins Hotel gehen, damit ich die Kleidung wechseln könne. Er führte mich aus dem Park. Wir standen eine Weile auf dem Trottoir, bis ein Taxi vorbeikam.

Ein paar Stunden später, nachdem wir zu Mittag gegessen und uns ausgeruht hatten, saßen Don Juan und ich wieder auf seiner Lieblingsbank im Park neben der Kirche. Auf Um-

wegen kamen wir wieder auf das Thema meiner eigenartigen Reaktion zu sprechen. Er ging sehr behutsam vor. Anscheinend wollte er mich nicht direkt darauf ansprechen.
»Man weiß, daß solche Dinge geschehen«, sagte er. »Das *Nagual,* sobald es gelernt hat aufzutauchen, kann dem *Tonal* großen Schaden zufügen, indem es ganz unkontrolliert auftaucht. Doch dein Fall ist ein besonderer. Du neigst dazu, dich in so übertriebenem Maß gehenzulassen, daß du sterben und dir gar nichts daraus machen könntest, oder noch schlimmer, nicht einmal bemerken würdest, daß du stirbst.«
Meine Reaktion hatte eingesetzt, sagte ich ihm, als er mich fragte, ob ich fühlte, was mein »Nagual« getan hatte; da glaubte ich genau zu wissen, worauf er anspielte, aber als ich zu beschreiben versuchte, was es war, stellte ich fest, daß ich nicht klar denken konnte. Ich erlebte einen gewissen Leichtsinn, ja Gleichgültigkeit, als sei mir wirklich alles egal. Dann wuchs diese Empfindung sich zu einer hypnotischen Konzentration aus. Es war, als ob mein ganzes Sein langsam ausgesaugt würde. Was meine Aufmerksamkeit anzog und fesselte, war das deutliche Gefühl, daß mir gleich ein ungeheuerliches Geheimnis offenbart werden sollte, und ich wollte diese Offenbarung durch nichts stören lassen.
»Was dir offenbart werden sollte, war dein Tod«, sagte Don Juan. »Dies ist die Gefahr beim Sichgehenlassen. Besonders bei dir, da du von Natur aus so exaltiert bist. Dein *Tonal* ist so begabt zum Sichgehenlassen, daß es die Ganzheit deines Selbst bedroht. Dies ist ein furchtbarer Zustand.«
»Was kann ich tun?«
»Dein *Tonal* muß mit Gründen überzeugt werden, dein *Nagual* mit Taten, bis eines das andere stützt. Das *Tonal* herrscht, wie ich dir sagte, und doch ist es sehr verletzlich. Das *Nagual* hingegen geht nie aus sich heraus oder fast nie; aber wenn es das tut, dann jagt es dem *Tonal* einen Schrecken ein.
Heute morgen geriet dein *Tonal* in Panik und fing von selbst an zu schrumpfen, und dann übernahm dein *Nagual* die Führung.
Ich mußte mir von einem der Fotografen im Park einen Wassereimer borgen, um dein *Nagual* wie einen Hund auf seinen Platz zurückzuscheuchen. Das *Tonal* muß um jeden

Preis geschützt werden. Man muß ihm das Zepter entreißen, aber es muß als behüteter Hüter bleiben.
Jegliche Bedrohung des *Tonal* führt stets zu seinem Tod. Und wenn das *Tonal* stirbt, dann stirbt der ganze Mensch. Wegen der ihm eigenen Schwäche kann das *Tonal* leicht vernichtet werden, und daher ist es die ausgleichende Kunst des Kriegers, das *Nagual* auftauchen zu lassen, damit es das *Tonal* stützt. Ich sage, es ist eine Kunst, denn die Zauberer wissen, daß das *Nagual* nur auftauchen kann, wenn das *Tonal* verstärkt wird. Siehst du, was ich meine? Diese Verstärkung nennt man persönliche Kraft.«
Don Juan stand auf, reckte die Arme und krümmte den Rücken. Ich machte Anstalten ebenfalls aufzustehen, aber er drückte mich sanft auf die Bank zurück.
»Du mußt bis zur Dämmerung auf dieser Bank bleiben«, sagte er. »Ich muß gleich gehen. Genaro erwartet mich in den Bergen. Komm also in drei Tagen zu seinem Haus, dort werden wir uns treffen!«
»Was werden wir bei Don Genaro tun?« fragte ich.
»Das hängt davon ab, ob du genug Kraft hast«, sagte er. »Vielleicht zeigt Genaro dir das *Nagual*.«
Da war noch etwas, das ich hier und jetzt äußern mußte. Ich mußte wissen, ob sein Anzug nur ein schockierendes Requisit eigens für mich war oder ob er wirklich zu seinem Leben gehörte. Nie hatte eine seiner Handlungen mir so zu schaffen gemacht wie sein Erscheinen in einem Anzug. Nicht der Umstand als solcher brachte mich so durcheinander, sondern die Tatsache, daß Don Juan elegant war. Seine Beine hatten eine jugendliche Elastizität. Es war, als ob die Schuhe, die er trug, seinen Körperschwerpunkt verlagert hätten; seine Schritte waren länger und fester als gewöhnlich.
»Trägst du immer einen Anzug?« fragte ich.
»Ja«, antwortete er mit gewinnendem Lächeln. »Ich habe noch mehrere von der Sorte, aber ich wollte heute keinen anderen anziehen, weil dich das nur noch mehr erschreckt hätte.«
Ich wußte nicht, was ich davon halten sollte. Mir war, als sei ich am Ende meines Weges angelangt. Wenn Don Juan einen Anzug tragen und darin elegant sein konnte, dann war alles möglich.

Er schien sich über meine Verwirrung zu belustigen und lachte.
»Ich bin Aktionär«, sagte er geheimnisvoll, aber wie selbstverständlich, und ging davon.

Am nächsten Morgen, Donnerstag, bat ich einen Freund, mit mir von dem Luftfahrtbüro, wo Don Juan mich durch die Tür gestoßen hatte, bis zum Lagunilla-Markt zu gehen. Wir nahmen den direktesten Weg. Wir brauchten dazu fünfunddreißig Minuten. Dort angelangt, versuchte ich mich zu orientieren. Es gelang mir nicht. Ich betrat ein Konfektionsgeschäft gleich an der Ecke der breiten Allee, auf der wir standen.
»Entschuldigen Sie bitte«, sagte ich zu einer jungen Frau, die bedächtig einen Hut mit der Kleiderbürste abstaubte. »Wo sind die Stände mit den alten Münzen und antiquarischen Büchern?«
»Haben wir nicht«, sagte sie mürrisch.
»Aber ich habe sie doch gesehen, gestern, irgendwo auf diesem Marktplatz.«
»Quatschen Sie nicht rum!« sagte sie und verschwand hinter der Ladentheke.
Ich rannte ihr nach und beschwor sie, mir zu sagen, wo die Stände seien. Sie musterte mich von oben bis unten.
»Gestern konnten Sie sie gar nicht gesehen haben«, sagte sie. »Diese Stände werden nur am Sonntag aufgebaut, gleich hier an der Mauer. Den Rest der Woche gibt es keine.«
»Nur am Sonntag?« wiederholte ich mechanisch.
»Ja. Nur am Sonntag. So ist es. Den Rest der Woche würden sie den Verkehr stören.«
Sie deutete auf den Boulevard, auf dem die Autos sich stauten.

In der Zeit des Nagual

Ich rannte den Abhang vor Don Genaros Haus hinauf und sah Don Juan und Don Genaro auf der gerodeten Fläche vor der Haustür sitzen. Sie lächelten mir zu. In ihrem Lächeln lag so viel Herzlichkeit und Unschuld, daß mein Körper sofort alarmiert war. Automatisch fiel ich in eine langsamere Gangart zurück. Ich begrüßte sie.

»Wie geht's dir?« fragte Don Genaro mich mit so gekünstelter Stimme, daß wir alle lachen mußten.

»Er ist in bester Form«, warf Don Juan ein, bevor ich antworten konnte.

»Das sehe ich«, erwiderte Don Genaro. »Schau nur, dieses Doppelkinn! Und schau, diese Speckpolster auf den Wangen!«

Don Juan hielt sich den Bauch vor Lachen.

»Dein Gesicht ist feist«, fuhr Don Genaro fort. »Was hast du die ganze Zeit über gemacht? Gefressen?«

Don Juan erklärte ihm scherzhaft, meine Lebensweise verlange von mir, viel zu essen. Im freundlichsten Ton hänselten sie mich wegen meiner Lebensweise, und dann forderte Don Juan mich auf, zwischen ihnen Platz zu nehmen. Die Sonne war bereits hinter einer hohen Bergkette im Westen untergegangen.

»Wo ist dein famoses Notizbuch?« fragte Don Genaro mich, und als ich es aus der Tasche zog, schrie er »Jippiie!« und riß es mir aus der Hand.

Anscheinend hatte er mich aufmerksam beobachtet und kannte meine Angewohnheiten in- und auswendig. Er hielt das Notizbuch mit beiden Händen und spielte nervös damit herum, als ob er nichts Rechtes damit anzufangen wüßte. Zweimal sah es so aus, als wollte er es wegwerfen, aber anscheinend vermochte er sich zu beherrschen. Dann legte er es auf die Knie und tat so, als schreibe er fieberhaft, wie es meine Art war.

Don Juan lachte, bis er husten mußte.

»Was hast du damals gemacht, nachdem ich dich verlassen

hatte?« fragte Don Juan, nachdem die beiden sich wieder beruhigt hatten.
»Am Donnerstag ging ich auf den Markt«, sagte ich.
»Was wolltest du dort? Den Weg ausmessen?« erwiderte er.
Don Genaro ließ sich rückwärts fallen und imitierte mit den Lippen jenes trockene Geräusch, wie wenn man mit dem Kopf auf den Boden bumst. Er sah mich schief an und zwinkerte.
»Ich mußte es tun«, sagte ich. »Und ich habe festgestellt, daß es dort werktags keine Stände mit alten Münzen und Büchern gibt.«
Die beiden lachten. Dann meinte Don Juan, daß man durch Fragenstellen wohl selten etwas Neues erfahre.
»Was geschah nun wirklich, Don Juan?« fragte ich.
»Glaube mir, das zu wissen ist unmöglich«, sagte er knapp. »In diesen Dingen stehen du und ich auf gleicher Stufe. Mein Vorteil vor dir ist im Augenblick nur, daß ich weiß, wie man zum *Nagual* gelangt, und du es nicht weißt. Aber sobald ich einmal dort bin, habe ich keinen Vorteil, keinen Wissensvorsprung vor dir.«
»Bin ich wirklich auf dem Markt gelandet, Don Juan?« fragte ich.
»Selbstverständlich. Ich sagte dir doch, das *Nagual* steht dem Krieger zu Gebot. Ist es nicht so, Genaro?«
»Richtig!« rief Don Juan mit dröhnender Stimme und stand mit einer einzigen Bewegung auf. Es war, als habe seine Stimme ihn aus der liegenden Stellung in eine aufrechte gerissen.
Vor Lachen kugelte Don Juan sich buchstäblich am Boden. Don Genaro machte mit nonchalanter Miene eine komische Verbeugung und verabschiedete sich.
»Genaro wird morgen wiederkommen«, sagte Don Juan. »Jetzt mußt du in völligem Schweigen hier sitzen bleiben.«
Wir sprachen kein Wort mehr. Nach stundenlangem Schweigen schlief ich ein.
Ich schaute auf die Uhr. Es war beinah sechs Uhr früh. Don Juan warf einen prüfenden Blick auf die schweren weißen Wolkenberge am westlichen Horizont und meinte, heute sei ein bedeckter Tag. Don Genaro schnupperte in die Luft und fügte hinzu, es werde wohl auch heiß und windstill sein.

»Werden wir weit gehen?« fragte ich.
»Bis zu den Eukalyptusbäumen dort drüben«, antwortete Don Genaro und wies auf ein etwa zwei Kilometer entferntes Gehölz.
Als wird die Bäume erreichten, erkannte ich, daß es kein natürliches Wäldchen war. Die Eukalyptusbäume waren vielmehr in schnurgeraden Reihen gepflanzt worden, um die Grenzen zwischen einzelnen Feldern zu markieren, die mit verschiedenen Getreidesorten bepflanzt waren. Wir gingen am Rand eines Maisfeldes entlang, unter einer Reihe riesiger Bäume – sie waren schlank und gerade und über dreißig Meter hoch, – und gelangten zu einem Stoppelfeld. Ich bemerkte, daß es offenbar erst vor kurzem abgeerntet worden war. Es waren nur noch trockene Halme und Blätter von irgendwelchen Pflanzen da, die ich nicht kannte. Ich bückte mich, um ein Blatt aufzuheben, aber Don Genaro hinderte mich daran. Mit großer Kraft hielt er meinen Arm fest. Ich fuhr zurück, und dann stellte ich fest, daß er meinen Arm nur ganz leicht mit dem Finger berührt hatte.
Kein Zweifel, er wußte, was er getan und was ich dabei empfunden hatte. Rasch zog er seinen Finger von meinem Arm zurück, und dann berührte er ihn wieder leicht. Dies wiederholte er noch einmal und lachte wie ein fröhliches Kind, als ich zusammenzuckte. Dann wandte er mir sein Profil zu. Seine Adlernase verlieh ihm das Aussehen eines Vogels, eines Vogels mit merkwürdigen langen, weißen Zähnen.
Mit leiser Stimme befahl Don Juan mir, nichts anzufassen. Ich fragte ihn, ob er wisse, welche Feldfrucht hier angebaut worden sei. Er schien es mir schon sagen zu wollen, aber Don Genaro mischte sich ein und meinte, dies sei ein Feld von Würmern.
Don Genaro sah mich fest an, ohne ein Lächeln zu riskieren. Ich hielt Don Genaros sinnlose Antwort für einen Witz. Ich wartete auf ein Stichwort, um loszulachen, aber sie schauten mich bloß unverwandt an.
»Ein Feld voller prächtiger Würmer«, sagte Don Genaro. »Ja, was hier angepflanzt wurde, das waren die köstlichsten Würmer, die du je gesehen hast.«
Er drehte sich zu Don Juan um. Sie warfen sich einen Blick zu.

»Ist es nicht so?« fragte er.
»Völlig richtig!« sagte Don Juan, und zu mir gewandt, fügte er leise hinzu: »Genaro führt heute Regie. Nur er kann sagen, was los ist, tu also genau, was er sagt!«
Die Vorstellung, daß Don Genaro die Führung hatte, erfüllte mich mit Schrecken. Ich wandte mich an Don Juan, um ihm dies zu sagen. Aber noch bevor ich ein Wort sagen konnte, stieß Don Genaro einen unheimlichen Schrei aus, einen so lauten und furchterregenden Schrei, daß mein Genick sich versteifte und mir die Haare zu Berge standen, als ob der Wind sie zauste. Eine Sekunde lang verfiel ich in eine komplette Bewußtseinsspaltung, und ich wäre wie angewurzelt stehengeblieben, wäre nicht Don Juan dagewesen, der mit unglaublicher Schnelligkeit und Selbstbeherrschung meinen Körper umdrehte, so daß meine Augen eine unglaubliche Leistung erblicken konnten. Don Genaro stand waagerecht – etwa dreißig Meter über dem Boden – auf dem Stamm eines etwa fünfzig Meter entfernten Eukalyptus. Das heißt, er stand mit leicht gespreizten Beinen im rechten Winkel zum Stamm. Es sah aus, als habe er Steighaken an den Füßen, mit deren Hilfe er der Schwerkraft trotzte. Er hatte die Arme über der Brust verschränkt und wandte mir den Rücken zu.
Ich blickte starr zu ihm hin. Ich wollte nicht blinzeln, denn ich fürchtete, ihn aus dem Blick zu verlieren. Ich überlegte rasch und kam zu dem Schluß, daß ich, falls ich ihn im Auge behielt, vielleicht einen Hinweis, eine Bewegung, eine Gebärde oder irgend etwas entdecken könnte, das mir helfen würde zu verstehen, was hier vorging.
Ich spürte Don Juans Kopf neben meinem rechten Ohr und hörte, wie er mir zuflüsterte, daß jeder Versuch einer Erklärung sinnlos und idiotisch sei. Ich hörte ihn wiederholt sagen: »Preß deinen Bauch runter, runter!«
Es handelte sich dabei um eine Technik, die er mich vor Jahren gelehrt hatte und die in Augenblicken großer Gefahr, Angst oder Belastung einzusetzen ist. Sie besteht darin, daß man das Zwerchfell hinabdrückt, während man vier rasche Atemzüge durch den Mund tut, gefolgt von viermaligem tiefem Ein- und Ausatmen durch die Nase. Er hatte mir erklärt, man müsse die raschen Atemzüge wie Schläge in die

Körpermitte empfinden und dabei die Hände, fest zu Fäusten geballt, gegen den Nabel drücken, was die Körpermitte stärken und mithelfen würde, die Atemzüge und das tiefe Luftholen zu kontrollieren, wobei man bei hinuntergepreßtem Zwerchfell die Luft anhalten und bis acht zählen müsse. Das Ausatmen hatte zweimal durch die Nase und zweimal durch den Mund zu geschehen, und zwar schnell oder langsam, je nach Belieben.

Ich gehorchte ganz automatisch. Ich wagte es aber nicht, den Blick von Don Genaro abzuwenden. Während ich weiter atmete, entspannte sich mein Körper, und ich bemerkte, daß Don Juan sich an meinen Beinen zu schaffen machte. Als er mich vorhin umgedreht hatte, war mein rechter Fuß anscheinend an einem Erdklumpen hängengeblieben, und mein Bein war in unbequemer Haltung abgewinkelt. Nachdem er es gerade gestellt hatte, wurde mir klar, daß der Schock, Don Genaro in dieser Haltung am Baumstamm zu sehen, mich unempfindlich gegen meine unbequeme Lage gemacht hatte. Don Juan flüsterte mir ins Ohr, ich solle nicht starr auf Don Genaro blicken. Ich hörte ihn sagen: »Blinzle, blinzle!«

Ich zögerte einen Moment. Wieder befahl Don Juan es mir. Ich war davon überzeugt, daß die ganze Angelegenheit irgendwie mit mir als Betrachter in Verbindung stand und daß Don Genaro, falls ich, der einzige Zeuge seiner Tat, wegschauen sollte, herunterfallen – oder die ganze Szene sogar verschwinden würde.

Nach einer unerträglich langen Pause der Reglosigkeit drehte sich Don Genaro auf den Fersen um fünfundvierzig Grad nach rechts und fing an, den Baumstamm hinaufzugehen. Sein Körper bebte. Ich sah, wie er ein Schrittchen nach dem anderen machte, bis er acht zurückgelegt hatte. Er wich sogar einem Ast aus. Dann, immer noch mit über der Brust verschränkten Armen, setzt er sich mit dem Rücken zu mir auf den Stamm. Seine Füße baumelten in der Luft, als ob er auf einem Stuhl säße, als ob die Schwerkraft keine Wirkung auf ihn hätte. Dann rutschte er irgendwie auf dem Gesäß abwärts. Er erreichte einen Ast, der parallel zu seinem Körper herausragte, und lehnte sich ein paar Sekunden mit dem linken Arm und dem Kopf dagegen. Dies tat er offenbar mehr wegen der dramatischen Wirkung, als um sich zu stützen. Dann rutschte er auf dem Gesäß weiter, Zentimeter für Zentimeter vom Stamm auf den Ast, bis er seine Stellung gewechselt hatte und nun dort saß, wie man wohl normalerweise auf einem Ast sitzen würde.

Don Juan kicherte. Ich hatte einen scheußlichen Geschmack im Mund. Ich wollte mich nach Don Juan umdrehen, der zu meiner Rechten knapp hinter mir stand, aber ich wagte nicht, eine von Don Genaros Taten zu versäumen.

Eine Weile ließ er die Füße baumeln, dann schlug er sie übereinander und wippte ein wenig, schließlich glitt er wieder auf den Stamm hinauf.

Don Juan nahm behutsam meinen Kopf in beide Hände und bog meinen Hals nach links, bis mein Gesichtswinkel parallel statt senkrecht zu dem Baum verlief. Wenn ich Don Genaro aus dieser Perspektive sah, schien er nicht mehr der Schwerkraft zu trotzen. Er saß einfach auf einem Baumstamm. Dann stellte ich fest, daß, wenn ich starr geradeaus blickte und nicht blinzelte, der Hintergrund verschwamm und Don Genaros Körper sich um so klarer abzeichnete; seine Gestalt trat in den Vordergrund, als ob nichts anderes existierte.

Nun glitt Don Genaro rasch auf den Ast zurück. Er hockte mit baumelnden Füßen wie auf einem Trapez. Wenn ich ihn aus dieser verzerrten Perspektive sah, dann erschienen beide Stellungen möglich, besonders das Sitzen auf dem Baumstamm.

Don Juan beugte nun meinen Kopf nach rechts, bis er auf meiner Schulter ruhte. Don Genaros Haltung auf dem Ast erschien mir völlig normal, aber als er wieder auf den Stamm rutschte, konnte ich meine Wahrnehmung nicht entsprechend anpassen und sah ihn, als säße er verkehrt herum, mit dem Kopf nach unten.

Don Genaro bewegte sich etliche Male vor und zurück, und jedesmal, wenn Don Genaro sich bewegte, bog Don Juan meinen Kopf nach der anderen Seite. Die Folge dieser beiden Verschiebungen war, daß ich meine normale Perspektive völlig verlor, und ohne diese waren Don Genaros Taten weniger erschreckend.

Nun blieb Don Genaro längere Zeit auf dem Ast sitzen. Don Juan richtete meinen Kopf gerade und flüsterte mir zu, Don

Genaro sei im Begriff herunterzukommen. Ich hörte, wie er eindringlich flüsterte: »Nach unten pressen, nach unten!«
Ich war mitten im schnellen Ausatmen, als Don Genaros Körper sich unter einer Art Spannung zu versteifen schien. Er leuchtete auf, dann erschlaffte er, schwang rückwärts und hing einen Augenblick mit den Kniekehlen am Ast. Seine Beine schienen aber so kraftlos zu sein, daß er sie nicht abgebeugt halten konnte, und er fiel herab.
In der Sekunde, als sein Sturz begann, hatte auch ich das Gefühl, durch den leeren Raum zu stürzen. Mein ganzer Körper empfand einen quälenden, gleichzeitig aber sehr angenehmen Schmerz, einen Schmerz von solcher Heftigkeit und Dauer, daß meine Beine nicht mehr mein Gewicht zu tragen vermochten und ich auf die weiche Erde fiel. Ich konnte kaum die Arme bewegen, um meinen Sturz abzufangen. Ich atmete so heftig, daß ein wenig Sand in meine Nase geriet und ein Jucken verursachte. Ich versuchte aufzustehen; meine Muskeln schienen alle Kraft verloren zu haben.
Don Juan und Don Genaro kamen und beugten sich über mich. Ich hörte ihre Stimmen, als ob sie in einiger Entfernung von mir wären, und doch spürte ich, wie sie mich hochzogen. Anscheinend hoben sie mich auf, wobei jeder mich an einem Arm und einem Bein packte, und trugen mich ein Stück weit. Ich war mir der unbequemen Haltung meines Kopfes bewußt, der schlaff herabbaumelte. Meine Augen waren offen. Ich sah die Erde und Grasbüschel unter mir weggleiten. Schließlich spürte ich einen kalten Schauer. Wasser drang mir in Mund und Nase, und ich mußte husten. Meine Arme und Beine strampelten wie wild. Ich versuchte zu schwimmen, aber das Wasser war nicht tief genug, und schließlich stand ich aufrecht in dem seichten Bach, in den sie mich eingetaucht hatten.
Don Juan und Don Genaro wollten sich kaputtlachen. Don Juan krempelte seine Hosen auf und kam zu mir heran; er spähte mir in die Augen, dann meinte er, ich sei noch nicht wieder ganz und heil, und stieß mich ins Wasser zurück. Mein Körper bot keinerlei Widerstand. Ich wollte nicht noch einmal eingetunkt werden, aber es war mir unmöglich, meinen Willen auf meine Muskeln zu übertragen, und so stolperte ich rücklings. Diesmal empfand ich die Kälte noch stärker. Rasch

sprang ich auf und hastete versehentlich auf das gegenüberliegende Ufer. Don Juan und Don Genaro schrien und pfiffen und warfen Steine ins Gebüsch hinter mir, als versuchten sie, einen ausgebrochenen Ochsen zu dirigieren. Ich watete durch den Bach zurück und setzte mich neben sie auf einen Stein. Don Genaro reichte mir meine Kleider, und erst jetzt fiel mir auf, daß ich nackt war, obwohl ich mich nicht daran erinnerte, wann oder wie sie mich ausgezogen hatten. Don Juan wandte sich an Don Genaro und sagte mit dröhnender Stimme: »Um Himmelswillen, geb' einer dem Mann doch ein Handtuch!« Ich brauchte ein paar Sekunden, um die Absurdität in dieser Situation zu erkennen.

Ich fühlte mich sehr wohl. Ich war sogar so glücklich, daß ich nicht einmal sprechen wollte. Ich war mir aber sicher, daß sie, falls ich meine Euphorie zeigte, mich wieder ins Wasser tunken würden.

Don Genaro beobachtete mich. Seine Augen funkelten wie die eines wilden Tieres. Sein Blick drang durch mich hindurch.

»Gut für dich!« sagte Don Juan plötzlich zu mir. »Jetzt bist du beherrscht, aber drüben bei den Eukalyptusbäumen hast du dich gehenlassen wie ein Hanswurst.«

Schon wollte ich hysterisch loslachen. Don Juans Worte kamen mir so wahnsinnig komisch vor, daß ich mich gewaltig anstrengen mußte, um mich zu zügeln. Und dann erteilte mir irgend etwas in mir blitzartig einen Befehl. Ein unkontrollierbares Jucken in der Körpermitte veranlaßte mich, meine Kleider abzuwerfen und wieder ins Wasser zu springen. Ich blieb etwa fünf Minuten im Bach. Die Kälte machte mich wieder nüchtern. Als ich ans Ufer stieg, war ich wieder ich selbst.

»Gut gemacht!« sagte Don Juan und klopfte mir die Schulter.

Sie führten mich zu den Eukalyptusbäumen zurück. Im Gehen erklärte Don Juan, mein »Tonal« sei in gefährlichem Maß verletzlich gewesen, und offensichtlich habe die Widersinnigkeit von Don Genaros Taten es überfordert. Er sagte, sie hätten bereits beschlossen gehabt, es keinen neuen Belastungen auszusetzen und zu Don Genaro nach Hause zu gehen, aber die Tatsache, daß ich selbst erkannt hätte, ich müsse noch einmal im Bach untertauchen, habe nun alles geändert. Er sagte jedoch nicht, was sie im Sinn hatten. Wir standen mitten auf dem Feld, an der gleichen Stelle, wo wir zuvor gewesen waren. Don Juan stand rechts von mir, Don Genaro links. Beide standen mit angespannten Muskeln da, in einem Zustand äußerster Wachsamkeit. Diese Anspannung hielten sie etwa zehn Minuten durch. Mein Blick wechselte vom einen zum anderen. Ich hoffte, Don Juan werde mir ein Stichwort geben, was ich tun sollte. Ich hatte recht. Irgendwann entspannte er seinen Körper und stieß mit dem Fuß ein paar feste Erdklumpen fort. Ohne mich anzusehen, sagte er: »Wir sollten lieber gehen.« Unwillkürlich überlegte ich, Don Genaro habe wohl die Absicht gehabt, mir noch eine weitere Demonstration des »Nagual« zu erteilen, dann aber wohl beschlossen, es doch nicht zu tun. Ich war erleichtert. Ich wartete noch einen Augenblick auf eine letzte Bestätigung. Auch Don Genaro entspannte sich, und dann taten beide einen Schritt nach vorn. Jetzt wußte ich, daß wir es hinter uns hatten. Aber genau in dem Augenblick, da ich mich ebenfalls entspannte, stieß Don Genaro wieder seinen unglaublichen Schrei aus.

Ich fing wie wild an zu atmen. Ich schaute mich um. Don Genaro war verschwunden. Don Juan stand vor mir. Er krümmte sich vor Lachen. Er kam einen Schritt näher.

»Tut mir leid«, flüsterte er. »Es geht nicht anders.«

Ich wollte ihn nach Don Genaros Verbleib fragen, aber ich wußte, daß ich sterben würde, wenn ich nicht weiter atmete und mein Zwerchfell nach unten preßte. Don Juan wies mit dem Kinn auf eine Stelle hinter mir. Ohne meine Füße zu bewegen, wollte ich mich nach links umdrehen. Aber noch bevor ich sehen konnte, was er mir zeigen wollte, sprang Don Juan herbei und hinderte mich daran. Durch seinen gewaltigen Satz und den Schwung, mit dem er mich packte, verlor ich das Gleichgewicht. Im Rückwärtsfallen hatte ich das Gefühl, daß ich mich in meinem Schrecken an Don Juan festklammerte und ihn folglich mit mir zu Boden riß. Aber als ich aufschaute, mußte ich einen völligen Widerspruch zwischen meinen taktilen und visuellen Sinneseindrücken feststellen. Ich sah Don Juan über mir stehen und lachen, während mein Körper unzweifelhaft das Gewicht und den Druck eines ande-

ren, auf mir liegenden Körpers spürte, der mich geradezu auf den Boden preßte.
Don Juan reichte mir die Hand und half mir auf. Meine körperliche Empfindung war, daß er zwei Leiber emporzog. Er lächelte wissend und flüsterte mir zu, man dürfe sich nie nach links umdrehen, wenn man das »Nagual« sehen wolle. Das »Nagual« sei tödlich, und es sei nicht notwendig, die Risiken noch größer zu machen, als sie ohnehin schon seien. Dann drehte er mich behutsam um und lenkte meinen Blick auf einen riesigen Eukalyptus. Er war wohl der älteste Baum hier in der Gegend. Sein Stamm war fast zweimal so dick wie die aller anderen. Mit den Augen wies er zum Wipfel des Baumes hinauf. Don Genaro hockte auf einem Ast! Er schaute zu mir herab. Ich sah seine Augen wie zwei riesige, das Licht reflektierende Spiegel. Ich wollte nicht hinsehen, aber Don Juan bestand darauf, ich dürfe den Blick nicht abwenden. Eindringlich flüsternd, befahl er mir, mit den Augen zu blinzeln und nicht der Angst nachzugeben oder mich gehenzulassen.
Ich bemerkte, daß Don Genaros Augen, wenn ich regelmäßig blinzelte, nicht so furchterregend waren. Nur wenn ich starr hinschaute, wurde das Leuchten seiner Augen entsetzlich.
Lange blieb er auf dem Ast hocken. Dann – ohne eine Körperbewegung – sprang er herab und landete in der gleichen hockenden Stellung ein paar Meter von meinem Standort entfernt. Ich konnte den ganzen Ablauf seines Sprungs verfolgen, und ich wußte, daß ich mehr gesehen hatte, als meine Augen aufnehmen konnten. Don Genaro war nicht eigentlich gesprungen. Irgend etwas hatte ihn sozusagen von hinten geschoben und ihn eine Parabel durch die Luft beschreiben lassen. Der Ast, auf dem er gesessen hatte, war an die dreißig Meter hoch, und der Baum war ungefähr fünfzig Meter von mir entfernt; folglich mußte sein Körper eine gekrümmte Kurve beschreiben, um dort zu landen, wo er es tat. Aber die Kraft, die es brauchte, um eine solche Entfernung zu überwinden, war nicht das Produkt von Don Genaros Muskeln; sein Körper wurde vom Ast auf den Boden »geblasen«. Während sein Körper diese Parabel beschrieb, konnte ich einen Augenblick seine Schuhsohlen und sein Gesäß se-

hen. Dann vollführte er eine weiche Landung, wiewohl sein Gewicht Erdklumpen zerbröselte und Staub aufwirbelte.
Hinter mir hörte ich Don Juan lachen. Don Genaro stand auf, als sei nichts geschehen, und zupfte mich am Ärmel, um mir zu bedeuten, daß wir aufbrechen sollten.
Niemand sprach ein Wort auf dem Weg zu Don Genaros Haus. Ich war klar und gefaßt. Etliche Male blieb Don Juan stehen und starrte mir prüfend in die Augen. Er schien zufrieden. Sobald wir daheim waren, ging Don Genaro hinter das Haus. Es war immer noch früh am Morgen. Don Juan setzte sich neben der Tür auf den Boden und wies mir mit der Hand einen Platz. Ich war erschöpft. Ich legte mich hin und schlief wie ein Stein.

Ich erwachte davon, daß Don Juan mich schüttelte. Ich wollte nachsehen, wie spät es war. Meine Uhr war weg. Don Juan zog sie aus seiner Hemdtasche und reichte sie mir. Es war gegen ein Uhr mittags. Ich schaute auf, und unsere Blicke begegneten sich.
»Nein! Es gibt keine Erklärung«, sagte er und wandte sich ab. »Das *Nagual* ist nur dazu da, erlebt zu werden.«
Ich ging um das Haus herum und suchte Don Genaro; er war nicht da. Dann kehrte ich zum Vorplatz zurück. Don Juan hatte mir etwas zu essen zubereitet. Nachdem ich gegessen hatte, fing er an zu sprechen.
»Wenn man es mit dem *Nagual* zu tun hat, soll man es nie direkt anschauen«, sagte er. »Heute morgen hast du es angestarrt, und deshalb verließen dich die Kräfte. Die einzig mögliche Art, das *Nagual* anzusehen, ist, so zu tun, als ob es etwas ganz Alltägliches sei. Und man muß blinzeln, um die Fixierung zu lösen. Unsere Augen sind die Augen des *Tonal* oder genauer gesagt, unsere Augen sind durch das *Tonal* geschult, daher erhebt das *Tonal* Anspruch auf sie. Eine der Ursachen für deine Verwirrung und deinen Verdruß ist, daß dein *Tonal* deine Augen nicht loslassen will. An dem Tag, da es dies tut, wird dein *Nagual* eine große Schlacht gewonnen haben. Du bist oder besser: wir alle sind zwanghaft besessen von der Idee, die Welt nach den Gesetzen des *Tonal* zu arrangieren. Jedesmal, wenn wir dem *Nagual* gegenüberste-

hen, strengen wir uns daher ungeheuer an, unsere Augen starr und unnachgiebig zu machen. Ich muß den Teil deines *Tonal* ansprechen, der dieses Dilemma versteht, und du mußt dich bemühen, deine Augen frei zu machen. Es kommt darauf an, das *Tonal* davon zu überzeugen, daß es noch andere Welten geben kann, die sich vor den gleichen Fenstern abspielen. Dies hat das *Nagual* dir heute morgen gezeigt. Also befrei deine Augen! Laß sie echte Fenster sein! Die Augen können Fenster sein, durch die man in den Stumpfsinn glotzt oder in diese Unendlichkeit späht.«

Don Juan wies mit einer kreisförmigen Bewegung des linken Armes auf die Umgebung. In seinen Augen war ein Glitzern, und sein Lächeln war furchterregend und entwaffnend zugleich.

»Wie kann ich das?« fragte ich.

»Ich sage dir, das ist ganz einfach. Vielleicht sage ich, es sei einfach, weil ich es schon so lange praktiziere. Du brauchst nichts anderes tun, als deinen Vorsatz wie einen Grenzschlagbaum einzusetzen. Immer wenn du in der Welt des *Tonal* bist, dann sollst du ein makelloses *Tonal* sein. Keine Zeit für irrationalen Quatsch! Aber immer, wenn du in der Welt des *Nagual* bist, dann sollst du ebenso makellos sein. Keine Zeit für rationalen Quatsch! Für den Krieger ist sein Vorsatz wie ein Schlagbaum zwischen beiden. Er schließt sich vollständig hinter ihm, wenn er das eine oder das andere Reich betritt. Und noch etwas sollte man tun, sobald man dem *Nagual* gegenübertritt, nämlich von Zeit zu Zeit die Blickrichtung wechseln, um den Bann des *Nagual* zu brechen. Eine Veränderung der Augenstellung mildert stets den Ansturm auf das *Tonal*. Heute morgen stellte ich fest, daß du extrem verletzlich warst, und ich veränderte deine Kopfhaltung. Wenn du wieder einmal in einer solchen Lage bist, dann solltest du selbst deine Kopfhaltung wechseln können. Dieser Wechsel sollte aber nur als Hilfsmittel dienen, nicht als eine weitere Möglichkeit, sich zu verbarrikadieren, um die Ordnung des *Tonal* zu wahren. Ich wette, du würdest versuchen, diese Technik einzusetzen, um dahinter die Rationalität deines *Tonal* zu verstecken, und dich dadurch im Glauben wiegen, du bewahrtest es vor der Vernichtung. Dein Denkfehler ist, daß niemand die Vernich-

MÄRZ

Wo	09	10	11	12	13
Mo		6	13	20	27
Di		7	14	21	28
Mi	1	8	15	22	29
Do	2	9	16	23	30
Fr	3	10	17	24	31
Sa	4	11	18	25	
So	5	12	19	26	

APRIL

Wo	13	14	15	16	17
Mo		3	10	17	24
Di		4	11	18	25
Mi		5	12	19	26
Do		6	13	20	27
Fr		7	14	21	28
Sa	1	8	15	22	29
So	2	9	16	23	30

MAI

Wo	18	19	20	21	22
Mo	1	8	15	22	29
Di	2	9	16	23	30
Mi	3	10	17	24	31
Do	4	11	18	25	
Fr	5	12	19	26	
Sa	6	13	20	27	
So	7	14	21	28	

FREITAG

7

APRIL

tung der Rationalität des *Tonal* wünscht oder anstrebt. Diese Sorge ist unbegründet.
Ansonsten kann ich dir nichts sagen, außer daß du jede Bewegung, die Genaro macht, verfolgen mußt, ohne dich zu verausgaben. Du kannst dich jetzt auf die Probe stellen, ob dein *Tonal* mit Unwesentlichem vollgestopft ist oder nicht. Wenn es zu viele unnötige Dinge auf deiner Insel gibt, dann wirst du die Begegnung mit dem *Nagual* nicht aushalten.«
»Was könnte mir passieren?«
»Du könntest sterben. Niemand kann eine vorsätzliche Begegnung mit dem *Nagual* ohne langes Training überleben. Es braucht Jahre, um das *Tonal* auf eine solche Begegnung vorzubereiten. Wenn ein normaler Mensch dem *Nagual* von Angesicht zu Angesicht entgegenträte, dann wäre der Schock so stark, daß er sterben könnte. Das Training eines Kriegers verfolgt also nicht das Ziel, ihn das Zaubern oder Hexen zu lehren, sondern sein *Tonal* vorzubereiten, damit es nicht stirbt. Ein sehr schwieriges Unterfangen! Der Krieger muß lernen, unfehlbar und vollkommen leer zu sein, bevor er auch nur daran denken kann, dem *Nagual* zu begegnen.
In einem Fall zum Beispiel mußt du aufhören zu kalkulieren. Was du heute morgen gemacht hast, war absurd. Du nennst es Erklären. Ich nenne es ein steriles, stumpfsinniges Beharren des *Tonal,* alles unter Kontrolle zu behalten. Immer wenn ihm dies nicht gelingt, gibt es einen Augenblick der Verwirrung, und dann öffnet das *Tonal* sich dem Tod. Was für ein Blödsinn! Es würde sich lieber umbringen, als die Herrschaft abzutreten. Und doch können wir nur wenig tun, um diesen Zustand zu ändern.«
»Wie hast du ihn denn bei dir geändert, Don Juan?«
»Man muß die Insel des *Tonal* leerfegen und leerhalten, das ist das einzige, was dem Krieger übrigbleibt. Eine leere Insel bietet keinen Widerstand. Und es ist, als ob es dort nichts gäbe.«
Er ging hinters Haus und setzte sich auf einen großen, flachen Stein. Von dort konnte man in eine tiefe Schlucht hinabsehen. Wortlos forderte er mich auf, mich neben ihn zu setzen.
»Kannst du mir sagen, Don Juan, was wir heute sonst noch tun werden?« fragte ich.

»Wir werden gar nichts tun. Das heißt, du und ich werden nur Zuschauer sein. Dein Wohltäter ist Genaro.«
Ich glaubte, ich hätte ihn im Eifer des Mitschreibens mißverstanden. In den Anfangsphasen meiner Lehrzeit hatte Don Juan selbst den Begriff »Wohltäter« eingeführt. Ich hatte stets den Eindruck gehabt, er selbst sei mein Wohltäter.
Don Juan hatte aufgehört zu sprechen und starrte mich an. Rasch rekapitulierte ich das Gesagte und kam zu dem Schluß, er habe wohl gemeint, daß Don Genaro bei dieser Gelegenheit wohl so etwas wie der Hauptdarsteller sei. Don Juan lachte, als ob er meine Gedanken gelesen hätte.
»Genaro ist dein Wohltäter«, wiederholte er.
»Aber das bist doch du, oder nicht?» fragte ich mit überschnappender Stimme.
»Ich bin nur derjenige, der dir geholfen hat, die Insel des *Tonal* leerzufegen«, sagte er. »Genaro hat zwei Lehrlinge, Pablito und Nestor. Ihnen hilft er, die Insel leerzufegen. Aber ich bin es, der ihnen das *Nagual* zeigen wird. Ich werde ihr Wohltäter sein. Genaro ist bloß ihr Lehrer. Bei diesen Dingen kann man nur entweder sprechen oder handeln. Man kann nicht beides mit ein und derselben Person machen. Entweder man befaßt sich mit der Insel des *Tonal* oder man befaßt sich mit dem *Nagual.* In deinem Fall war es meine Aufgabe, dein *Tonal* zu bearbeiten.«
Während Don Juan sprach, hatte ich einen so heftigen Angstanfall, daß ich mich fast übergeben mußte. Ich hatte den Eindruck, er wolle mich mit Don Genaro allein lassen, und das war für mich eine schreckliche Aussicht.
Don Juan lachte nur, als ich meine Befürchtungen äußerte.
»Genauso ist es mit Pablito«, sagte er. »Kaum sieht er mich nur von weitem, da wird ihm schon schlecht. Eines Tages kam er ins Haus, während Genaro ausgegangen war. Ich war allein und hatte meinen Sombrero neben die Tür gehängt. Pablito sah ihn, und sein *Tonal* bekam einen solchen Schreck, daß er sich buchstäblich in die Hose schiß.«
Ich konnte Pablitos Gefühle gut verstehen und mich in ihn hineinversetzen. Wenn ich mir die Sache genau überlegte, dann mußte ich zugeben, daß Don Juan furchterregend war. Aber ich hatte gelernt, mich bei ihm wohl zu fühlen. Ich

empfand ihm gegenüber eine Vertrautheit, die aus unserer langen Bekanntschaft entstanden war.
»Ich werde dich nicht mit Genaro allein lassen«, sagte er, immer noch lachend. »Ich bin es, der für dein *Tonal* verantwortlich ist. Ohne dein *Tonal* wärst du tot.«
»Hat jeder Lehrling einen Lehrer *und* einen Wohltäter?« fragte ich, nur um meinen inneren Aufruhr zu besänftigen.
»Nein, nicht jeder. Aber einige.«
»Warum haben manche sowohl einen Lehrer als auch einen Wohltäter?«
»Wenn ein normaler Mensch bereit ist, dann gibt die Kraft ihm einen Lehrer, und er wird ein Lehrling. Wenn der Lehrling bereit ist, gibt die Kraft ihm einen Wohltäter, und er wird ein Zauberer.«
»Was macht den Mann bereit, so daß die Kraft ihm einen Lehrer geben kann?«
»Das weiß niemand. Wir sind nur Menschen. Einige von uns sind Menschen, die gelernt haben zu *sehen* und das *Nagual* zu nutzen, aber nichts von alledem, was wir vielleicht im Lauf unseres Lebens gelernt haben, kann uns die Absichten der Kraft enträtseln. Daher findet nicht jeder Lehrling einen Wohltäter. Nur die Kraft entscheidet dies.«
Ich fragte ihn, ob er selbst einen Lehrer und einen Wohltäter gehabt hatte, und zum erstenmal seit dreizehn Jahren erzählte er bereitwillig von ihnen. Er sagte, sowohl sein Lehrer als auch sein Wohltäter seien aus Zentralmexiko gewesen. Eine solche Information wäre mir stets sehr wertvoll für meine anthropologische Forschungsarbeit erschienen, aber jetzt, da er sie mir mitteilte, war es mir irgendwie gleichgültig.
Don Juan warf mir einen Blick zu, und ich meinte, es geschehe aus Besorgnis. Dann wechselte er abrupt das Thema und forderte mich auf, ihm in allen Einzelheiten zu schildern, was ich am Vormittag erlebt hatte.
»Ein plötzlicher Schreck läßt das *Tonal* stets schrumpfen«, lautete sein Kommentar zu meinem Bericht, wie ich mich gefühlt hatte, als Genaro schrie. »Dabei besteht aber das Problem, das *Tonal* nicht so weit schrumpfen zu lassen, daß es verschwindet. Es ist eine ernste Sache für den Krieger, genau zu wissen, wann er sein *Tonal* schrumpfen lassen darf und

wann er dem Einhalt gebieten muß. Dies ist eine große Kunst. Ein Krieger muß kämpfen wie der Teufel, um sein *Tonal* schrumpfen zu lassen, und doch muß der Krieger in dem Moment, da das *Tonal* schrumpft, diesen ganzen Kampf umkehren, um das Schrumpfen sofort zu bremsen.«

»Aber kehrt er damit nicht zum Ausgangspunkt zurück?« fragte ich.

»Nein. Sobald das *Tonal* geschrumpft ist, schließt der Krieger von der anderen Seite die Pforte. Solange sein *Tonal* nicht bedroht ist und seine Augen nur auf die Welt des *Tonal* eingestimmt sind, befindet der Krieger sich auf der sicheren Seite des Gatters. Er ist auf vertrautem Gelände und kennt alle Regeln. Aber sobald sein *Tonal* schrumpft, steht er auf der stürmischen Seite, und diese Öffnung muß sofort fest geschlossen werden, sonst würde er augenblicklich hinweggefegt. Und dies ist nicht bloß eine bildliche Redeweise. Jenseits der Pforte, die die Augen des *Tonal* bilden, tobt der Sturm. Ich meine einen wirklichen Sturm, keine Metapher. Ein Wind, der jemandes Leben ausblasen kann. Wirklich, das ist der Wind, der alle Lebewesen auf dieser Welt umherweht. Vor Jahren einmal habe ich dich mit diesem Wind bekannt gemacht. Aber du hast es damals als Witz aufgefaßt.«

Er spielte auf eine Gelegenheit an, als er mich ins Gebirge mitgenommen hatte und mir gewisse Eigenschaften des Windes erklärte. Ich hatte es jedoch nie als Witz aufgefaßt.

»Es kommt nicht darauf an, ob du es ernst genommen hast oder nicht«, sagte er, nachdem er sich meinen Protest angehört hatte. »Als Regel gilt, daß das *Tonal* sich, immer wenn es bedroht ist, um jeden Preis verteidigen muß. Daher ist es eigentlich bedeutungslos, wie das *Tonal* reagiert, um seine Verteidigung zu bewerkstelligen. Das einzig Wichtige ist, daß das *Tonal* eines Kriegers mit anderen Alternativen bekannt gemacht werden muß. Worauf es einem Lehrer in diesem Fall ankommt, das ist das absolute Gewicht dieser Möglichkeiten. Denn das Gewicht dieser neuen Möglichkeiten ist es, das hilft, das *Tonal* schrumpfen zu lassen. Aus demselben Grund ist es ebendieses Gewicht, das einem hilft, das *Tonal* daran zu hindern, zu schrumpfen, bis es verschwindet.

Er forderte mich auf, mit meinem Bericht über die Ereignisse des Vormittags fortzufahren, dann aber unterbrach er mich, als ich zu der Stelle kam, wo Don Genaro zwischen dem Baumstamm und dem Ast hin- und hergerutscht war.

»Das *Nagual* kann außerordentliche Dinge vollbringen«, sagte er. »Dinge, die nicht möglich erscheinen, Dinge, die für das *Tonal* unvorstellbar sind. Aber das Außerordentliche daran ist, daß derjenige, der diese Dinge tut, niemals wissen kann, wie sie geschehen. Mit anderen Worten, Genaro weiß nicht, wie er es macht, er weiß nur, daß er es macht. Das Geheimnis eines Zauberers ist, daß er weiß, wie er zum *Nagual* gelangen kann, aber sobald er dort ist, kann er, genau wie du, bloß raten, was eigentlich geschieht.«

»Aber wie fühlt man sich, während man solche Dinge tut?«

»Man fühlt sich ebenso, wie wenn man irgend etwas tut.«

»Meinst du, Don Genaro fühlt sich wie einer, der einen Baumstamm hinauf läuft?«

Don Juan sah mich eine Weile an, dann wandte er den Kopf ab.

»Nein«, flüsterte er eindringlich. »Nicht auf die Art, wie du es meinst.«

Er sagte nichts mehr. Ich hielt buchstäblich den Atem an und wartete auf seine Erklärung. Schließlich mußte ich die Frage stellen: »Aber was fühlt er nun?«

»Ich kann es nicht sagen, nicht weil es eine persönliche Angelegenheit wäre, sondern weil es unmöglich ist, das zu beschreiben.«

»Ach, komm!« bedrängte ich ihn. »Es gibt nichts, was man nicht mit Worten erklären könnte. Ich glaube, sogar wenn es unmöglich ist, etwas direkt zu beschreiben, kann man es doch umschreiben, irgendwie auf den Busch klopfen.«

Don Juan lachte. Sein Lachen war sanft und freundlich. Und doch enthielt es einen Anflug von Spott und schierer Bosheit.

»Ich muß das Thema wechseln«, sagte er. »Begnüge dich damit, daß das *Nagual* heute morgen auf dich zielte! Was Genaro auch immer tat, es war eine Mischung zwischen dir und ihm. Sein *Nagual* wurde durch dein *Tonal* gedämpft.«

Ich wollte nicht aufgeben und forschte ihn weiter aus. »Wenn du Pablito das *Nagual* zeigst, was fühlst du dann?«

»Das kann ich nicht erklären«, sagte er leise. »Und zwar nicht, weil ich nicht will, sondern einfach, weil ich nicht kann. Hier macht mein *Tonal* halt.«

Ich wollte nicht weiter in ihn dringen. Wir schwiegen eine Weile, dann sprach er weiter.

»Man kann sagen, ein Krieger lernt seinen Willen abzustimmen, ihn auf ein Punktziel zu richten, ihn auf irgend etwas zu konzentrieren, was immer er mag. Es ist, als ob sein Wille, der aus seiner Körpermitte kommt, eine einzige leuchtende Faser wäre, eine Faser, die er auf jede mögliche Stelle richten kann. Diese Faser ist der Weg zum *Nagual*. Oder ich könnte auch sagen, der Krieger sinkt durch diese einzelne Faser in das *Nagual* ein.

Sobald er eingesunken ist, ist die Ausdrucksform des *Nagual* eine Frage seines persönlichen Temperaments. Ist der Krieger lustig, dann ist das *Nagual* auch lustig. Ist der Krieger verdrossen, dann ist das *Nagual* auch verdrossen. Ist der Krieger böse, dann ist das *Nagual* auch böse.

Genaro bringt mich immer zum Lachen, denn er ist einer der fröhlichsten Menschen, die es gibt. Ich weiß nie, was ihm als nächstes einfallen wird. Für mich ist dies die innerste Essenz der Zauberei. Genaro ist ein so beweglicher Krieger, daß die geringste Konzentration seines *Willens* sein *Nagual* die unglaublichsten Dinge tun läßt.«

»Hast du selbst beobachtet, was Genaro auf den Bäumen tat?« fragte ich.

»Nein, ich wußte nur – denn ich *sah* –, daß das *Nagual* in den Bäumen war. Der Rest des Schauspiels galt nur dir allein.«

»Willst du damit sagen, Don Juan, daß du, wie damals, als du mich angestoßen hast und ich mich auf dem Markt wiederfand, nicht bei mir warst?«

»So war es wohl irgendwie. Wenn man dem *Nagual* von Angesicht zu Angesicht begegnet, muß man stets allein sein. Ich war in der Nähe, nur um dein *Tonal* zu schützen. Das ist meine Aufgabe.«

Mein »Tonal«, sagte Don Juan, sei fast in Stücke gesprengt worden, als Don Genaro vom Baum herabsprang. Weniger aufgrund irgendeiner gefährlichen Eigenschaft des »Nagual«, sondern weil mein »Tonal« sich in seiner Verwirrung gehenließ. Es sei eines der Ziele der Ausbildung eines Kriegers, sagte er, die Verwirrung des »Tonal« zu stoppen, bis der Krieger so beweglich sei, daß er alles tun könne, ohne irgendwelche Zugeständnisse zu machen.

Als ich schilderte, wie Don Genaro auf den Baum hinauf und dann hinab gesprungen war, sagte Don Juan, daß der Schrei eines Kriegers eines der wichtigsten Dinge bei der Zauberei sei und daß Don Genaro sich auf seinen Schrei konzentrieren könne, um ihn als Vehikel zu benützen.

»Du hast ganz recht«, sagte er. »Genaro wurde zum Teil von seinem Schrei und zum Teil von dem Baum gezogen. Du hast wirklich *gesehen*. Dies war ein wirkliches Bild des *Nagual*. Genaros Wille konzentrierte sich auf seinen Schrei, und seine persönliche Art bewirkte, daß der Baum das *Nagual* anzog. Die Fäden führten in beide Richtungen, von Genaro zum Baum und vom Baum zu Genaro.

Was du hättest sehen müssen, als Genaro vom Baum herabsprang, war, daß er sich auf einen Fleck von dir konzentrierte und der Baum ihn dann abstieß. Aber es war nur scheinbar ein Stoß. Im Grunde war es eher ein Loslassen auf seiten des Baumes. Der Baum ließ das *Nagual* los, und das *Nagual* kehrte in die Welt des *Tonal* zurück, an die Stelle, auf die er sich konzentriert hatte.

Das zweite Mal, als Genaro vom Baum herunterkam, war dein *Tonal* nicht mehr so verwirrt. Du hast dich nicht mehr so sehr gehenlassen, und daher wurdest du nicht so geschwächt wie beim ersten Mal.«

Gegen vier Uhr nachmittags beendete Don Juan unser Gespräch.

»Wir gehen zurück zu den Eukalyptusbäumen«, sagte er. »Das *Nagual* erwartet uns dort.«

»Laufen wir nicht Gefahr, daß uns Leute sehen?« fragte ich.

»Nein! Das *Nagual* setzt alles außer Kraft«, sagte er.

Das Flüstern des Nagual

Als wir uns den Eukalyptusbäumen näherten, sah ich Don Genaro auf einem Baumstumpf sitzen. Er winkte uns zu und lachte. Dann waren wir bei ihm.
In den Bäumen hockte ein Schwarm Krähen. Sie krächzten, als ob etwas sie beängstigte. Don Genaro sagte, wir müßten reglos und still sitzenbleiben, bis die Krähen sich beruhigt hätten.
Don Juan lehnte sich mit dem Rücken gegen einen Baum und forderte mich auf, es ihm gleichzutun – an einem Baum, etwa zwei Meter zu seiner Linken. So standen wir beide Don Genaro gegenüber, der ungefähr drei bis vier Meter vor uns stand.
Mit einem fast unmerklichen Augenwink bedeutete Don Juan mir, ich solle meine Füße in eine andere Lage bringen. Er stand mit leicht gespreizten Beinen fest am Boden und berührte den Baumstamm nur mit dem oberen Teil seiner Schulterblätter und mit dem Hinterkopf. Seine Arme hingen seitlich herab.
So standen wir etwa eine Stunde. Ich gab scharf acht auf die beiden, besonders auf Don Juan. In einem bestimmten Augenblick glitt er langsam am Baumstamm hinunter und setzte sich, wobei die gleichen Stellen seines Körpers immer noch mit dem Baum in Berührung blieben. Seine Knie ragten in die Höhe, und er stützte seine Arme darauf. Meine Beine waren inzwischen fast eingeschlafen, und der Stellungswechsel tat mir sehr gut.
Nach und nach hatten die Krähen aufgehört zu krächzen, bis man über dem Feld kein Geräusch mehr hörte. Die Stille entnervte mich mehr als das Spektakel der Krähen.
Don Juan sprach mich leise an. Er sagte, die Dämmerung sei meine beste Stunde. Er blickte zum Himmel auf. Es mochte nach sechs Uhr sein. Es war ein bewölkter Tag, und ich hatte keine Gelegenheit, den Stand der Sonne festzustellen. Aus der Ferne hörte ich Stimmen von Gänsen und vielleicht Truthähnen. Aber hier auf dem Feld unter den Eukalyptusbäumen

gab es keinen Laut. Lange hatten wir weder Vogelgezwitscher noch die Geräusche größerer Insekten gehört.
Don Juan und Don Genaro hielten ihren Körper, soviel ich sah, in vollkommener Reglosigkeit, abgesehen von einigen Sekunden, da sie ihr Gewicht verlagerten, um sich zu entspannen. Nachdem Don Juan und ich zu Boden geglitten waren, machte Don Genaro eine unverhoffte Bewegung. Er zog die Beine an und hockte sich auf den Baumstumpf. Dann drehte er sich um fünfundvierzig Grad, so daß ich sein linkes Profil sah. In Erwartung eines Stichworts blickte ich zu Don Juan. Er hob das Kinn. Es war eine Aufforderung, Don Genaro anzusehen.
Allmählich befiel mich eine ungeheure Erregung. Ich konnte mich nicht beherrschen. Meine Eingeweide gerieten durcheinander. Ich konnte genau nachempfinden, was Pablito gefühlt haben mochte, als er Don Juans Sombrero sah. Meine Eingeweide waren in solchem Aufruhr, daß ich aufstehen und ins Gebüsch rennen mußte. Hinter mir hörte ich ihr brüllendes Gelächter.
Ich wagte nicht, zu ihnen zurückzukehren. Lange zögerte ich; ich machte mir klar, daß ich durch meinen plötzlichen Ausbruch den Bann gebrochen haben mußte. Ich brauchte aber nicht lange zu grübeln; Don Juan und Don Genaro kamen zu mir herüber. Sie nahmen mich in die Mitte, und wir gingen zu einem anderen Feld. Dort blieben wir genau auf der Mitte stehen, und ich erkannte, daß wir hier schon am Vormittag gewesen waren.
Don Juan wandte sich an mich. Er sagte, ich müsse beweglich und still sein und solle meinen inneren Dialog abstellen. Ich hörte aufmerksam zu. Don Genaro mußte wohl erkannt haben, daß meine ganze Aufmerksamkeit Don Juans Ermahnungen galt, denn er nutzte den Augenblick, um dasselbe zu tun wie in der Frühe; wieder stieß er seinen entsetzlichen Schrei aus. Er überraschte mich – aber diesmal nicht ganz unvorbereitet. Beinahe sofort gewann ich durch meine Atemübung mein Gleichgewicht wieder. Es war ein furchtbarer Schock, und doch hatte er keine längere Wirkung auf mich, und so konnte ich Don Genaros Bewegungen mit den Augen folgen. Ich sah, wie er auf den untersten Ast eines Baumes

sprang. Während ich ihn aus einer Entfernung von fünfundzwanzig bis dreißig Metern verfolgte, fielen meine Augen einer ungewöhnlichen optischen Täuschung zum Opfer. Es war nicht so, als sei er mit Hilfe der Sprungkraft seiner Muskeln gehüpft, vielmehr glitt er durch die Luft, teilweise emporgeschnellt durch seinen unheimlichen Schrei, und teilweise von irgendwelchen undeutlich erkennbaren Linien gezogen, die von dem Baum ausgingen. Es war so, als habe der Baum ihn durch diese Linien angesaugt.

Don Genaro blieb eine Weile auf dem niedrigen Ast hocken. Er wandte mir sein linkes Profil zu. Nun vollführte er eine Reihe seltsamer Bewegungen. Sein Kopf wackelte, sein Körper zitterte. Mehrmals verbarg er den Kopf zwischen den Knien. Je mehr er sich bewegte und aufbäumte, desto schwerer fiel es mir, meinen Blick auf seinen Körper zu konzentrieren. Er schien sich aufzulösen. Ich blinzelte verzweifelt, und dann wechselte ich die Perspektive, indem ich den Kopf nach rechts und nach links bog, wie Don Juan es mich gelehrt hatte. Aus dem linken Gesichtswinkel sah ich Don Genaros Körper, wie ich ihn nie zuvor gesehen hatte. Es war, als habe er eine Verkleidung angelegt. Er trug ein Pelzkostüm; das Fell hatte die Färbung einer Siamkatze, von hellem Lederbraun und mit Flecken von dunklerem Schokoladebraun an den Beinen und auf dem Rücken. Das Kostüm hatte einen langen dicken Schwanz. In diesem Aufzug sah Don Genaro aus wie ein pelziges, langbeiniges Krokodil, das auf einem Ast hockte. Seinen Kopf und seine Gesichtszüge konnte ich nicht erkennen.

Ich hob den Kopf in eine normale Position. Der Anblick von Don Genaro in seiner Maskerade blieb unverändert.

Don Genaros Arme zitterten. Er stand auf dem Ast auf, beugte sich irgendwie vor und sprang zu Boden. Der Ast war etwa fünf bis sieben Meter hoch. Soweit ich beurteilen konnte, sah ich den Sprung eines kostümierten Mannes. Ich sah, wie Don Genaros Körper beinahe den Boden berührte, aber dann vibrierte der dicke Schwanz seines Kostüms, und statt zu landen, hob er wieder ab, wie von einem lautlosen Düsentriebwerk angeschoben. Er flog über die Bäume hinweg, und dann schwebte er knapp über dem Boden dahin. Dies tat er immer wieder. Manchmal hielt er sich an einem Ast fest oder pendelte um einen Baum oder schlängelte sich wie ein Aal durch die Zweige. Und dann umschwebte er uns im Kreise oder schlug mit den Armen in der Luft, während sein Bauch die äußersten Wipfel der Bäume streifte.

Don Genaros Kapriolen flößten mir ehrfürchtiges Staunen ein. Ich folgte ihm mit den Augen, und zwei oder dreimal nahm ich deutlich wahr, daß er irgendwelche leuchtenden Linien wie Seilzüge benutzte, um von Ort zu Ort zu schweben. Dann überflog er die Baumwipfel im Süden und verschwand. Ich versuchte abzuschätzen, wo er wieder auftauchen mochte, aber er kam nicht mehr zum Vorschein.

Dann bemerkte ich, daß ich auf dem Rücken lag, und doch wußte ich nichts davon, daß sich meine Blickrichtung verändert hatte. Die ganze Zeit hatte ich gemeint, Don Genaro aus einer aufrechtstehenden Haltung zu beobachten.

Don Juan half mir, mich aufzusetzen, und dann sah ich Don Genaro, der uns mit fröhlichem Gesicht entgegenkam. Er lächelte bescheiden und fragte mich, wie sein Flug mir gefallen habe. Ich versuchte etwas zu antworten, aber ich war sprachlos.

Don Genaro wechselte mit Don Juan einen vielsagenden Blick und nahm wieder eine hockende Haltung ein. Er beugte sich vor und flüsterte mir etwas ins linke Ohr. Ich hörte ihn sagen: »Warum kommst du nicht und fliegst mit mir?« Dies wiederholte er fünf- oder sechsmal.

Don Juan trat neben mich und flüsterte mir ins rechte Ohr: »Sag nichts, folge Genaro einfach!«

Don Genaro hieß mich in die Hocke gehen und flüsterte mir wieder etwas zu. Ich hörte ihn mit glasklarer Präzision. Er wiederholte den Satz etwa zehmal. Er sagte: »Vertrau dem *Nagual!* Das *Nagual* wird dich tragen.«

Dann flüsterte Don Juan einen anderen Satz in mein rechtes Ohr. Er sagte: »Ändere dein Fühlen!«

Ich hörte die beiden gleichzeitig zu mir sprechen, aber ich konnte auch jeden einzeln hören. Jeder von Don Genaros Sätzen handelte ganz allgemein vom Durch-die-Luft-Schweben. Die Sätze, die er dutzendemal wiederholte, schienen sich in mein Gedächtnis einzugraben. Don Juans Worte hingegen hatten etwas mit spezifischen Befehlen zu tun, die er zahllose

Male wiederholte. Die Wirkung dieser doppelten Einflüsterung war ganz außerordentlich. Es war, als ob die einzelnen Klänge ihrer Worte mich entzweispalteten. Schließlich war der Abstand zwischen meinen beiden Ohren so weit, daß ich jegliches Gefühl körperlicher Einheit verlor. Da gab es zwar irgend etwas, das zweifellos ich war, aber es war nichts Festes. Eher war es wie ein leuchtender Nebel, eine gelblich-dunkle Wolke, die Gefühle hatte.

Don Juan sagte mir, er werde mich für das Fliegen formen. Nun hatte ich die Empfindung, daß diese Worte wie Zangen wirkten, die meine »Gefühle« bogen und formten.

Don Genaros Worte waren eine Aufforderung, ihm zu folgen. Ich fühlte, daß ich wollte, aber ich konnte nicht. Die Spaltung war so stark, daß ich wie gelähmt war. Ich hörte, wie sie die gleichen kurzen Sätze endlos wiederholten, Sätze wie »Schau, wunderbare fliegende Gestalt!«, »Spring, spring!«, »Deine Beine werden die Baumwipfel streifen«, »Die Eukalyptusbäume sind wie grüne Tupfen«, »Die Würmer sind Lichter«.

Irgendwann setzte etwas in mir aus, vielleicht das Bewußtsein, daß auf mich eingeredet wurde. Ich spürte, daß Genaro noch immer bei mir war, aber was meine Wahrnehmung betraf, so konnte ich nur eine ungeheure Masse ganz erstaunlicher Lichter erkennen. Manchmal nahm ihr Funkeln ab, und manchmal wurden die Lichter intensiver. Ich erlebte auch eine Art Bewegung. Der Effekt war, als ob ich von einem Vakuum angesaugt würde, das mich nicht zur Ruhe kommen ließ. Immer wenn meine Bewegung nachzulassen schien und ich endlich meine Aufmerksamkeit auf die Lichter richten konnte, zog das Vakuum mich wieder fort.

Irgendwann, mitten im Hin- und Hergezogensein, erlebte ich die äußerste Konfusion. Die Welt um mich her, wie immer sie beschaffen sein mochte, strebte mir entgegen und wich gleichzeitig von mir fort – daher der Vakuum-Effekt! Ich konnte zwei getrennte Welten sehen, eine, die sich von mir entfernte, und die andere, die sich mir näherte. Dies nahm ich nicht in der Weise wahr, wie man eigentlich meinen sollte, das heißt, ich gewahrte es nicht als etwas mir bisher Verborgenes. Vielmehr hatte ich zwei Wahrnehmungen, ohne daß ein logischer Schluß die Verbindung hergestellt hätte.

Danach schwächten sich meine Wahrnehmungen ab. Entweder verloren sie an Präzision, oder es waren ihrer zu viele, und ich konnte sie nicht mehr auseinanderhalten. Der nächste Schub unterscheidbarer Wahrnehmungen war eine Reihe von Geräuschen, die am Ende eines langen schlauchartigen Gebildes entstanden. Der Schlauch war ich selbst, und die Geräusche machten Don Juan und Don Genaro, die wieder in meine beiden Ohren sprachen. Je länger sie sprachen, desto kürzer wurde der Schlauch, bis die Geräusche in einem erkennbaren Bereich lagen, das heißt, die Klänge von Don Juan und Don Genaros Worten erreichten meinen normalen Wahrnehmungsbereich. Zuerst waren die Geräusche als Lärm erfahrbar, dann als geschriene Wörter und schließlich als mir ins Ohr geflüsterte Wörter.
Als nächstes nahm ich Dinge der vertrauten Umwelt wahr. Offensichtlich lag ich mit dem Gesicht nach unten am Boden. Ich konnte einzelne Erdklumpen, Steinchen, trockene Blätter unterscheiden. Und dann gewahrte ich das Feld mit den Eukalyptusbäumen.
Don Juan und Don Genaro standen neben mir. Es war noch immer hell. Ich spürte, daß ich ins Wasser gehen mußte, um mich wieder zu stärken. Ich lief zum Bach, zog mich aus und blieb lange genug im Wasser, um das Gleichgewicht meiner Wahrnehmung wiederherzustellen.

Sobald wir beim Haus anlangten, ging Don Genaro fort. Im Gehen klopfte er mir leicht auf die Schulter. Im Reflex sprang ich zur Seite. Ich erwartete, seine Berührung werde schmerzhaft sein; zu meiner Verwunderung war es nur ein freundliches Schulterklopfen.
Don Juan und Don Genaro lachten wie zwei Kinder, denen ein Streich gelungen war.
»Sei nicht so schreckhaft!« sagte Don Genaro. »Das *Nagual* hat es nicht immer auf dich abgesehen.«
Er schmatzte mit den Lippen, als mißbilligte er meine übertriebene Reaktion, und breitete mit einer offenherzigen, kameradschaftlichen Geste die Arme aus. Ich umarmte ihn. Sehr freundlich und herzlich klopfte er mir den Rücken.
»Du mußt nur in gewissen Augenblicken auf das *Nagual*

achten«, sagte er. »Die übrige Zeit bist du wie alle anderen Menschen dieser Welt.«

Er schaute Don Juan an und lächelte ihm zu.

»Ist es nicht so, Juancho?« fragte er, wobei er das Wort Juancho betonte – einen witzigen Spitznamen für Juan.

»So ist's Gerancho«, antwortete Don Juan, das Wort Gerancho erfindend.

Die beiden brachen in schallendes Gelächter aus.

»Ich muß dich warnen«, sagte Don Juan zu mir. »Du mußt dich in äußerster Wachsamkeit üben, um sicher zu sein, wann ein Mensch ein *Nagual* ist und wann er einfach nur ein Mensch ist. Du könntest sterben, wenn du in direkten physischen Kontakt mit dem *Nagual* kämest.

Don Juan wandte sich zu Don Genaro um und fragte mit strahlendem Lächeln: »Ist's nicht so, Gerancho?«

»Absolut, so ist es, Juancho«, erwiderte Genaro, und wieder lachten die beiden.

Ihre kindliche Ausgelassenheit berührte mich stark. Die Ereignisse des Tages hatten mich erschöpft, und ich war sehr gefühlsselig. Eine Welle des Selbstmitleids überflutete mich. Mir kamen die Tränen, während ich mir dauernd wiederholte, daß das, was immer sie mit mir angestellt haben mochten, nicht wieder rückgängig zu machen und höchstwahrscheinlich schädlich für mich sei. Don Juan schien meine Gedanken zu lesen und schüttelte ungläubig den Kopf. Er lachte. Ich strengte mich an, um meinen inneren Dialog abzustellen, und mein Selbstmitleid verschwand.

»Genaro ist sehr herzlich«, bemerkte Don Juan, nachdem Don Genaro gegangen war. »Es war die Absicht der Kraft, daß du einen freundlichen Wohltäter finden solltest.«

Ich wußte nichts zu sagen. Die Vorstellung, daß Don Genaro mein Wohltäter war, beunruhigte mich ohne Unterlaß. Ich wollte, daß Don Juan mir mehr darüber sagte. Er schien nicht zum Sprechen aufgelegt. Er schaute zum Himmel hinauf, wo sich die dunkle Silhouette einiger Bäume neben dem Haus abzeichnete. Er setzte sich mit dem Rücken gegen einen dicken, gegabelten Pfosten, der nicht weit vor der Tür eingelassen war, und forderte mich auf, links neben ihm Platz zu nehmen.

Ich setzte mich neben ihn. Er zog mich am Ärmel näher zu sich, bis ich seine Schulter berührte. Er sagte, diese Nachtstunde sei gefährlich für mich, besonders bei einer solchen Gelegenheit. Mit ganz ruhiger Stimme gab er mir eine Reihe von Anweisungen: Wir dürften uns nicht von der Stelle rühren, bis er die Zeit für gekommen halte. Wir müßten immer weitersprechen, gleichmäßig und ohne Unterbrechungen. Ich müsse atmen und blinzeln, als ob ich das »Nagual« sähe.
»Ist das *Nagual* in der Nähe?« fragte ich.
»Gewiß«, sagte er und lachte.
Ich schmiegte mich buchstäblich an Don Juan. Er fing an zu sprechen und drängte mich doch tatsächlich, diesmal aus Herzenslust Fragen zu stellen. Er reichte mir sogar mein Schreibzeug, als ob ich in der Dunkelheit hätte schreiben können. Er behauptete, ich müsse unbedingt so gelassen und normal wie möglich sein, und es gebe kein besseres Mittel, mein »Tonal« zu stärken, als das Notizenmachen. Er stellte die ganze Sache als sehr bedenklich dar. Er sagte, wenn das Notizenmachen meine innere Wahl sei, dann müsse ich es auch in völliger Dunkelheit tun können. Es lag eine leichte Drohung in seiner Stimme, als er sagte, ich könne das Notizenmachen in die Aufgabe eines Kriegers verwandeln, und in diesem Fall wäre die Dunkelheit kein Hindernis.
Irgendwie mochte er mich überzeugt haben, denn es gelang mir, Teile unseres Gesprächs mitzukritzeln. Es drehte sich hauptsächlich um Don Genaro als meinen Wohltäter. Ich war neugierig zu erfahren, wann Don Genaro mein Wohltäter geworden war, und Don Juan forderte mich auf, mich an einen angeblich außergewöhnlichen Vorgang zu erinnern, der sich an jenem Tag ereignet habe, als ich Don Genaro traf, und der ein gutes Omen gewesen sei. Ich konnte mich an nichts dergleichen erinnern. Ich fing an, das damalige Erlebnis nachzuerzählen. Soweit ich mich erinnern konnte, war es eine ganz alltägliche, beiläufige Begegnung, die im Frühling 1968 stattgefunden hatte. Don Juan unterbrach mich.
»Wenn du dumm genug bist, dich nicht zu erinnern, lassen wir es lieber dabei bewenden. Ein Krieger folgt stets dem Diktum der Kraft. Es wird dir wieder einfallen, wenn es notwendig sein wird.«

Don Juan sagte, es sei eine schwierige Sache, einen Wohltäter zu finden. Als Beispiel führte er den Fall seines eigenen Lehrlings Eligio an, der viele Jahre bei ihm gewesen war. Eligio, sagte er, habe keinen Wohltäter finden können. Ich fragte ihn, ob Eligio noch einmal einen finden werde; er antwortete, es sei ganz unmöglich, die Launen der Kraft vorherzusagen. Er erinnerte mich daran, wie wir vor Jahren einer Gruppe von jungen Indianern begegnet waren, die durch die Wüste Nordmexikos streiften. Er sagte, er habe *gesehen,* daß keiner von ihnen einen Wohltäter hatte und daß die Umgebung insgesamt und die Stimmung des Augenblicks gerade richtig waren, damit er ihnen behilflich sein und ihnen das »Nagual« zeigen konnte. Er sprach von einer Nacht, als einmal vier junge Männer und ich um ein Feuer saßen, während Don Juan etwas tat, das mir als ein ungewöhnliches Schauspiel vorkam und wobei er anscheinend jedem von uns in einer anderen Verkleidung erschienen war.

»Diese Burschen hatten eine Menge Ahnung«, sagte er. »Du warst das einzige *Greenhorn* unter ihnen.«

»Was geschah später mit ihnen?« fragte ich.

»Einige von ihnen haben einen Wohltäter gefunden.« antwortete er.

Don Juan sagte, daß es die Pflicht eines Wohltäters sei, seinen Schützling der Kraft zuzuführen und daß der Wohltäter dem Novizen seine persönliche Art vermittle, und zwar ebensosehr, wenn nicht noch mehr als der Lehrer.

Nach einer kurzen Gesprächspause hörte ich ein eigenartig kratzendes Geräusch hinter dem Haus. Don Juan packte mich an Arm. Fast wollte ich in einer Schreckreaktion aufspringen. Bevor das Geräusch ertönte, war unser Gespräch mir als Selbstverständlichkeit vorgekommen. Aber als dann eine Pause eintrat und einen Moment Schweigen herrschte, war das merkwürdige Geräusch hereingeplatzt. In diesem Augenblick hatte ich die Gewißheit, daß unsere Unterhaltung ein ganz außerordentliches Ereignis war. Ich hatte das Gefühl, daß Don Juans und meine Worte wie eine Trennwand gewirkt hatten, die nun zerbrach, und daß jenes kratzende Geräusch draußen herumgeschlichen war und auf eine Chance gewartet hatte, um sich hereinzudrängen.

Don Juan befahl mir, gesammelt sitzenzubleiben und nicht auf die Umgebung zu achten. Das kratzende Geräusch erinnerte mich an das Rascheln einer auf hartem Boden dahinkriechenden Schildkrötenschlange. Im selben Augenblick, als mir dieser Vergleich einfiel, hatte ich auch die visuelle Vision eines Nagetiers, wie jenes, das Don Juan mir auf seiner hohlen Hand gezeigt hatte. Mir war, als ob ich einschliefe und meine Gedanken sich in Bilder oder Träume verwandelten.

Ich begann mit meiner Atemübung und hielt mir mit geballten Fäusten den Leib. Don Juan sprach weiter, aber ich hörte nicht zu. Meine Aufmerksamkeit galt dem leisen Rascheln des schlangenartigen Wesens, das über trockenes Laub zu gleiten schien. Bei dem Gedanken, eine Schlange könnte über mich hinweg kriechen, befiel mich Panik, und ich hatte eine heftige physische Reaktion. Unwillkürlich streckte ich meine Füße unter Don Juans Beine und atmete und blinzelte wie verrückt. Jetzt hörte ich das Geräusch so nah, daß es nur noch ein paar Schritte entfernt zu sein schien. Meine Panik stieg. Don Juan sagte beruhigend, die einzige Möglichkeit, das »Nagual« abzuwehren, bestehe darin, sich nicht beeindrucken zu lassen. Er befahl mir, meine Beine auszustrecken und nicht auf das Geräusch zu achten. Nachdrücklich verlangte er, ich solle schreiben oder Fragen stellen und mich anstrengen, um nicht zu unterliegen.

Nach einem heftigen inneren Kampf fragte ich ihn, ob etwa Don Genaro das Geräusch machte. Er sagte, es sei das »Nagual« und ich dürfe die beiden nicht verwechseln. Genaro sei der Name des »Tonal«. Dann sagte er noch etwas, aber ich verstand ihn nicht. Irgend etwas umkreiste das Haus, und ich konnte mich nicht auf das Gespräch konzentrieren. Er befahl mir, eine äußerste Anstrengung zu unternehmen. Irgendwann stellte ich fest, daß ich dummes Zeug über meine eigene Wertlosigkeit plapperte. Dann hatte ich einen Angstanfall, der in einen Zustand großer Klarheit umschlug. Nun sagte Don Juan mir, ich dürfe ruhig in die Nacht horchen. Aber es war kein Geräusch mehr zu hören.

»Das *Nagual* ist weg«, sagte Don Juan, stand auf und ging ins Haus.

Er zündete Don Genaros Petroleumlampe an und bereitete

uns etwas zu essen. Wir aßen schweigend. Ich fragte ihn, ob das »*Nagual*« zurückkommen werde.
»Nein«, sagte er mit ernstem Gesicht. »Es hat dich nur auf die Probe gestellt. Um diese Nachstunde, kurz nach der Dämmerung, solltest du dich immer mit irgend etwas beschäftigen. Egal, womit. Es ist nur eine kurze Spanne, vielleicht eine Stunde, aber in deinem Fall eine tödliche Stunde.
Heute abend versuchte das *Nagual,* dich zum Straucheln zu bringen, aber du warst stark genug, um seinen Angriff abzuwehren. Einmal bist du ihm unterlegen, und ich mußte deinen Körper mit Wasser begießen, aber diesmal hast du es gut gemacht.«
Ich bemerkte, das Wort »Angriff« gebe dem Ganzen einen Anklang von Gefahr.
»Anklang von Gefahr? – Komische Ausdrucksweise!« sagte er. »Ich will dir keine Angst einjagen. Die Taten des *Nagual* sind tödlich. Das habe ich dir bereits gesagt. Und auch Genaro will dir keinen Schaden zufügen. Im Gegenteil, seine Sorge um dich ist makellos, aber wenn du nicht genug Kraft hast, um die Attacke des *Nagual* zu parieren, dann bist du tot, mit oder ohne meine Hilfe oder Genaros Fürsorge.«
Nachdem wir gegessen hatten, setzte Don Juan sich neben mich und schaute mir über die Schulter auf meine Aufzeichnungen. Ich sagte mir, ich werde wahrscheinlich Jahre brauchen, um mir über alles klarzuwerden, was mir heute widerfahren war. Ich wußte, daß ich von Wahrnehmungen überflutet worden war, die ich nie hoffen durfte zu verstehen.
»Wenn du nichts verstehst, dann bist du groß in Form«, sagte er. »Nur wenn du verstehst, bist du in der Patsche. Dies gilt natürlich nur vom Standpunkt des Zauberers. Vom Standpunkt des normalen Menschen aus betrachtet, gehst du unter, wenn du etwas nicht verstehst. In deinem Fall, möchte ich meinen, würde der normale Mensch sagen, daß du bewußtseinsgespalten bist oder daß dein Bewußtsein sich zu spalten beginnt.«
Ich lachte über seine Wortwahl. Ich wußte, daß er es mir mit diesem Begriff der Bewußtseinsspaltung heimzahlte. Ich hatte ihn vor einiger Zeit im Zusammenhang mit meinen Befürch-

tungen gebraucht. Ich versicherte ihm, daß ich diesmal zu dem, was ich durchgemacht hatte, keine Fragen stellen würde.
»Ich habe nie etwas gegen das Sprechen gehabt«, sagte er. »Wir können über das *Nagual* sprechen, soviel du willst, solange du nicht versuchst, es zu erklären. Wenn du dich richtig erinnerst, so sagte ich dir, daß das *Nagual* nur dazu da ist, um erlebt zu werden. Wir können also ohne weiteres darüber sprechen, was wir erleben und wie wir es erleben. Du möchtest aber eine Erklärung darüber hören, wie denn all dies möglich sei, und das ist ein Unding. Du möchtest das *Nagual* durch das *Tonal* erklären. Das ist töricht, besonders in deinem Fall, denn du kannst dich nicht mehr auf deine Unwissenheit berufen. Du weißt sehr gut, daß wir nur deshalb vernünftig reden, weil wir dabei gewisse Grenzen einhalten, und diese Grenzen gelten nicht für das *Nagual.*«
Ich versuchte, diesen Punkt zu klären. Es war ja nicht einfach so, daß ich alles unter rationalen Gesichtspunkten erklären wollte, sondern mein Verlangen nach Erklärung rührte von meinem Bedürfnis her, bei all den furchtbaren Attacken chaotischer Reize und Wahrnehmungen, die mir zuteil geworden waren, eine innere Ordnung zu bewahren.
Don Juan meinte, ich verteidigte einen Standpunkt, an den ich selbst nicht glaubte.
»Du weißt verdammt gut, daß du dich gehenläßt«, sagte er. »Innere Ordnung bewahren heißt, ein perfektes *Tonal* zu sein, aber ein perfektes *Tonal* sein bedeutet, alles zu wissen, was auf der Insel des *Tonal* stattfindet. Aber das weißt du nicht. Dein Argument von der Aufrechterhaltung der inneren Ordnung ist also unwahr. Du führst es nur an, um recht zu behalten.«
Darauf wußte ich nichts zu sagen. Don Juan beruhigte mich ein wenig, indem er sagte, es bedürfe eines gewaltigen Kampfes, um die Insel des *Tonal* leerzufegen. Dann forderte er mich auf, ihm alles zu erzählen, was ich bei meiner zweiten Sitzung mit dem *Nagual* wahrgenommen hätte. Nachdem ich geendet hatte, meinte er, was ich als pelziges Krokodil wahrgenommen hätte, sei eine kleine Probe von Don Genaros Humor.

»Wie schade, daß du so schwerfällig bist«, sagte er. »Du klammerst dich immer an deine Verwirrung, und dadurch entgeht dir Genaros wirkliche Kunst.«
»Wußtest du etwas von seinem Kostüm, Don Juan?«
»Nein! Das Schauspiel war nur für dich.«
»Was hast du *gesehen*?«
»Heute *sah* ich nichts anderes als die Bewegung des *Nagual,* wie es durch die Bäume schwebte und uns umkreiste. Jeder, der *sieht,* kann das erkennen.«
»Aber wie ist es mit jemandem, der nicht *sieht?*«
»Er würde nichts erkennen, vielleicht nur Bäume, durch die der Wind fährt. Wir interpretieren jede unbekannte Ausdrucksform des *Nagual* als etwas Bekanntes. In diesem Fall könnte man das *Nagual* als Windstoß interpretieren, der die Blätter schüttelt, oder sogar als seltsames Licht, vielleicht als einen ungewöhnlich großen Leuchtkäfer. Drängt man jemanden, der nicht *sieht,* zu einer Antwort, dann sagt er vielleicht, daß er etwas zu sehen glaubte, sich aber nicht recht erinnern kann, was es war. Das ist nur zu natürlich. Der Mann würde ganz vernünftig reden. Immerhin, seine Augen hätten ja nichts Ungewöhnliches entdeckt. Da sie die Augen des *Tonal* sind, müssen sie sich auf die Welt des *Tonal* beschränken, und in dieser Welt gibt es nichts umwerfend Neues, jedenfalls nichts, was nicht für die Augen erkennbar und für das *Tonal* erklärbar wäre.«
Ich befragte ihn nach den ungeahnten Wahrnehmungen, die ihr Geflüster in meine Ohren bewirkt hatte.
»Das war das Beste an der ganzen Sache«, sagte er. »Auf den Rest könnte man verzichten, aber dies war die Krönung des Tages. Die Regel verlangt, daß der Wohltäter und der Lehrer diesen letzten Eingriff vornehmen. Die allerschwierigste Tat! Der Lehrer wie der Wohltäter müssen makellose Krieger sein, um das Unterfangen, einen Mann zu spalten, auch nur zu versuchen. Du weißt nichts davon, denn dies ist dir noch nicht zugänglich, aber wiederum ist die Kraft nachsichtig mit dir gewesen. Genaro ist der makelloseste Krieger, den es gibt.«
»Warum ist das Spalten eines Menschen eine große Tat?«
»Weil es gefährlich ist. Du hättest sterben können wie eine Fliege. Oder, noch schlimmer, vielleicht wäre es uns nicht

gelungen, dich wieder zusammenzusetzen, und du wärst auf dieser Gefühlsebene geblieben.«

»War es notwendig, das mit mir zu machen, Don Juan?«

»Es gibt einen gewissen Zeitpunkt, wo das *Nagual* dem Lehrling ins Ohr flüstern und ihn spalten muß.«

»Was bedeutet das, Don Juan?«

»Um ein normales *Tonal* zu sein, muß der Mensch eine Einheit sein. Sein ganzes Sein muß der Insel des *Tonal* angehören. Ohne diese Einheit würde der Mann verrückt. Ein Zauberer hingegen muß diese Einheit aufbrechen, aber ohne sein eigenes Sein in Gefahr zu bringen. Das Ziel eines Zauberers ist es, zu überdauern. Das heißt, er nimmt keine unnötigen Risiken auf sich. Daher verbringt er Jahre damit, seine Insel leerzufegen, bis ein Augenblick kommt, da er sich, bildlich gesprochen, davonstehlen könnte. Das Entzweispalten eines Menschen ist die Pforte für eine solche Flucht.

Die Spaltung, das Gefährlichste, was du je überstanden hast, war bei dir glatt und einfach. Das *Nagual* hat dich meisterhaft geführt. Glaube mir, nur ein makelloser Krieger vermag das zu tun. Ich habe mich sehr für dich gefreut.«

Don Juan legte mir die Hand auf die Schulter, und ich spürte ein ungeheures Bedürfnis zu weinen.

»Nähere ich mich dem Punkt, da wir uns nicht mehr sehen werden?« fragte ich.

Er lachte und schüttelte den Kopf.

»Du läßt dich gehen wie ein Hanswurst«, sagte er. »Immerhin, das tun wir alle. Wir tun's bloß in verschiedenen Formen. Manchmal lasse auch ich mich gehen. Bei mir ist es das Gefühl, daß ich dich verhätschele und schwach mache. Ich weiß, daß Genaro bei Pablito dasselbe Gefühl hat. Er hätschelt ihn wie ein Kind. Aber so hat es die Kraft nun einmal eingerichtet. Genaro gibt Pablito alles, was er zu geben hat, und man darf nicht wünschen, daß er etwas anderes täte. Man darf einen Krieger nicht dafür kritisieren, daß er sein makellos Bestes tut.«

Er schwieg eine Weile. Ich war zu nervös, um ruhig sitzen zu bleiben.

»Was, meinst du, geschah mit mir, als ich meinte, ich würde von einem Vakuum aufgesaugt?« fragte ich.

»Du schwebtest«, sagte er wie selbstverständlich.
»Durch die Luft?«
»Nein! Für das *Nagual* gibt es nicht Land oder Luft oder Wasser. Das kannst du nun selbst bestätigen. Zweimal warst du in dieser Vorhölle, und du warst erst an der Pforte des *Nagual.* Du hast mir gesagt, alles, was dir widerfuhr, sei ungeahnt neu gewesen. Also schwebt oder fliegt das *Nagual* – oder was es auch tun mag – in der Zeit des *Nagual,* und diese hat nichts mit der Zeit des *Tonal* zu tun. Zwischen den beiden gibt es keine Übereinstimmung.«
Während Don Juan sprach, lief ein Zittern durch meinen Körper. Mein Kinn fiel nach unten, und mein Mund öffnete sich unwillkürlich. Meine Ohren taten sich auf, und ich hörte ein kaum wahrnehmbares Flirren oder Vibrieren. Als ich Don Juan meine Empfindungen schilderte, merkte ich, daß es, wenn ich sprach, so klang, als spräche jemand anders. Es war eine höchst eigenartige Sensation, die darin gipfelte, daß ich hörte, was ich sagen wollte, noch bevor ich es gesagt hatte.
Mein linkes Ohr war eine Quelle außerordentlicher Sinneswahrnehmungen. Ich hatte das Gefühl, als ob es besser und exakter hörte als mein rechtes Ohr. Es steckte irgend etwas in ihm, was zuvor nicht dagewesen war. Wenn ich Don Juan, der rechts von mir saß, das Gesicht zuwandte, dann wurde mir bewußt, daß ich rund um dieses Ohr einen Bereich ganz klarer akustischer Wahrnehmung hatte. Es war ein physikalischer Raum, ein Bereich, innerhalb dessen ich alles mit unglaublicher Klangschärfe hörte. Indem ich den Kopf drehte, konnte ich die Umgebung mit dem Ohr abtasten.
»Das hat das Flüstern des *Nagual* bei dir bewirkt«, sagte Don Juan, als ich ihm meine Sinneswahrnehmung schilderte. »Dieses Phänomen wird von nun an manchmal kommen, und dann wieder verschwinden. Fürchte dich nicht davor oder vor irgendwelchen ungewöhnlichen Empfindungen, die du von nun an haben magst. Aber vor allem, laß dich nicht gehen und beschäftige dich nicht zwanghaft mit diesen Sensationen. Ich weiß, es wird dir gelingen. Der Zeitpunkt deiner Spaltung war richtig. Die Kraft hat das alles eingerichtet. Jetzt hängt alles von dir ab. Wenn du stark genug bist, wirst du den Schock, gespalten zu sein, ertragen. Aber wenn du ihn nicht bestehen

kannst, dann wirst du zugrunde gehen. Du wirst verwelken, abmagern, blaß, gedankenleer, reizbar, still werden.«
»Hättest du mir vor Jahren gesagt«, meinte ich, »was du und Don Genaro vorhabt, dann hätte ich genug . . .«
Er hob die Hand und ließ mich nicht ausreden.
»Das ist ein sinnloser Spruch«, sagte er. »Du hast mir vor Jahren einmal gesagt, daß du schon längst ein Zauberer wärst, wenn da nicht dein Starrsinn und deine Vorliebe für rationale Erklärungen wären. Aber ein Zauberer zu sein bedeutet in deinem Fall, daß du deinen Starrsinn und deine Sucht nach rationalen Erklärungen, die dir im Wege stehen, überwindest. Andererseits sind diese Fehler gerade dein Weg zur Kraft. Du kannst nicht behaupten, daß die Kraft dir zufließen würde, wenn dein Leben anders wäre.
Genaro und ich müssen ebenso handeln wie du – innerhalb gewisser Grenzen. Diese Grenzen zieht die Kraft, und ein Krieger ist gewissermaßen ein Gefangener der Kraft, ein Gefangener, dem eine Freiheit bleibt: die Freiheit, entweder wie ein makelloser Krieger zu handeln oder wie ein Esel zu handeln. Letzten Endes ist der Krieger vielleicht kein Gefangener, sondern ein Sklave der Kraft, denn diese Freiheit ist für ihn keine Freiheit mehr. Genaro kann nicht anders handeln als makellos. Handelte er wie ein Esel, dann würde es ihn auszehren und seinen Tod herbeiführen.
Du fürchtest dich deshalb vor Genaro, weil er das Mittel der Furcht benutzen muß, um dein *Tonal* schrumpfen zu lassen. Dein Körper weiß das, wiewohl deine *Vernunft* vielleicht nicht, und daher will dein Körper davonrennen, jedesmal wenn Genaro erscheint.«
Ich warf ein, daß ich gern wissen würde, ob Don Genaro mich absichtlich zu erschrecken versucht habe. Das »Nagual«, sagte er, mache seltsame Dinge – Dinge, die nicht vorhersehbar seien. Als Beispiel führte er an, was am Vormittag zwischen uns geschehen war, als er mich daran hinderte, über die linke Schulter nach dem auf dem Baum sitzenden Don Genaro zu schauen. Er wisse wohl, sagte er, was sein »Nagual« getan hatte, obwohl er dies unmöglich im voraus habe wissen können. Er erklärte den Vorfall folgendermaßen: Meine plötzliche Bewegung nach links sei ein Schritt hin zu meinem Tod

gewesen, den mein »Tonal« absichtlich als selbstmörderischen Sprung versuchte. Diese Bewegung habe sein »Nagual« auf den Plan gerufen, und die Folge sei gewesen, daß ein Teil von ihm auf mich gefallen sei.

Unwillkürlich äußerte ich meine Bestürzung.

»Deine *Vernunft* sagt dir schon wieder, daß du unsterblich bist«, sagte er.

»Was meinst du damit, Don Juan?«

»Ein unsterbliches Wesen hat alle Zeit auf Erden für Zweifel und Verwirrung und Angst. Ein Krieger hingegen kann sich nicht an die nach der Ordnung des *Tonal* getroffenen Sinngebungen klammern, denn er weiß gewiß, daß der Ganzheit seines Selbst nur kurze Zeit auf Erden beschieden ist.«

Ich erhob einen ernsthaften Einwand. Meine Zweifel und Ängste und meine Verwirrung fanden nämlich nicht auf bewußter Ebene statt, und wie sehr ich auch versuchte, sie zu kontrollieren – jedesmal wenn ich es mit Don Juan und Don Genaro zu tun hatte, kam ich mir hilflos vor.

»Ein Krieger darf nicht hilflos sein«, sagte er, »oder verwirrt oder ängstlich – unter keinen Umständen. Ein Krieger hat nur Zeit für seine Makellosigkeit. Alles andere zehrt seine Kraft auf. Makelloses Tun lädt sie wieder auf.«

»Damit sind wir wieder bei der alten Frage, Don Juan. Was ist Makellosigkeit?«

»Ja, da sind wir wieder bei deiner alten Frage, und folglich sind wir wieder bei meiner alten Antwort: Makellos handeln heißt, dein Bestes zu tun, ganz egal, was du tust.«

»Aber, Don Juan, mir geht es doch darum, daß ich stets den Eindruck habe, ich täte mein Bestes, und offensichtlich tue ich es doch nicht.«

»Es ist nicht so kompliziert, wie du es darstellst. Der Schlüssel zu all diesen Fragen nach der Makellosigkeit ist das Gefühl, Zeit zu haben oder keine Zeit zu haben. Als Faustregel mag gelten: Wenn du dich wie ein unsterbliches Wesen fühlst, das alle Zeit auf Erden hat und dementsprechend handelt, dann bist du nicht makellos. In solchen Momenten solltest du dich umdrehen, in die Runde schauen, und dann wirst du erkennen, daß dein Gefühl, Zeit zu haben, töricht ist. Auf dieser Erde gibt es keine Überlebenden!«

Die Flügel der Wahrnehmung

Don Juan und ich verbrachten den ganzen Tag in den Bergen. Wir waren in der Dämmerung aufgebrochen. Er führte mich zu vier Orten der Kraft, und an jedem einzelnen gab er mir spezifische Instruktionen, wie ich der Erfüllung einer besonderen Aufgabe näherkommen könne, die er mir vor Jahren als eine das ganze Leben währende Situation dargestellt hatte. Am Spätnachmittag kehrten wir zurück. Nach dem Essen verließ Don Juan Don Genaros Haus. Er meinte, ich solle auf Pablito warten, der Petroleum für die Lampe bringen wollte, und mich mit ihm unterhalten.

Ich war ganz vertieft in die Ausarbeitung meiner Notizen und hörte Pablito erst, als er neben mir stand. Pablito erklärte, er habe den »Gang der Kraft« angewandt, und deshalb hätte ich ihn unmöglich hören können, solange ich nicht »sehen« könne.

Ich hatte Pablito immer sehr gern gehabt. Bisher hatte ich aber wenig Gelegenheit gehabt, mit ihm allein zu sein, wenngleich wir gute Freunde waren. Pablito hatte mich immer als ein liebenswürdiger Mensch für sich eingenommen. Er hieß natürlich Pablo, aber die Koseform Pablito paßte besser zu ihm. Er war zartgliedrig, aber drahtig. Wie Don Genaro war er schlank, aber überraschend muskulös und stark. Er war vielleicht Ende Zwanzig, aber er wirkte wie achtzehn. Er war von dunkler Hautfarbe und mittlerer Statur. Seine Augen blickten klar und strahlend, und wie Don Genaro hatte er stets ein gewinnendes Lächeln, mit einem Anflug von boshaftem Witz.

Ich fragte ihn nach seinem Freund Nestor, Don Genaros anderem Lehrling. In der letzten Zeit hatte ich sie immer beisammen gesehen, und sie hatten auf mich stets den Eindruck gemacht, als hätten sie ein ausgezeichnetes Verhältnis zueinander; doch in ihrem Äußeren wie in ihrem Charakter waren sie Gegensätze. Während Pablito leutselig und offen war, war Nestor verschlossen und in sich gekehrt. Auch war er größer, schwerfälliger, dunkler und wesentlich älter.

Pablito erzählte, daß Nestor endlich ganz in seiner Arbeit mit Don Genaro aufgehe und daß er, seit der Zeit, als ich ihn zum letztenmal gesehen hatte, überhaupt ein völlig anderer Mensch geworden sei. Er wollte aber nicht weiter auf Nestors Arbeit oder seinen Persönlichkeitswandel eingehen und wechselte unvermittelt das Thema.

»Ich höre, das *Nagual* hat dich am Kragen«, sagte er.

Ich war überrascht, daß er dies wußte, und fragte ihn, wie er es herausgefunden habe.

»Genaro erzählt mir alles«, sagte er.

Mir fiel auf, daß er von Don Genaro nicht mit der gleichen Förmlichkeit sprach wie ich. Er nannte ihn einfach vertraulich Genaro. Er sagte, Don Genaro sei ihm wie ein Bruder, und sie verkehrten unbefangen miteinander, ganz wie in einer Familie. Er bekannte offen, daß er Don Genaro herzlich liebhatte. Ich war tief gerührt von seiner einfachen und offenen Art. Während ich mit ihm sprach, erkannte ich, wie sehr Don Juan und ich uns im Temperament glichen; unsere Beziehung war förmlich und korrekt im Vergleich zu Don Genaros und Pablitos Verhalten zueinander.

Ich fragte Pablito, warum er sich vor Don Juan fürchte. Seine Augen flackerten. Es war, als ob der bloße Gedanke an Don Juan ihn zusammenschrecken ließe. Er antwortete nicht. Er musterte mich auf eine irgendwie seltsame Art.

»Hast du denn keine Angst vor ihm?« fragte er.

Ich erzählte ihm, daß ich vor Don Genaro Angst hätte, und er lachte, als habe er dies nun am allerwenigsten erwartet. Don Juan und Don Genaro, sagte er, das sei wie der Unterschied zwischen Tag und Nacht. Don Genaro sei der Tag, Don Juan sei die Nacht, und insofern sei er der furchterregendste Mensch auf Erden. Von der Schilderung seiner Furcht vor Don Juan kam Pablito dann auf seine eigene Situation als Lehrling zu sprechen.

»Ich bin in einem ganz elenden Zustand«, sagte er. »Könntest du sehen, wie es in mir aussieht, dann wäre dir klar, daß ich für einen normalen Menschen zuviel weiß, und doch, wenn du mich mit dem *Nagual* sähest, dann wäre dir klar, daß ich nicht genug weiß.«

Er wechselte rasch das Thema und fing an, sich über mein

Mitschreiben lustig zu machen. Don Genaro, sagte er, habe stundenlang Heiterkeitsstürme hervorgerufen, indem er mich imitierte. Auch meinte er, daß Don Genaro mich – trotz meiner Ticks und Schrullen – sehr gern habe und daß er sich freue, mich als »protegido« zu haben.

Diesen Ausdruck hörte ich zum erstenmal. Er entsprach einem anderen Begriff, den Don Juan zu Beginn unserer Verbindung eingeführt hatte. Er hatte mir gesagt, ich sei sein »escogido«, sein Erwählter. Das Wort »protegido« heißt soviel wie Schützling.

Ich befragte Pablito nach seinen Begegnungen mit dem »Nagual«, und er erzählte mir die Geschichte, wie er zum erstenmal mit ihm zusammengetroffen war. Einmal, sagte er, hatte Don Juan ihm einen Korb geschenkt, den er für eine Freundschaftsgabe angesehen hatte. Er hatte ihn an einen Haken über seiner Zimmertür gehängt, und da er im Augenblick keine Verwendung dafür wußte, vergaß er ihn für den Rest des Tages. Er war der Meinung gewesen, der Korb sei ein Geschenk der Kraft und müsse deshalb einen ganz besonderen Zweck finden.

Am frühen Abend – wie Pablito sagte, war dies auch seine lebensgefährliche Stunde – ging er dann in sein Zimmer, um seine Jacke zu holen. Er war allein im Haus, und wollte eben aufbrechen, einen Freund zu besuchen. Im Zimmer war es dunkel. Er griff nach der Jacke, und als er die Hand nach der Türklinke ausstreckte, fiel der Korb herab und rollte ihm vor die Füße. Pablito lachte über seinen Schrecken, sobald er sah, daß bloß der Korb von seinem Haken gefallen war. Er bückte sich, um ihn aufzuheben, und nun erlebte er den Schock seines Lebens. Der Korb sprang vor ihm davon und fing an zu wackeln und zu knarren, als ob jemand ihn drückte und preßte. Aus der Küche, erzählte Pablito, fiel genügend Licht herein, daß man alles im Zimmer klar erkennen konnte. Eine Weile starrte er den Korb an, obwohl er irgendwie wußte, daß das falsch war. Nun begann der Korb sich unter tiefen, ächzenden und mühsamen Atemzügen zu verformen. Pablito behauptete, daß er tatsächlich den Korb atmen gesehen und gehört habe und daß er lebendig gewesen sei und ihn im Zimmer herumgehetzt habe, wobei er ihm den Ausgang ver-

sperrt habe. Dann blähte der Korb sich auf, alle Bambusstreben lockerten sich, und er verwandelte sich in einen riesigen Ball, der Pablito wie eine Steppenhexe vor die Füße kollerte. Dieser fiel auf den Rücken, und der Ball rollte seine Beine herauf. Pablito war inzwischen, wie er sagte, völlig von Sinnen und schrie hysterisch. Der Ball hielt ihn gefangen und wälzte sich weiter über seine Beine herauf, wobei er das Gefühl hatte, überall von Nadeln durchbohrt zu werden. Er versuchte ihn fortzustoßen, und nun bemerkte er, daß der Ball Don Juans Gesicht war, dessen Mund offenstand, bereit, ihn zu verschlingen. An diesem Punkt konnte er seine Panik nicht mehr meistern und wurde ohnmächtig.
Pablito berichtete ganz ungefangen und frei über eine Reihe von furchterweckenden Zusammenkünften, die Mitglieder seiner Familie mit dem »Nagual« gehabt hätten. So unterhielten wir uns stundenlang. Er schien im gleichen Dilemma zu stecken wie ich, schien sich aber entschieden geschickter im Bezugssystem der Zauberer zurechtzufinden.
Irgendwann aber stand er plötzlich auf und meinte, er habe das Gefühl, Don Juan werde jeden Augenblick auftauchen, und er wolle ihm hier nicht begegnen. In größter Eile machte er sich davon. Es war, als habe ihn irgend etwas aus dem Zimmer gezogen. Ich hatte noch nicht einmal Aufwiedersehn gesagt – weg war er schon!
Kurz darauf kamen Don Juan und Don Genaro nach Hause. Sie lachten.
»Pablito raste die Straße entlang wie die arme Seele vor dem Leibhaftigen«, sagte Don Juan. »Ich frage mich, warum bloß?«
»Ich glaube, er bekam es mit der Angst, als er sah, wie Carlitos sich die Finger wundschreibt«, sagte Don Genaro und äffte meine Schreibbewegungen nach.
Er trat neben mich.
»Heh! Ich habe eine Idee«, sagte er beinah flüsternd. »Da du so gern schreibst, warum lernst du nicht, mit dem Finger statt mit einem Bleistift zu schreiben. Das wäre doch ein Ding!«
Don Juan und Don Genaro setzten sich neben mich und lachten sich kaputt, während sie über die Möglichkeit speku-

lierten, mit dem Finger zu schreiben. Don Juan machte plötzlich mit ernster Stimme eine seltsame Bemerkung: »Kein Zweifel, daß er mit dem Finger schreiben könnte, aber würde er es auch lesen können?«
Don Genaro lachte los und meinte dann: »Ich bin überzeugt, er kann alles lesen.« Und dann erzählte er eine sehr merkwürdige Geschichte über einen Bauerntölpel, der in einer Zeit des politischen Umsturzes in hohe Ämter aufgerückt war. Der Held der Geschichte, sagte Don Genaro, war Minister oder Gouverneur oder sogar Präsident – man konnte ja nie wissen, was die Leute in ihrer Tollheit anstellten. Aufgrund dieser hohen Ehren kam er zu der Überzeugung, daß er ein bedeutender Mensch sei, und er lernte, eine wichtige Rolle zu spielen.
Don Genaro machte eine Pause und schaute mich mit der Miene eines seine Rolle überziehenden Schmierenkomödianten an. Er blinzelte und hob und senkte die Augenbrauen. Der Held der Geschichte, sagte er, war bei öffentlichen Auftritten sehr geschickt und konnte mühelos aus dem Stegreif eine Rede halten, doch seine amtliche Stellung erforderte, daß er seine Reden vom Blatt ablas, und der Mann war Analphabet. Er ließ sich also etwas einfallen, um alle hereinzulegen. Er besorgte sich ein beschriebenes Blatt Papier, und immer wenn er eine Rede halten mußte, fuchtelte er damit herum. Und die anderen Bauerntölpel waren von seiner Überlegenheit und seinen anderen guten Eigenschaften überzeugt. Doch eines Tages kam ein des Lesens kundiger Fremder und merkte, daß unser Held das Blatt verkehrt herum hielt, während er vorgab, seine Rede abzulesen. Er lachte ihn aus und posaunte den Schwindel laut heraus.
Wieder machte Don Genaro eine kurze Pause und sah mich an, kniff die Augen zusammen und fragte: »Glaubst du, daß unser Held nun ertappt war? Keine Spur! Er schaute ruhig in die Runde und sagte: ›Verkehrt herum? Ist's nicht egal, wie ich das Papier halte? Hauptsache ich kann es lesen!‹ Und die anderen Bauerntölpel gaben ihm recht.«
Don Juan und Don Genaro explodierten vor Lachen. Don Genaro klopfte mir freundlich den Rücken, ganz so, als ob ich der Held der Geschichte gewesen wäre. Ich war verlegen und

lachte nervös. Ich argwöhnte irgendeine versteckte Bedeutung, aber ich getraute mich nicht, zu fragen.
Don Juan rückte näher an mich heran. Er beugte sich vor und flüsterte mir ins rechte Ohr: »Findest du das nicht spaßig?«
Auch Don Genaro beugte sich zu mir herüber und flüsterte mir ins linke Ohr: »Was hat er gesagt?« Ich reagierte ganz automatisch auf beide Fragen und antwortete mit einer unfreiwilligen Synthese:
»Ja. Ich fand, er fragte, 's ist spaßig«, sagte ich.
Offenkundig war ihnen die Wirkung ihres Manövers bewußt; sie lachten, bis ihnen die Tränen über die Wangen liefen. Don Genaro war, wie immer, ausgelassener als Don Juan; er fiel um und wälzte sich, ein paar Meter von mir entfernt, auf dem Rücken. Dann lag er auf dem Bauch, streckte Arme und Beine aus und wirbelte über den Boden, als ob er auf Rollen läge. So kreiselte er umher, bis er in meine Nähe kam und sein Fuß den meinen streifte. Dann setzte er sich auf und grinste töricht.
Don Juan hielt sich den Leib. Anscheinend hatte er Bauchweh vor Lachen.
Nach einer Weile beugten beide sich wieder vor und flüsterten mir unablässig in die Ohren. Ich versuchte mir die Reihenfolge ihrer Sprüche zu merken, aber nach einer vergeblichen Anstrengung gab ich es auf. Es waren zu viele.
Sie flüsterten mir in die Ohren, bis ich wieder das Gefühl hatte, zwiegespalten zu sein. Wie am Tag zuvor verwandelte ich mich wieder in einen Nebel, ein gelbliches Leuchten, das alles ganz unmittelbar empfand. Das heißt, ich »wußte« alles, was vorging. Dabei spielten keine Gedanken mit; es gab nur Gewißheiten. Und als ich mit einem weichen, schwammigen, elastischen Gefühl in Kontakt geriet, das sich außerhalb von mir befand und doch ein Teil von mir war, »wußte« ich, daß es ein Baum war. Ich fühlte an seinem Duft, daß es ein Baum sein mußte. Es roch nicht wie ein bestimmter Baum, an den ich mich erinnert hätte, und doch »wußte« irgend etwas in mir, daß dieser besondere Duft das »Wesen« von Baum war. Ich hatte nicht einfach das Gefühl, daß ich »wußte«, auch kontrollierte ich weder mein Wissen mit der Vernunft, noch kümmerte ich mich viel um äußere Merkmale. Ich wußte

einfach, daß da irgend etwas in Kontakt mit mir war, mich überall umgab, ein freundlicher, warmer, zwingender Geruch, der von etwas ausging, das weder fest noch flüssig, sondern ein undefinierbares anderes Etwas war, von dem ich »wußte«, daß es ein Baum war. Indem ich in dieser Form darum »wußte«, meinte ich, sein Wesen zu erfassen. Ich fühlte mich nicht von ihm abgestoßen. Vielmehr lud er mich ein, mit ihm zu verschmelzen. Ich sank in ihn ein, oder er sank in mich ein. Zwischen uns bestand eine Verbindung, die weder besonders erquicklich noch unangenehm war.
Die nächste Empfindung, an die ich mich klar erinnern konnte, war ein überwältigendes Gefühl des Staunens und Frohlockens. Alles an mir vibrierte. Es war, als ob Stromstöße durch mich hindurch gingen. Sie waren nicht schmerzhaft. Sie waren angenehm, aber auf so unbestimmte Weise, daß es mir unmöglich war, sie genauer zu definieren. Ich wußte jedoch, daß ich mit dem Boden in Kontakt war, wie dieser auch immer beschaffen sein mochte. Ein Teil von mir erkannte mit prägnanter Klarheit, daß es der Boden war. Aber in dem Augenblick, als ich versuchte, die Unendlichkeit der unmittelbaren Wahrnehmungen, die ich hatte, kritisch zu durchdringen, verlor ich alle Fähigkeit, meine Wahrnehmungen zu unterscheiden.
Dann war ich auf einmal wieder ich selbst. Ich dachte. Es war ein so unvermittelter Übergang, daß ich glaubte, aufgewacht zu sein. Und doch war da irgend etwas an meinen Empfindungen, das nicht ganz ich selbst war. Noch bevor ich die Augen aufschlug, wußte ich, daß eigentlich etwas fehlte. Ich war immer noch in einem Traum oder in einer Vision befangen. Meine Denkprozesse aber waren nicht nur unbeeinträchtigt, sondern ungewöhnlich klar. Rasch orientierte ich mich. Ich zweifelte nicht daran, daß Don Juan und Don Genaro meinen traumartigen Zustand zu einem bestimmten Zweck ausgelöst hatten. Ich glaubte schon zu verstehen, welch ein Zweck damit verbunden war, als etwas mir Fremdes mich zwang, meine Aufmerksamkeit auf meine Umgebung zu richten. Ich brauchte lange, bis ich wußte, wo ich war. Tatsächlich, ich lag auf dem Bauch, und zwar auf einem ganz sonderbaren Fußboden. Als ich ihn näher untersuchte, konnte ich mir ein

Gefühl der Ehrfurcht und des Staunens nicht versagen. Ich begriff nicht, woraus er gemacht war. Unregelmäßige Platten von irgendeiner unbekannten Substanz waren höchst kunstvoll und doch einfach zusammengesetzt. Sie waren zwar zusammengefügt, aber nicht am Boden oder aneinander befestigt. Sie waren elastisch und gaben nach, wenn ich versuchte, sie mit dem Finger auseinanderzuschieben, aber sobald ich losließ, schnellten sie wieder in ihre Ausgangslage zurück.
Ich versuchte aufzustehen, unterlag aber der befremdlichsten Störung meiner Sinne. Ich hatte keinerlei Kontrolle über meinen Körper; tatsächlich schien mein Körper nicht einmal zu mir zu gehören. Er war schlaff, und ich hatte zu keinem seiner Teile eine Verbindung, und als ich aufzustehen versuchte, konnte ich die Arme nicht bewegen und plumpste hilflos auf den Bauch, wobei ich zur Seite rollte. Der Schwung des Sturzes ließ mich beinahe eine komplette Drehung vollführen und wieder auf dem Bauch landen. Aber meine ausgestreckten Arme und Beine bremsten die Drehung, und ich kam auf dem Rücken zu liegen. In dieser Position fiel mein Blick auf zwei seltsam geformte Beine und die formlosesten Füße, die ich je gesehen hatte. Das war mein Körper! Ich war anscheinend in eine Decke eingehüllt. Mir kam der Gedanke in den Sinn, daß ich mich vielleicht selbst in einer Szene als Krüppel oder Invalide erlebte. Ich versuchte, mich aufzurichten und meine Beine anzuschauen, aber mein Körper ruckte nur matt. Ich schaute direkt in einen gelben Himmel, einen tiefen, strahlend zitronengelben Himmel. Er wies Rillen oder Vertiefungen von dunklerem Gelb auf, und eine Unzahl von Ausbuchtungen, die wie Wassertropfen herabhingen. Die Gesamtwirkung dieses unglaublichen Himmels war atemberaubend. Ich konnte nicht feststellen, ob jene Ausbuchtungen Wolken waren. Als ich meinen Kopf hin- und herdrehte, entdeckte ich auch Schatten und Flecken in anderen Gelbtönen.
Dann zog etwas anderes meine Aufmerksamkeit an; eine Sonne, genau am Zenit des gelben Himmels, direkt über meinem Kopf, eine milde Sonne – nach der Tatsache zu urteilen, daß ich sie anstarren konnte –, die ein sanftes, gleichförmiges, weißliches Licht ausstrahlte.

Noch bevor ich Zeit fand, über all diese unirdischen Bilder nachzudenken, wurde ich heftig geschüttelt. Mein Kopf ruckte und schaukelte hin und her. Ich wurde hochgehoben. Ich hörte eine schrille Stimme und Kichern – und ich war mit dem erstaunlichsten Anblick konfrontiert: einer gigantischen barfüßigen Frau. Ihr Gesicht war rund und riesig. Ihr Haar war zu einem Pagenkopf geschnitten. Ihre Arme und Beine waren monströs. Sie hob mich auf und legte mich über ihre Schulter, als wäre ich eine Puppe. Mein Körper hing schlaff herab. Ich schaute ihren kräftigen Rücken hinab. Um die Schultern und am Rückgrat entlang hatte sie einen feinen Flaum. Als ich über ihre Schulter hinab schaute, sah ich wieder den wundervollen Boden. Ich hörte, wie er unter ihrem gewaltigen Gewicht elastisch nachgab, und ich sah die Fußabdrücke, die sie auf ihm hinterließ.

Vor einem Gebilde, einer Art Bauwerk, legte sie mich auf den Bauch. Erst jetzt bemerkte ich, daß mit meiner Tiefenwahrnehmung etwas nicht stimmte. Ich konnte die Größe des Gebäudes nicht abschätzen. Einen Moment schien es lächerlich klein zu sein, aber dann wieder, nachdem ich anscheinend meinen Blick angepaßt hatte, mußte ich mich über seine monumentalen Ausmaße wundern.

Das gigantische Mädchen setzte sich neben mich und ließ den Fußboden knarren. Ich berührte ihr riesiges Knie. Sie roch nach Bonbons oder Erdbeeren. Sie sprach mit mir, und ich verstand alles, was sie sagte. Sie zeigte auf das Bauwerk und sagte mir, hier wohne ich.

Als ich den Schock, mich hier zu befinden, allmählich überwunden hatte, schien sich auch meine Beobachtungsfähigkeit wieder zu bessern. Jetzt bemerkte ich, daß das Bauwerk vier großartige, aber funktionslose Säulen hatte. Sie hatten nichts zu tragen; sie befanden sich auf dem Dach des Gebäudes. Ihre Form war die Schlichtheit selbst; es waren lange, zierliche Gebilde, die sich in jenem furchterregenden, unglaublich gelben Himmel zu verlieren schienen. Diese nutzlosen Säulen erschienen mir als die reine Schönheit. Ich hatte einen Anfall von ästhetischem Überschwang.

Die Säulen schienen aus einem Stück gemacht – wie, das konnte ich mir nicht vorstellen. Die beiden vorderen Säulen

waren durch einen dünnen Balken miteinander verbunden – eine riesige lange Latte, die vielleicht als Geländer oder als Balustrade diente.
Das gigantische Mädchen schob mich auf dem Rücken in das Bauwerk hinein. Die Decke war schwarz und niedrig, und sie war von symmetrisch angeordneten Löchern übersät, die den gelblichen Glanz des Himmels hereinscheinen ließen und die erstaunlichsten Muster bildeten. Ich war wirklich ergriffen von der Schlichtheit und Schönheit dieses Bildes: diese Flecken gelben Himmels, die durch die exakt verteilten Löcher in der Decke hereinstrahlten, und die Schattenmuster, die sie auf diesem wundervollen, geheimnisvollen Boden erzeugten! Das ganze Gebilde war quadratisch, und abgesehen von seiner prägnanten Schönheit, war es für mich unbegreiflich. Meine Beglückung war so heftig, daß ich weinen – oder für immer hierbleiben wollte. Aber irgendeine Kraft oder Spannung oder sonst etwas Undefinierbares zog an meinen Beinen. Plötzlich befand ich mich außerhalb des Bauwerks, immer noch auf dem Rücken liegend. Das gigantische Mädchen war da, aber bei ihr war noch ein anderes Wesen, eine Frau, die so groß war, daß sie bis in den Himmel reichte und die Sonne verdunkelte. Verglichen mit ihr war das gigantische Mädchen nur eine Zwergin. Die große Frau war böse. Sie packte das Bauwerk an einer seiner Säulen, hob es auf, drehte es um und stellte es auf den Boden. Es war – ein Schemel!
Diese Erkenntnis wirkte wie ein Katalysator auf mich; sie löste einige überraschende Erkenntnisse aus. Ich durchlief eine Reihe von Bildern, die zwar nicht zusammenhingen, aber als Sequenz aufgefaßt werden konnten. Schlag auf Schlag erkannte ich, daß der wundervolle, unbegreifliche Boden eine Strohmatte war; der gelbe Himmel war die Stuckdecke eines Zimmers; die Sonne war eine Glühbirne; das Bauwerk, das einen solchen Begeisterungstaumel bei mir ausgelöst hatte, war ein Stuhl, den ein Kind auf den Kopf gestellt hatte, um Häuschen zu spielen.
Noch einmal hatte ich eine zusammenhängende Vision einer mysteriösen architektonischen Struktur von gewaltigen Proportionen. Sie stand allein im Raum. Sie sah beinahe aus wie die spitze Muschel einer Schnecke mit aufgerichtetem

Schwanz. Die Wände bestanden aus konkaven und konvexen Platten aus irgendeinem seltsamen purpurnen Material; jede Platte hatte Rillen, die wohl eher einem funktionalen als ornamentalen Zweck dienten.
Ich untersuchte das Gebilde genau und in allen Einzelheiten und stellte fest, daß es, genau wie das Bauwerk vorhin, durchaus unbegreiflich war. Ich erwartete, daß meine Wahrnehmung sich anpassen und das »wahre« Wesen des Gebildes sich enthüllen würde. Aber nichts dergleichen geschah. Dann hatte ich eine bunte Reihe von fremdartigen, komplizierten »Erkenntnissen« oder »Feststellungen« zu dem Gebilde und seiner Funktion, die aber keinen Sinn ergaben, weil ich sie nicht in einen Bezugsrahmen einordnen konnte.
Plötzlich erlangte ich wieder mein normales Bewußtsein. Don Juan und Don Genaro standen neben mir. Ich war müde. Ich suchte nach meiner Uhr; sie war weg. Don Juan und Don Genaro lachten unbeschwert. Don Juan meinte, ich solle mich nicht um die Uhrzeit kümmern und mich lieber darauf konzentrieren, gewisse Ermahnungen zu befolgen, die Don Genaro mir gegeben hatte.
Ich wandte mich an Don Genaro, aber der machte nur einen Witz. Er sagte, die wichtigste Ermahnung sei, daß ich lernen müsse, mit dem Finger zu schreiben, um Bleistifte zu sparen und um angeben zu können.
Eine Weile hänselten sie mich noch wegen meinen Aufzeichnungen, und dann schlief ich ein.

Don Juan und Don Genaro hörten sich den ausführlichen Bericht meiner Erlebnisse an, den ich ihnen am nächsten Morgen, auf Don Juans Aufforderung hin gab.
»Genaro meint, daß du für diesmal genug hast«, sagte Don Juan, nachdem ich geendet hatte.
Don Genaro nickte zustimmend.
»Welche Bedeutung hatte das, was ich gestern abend erlebt habe?« fragte ich.
»Du hast einen Blick auf den Kern der Zauberei geworfen«, sagte Don Juan. »Gestern abend durftest du die Ganzheit deines Selbst erspähen. Aber im Augenblick ist dies für dich natürlich eine sinnlose Feststellung. Das Erreichen der Ganz-

heit des Selbst ist offenbar nicht eine Frage des Wunsches nach Einsicht oder der Bereitschaft zu lernen. Genaro glaubt, daß dein Körper Zeit braucht, um das Flüstern des *Nagual* in dich einsinken zu lassen.«

Wieder nickte Don Genaro.

»Viel Zeit«, sagte er und wackelte mit dem Kopf. »Vielleicht zwanzig oder dreißig Jahre.«

Ich wußte nicht, was ich davon halten sollte. Ich schaute Don Juan an und erwartete ein Stichwort. Beide zogen ein ernstes Gesicht.

»Habe ich wirklich noch zwanzig oder dreißig Jahre Zeit?« fragte ich.

»Natürlich nicht!« schrie Don Genaro, und beide brachen in schallendes Gelächter aus.

Don Juan sagte, ich solle wiederkommen, sobald meine innere Stimme es mir befehlen werde, und in der Zwischenzeit solle ich versuchen, mich auf all die Empfehlungen zu besinnen, die sie mir gegeben hatten, während ich gespalten war.

»Wie soll ich das anstellen?« fragte ich.

»Indem du deinen inneren Dialog abstellst und irgend etwas in dir herausfließen und sich ausdehnen läßt«, sagte Don Juan. »Dieses Etwas ist deine Wahrnehmung, aber versuche nicht, herauszufinden, was ich damit meine! Laß dich einfach vom Flüstern des *Nagual* leiten!«

Dann sagte er, ich hätte am Abend zuvor zwei grundverschiedene Arten von Visionen gehabt. Die eine sei unerklärlich, die andere vollkommen klar, und die Reihenfolge, in der sie aufgetreten seien, deute auf eine Bedingung hin, die uns allen wesenseigen sei.

»Die eine Vision war das *Nagual,* die andere das *Tonal*«, fügte Don Genaro hinzu.

Ich bat ihn um weitere Aufklärung. Er sah mich an und klopfte mich auf den Rücken. Don Juan sprang ein und meinte, die ersten beiden Visionen seien das »Nagual« gewesen, und Don Genaro habe einen Baum und den Fußboden zur Verdeutlichung gewählt. Die anderen beiden seien Visionen des »Tonal« gewesen, die er selbst ausgewählt habe; eine davon sei meine Wahrnehmung als Kind.

»Sie erschien dir als eine fremde Welt, weil deine Wahrneh-

mung damals noch nicht darauf abgerichtet war, sich der gewünschten Form einzufügen«, sagte er.
»War dies wirklich die Art, wie ich die Welt sah?« fragte ich.
»Gewiß!« sagte er. »Das war deine Erinnerung.«
Ich fragte Don Juan, ob jener ästhetische Überschwang, der mich erfaßt hatte, ebenfalls Teil meiner Erinnerung gewesen sei.
»Wir erleben solche Visionen mit unseren heutigen Augen«, sagte er. »Du hast diese Szene gesehen, wie du sie heute sehen würdest. Doch es war nur eine Wahrnehmungsübung. Diese Szene entstammte einer Zeit, als die Welt für dich zu dem wurde, was sie heute ist, aus einer Zeit, als ein Schemel zu einem Schemel wurde.«
Auf die andere Szene wollte er nicht näher eingehen.
»Das war keine Erinnerung aus meiner Kindheit«, sagte ich.
»Ganz richtig!« sagte er. »Es war etwas anderes.«
»War es etwas, was ich in Zukunft sehen werde?« fragte ich.
»Es gibt keine Zukunft!« rief er scharf. »Die Zukunft – das ist nur eine bildliche Redeweise. Für einen Zauberer gibt es nur das Hier und Jetzt.«
Ansonsten gebe es im Grunde nichts darüber zu sagen, meinte er, denn der Zweck dieser Übung sei gewesen, die Flügel meiner Wahrnehmung zu entfalten, und obwohl ich nicht mit Hilfe dieser Flügel geflogen sei, hätte ich doch vier Punkte berührt, die aus dem Blickwinkel meiner alltäglichen Wahrnehmung für mich unerreichbar gewesen seien.
Ich fing an, meine Sachen zu packen, um bald aufzubrechen. Don Genaro half mir, mein Notizbuch verstauen. Er legte es zuunterst in meine Tasche.
»Da wird's es warm und gemütlich haben«, sagte er augenzwinkernd. »Du kannst beruhigt sein, es wird sich keinen Schnupfen holen.«
Dann aber schien Don Juan es sich mit meiner Abreise anders zu überlegen und fing an über mein Erlebnis zu sprechen. Ganz automatisch versuchte ich, Don Genaro meine Aktentasche aus der Hand zu reißen, aber er ließ sie fallen, bevor ich sie berührt hatte. Don Juan wandte mir, während er sprach,

den Rücken zu. Ich schnappte mir die Tasche und suchte hastig nach meinem Notizbuch. Don Genaro hatte es wirklich so gut verstaut, daß ich es kaum zu fassen kriegte; schließlich zog ich es hervor und fing an mitzuschreiben. Don Juan und Don Genaro starrten mich an.

»Du bist miserabel in Form«, sagte Don Juan lachend. »Du klammerst dich an dein Notizbuch wie ein Säufer an die Flasche.«

»Wie eine liebende Mutter an ihr Kind«, japste Don Genaro.

»Wie ein Priester an das Kruzifix«, steuerte Don Juan bei.

»Wie eine Frau an ihr Höschen«, schrie Don Genaro.

Und so fiel ihnen ein Vergleich um den anderen ein, während sie mich unter schallendem Gelächter zu meinem Auto geleiteten.

3. Teil
Die Erklärung der Zauberer

Drei Zeugen des Nagual

Nach Hause zurückgekehrt, stand ich wieder einmal vor der Aufgabe, meine Feldnotizen zu ordnen. Je öfter ich die Ereignisse rekapitulierte, desto eindringlicher wurde das, was Don Juan und Don Genaro mich hatten erleben lassen. Ich stellte aber fest, daß meine übliche Reaktion, nämlich mich in Bestürzung und Furcht über das, was ich durchgemacht hatte, monatelang gehenzulassen, diesmal nicht so heftig war wie in der Vergangenheit. Verschiedene Male versuchte ich vorsätzlich, wie ich es früher getan hatte, mich in Spekulationen und sogar in Selbstmitleid zu ergehen; aber irgend etwas fehlte diesmal. Ich hatte auch vorgehabt, mir eine Reihe von Fragen aufzuschreiben, die ich Don Juan, Don Genaro oder sogar Pablito vorlegen wollte. Das Projekt scheiterte aber, noch bevor ich damit begonnen hatte. Irgend etwas in mir selbst hinderte mich daran, mich auf Fragen und Grübeleien einzulassen.
Ich hatte nicht gerade den Plan, Don Juan und Don Genaro wieder aufzusuchen, aber andererseits schreckte ich auch nicht vor dieser Möglichkeit zurück. Eines Tages aber, ohne daß ich es mir lange überlegt hätte, spürte ich einfach, daß es Zeit war, sie wieder zu besuchen.
Immer wenn ich mich in früheren Jahren bereit machte, nach Mexiko zu fahren, hatte ich das Gefühl gehabt, daß es tausenderlei wichtige, dringende Fragen gab, die ich Don Juan stellen wollte; diesmal belastete mich nichts dergleichen. Es war, als ob die Überarbeitung meiner Notizen die Vergangenheit für mich abgeschlossen und mich für das Hier und Jetzt der Welt von Don Juan und Don Genaro vorbereitet hätte.
Ich brauchte nur ein paar Stunden zu warten, bis Don Juan mich auf dem Marktplatz einer kleinen Stadt in den Bergen Zentralmexikos »fand«. Er begrüßte mich sehr herzlich und rückte dann mit einem Vorschlag heraus. Bevor wir zu Don Genaro fahren würden, wolle er, meinte er, gern Don Genaros Lehrlingen, Pablito und Nestor, einen Besuch abstatten. Als ich vom Highway abbog, ermahnte er mich, besonders

sorgfältig auf irgendwelche ungewöhnlichen Erscheinungen am Straßenrand oder auf der Straße selbst zu achten. Ich bat ihn um genauere Anweisungen.
»Das geht nicht«, sagte er. »Das *Nagual* braucht keine genauen Anweisungen.«
Ich reagierte ganz automatisch und verlangsamte die Fahrt. Er lachte laut und bedeutete mir mit einer Handbewegung, ich solle weiterfahren.
Als wir uns der Stadt näherten, wo Pablito und Nestor wohnten, sagte Don Juan, ich solle anhalten. Mit einer fast unmerklichen Kopfbewegung wies er mich auf eine Gruppe mäßig hoher Felsen am linken Straßenrand hin.
»Dort ist das *Nagual*«, flüsterte er.
Es war niemand zu sehen. Ich hatte erwartet, Don Genaro zu erblicken. Ich schaute noch einmal zu den Felsblöcken hinüber und suchte dann die Umgebung ab. Auch dort war niemand. Ich strengte meine Augen an, um irgend etwas zu entdecken, ein kleines Tier, ein Insekt, einen Schatten oder eine sonderbare Gesteinsformation – irgend etwas Ungewöhnliches. Nach einer Weile gab ich es auf und drehte mich zu Don Juan um. Ohne die Andeutung eines Lächelns hielt er meinem fragenden Blick stand und stieß dann mit dem Handrücken meinen Arm an, um meine Aufmerksamkeit wieder auf die Felsblöcke zu lenken. Ich starrte zu ihnen hinüber, dann stieg Don Juan aus dem Wagen und forderte mich auf, ihm zu folgen und sie genauer zu untersuchen.
Langsam stiegen wir etwa sechzig Meter weit einen sanft geneigten Abhang zum Fuß der Felsen hinan. Dort blieb Don Juan stehen und flüsterte mir ins rechte Ohr, daß das »Nagual« mich genau an dieser Stelle erwarte. Ich sagte ihm, daß ich, wie sehr ich mich auch anstrengte, lediglich die Felsen, ein paar Grasbüschel und Kakteen entdecken könne. Er beteuerte aber, das »Nagual« sei da und warte auf mich.
Er befahl mir, mich hinzusetzen, meinen inneren Dialog abzustellen und den Blick, ohne mich zu konzentrieren, auf die Spitzen der Felsblöcke zu richten. Er setzte sich neben mich, brachte seinen Mund an mein rechtes Ohr und flüsterte mir zu, daß das »Nagual« mich gesehen habe, daß es da sei, auch wenn ich es nicht entdeckte, und daß ich wohl nur die Schwie-

rigkeit hätte, meinen inneren Dialog nicht abstellen zu können. Jedes Wort, das er sagte, nahm ich in einem Zustand inneren Schweigens auf. Ich verstand alles, und doch war ich unfähig zu antworten; es hätte mich unglaubliche Mühe gekostet, zu sprechen und zu denken. Meine Reaktionen auf seine Worte waren nicht eigentlich Gedanken, sondern ganze Gefühlseinheiten, die aber alle Sinnbedeutung besaßen, die ich in der Regel mit dem Denken in Verbindung bringe.
Er flüsterte, es sei sehr schwer, aus eigener Kraft den Weg zum »Nagual« zu beschreiten, und ich hätte großes Glück gehabt, durch den Nachtfalter und sein Lied einen Anstoß erhalten zu haben. Indem ich die Erinnerung an den »Ruf des Nachtfalters« festhielt, sagte er, könne ich diesen zu Hilfe rufen.
Entweder hatten seine Worte eine unwiderstehliche Suggestivkraft, oder vielleicht hatte ich mir auch das Wahrnehmungsphänomen, das er als »Ruf des Nachtfalters« bezeichnete, vergegenwärtigt, jedenfalls hatte er mir kaum seine Anweisung zugeflüstert, als auch schon jenes eigenartige, pochende Geräusch hörbar wurde. Seine Klangfülle gab mir das Gefühl, als befände ich mich in einem Flüstergewölbe. Wie das Geräusch lauter wurde und näherrückte, bemerkte ich auch – in einem irgendwie traumähnlichen Zustand –, daß dort oben auf den Felsen sich etwas bewegte. Don Genaro hockte auf einem der Blöcke. Seine Füße baumelten herab; und mit den Absätzen hämmerte er gegen den Fels und erzeugte ein rhythmisches Geräusch, das mit dem »Ruf des Nachtfalters« synchron zu sein schien. Er lächelte und winkte mir zu. Ich versuchte rational zu denken. Ich verspürte den Wunsch, herauszufinden, wie er dorthin gelangt war und wieso ich ihn nun auf einmal sah, aber es wollte mir nicht gelingen, meinen Verstand in Gang zu setzen. Unter diesen Umständen blieb mir nichts anderes übrig, als ihn anzuschauen, wie er lächelnd dasaß und mit der Hand winkte.
Nach einer Weile schien er sich anzuschicken, den runden Felsblock herabzugleiten. Ich sah, wie er die Beine anpannte und die Füße in die richtige Stellung brachte, um auf dem harten Boden zu landen, wie er seinen Rücken bog, bis er beinah die Oberfläche des Steins berührte, um Schwung für

das Herabgleiten zu bekommen. Aber plötzlich verharrte sein Körper auf halbem Weg. Ich hatte den Eindruck, daß er irgendwo festhing. Er strampelte ein paarmal mit den Beinen, als wollte er schwimmen. Anscheinend versuchte er, sich von irgend etwas loszumachen, das ihn am Hosenboden festhielt. Wie wild rieb er sich mit beiden Händen das Hinterteil. Tatsächlich, es wirkte auf mich, als ob er sich von einem schmerzhaften Griff zu befreien suchte. Ich wollte ihm zu Hilfe eilen, aber Don Juan hielt mich am Arm zurück. Ich hörte, wie er – beinahe keuchend vor Lachen – zu mir sagte: »Beobachte ihn! Beobachte ihn!«

Don Genaro strampelte, bog den Rumpf durch und wand sich von einer Seite zur anderen, als wenn er einen Nagel herausreißen wollte. Dann hörte ich einen lauten Knall, und er schwebte – oder vielmehr: wurde geschleudert – dorthin, wo Don Juan und ich standen. Er landete etwa zwei Meter vor mir auf den Füßen. Er rieb sich den Hintern und tanzte mit schmerzverzerrtem Gesicht auf und ab, wobei er wüste Flüche ausstieß.

»Der Stein wollte mich nicht loslassen und packte mich am Arsch«, sagte er mit einfältiger Stimme.

Ich wurde von unvergleichlicher Freude ergriffen. Ich lachte laut heraus. Ich stellte fest, daß meine Ausgelassenheit meiner geistigen Klarheit die Waage hielt. In diesem Augenblick hatte ein umfassender Zustand gesteigerter Bewußtheit von mir Besitz ergriffen. Alles um mich her war kristallklar. Vorhin war ich, wegen meines inneren Schweigens, schläfrig und geistesabwesend gewesen. Aber dann hatte irgend etwas, das mit Don Genaros plötzlichem Erscheinen zusammenhing, bei mir eine große Klarheit ausgelöst.

Don Genaro rieb sich immer noch den Hintern und hüpfte auf und ab; dann sprang er auf mein Auto zu, öffnete die Tür und kroch auf den Rücksitz.

Automatisch drehte ich mich um und wollte etwas zu Don Juan sagen. Er war nirgend zu sehen. Ich rief laut seinen Namen. Don Genaro sprang aus dem Auto, wobei er ebenfalls mit schriller, sich überschlagender Stimme nach Don Juan schrie. Erst jetzt, während ich ihm zuschaute, erkannte ich, daß er mein Verhalten nachäffte. Mich hatte nämlich, als ich

feststellte, daß ich mit Don Genaro allein war, eine solche Angst gepackt, daß ich ganz unbewußt drei- oder viermal um den Wagen herumgelaufen war und nach Don Juan geschrien hatte.
Don Genaro sagte, wir müßten Pablito und Nestor abholen, Don Juan werde schon irgendwo unterwegs auf uns warten.
Nachdem ich meine anfängliche Furcht überwunden hatte, sagte ich ihm, daß ich mich freute, ihn zu sehen. Er hänselte mich wegen meiner übertriebenen Reaktion. Don Juan, meinte er, sei für mich nicht so etwas wie ein Vater, sondern eher eine Mutter. Er gab ein paar unerhört komische Sprüche und Wortspiele über »Mütter« zum besten. Vor Lachen bemerkte ich nicht einmal, daß wir Pablitos Haus erreicht hatten. Don Genaro hieß mich anhalten und stieg aus. Pablito stand in der Haustür. Er kam gelaufen, stieg ein und setzte sich neben mich auf den Beifahrersitz.
»Auf, jetzt zu Nestor.« sagte er, als ob er in Eile sei.
Ich drehte mich nach Don Genaro um. Er war nicht mehr da. Pablito bat mich mit beschwörender Stimme, mich zu beeilen.
Wir fuhren an Nestors Haus vor. Auch er wartete schon vor der Tür. Wir stiegen aus. Ich hatte das Gefühl, als wüßten die beiden, was vor sich ging.
»Wohin fahren wir?« fragte ich.
»Hat Genaro es dir nicht gesagt?« fragte Pablito mich mit ungläubiger Stimme.
Ich versicherte ihm, weder Don Juan noch Don Genaro hätte dergleichen erwähnt.
»Wir gehen zu einem Ort der Kraft«, sagte Pablito.
»Was werden wir dort tun?«
Wie aus einem Mund sagten die beiden, sie wüßten es nicht. Nestor fügte hinzu, Don Genaro habe ihm aufgetragen, mich an diesen Ort zu führen.
»Warst du denn nicht bei Genaro?« fragte Pablito.
Ich erzählte ihm, daß ich mit Don Juan zusammengewesen sei, daß wir unterwegs Don Genaro getroffen hätten und daß Don Juan mich mit ihm allein gelassen hätte.
»Wohin ist Don Genaro verschwunden?« fragte ich Pablito.
Doch Pablito wußte gar nicht, wovon ich sprach. Er hatte Don Genaro nicht in meinem Auto gesehen.

»Er ist mit mir zu dir gefahren«, sagte ich.
»Ich glaube gar, du hattest das *Nagual* im Auto«, sagte Nestor erschrocken.
Er wollte sich nicht auf die Rückbank setzen und drängte sich neben Pablito auf den Beifahrersitz.
Auf der Fahrt herrschte Schweigen, nur von Nestors knappen Richtungsangaben unterbrochen.
Ich wollte über die Ereignisse des Vormittags nachdenken, aber irgendwie wußte ich, daß jeder Versuch, sie zu erklären, ein fruchtloses Sichgehenlassen meinerseits gewesen wäre. Ich versuchte Nestor und Pablito in ein Gespräch zu verwickeln; sie sagten, sie seien zu nervös, solange sie im Auto säßen, und wollten nicht sprechen. Ich freute mich über ihre ehrliche Antwort und ließ sie in Ruhe.
Nachdem wir über eine Stunde gefahren waren, parkten wir den Wagen auf einer Nebenstraße und kletterten einen steilen Berghang hinauf. Schweigend wanderten wir noch etwa eine Stunde unter Nestors Führung, und dann machten wir am Fuß einer gewaltigen Felsklippe halt, die sich als beinahe senkrechte Wand etwa siebzig Meter hoch erhob. Mit halb geschlossenen Augen suchte Nestor den Boden ab, um einen geeigneten Platz zum Sitzen zu finden. Ich war mir peinlich bewußt, wie unbeholfen er sich dabei bewegte. Pablito, der neben mir stand, schien mehrmals im Begriff zu sein, einzuschreiten und ihn zu korrigieren, doch er beherrschte sich und nahm eine lockere Haltung an. Dann entschied Nestor sich nach kurzem Zögern für eine Stelle. Pablito seufzte erleichtert. Ich wußte, daß der Platz, den Nestor gewählt hatte, der richtige war, aber ich hatte keine Ahnung, wieso ich das wußte. Also beschäftigte ich mich mit dem Scheinproblem, mir vorzustellen, welche Stelle ich gewählt hätte, falls ich die Führung gehabt hätte. Doch ich konnte mir nicht einmal ansatzweise ausmalen, wie ich dabei vorgegangen wäre. Pablito erkannte offenbar, was mich beschäftigte.
»Das darf man nicht«, flüsterte er mir zu.
Ich lachte verlegen, als habe er mich bei etwas Unerlaubtem ertappt. Lachend erzählte Pablito, daß Don Genaro mit den beiden oft in den Bergen umhergewandert sei und jedem von ihnen von Zeit zu Zeit die Führung überlassen habe, damit sie

lernten, daß es unmöglich sei, sich vorzustellen, für welchen Platz man selbst sich entscheiden würde.

»Man kann das deshalb nicht, sagt Genaro, weil es nur richtige oder falsche Entscheidungen gibt«, sagte er. »Wenn du eine falsche Entscheidung triffst, dann weiß dein Körper das, und auch der Körper jedes anderen weiß es. Aber wenn du eine richtige Entscheidung triffst, weiß der Körper es ebenfalls, und er entspannt sich und vergißt auf der Stelle, daß überhaupt eine Entscheidung getroffen worden ist. Du lädst deinen Körper wieder auf – wie ein Gewehr, weißt du – für die nächste Entscheidung. Wenn du deinen Körper noch einmal benutzen willst, um die gleiche Entscheidung zu treffen, dann funktioniert er nicht.«

Nestor schaute mich an; anscheinend kam es ihm merkwürdig vor, daß ich mitschrieb. Jetzt nickte er zustimmend, als wolle er Pablito beipflichten, und dann lächelte er zum erstenmal, seit ich ihn kannte. Zwei von seinen oberen Zähnen waren verwachsen. Pablito erklärte, daß Nestor keineswegs bösartig oder abweisend sei, sondern sich wegen seiner Zähne geniere und daß dies der Grund sei, warum er nie lächele. Nestor lachte und hielt sich die Hand vor den Mund. Ich sagte ihm, ich könne ihn zu einem guten Zahnarzt schicken, der seine Zähne richten werde. Sie hielten den Vorschlag für einen Witz und lachten wie zwei Kinder.

»Genaro sagt, er muß seine Scheu allein überwinden«, sagte Pablito. »Außerdem, sagt Genaro, soll er froh darüber sein. Die meisten Leute können nur normal beißen, aber Nestor kann mit seinen starken krummen Zähnen einen Knochen der Länge nach spalten, und er kann dir ein Loch durch den Finger beißen, wie mit einem Nagel.«

Nestor öffnete den Mund und zeigte mir sein Gebiß. Der Schneidezahn und der Eckzahn oben waren einwärts gewachsen. Er klapperte mit den Zähnen, und dann schnappte und knurrte er wie ein Hund. Zwei- oder dreimal tat er so, als wolle er mich anfallen und beißen. Pablito lachte.

Nie zuvor hatte ich Nestor so unbeschwert erlebt. Die wenigen Male, die ich mit ihm zusammengewesen war, hatte er auf mich wie ein Mann in mittleren Jahren gewirkt. Wie er nun vor mir saß und mit seinen schiefen Zähnen lächelte, staunte

ich über seine Jugendlichkeit. Er sah aus wie ein junger Mann von Anfang Zwanzig.
Wieder hatte Pablito meine Gedanken genau erraten.
»Er legt seine Wichtigtuerei ab«, sagte er. »Deshalb ist er jetzt jünger.«
Nestor nickte zustimmend und ließ, ohne ein Wort zu sagen, einen lauten Furz fahren. Ich war entsetzt und ließ meinen Bleistift fallen.
Pablito und Nestor kugelten sich vor Lachen. Nachdem sie sich beruhigt hatten, rückte Nestor zu mir heran und zeigte mir einen selbstgebauten Apparat, der ein komisches Geräusch machte, wenn man ihn mit der Hand zusammendrückte. Genaro, sagte er, habe ihm gezeigt, wie man so etwas mache. Die Vorrichtung hatte einen winzigen Blasebalg, und als Zunge diente ein Blatt oder Gras, das man in einen Schlitz zwischen den zwei Holzleisten steckte, die als Lippen dienten. Das Ding machte, wie Nestor mir erklärte, verschiedene Geräusche, je nachdem, was für ein Blatt man als Zunge verwendete. Er wollte, daß ich es ausprobierte, und zeigte mir, wie man die Lippen zusammenpressen mußte, um ein bestimmtes Geräusch hervorzubringen, und wie man sie auseinanderziehen mußte, um ein anderes zu produzieren.
»Wozu ist das gut?« fragte ich.
Die beiden wechselten einen Blick.
»Das ist sein Geist-Fänger, du Esel«, fuhr Pablito mich an.
Sein Ton war grob, aber sein Lächeln freundlich. Die beiden waren eine eigenartig entnervende Mischung aus Don Genaro und Don Juan.
Nun kam mir ein furchtbarer Verdacht. Spielten Don Juan und Don Genaro mir etwa einen Streich? Einen Augenblick lang packte mich die nackte Angst. Aber dann rastete irgend etwas in meinem Innern ein, und sofort wurde ich wieder ruhig. Ich wußte ja, daß Pablito und Nestor ihr Verhalten am Vorbild von Don Genaro und Don Juan ausrichteten. Ich selbst hatte schon festgestellt, daß ich mich immer mehr wie die beiden benahm.
Pablito sagte, daß es ein Glück für Nestor sei, einen Geist-Fänger zu haben, und daß er selbst keinen besitze.

»Was sollen wir hier tun?« fragte ich Pablito.
Nestor antwortete, als ob ich die Frage an ihn gerichtet hätte.
»Genaro hat mir gesagt, wir müssen hier warten, und solange wir warten, sollen wir lachen und uns vergnügen«, sagte er.
»Wie lange, glaubst du, müssen wir noch warten?« fragte ich.
Er antwortete nicht, sondern schüttelte den Kopf und schaute Pablito an, als wolle er die Frage an ihn weitergeben.
»Keine Ahnung«, sagte Pablito.
Dann verwickelten wir uns in ein lebhaftes Gespräch über Pablitos Schwestern. Nestor zog ihn wegen seiner ältesten Schwester auf und meinte, sie habe einen so bösen Blick, daß sie mit den Augen Läuse knacken könnte. Er sagte, Pablito habe Angst vor ihr, denn sie sei so stark, daß sie ihm einmal in einem Wutanfall ein Büschel Haare ausgerissen habe, als ob es Hühnerfedern wären.
Pablito gab zu, daß seine älteste Schwester wohl ein Biest gewesen sei, aber dann habe das »Nagual« ihr den Kopf zurechtgesetzt. Nachdem er mir die Geschichte erzählt hatte, wie sie wieder zur Vernunft gebracht worden war, erkannte ich, daß Pablito und Nestor niemals Don Juan beim Namen nannten, sondern ihn als das »Nagual« bezeichneten. Anscheinend hatte Don Juan in Pablitos Leben eingegriffen und alle seine Schwestern dazu gebracht, ein harmonischeres Familienleben zu führen. Nachdem das »Nagual« sie sich vorgeknöpft habe, sagte Pablito, seien sie wie Heilige geworden.
Nestor wollte wissen, was ich mit meinen Aufzeichnungen vorhätte. Ich erklärte den beiden meine Arbeit. Ich hatte das seltsame Gefühl, daß sie sich wirklich für meine Ausführungen interessierten, und schließlich hielt ich ihnen einen gelehrten Vortrag über Anthropologie und Philosophie. Ich kam mir komisch vor und wollte aufhören, aber irgendwie war ich so in Fahrt gekommen, daß ich mich nicht kurz fassen konnte. Ich hatte den beunruhigenden Eindruck, daß die beiden – wie auf Verabredung – mich zu dieser weitschweifigen Erklärung nötigten. Sie hielten die Augen starr auf mich gerichtet. Anscheinend wurde ihnen nicht langweilig dabei.
Ich war gerade mitten im Dozieren, als ich wie von weitem

den »Ruf des Nachtfalters« hörte. Mein Körper erstarrte, und ich beendete meinen Satz nicht mehr.
»Das *Nagual* ist da«, sagte ich mechanisch.
Nestor und Pablito wechselten einen Blick, aus dem mir die nackte Angst zu sprechen schien, und sprangen neben mich, so daß sie mich flankierten. Ihre Münder standen offen. Sie sahen aus wie verängstigte Kinder.
Dann hatte ich eine unbegreifliche Sinneswahrnehmung. Mein linkes Ohr fing an sich zu bewegen. Irgendwie wackelte es ganz von selbst. Es drehte meinen Kopf buchstäblich um neunzig Grad, bis ich – wie mir schien – nach Osten schaute. Mein Kopf neigte sich leicht nach rechts. In dieser Haltung konnte ich das volle, pochende Geräusch des »Nachtfalter-Rufs« deutlich hören. Es klang wie von weit her, aus nordöstlicher Richtung. Sobald ich einmal die Richtung festgestellt hatte, nahm mein Ohr eine unglaubliche Fülle von Geräuschen auf. Ich konnte aber nicht erkennen, ob es Erinnerungen an Geräusche waren, die ich zuvor einmal gehört hatte, oder tatsächlich Geräusche, die im Augenblick entstanden.
Die Stelle, wo wir uns befanden, lag am zerklüfteten Westhang einer Gebirgskette. Nach Nordosten gab es Wälder und mit Gebirgssträuchern bestandene Flecken. Mein Ohr fing ein Geräusch auf, das aus dieser Richtung kam und sich anhörte, als ob eine schwere Masse über das Gestein stapfte.
Nestor und Pablito reagierten entweder auf mein Verhalten, oder auch sie hörten dieselben Geräusche. Ich hätte sie gern gefragt, aber ich wagte nicht zu sprechen; vielleicht gelang es mir auch nur nicht, mein konzentriertes Lauschen zu unterbrechen.
Als das Geräusch lauter wurde und näherkam, schmiegten Nestor und Pablito sich von beiden Seiten an mich. Nestor schien am stärksten beeindruckt; sein Körper zitterte unkontrolliert. Irgendwann fing mein linker Arm an zu zappeln. Er hob sich ohne mein Zutun, bis er fast auf gleicher Höhe mit meinem Gesicht war, und zeigte auf eine mit Sträuchern bestandene Stelle. Ich hörte ein vibrierendes Klirren oder Dröhnen. Es war ein mir vertrautes Geräusch; vor Jahren hatte ich es einmal unter dem Einfluß einer psychotropen Pflanze vernommen. Nun entdeckte ich zwischen den Sträu-

chern eine riesige schwarze Gestalt. Es war, als ob die Sträucher selbst allmählich immer dunkler würden, bis sie eine drohende Schwärze annahmen. Die Gestalt hatte keine klaren Umrisse, aber sie bewegte sich. Sie schien zu atmen. Ich hörte einen durch Mark und Bein gehenden Schrei – die vereinten Angstschreie von Pablito und Nestor; und dann flogen die Sträucher – oder die schwarze Gestalt, in die sie sich verwandelt hatten – auf uns zu.
Ich konnte meine Fassung nicht mehr bewahren. Irgendwie brach etwas in mir zusammen. Die Gestalt schwebte erst über uns, und dann verschlang sie uns. Das Licht um uns her verdüsterte sich. Es war, als sei die Sonne untergegangen. Oder als ob plötzlich die Dämmerung hereingebrochen wäre. Ich spürte die Köpfe von Nestor und Pablito unter meinen Achseln; in einem unbewußten Schutzreflex breitete ich die Arme über sie – und dann stürzte ich schlingernd nach hinten.
Offenbar schlug ich aber nicht auf dem Felsboden auf, denn im nächsten Augenblick fand ich mich aufrechtstehend wieder, flankiert von Pablito und Nestor. Die beiden, obwohl größer als ich, schienen geschrumpft zu sein; indem sie die Beine und den Rücken krümmten, waren sie tatsächlich kleiner als ich und paßten unter meine Arme.
Vor uns standen Don Juan und Don Genaro. Don Genaros Augen glitzerten wie Katzenaugen in der Nacht. Don Juans Augen zeigten denselben Glanz. So hatte ich Don Juan noch nie gesehen. Er war wirklich furchterregend. Noch mehr als Don Genaro! Er erschien jünger und stärker als sonst. Wie ich die beiden anschaute, hatte ich das entsetzliche Gefühl, daß sie nicht Menschen wie ich waren.
Pablito und Nestor wimmerten leise vor sich hin. Dann sagte Don Genaro, wir gäben ein Bild der Dreifaltigkeit ab. Ich sei der Vater, Pablito sei der Sohn und Nestor der Heilige Geist. Don Juan und Don Genaro lachten dröhnend. Pablito und Nestor lächelten verlegen.
Don Genaro meinte, wir müßten uns voneinander trennen, denn Umarmungen seien nur zwischen Mann und Frau oder zwischen dem Bauern und seinem Esel statthaft.
Jetzt erkannte ich, daß ich immer noch an der gleichen Stelle

stand und daß ich nicht, wie ich geglaubt hatte, nach rückwärts gestürzt war. Tatsächlich standen auch Nestor und Pablito an der gleichen Stelle wie vorhin.
Don Genaro gab Pablito und Nestor mit dem Kopf ein Zeichen. Don Genaro bedeutete mir, ihnen zu folgen. Nestor übernahm die Führung und wies mir, dann auch Pablito, einen Platz an. Wir setzten uns in gerader Linie, etwa fünfzig Meter von der Stelle entfernt, wo Don Juan und Don Genaro reglos am Fuß der Klippe standen. Wie ich sie so anstarrte, gerieten meine Augen unwillkürlich außer Kontrolle. Ich wußte genau, daß ich schielte, denn ich sah vier Gestalten. Dann schob sich das Bild Don Juans in meinem linken Auge über das Bild Don Genaros in meinem rechten Auge; das Ergebnis dieser Fusion war, daß ich ein schillerndes Wesen zwischen Don Juan und Don Genaro stehen sah. Es war kein Mensch, jedenfalls anders, als ich normalerweise Menschen sehe. Eher war es ein weißer Feuerball; es war von einer Art Lichtfasern umgeben. Ich schüttelte den Kopf; das Doppelbild löste sich auf, und doch blieb der Anblick von Don Juan und Don Genaro als leuchtende Wesen bestehen. Ich sah zwei seltsame längliche, leuchtende Objekte. Sie sahen aus wie weiße schillernde Fußbälle mit langen Fasern – Fasern, die ein eigenes Licht ausstrahlten.
Die beiden leuchtenden Wesen erbebten. Ich sah sogar, wie ihre Fasern zitterten, und dann schwirrten sie davon. Sie wurden von einem langen Faden emporgezogen, einem Spinnweben, das von der Spitze der Klippe herabzuschießen schien. Mein Eindruck war, daß ein langer Lichtblitz oder ein leuchtender Faden vom Felsen herabgeschossen war und sie aufgehoben hatte. Diesen Ablauf nahm ich nicht nur mit den Augen, sondern auch mit dem Körper wahr.
Ich konnte mir sogar die gewaltigen Ungereimtheiten meiner Wahrnehmung klarmachen, vermochte aber keine Spekulation darüber anzustellen, wie ich es normalerweise getan hätte. So wußte ich, daß ich geradezu zum Fuß der Klippe hinüber schaute, und doch sah ich Don Juan und Don Genaro oben auf dem Gipfel, ganz so, als hätte ich den Blick um fünfundvierzig Grad gehoben. Ich wollte schon meiner Angst nachgeben, vielleicht mein Gesicht in den Händen vergraben

und weinen oder irgend etwas anderes tun, was meinen normalen Reaktionen entsprochen hätte. Aber ich war wie blokkiert. Mein Wollen spielte sich nicht in der Form von »Denken« ab, so wie ich zu denken gewohnt war, daher konnte es auch keine emotionalen Reaktionen auslösen, wie sie zu haben ich gewohnt war.
Don Juan und Don Genaro stürzten herab. Daß sie das taten, schloß ich aus dem unangenehmen Fallgefühl, das ich in der Magengrube verspürte.
Don Genaro blieb an der Stelle, wo er gelandet war, aber Don Juan kam zu uns und setzte sich hinter mich, zu meiner Rechten. Nestor kauerte am Boden, die Beine gegen den Leib angezogen; sein Kinn ruhte auf seinen Handflächen, und die Unterarme hatte er auf die Schenkel gestützt. Pablito saß mit leicht vorgebeugtem Rumpf da und drückte die Hände gegen seinen Bauch. Erst jetzt bemerkte ich, daß ich die Unterarme über dem Nabel gekreuzt hatte und meine Finge sich seitlich in die Haut krallten. Mein Griff war so fest, daß mir die Seiten schmerzten.
Don Juan sprach in einem abgehackten Murmeln, wobei er sich an uns alle wandte.
»Ihr müßt euren Blick auf das *Nagual* fixieren«, sagte er. »Alle Gedanken und Wörter müssen weggefegt sein.«
Dies wiederholte er fünf- oder sechsmal. Seine Stimme war mir fremd und unbekannt; sie mutete mich buchstäblich wie die Schuppen einer Schlangenhaut an. Dieser Vergleich war eher ein Gefühl, kein bewußter Gedanke. Jedes seiner Worte blätterte ab wie Schuppen. Sie hatten einen so unheimlichen Rhythmus; sie waren gedämpft, abgehackt, wie leises Husten, ein Befehl in Form eines rhythmischen Murmelns.
Don Genaro stand reglos. Wie ich ihn anstarrte, konnte ich meine Augen nicht parallel halten und fing unwillkürlich an zu schielen. In diesem Zustand bemerkte ich abermals ein seltsames Leuchten an Don Genaros Körper. Meine Augen schlossen sich allmählich oder fingen an zu tränen. Don Juan kam mir zu Hilfe. Ich hörte, wie er mir befahl, nicht die Augen zu schließen. Ich spürte einen leichten Schlag auf den Kopf. Anscheinend hatte er ein Steinchen nach mir geworfen. Ich sah das Steinchen neben mir über die Felsen springen. Er

mußte wohl auch Nestor und Pablito getroffen haben; ich hörte das leise Geräusch von weiteren Steinchen, die über die Felsen kollerten.

Don Genaro nahm eine merkwürdige Tanzhaltung ein. Seine Knie waren gebeugt, die Arme seitlich ausgestreckt, die Finger gespreizt. Er schien im Begriff, herumzuwirbeln. Tatsächlich machte er eine halbe Drehung, und dann zog es ihn nach oben. Ich hatte die deutliche Wahrnehmung, daß er wie vom Seil eines riesigen Krans emporgezogen wurde, das seinen Körper direkt zur Spitze der Klippe zog.

Diese meine Wahrnehmung seiner Aufwärtsbewegung war eine ganz komische Mischung aus visuellen und körperlichen Eindrücken. Halb sah und halb fühlte ich seinen Flug zur Klippe hinauf. Da war etwas, es sah oder fühlte sich an wie ein Seil oder ein kaum erkennbarer Lichtfaden, der ihn emporzog. Ich sah sein Hochfliegen nicht in dem Sinne, wie ich den Flug eines Vogels mit den Augen verfolgt hätte. Seine Bewegung hatte keinen linearen Ablauf. Ich brauchte nicht den Kopf zu heben, um ihn im Auge zu behalten. Ich sah, wie das Seil ihn zog, dann spürte ich seine Bewegung in meinem Körper oder mit meinem Körper, und im nächsten Augenblick stand er oben auf der Klippe, -zig Meter über mir.

Nach ein paar Minuten schwebte er herab. Ich spürte seinen Sturz und stöhnte unwillkürlich.

Dies wiederholte Don Genaro noch dreimal. Jedesmal war meine Wahrnehmung deutlicher. Bei seinem letzten Sprung nach oben konnte ich tatsächlich etliche Fäden erkennen, die von seiner Körpermitte ausgingen, und aufgrund der Richtung, in die diese Fäden sich bewegten, konnte ich vorausahnen, wann er nach oben oder nach unten springen würde. Wenn er sich anschickte hinaufzuspringen, bogen die Fäden sich nach oben; das Gegenteil geschah, wenn er hinabspringen wollte; die Fäden zeigten im Bogen nach unten.

Nach seinem vierten Sprung kam Don Genaro zu uns und setzte sich hinter Pablito und Nestor. Dann trat Don Juan vor und stellte sich dorthin, wo Don Genaro gestanden hatte. Dort stand er eine Weile bewegungslos. Don Genaro gab Pablito und Nestor ein paar kurze Anweisungen. Ich verstand nicht, was er sagte. Ich spähte schnell zu ihnen hinüber und sah, daß beide einen Stein in der Hand hielten, den sie sich gegen den Nabel preßten. Ich überlegte, ob auch ich dies tun sollte, aber da sagte er mir, daß diese Vorsichtsmaßnahme zwar nicht für mich gelte, daß ich aber trotzdem einen Stein in Reichweite halten solle für den Fall, daß mir übel würde. Don Genaro hob den Kopf, um mir zu sagen, ich solle Don Juan anschauen, und dann sagte er etwas Unverständliches; er wiederholte es, und obgleich ich seine Worte nicht verstand, wußte ich, daß es mehr oder minder die gleiche Formel war, die Don Juan vorhin gesagt hatte. Mit den Wörtern hatte dies eigentlich nichts zu tun; vielmehr schloß ich es aus dem Rhythmus, dem abgehackten Tonfall, dem Beinahe-Husten. In welcher Sprache Don Genaro auch reden mochte, ich war überzeugt, daß sie besser als das Spanische zu dem Stakkato dieses eigenartigen Rhythmus paßte.

Don Juan tat anfangs genau dasselbe, was Don Genaro vorhin getan hatte, aber dann, statt hinaufzuspringen, wirbelte er herum wie ein Turner am Reck. Halb bewußt erwartete ich, er würde wieder auf den Füßen landen. Das tat er aber nicht. Sein Körper wirbelte immer weiter, ein paar Meter über dem Boden. Zuerst kreiselte er ganz schnell, dann immer langsamer. Soviel ich sehen konnte, hing Don Juans Körper, genau wie vorhin Don Genaro, an irgendwelchen Lichtfäden. Jetzt kreiselte er ganz langsam, als wollte er uns Gelegenheit geben, ihn ganz deutlich zu sehen. Dann schwebte er nach oben; er stieg immer höher, bis er den Grat der Klippe erreicht hatte. Don Juan schwebte tatsächlich, als ob er kein Gewicht hätte. Seine Drehungen waren sehr langsam und erinnerten an die Bilder von Astronauten, die sich im Weltraum schwerelos um ihre eigene Achse drehen.

Vom Hinschauen schwindelte mir. Es war ganz so, als habe meine einsetzende Übelkeit ihn angespornt, und er wirbelte jetzt immer schneller. Er entfernte sich von der Klippe, und als er nun immer schneller wurde, wurde mir vollends übel. Ich packte den Stein und drückte ihn mir gegen den Bauch. Ich preßte, so fest ich konnte. Die Berührung half mir ein wenig. Der Griff nach dem Stein und das Anpressen hatten mir eine kurze Unterbrechung verschafft. Obwohl ich die Augen nicht von Don Juan abgewandt hatte, war meine

Konzentration doch zusammengebrochen. Bevor ich nach dem Stein griff, hatte ich den Eindruck gehabt, daß das Tempo, mit dem sein schwebender Körper sich inzwischen drehte, seine Gestalt verwischte; er sah aus wie ein rotierender Diskus und dann wie ein wirbelndes Licht. Nachdem ich den Stein gegen meinen Leib gepreßt hatte, nahm seine Geschwindigkeit ab; er sah aus wie ein in der Luft schwebender Hut, wie ein auf- und abtrudelnder Papierdrachen.
Die Drachenbewegungen waren noch peinigender. Mir wurde unsäglich übel. Ich hörte das Klatschen von Vogelschwingen und nach einer Weile der Ungewißheit wußte ich, daß der Vorgang zu Ende war.
Mir war so schlecht, und ich war so erschöpft, daß ich mich zum Schlafen hinlegte. Wahrscheinlich war ich eine Weile eingenickt. Ich öffnete die Augen, als jemand meinen Arm schüttelte. Es war Pablito. Er sprach mit gehetzter Stimme und sagte, ich dürfe nicht einschlafen, denn wenn ich es täte, würden wir alle sterben. Er bestand darauf, wir müßten sofort von hier weg, selbst wenn wir uns auf allen vieren fortschleppen müßten. Auch er schien körperlich erschöpft zu sein. Eigentlich hatte ich geglaubt, daß wir hier die Nacht verbringen würden. Die Aussicht, in der Dunkelheit bis zum Auto zu laufen, schreckte mich sehr. Ich versuchte Pablito umzustimmen, doch der benahm sich immer panischer. Nestor war es so übel, daß ihm alles gleich war. Pablito setzte sich in völliger Verzweiflung auf den Boden. Ich strengte mich an, meine Gedanken zu ordnen. Inzwischen war es ziemlich dunkel, obwohl es noch hell genug war, um die Felsen um uns her zu erkennen. Die Stille war köstlich und wohltuend. Ich genoß den Augenblick sehr, aber plötzlich fuhr mein Körper hoch; ich hörte in der Ferne das Geräusch von knackenden Zweigen. Automatisch fuhr ich zu Pablito herum. Er schien zu wissen, was mit mir los war. Wir packten Nestor unter den Achseln und zerrten ihn buchstäblich hoch. Wir rannten und schleppten ihn mit. Er war anscheinend der einzige, der den Weg wußte. Von Zeit zu Zeit gab er uns knappe Anweisungen.
Ich kümmerte mich nicht viel darum, was wir taten. Meine ganze Aufmerksamkeit galt meinem linken Ohr, das ein von

meinem übrigen Körper unabhängiges Leben zu führen schien. Irgendein Gefühl in meinem Innern zwang mich, immer wieder stehenzubleiben und mit meinem Ohr die Umgebung abzusuchen. Ich wußte, daß irgend etwas uns folgte. Es war eine schwere Masse; im Voranschreiten zermalmte es kleinere Steine.

Nestor gewann halbwegs die Fassung wieder und konnte allein gehen, wobei er sich hin und wieder an Pablitos Arm festhielt.

Wir erreichten ein kleines Gehölz. Plötzlich hörte ich ein extrem lautes Krachen. Es klang wie das Schnalzen einer gigantischen Peitsche, die auf die Wipfel der Bäume niedersauste. Ich spürte so etwas wie die Wellen eines Bebens über uns.

Pablito und Nestor schrien und stolperten in höchster Eile davon. Ich wollte sie aufhalten. Ich war nicht sicher, ob ich in der Dunkelheit würde laufen können. Aber in diesem Moment hörte und spürte ich mehrere schwere Atemzüge gleich hinter mir. Meine Angst war grenzenlos.

Alle drei rannten wir, bis wir das Auto erreichten. Nestor führte uns einen mir unbekannten Weg.

Ich glaubte, ich sollte sie bei sich zu Hause absetzen und mir dann in der Stadt ein Hotel suchen. Um keinen Preis der Welt wollte ich zu Don Genaros Haus fahren. Aber weder Nestor noch Pablito und ich trauten uns aus dem Auto. Schließlich kamen wir zu Pablitos Haus. Er schickte Nestor nach Bier und Cola, während seine Mutter und seine Schwestern uns etwas zu essen machten. Nestor fragte im Scherz, ob Pablito ihm nicht seine älteste Schwester als Schutz mitgeben wolle, falls er von Hunden oder Trunkenbolden angefallen würde. Pablito lachte und erzählte mir, daß Nestor ihm als Schützling anvertraut sei.

»Wer hat ihn dir anvertraut?« fragte ich.

»Die Kraft natürlich!« antwortete er. »Einstmals war Nestor älter als ich, aber dann machte Genaro irgend etwas mit ihm, und jetzt ist er viel jünger. Das hast du doch gesehen, nicht wahr?«

»Was hat Genaro mit ihm gemacht?« fragte ich.

»Weißt du, er hat wieder ein Kind aus ihm gemacht. Er nahm

sich zu wichtig und war zu verkrampft. Er wäre gestorben, falls er nicht jünger gemacht worden wäre.«

Pablito hatte etwas sehr Offenes und Gewinnendes an sich. Die Einfachheit seiner Erklärung beeindruckte mich. Nestor war wirklich jünger. Er sah nicht nur jünger aus, sondern er gab sich auch wie ein unschuldiges Kind. Ich wußte zweifelsfrei, daß er sich wirklich so fühlte.

»Ich paß auf ihn auf«, fuhr Pablito fort. »Genaro sagt, es ist eine Ehre, auf einen Krieger aufzupassen. Nestor ist ein guter Krieger.«

Seine Augen leuchteten wie die von Don Genaro. Er schlug mir kräftig auf den Rücken und lachte.

»Wünsch ihm Glück, Carlitos!« sagte er. »Wünsch ihm Glück!«

Ich war sehr müde. Eine merkwürdige, glückliche Traurigkeit überflutete mich. Ich sagte ihm, ich käme aus einer Stadt, wo die Leute einander selten einmal Glück wünschen.

»Ich weiß«, sagte er. »Mir ging es genauso. Aber jetzt bin ich ein Krieger, und ich kann's mir leisten, ihm Glück zu wünschen.«

Die Strategie eines Zauberers

Don Juan war in Don Genaros Haus, als ich dort spät am Vormittag eintraf. Ich begrüßte ihn.

»Heh, was war mit dir passiert? Genaro und ich haben den ganzen Abend auf dich gewartet«, sagte er.

Ich wußte, daß er Spaß machte. Ich war unbeschwert und glücklich. Ich hatte mich systematisch geweigert, über all das nachzugrübeln, was ich am Vortag erlebt hatte. Jetzt aber war meine Neugier unbezähmbar, und ich bestürmte ihn mit Fragen.

»Ach, das war eine einfache Demonstration all der Dinge, die du wissen solltest, bevor du die Erklärung der Zauberer vernimmst«, sagte er. »Wie du dich gestern verhalten hast, das hat Genaro überzeugt, daß du genug persönliche Kraft gespeichert hast, um zur Hauptsache zu kommen. Anscheinend hast du seine Empfehlungen befolgt. Gestern hast du die Flügel deiner Wahrnehmung noch nicht ausgebreitet. Du warst steif, aber du hast doch das ganze Kommen und Gehen des *Nagual* wahrgenommen. Mit anderen Worten, du hast *gesehen.* Noch etwas hast du bewiesen, was im Augenblick noch wichtiger ist als das *Sehen,* und das war die Tatsache, daß du jetzt deine unerschütterliche Aufmerksamkeit auf das *Nagual* richten kannst. Und dies ist es, was über den Ausgang der letzten Frage, der Erklärung der Zauberer, entscheiden wird.

Pablito und du, ihr werdet sie gleichzeitig erhalten. Von einem so guten Krieger begleitet zu werden, das ist ein Geschenk der Kraft.«

Mehr wollte er anscheinend vorläufig nicht sagen. Nach einiger Zeit fragte ich ihn nach Don Genaro.

»Er ist da«, sagte er. »Er ist ins Gebüsch gegangen, um die Berge erbeben zu lassen.«

In diesem Moment hörte ich in der Ferne ein Rumpeln, wie gedämpften Donner.

Don Juan sah mich an und lachte.

Er hieß mich Platz nehmen und fragte, ob ich gegessen hätte. Das hatte ich, also drückte er mir mein Notizbuch in die Hand

und führte mich zu Genaros Lieblingsplatz, einem großen Stein an der Westseite des Hauses, von wo aus man eine tiefe Schlucht überblicken konnte.
»Jetzt aber brauche ich deine ganze Aufmerksamkeit«, sagte Don Juan. »Aufmerksamkeit in dem Sinn, wie die Krieger Aufmerksamkeit verstehen: eine echte innere Pause, um die Erklärung der Zauberer voll in dich eindringen zu lassen. Wir sind jetzt am Ende deiner Aufgabe angelangt. Du hast alle notwendigen Instruktionen erhalten, und jetzt mußt du innehalten, zurückblicken und deine Schritte überdenken. Die Zauberer sagen, dies ist das einzige Mittel, um die eigenen Siege zu festigen. Es wäre mir entschieden lieber gewesen, dir all dies an deinem eigenen Platz der Kraft zu sagen, aber Genaro ist dein Wohltäter, und sein Platz kann in diesem Fall noch wohltätiger für dich sein.«
Was er meinen »Platz der Kraft« nannte, war ein Berggipfel in der Wüste Nordmexikos, den er mir vor Jahren einmal gezeigt und mir »geschenkt« hatte.
»Soll ich dir nur zuhören, ohne mitzuschreiben?« fragte ich.
»Das ist wirklich eine knifflige Frage«, sagte er. »Einerseits brauche ich deine ganze Aufmerksamkeit, und andererseits mußt du ruhig und selbstsicher sein. Schreiben ist für dich das einzige Mittel, um unbefangen zu bleiben, daher mußt du diesmal all deine persönliche Kraft aufbringen und diese unmögliche Aufgabe vollbringen, du selbst zu sein, ohne du selbst zu sein.«
Lachend schlug er sich auf die Schenkel.
»Ich sagte dir ja schon, daß ich für dein *Tonal* verantwortlich bin und daß Genaro für dein *Nagual* verantwortlich ist«, fuhr er fort. »Es war meine Pflicht, dir bei allem zu helfen, was dein *Tonal* betrifft, und alles was ich mit dir getan oder dir angetan habe, geschah, um diese eine Aufgabe zu erfüllen, die Aufgabe, deine Insel des *Tonal* leerzufegen und neu zu ordnen. Das war mein Job als dein Lehrer. Genaros Aufgabe als dein Wohltäter ist es, dir unleugbare Demonstrationen des *Nagual* zu erteilen und dir zu zeigen, wie man zu ihm gelangt.«
»Was meinst du mit Leerfegen und Neuordnen des *Tonal?*« fragte ich.
»Ich meine die totale Veränderung, von der ich dir erzähle,

seit dem ersten Tag, als wir uns begegneten«, sagte er. »Unzählige Male habe ich dir gesagt, daß eine ganz grundlegende Änderung notwendig ist, wenn du den Weg des Wissens bestehen willst. Diese Veränderung ist keine Änderung der Stimmung, der Einstellung oder des Äußeren. Diese Änderung erfordert die Transformation der Insel des *Tonal.* Diese Aufgabe hast du erfüllt.«

»Glaubst du, ich habe mich geändert?« fragte ich.

Er zögerte, dann lachte er auf.

»Du bist so verrückt wie eh und je«, sagte er. »Und doch bist du nicht mehr derselbe. Siehst du, was ich meine?«

Er machte sich über mein Mitschreiben lustig und meinte, wie schade es sei, daß Don Genaro nicht da sei, der über die Absurdität, daß ich mich anschickte, die Erklärung der Zauberer niederzuschreiben, viel zu lachen haben würde.

»Jetzt, an diesem Punkt, sagt der Lehrer normalerweise zu seinem Schüler, daß sie einen letzten Scheideweg erreicht haben«, fuhr er fort. »Derlei ist aber irreführend. Meiner Meinung nach gibt es keinen letzten Scheideweg, überhaupt keinen letzten Schritt, wohin auch immer. Und da es keinen solchen letzten Schritt gibt, sollte es eigentlich auch kein Geheimnis um irgendeinen Teil unseres Geschicks als leuchtende Wesen geben. Die persönliche Kraft entscheidet, wer von einer Offenbarung profitieren kann und wer nicht. Meine Erfahrungen mit meinen Mitmenschen haben mir gezeigt, daß nur sehr, sehr wenige bereit sind zuzuhören, und von denen, die zuhören, sind noch weniger bereit, in ihrem Handeln zu befolgen, was sie gehört haben. Und von denjenigen, die bereit sind, entsprechend zu handeln, haben noch weniger genügend persönliche Kraft, um von ihren Handlungen zu profitieren. Das Geheimnis um die Erklärung der Zauberer reduziert sich mithin auf eine Routine – eine Routine, die vielleicht ebenso hohl und leer ist wie alle anderen auch.

Jedenfalls weißt du jetzt um das *Tonal* und das *Nagual,* sie sind der Kern der Erklärung der Zauberer. Dieses zu wissen, erscheint ganz harmlos. Wir sitzen hier, sprechen ganz harmlos darüber, als sei es nur ein alltägliches Gesprächsthema. Du schreibst ruhig vor dich hin, wie du es Jahre getan hast. Die Szene um uns her ist ein Bild des Friedens. Es ist Nachmittag, ein herrlicher Tag, die Berge um uns her scheinen einen schützenden Kokon zu bilden. Man braucht nicht ein Zauberer zu sein, um zu erkennen, daß dieser Platz, der von Genaros Kraft und Makellosigkeit kündet, der angemessene Hintergrund ist, um die Pforte zu öffnen, denn das ist's, was ich heute tun werde: dir die Pforte öffnen. Aber bevor wir den nächsten Schritt tun, ist eine faire Warnung angebracht. Der Lehrer ist gehalten, seinen Schüler in allem Ernst zu warnen, daß die Harmlosigkeit und der Friede dieses Augenblicks Täuschung sind, daß sich vor ihm ein bodenloser Abgrund auftut und daß, sobald die Pforte sich öffnet, keine Möglichkeit mehr besteht, sie zu schließen.«

Er machte eine Pause.

Ich fühlte mich unbeschwert und glücklich. Von hier, von Don Genaros Platz der inneren Wahl aus, hatte ich eine atemberaubende Aussicht. Don Juan hatte recht; der ganze Tag und die Szenerie waren mehr als schön. Ich wollte seine Ermahnungen und Warnungen bedenken, aber irgendwie vereitelte die Ruhe um mich her jeden Versuch in dieser Richtung, und ich gab mich der Hoffnung hin, daß er vielleicht nur von metaphorischen Gefahren sprach.

Plötzlich sprach Don Juan weiter.

»Die Jahre der harten Schulung sind nur eine Vorbereitung auf die vernichtende Begegnung des Kriegers mit . . .«

Wieder hielt er inne, sah mich mit zusammengekniffenen Augen an und lachte leise.

». . . mit dem, was da draußen liegt, jenseits dieses Punktes«, sagte er.

Ich bat ihn, seine dunklen Andeutungen zu erklären.

»Die Erklärung der Zauberer, die sich gar nicht wie eine Erklärung anhört, ist tödlich«, sagte er. »Sie erscheint harmlos und nett, aber sobald der Krieger sich ihr öffnet, führt sie einen Schlag gegen ihn, den niemand parieren kann.«

Er brach in lautes Lachen aus.

»Sei also auf das Schlimmste gefaßt, aber werde nicht unruhig oder panisch!« fuhr er fort. »Du hast keine Zeit, und doch bist du von Ewigkeit umgeben. Welch ein Paradox für deine *Vernunft.*«

Don Juan stand auf. Er wischte den Staub aus einer glatten,

schüsselartigen Mulde und setzte sich dort bequem mit dem Rücken gegen den Fels, das Gesicht nach Nordwesten gewandt. Er deutete auf eine andere Stelle, wo auch ich bequem sitzen konnte. So saß ich links neben ihm und schaute ebenfalls nach Nordwesten. Der Fels war warm und vermittelte mir ein Gefühl der Gelassenheit, der Geborgenheit. Es war ein milder Tag; eine sanfte Brise linderte sehr angenehm die Hitze der Nachmittagssonne. Ich nahm den Hut ab, aber Don Juan bestand darauf, ich solle ihn aufbehalten.

»Du schaust jetzt in die Richtung deines eigenen Orts der Kraft«, sagte er. »Das ist eine Stütze, die dich vielleicht schützen wird. Heute brauchst du alle Stützen, die du mobilisieren kannst. Dein Hut ist vielleicht auch eine.«

»Warum warnst du mich denn, Don Juan? Was soll denn eigentlich passieren?« fragte ich.

»Was hier und heute passieren wird, hängt davon ab, ob du genug persönliche Kraft hast oder nicht, deine unerschütterliche Aufmerksamkeit auf die Flügel deiner Wahrnehmung zu konzentrieren«, sagte er.

Seine Augen funkelten. Er schien erregter, als ich ihn je zuvor gesehen hatte. Ich fand, daß in seiner Stimme etwas Besonderes lag, vielleicht eine ungewohnte Nervosität.

Dieser Anlaß, sagte er, verlange von ihm, daß er hier, genau auf dem Platz der inneren Wahl meines Wohltäters, mir jeden Schritt rekapituliere, den er in seinem Bemühen getan habe, mir beim Leerfegen und Neuordnen meiner Insel des »Tonal« zu helfen. Diese Zusammenfassung war äußerst gründlich, und er brauchte dafür etwa fünf Stunden. In brillanter, klarer Form legte er mir bündig Rechenschaft über alles ab, was er mit mir seit dem Tag, als wir uns begegneten, getan hatte. Es war, als sei ein Damm gebrochen. Seine Enthüllungen überraschten mich gänzlich unvorbereitet. Ich hatte mich an die Rolle des aggressiven Fragers gewöhnt; als daher Don Juan – der stets die Rolle des Zögernden gespielt hatte – mir eine so akademische Darstellung der wesentlichen Punkte seiner Lehren gab, da war dies ebenso erstaunlich für mich wie die Tatsache, daß er in Mexico City einen Anzug getragen hatte. Seine Sprachbeherrschung, seine dramatische Pointierung, seine Wortwahl waren so außerordentlich gekonnt, daß ich mir dies rational nicht erklären konnte. Er sagte, daß der Lehrer an diesem Punkt ausschließlich zum einzelnen Krieger sprechen müsse, daß die Art, wie er nun zu mir sprach, und die Klarheit seiner Erklärung Bestandteile seines letzten Tricks seien und daß ich erst ganz am Schluß alles verstehen werde, was er mir entwickelte. Er sprach ohne Unterbrechung, bis er seine zusammenfassende Darstellung beendet hatte. Und ich schrieb alles mit, ohne mich irgend bewußt anstrengen zu müssen.

»Laß mich dir gleich zu Anfang sagen, daß ein Lehrer nie Lehrlinge sucht und daß niemand um Unterweisung bitten kann!« sagte er. »Es ist immer ein Omen, das einen Lehrling bezeichnet. Ein Krieger, der womöglich im Begriff steht, ein Lehrer zu werden, muß wachsam sein, um sein Quentchen Chance zu fassen. Ich *sah* dich, bevor wir uns begegneten. Du hattest ein gutes *Tonal,* wie jenes Mädchen, das wir in Mexico City trafen. Nachdem ich dich *gesehen* hatte, wartete ich, ganz ähnlich, wie wir an jenem Abend in Mexico City auf das Mädchen gewartet haben. Das Mädchen ging vorbei, ohne uns Beachtung zu schenken. Dich aber führte ein Mann zu mir, der davonlief, nachdem er dummes Zeug von sich gegeben hatte. Da standest du nun vor mir und redetest ebenfalls Blödsinn. Ich wußte, daß ich schnell handeln und dich einfangen mußte. Etwas Ähnliches hättest du selbst tun müssen, falls das Mädchen mit dir gesprochen hätte. Also, ich packte dich mit meinem *Willen.*«

Don Juan spielte auf die ungewöhnliche Art und Weise an, wie er mich angeschaut hatte, als wir uns zum erstenmal begegneten. Er hatte den Blick auf mich fixiert, und ich hatte ein unerklärliches Gefühl der Leere oder Betäubung empfunden. Ich konnte keine logische Erklärung für meine Reaktion finden, und ich war stets überzeugt gewesen, daß ich ihn nach dieser ersten Begegnung nur deshalb wieder aufsuchte, weil dieser Blick mich verfolgte.

»Das war das beste Mittel, um dich einzufangen«, sagte er. »Es war ein direkter Schlag gegen dein *Tonal.* Ich betäubte es, indem ich meinen *Willen* darauf konzentrierte.«

»Wie hast du das gemacht?« fragte ich.

»Der Blick des Kriegers richtet sich auf das rechte Auge des anderen«, sagte er. »Und zwar stoppt er dessen inneren Dialog. Dann übernimmt das *Nagual* die Führung. Daher die Gefährlichkeit dieses Manövers! Sobald das *Nagual* vorherrscht, und sei es nur für einen Moment, erlebt der Körper ein ganz unbeschreibliches Gefühl. Ich weiß, daß du endlose Stunden damit zugebracht hast, herauszufinden, was du empfunden hast, und daß du bis heute nicht dahintergekommen bist. Immerhin, ich habe erreicht, was ich wollte. Ich habe dich eingefangen.«

Ich sagte ihm, ich könne mich immer noch gut daran erinnern, wie er mich angestarrt hatte.

»Der Blick ins rechte Auge ist kein Anstarren«, sagte er. »Eher ist es ein kräftiges Zupacken, das durch das Auge des anderen hindurch geschieht. Mit anderen Worten, man packt etwas, das hinter dem Auge ist. Man hat wirklich die körperliche Empfindung, daß man etwas mit dem *Willen* festhält.«

Er kratzte sich am Kopf und schob sich den Hut ins Gesicht.

»Das ist natürlich nur eine bildliche Redeweise«, fuhr er fort. Ein Hilfsmitte, diese komischen körperlichen Empfindungen zu erklären.«

Er befahl mir, nicht weiterzuschreiben und ihn anzusehen. Er sagte, er werde jetzt mein »Tonal« mit seinem »Willen« ganz leicht »anfassen«. Das Gefühl, das ich nun empfand, war eine Wiederholung dessen, was ich bei unserer ersten Begegnung und bei anderen Gelegenheiten gespürt hatte, wenn Don Juan mir das Gefühl gegeben hatte, als berührte sein Blick mich tatsächlich körperlich.

»Aber wie machst du es, daß ich das Gefühl habe, als berührtest du mich, Don Juan? Was machst du wirklich?« fragte ich.

»Es läßt sich nicht genau beschreiben, was man dabei tut«, sagte er. »Irgend etwas schießt von irgendwo unter dem Magen hervor. Dieses Etwas hat eine Richtung und kann auf alles mögliche ausgerichtet werden.«

Wieder hatte ich irgendwie das Gefühl, als faßte mich eine Pinzette an einer nicht näher auszumachenden Stelle.

»Es funktioniert nur, wenn der Krieger gelernt hat, seinen Willen gezielt einzusetzen«, erklärte Don Juan, nachdem er den Blick abgewandt hatte. »Es ist unmöglich, es zu üben, daher habe ich dir nicht empfohlen oder dich gar ermuntert, es zu tun. Irgendwann im Leben eines Kriegers passiert es einfach. Niemand weiß, wie es passiert.«

Er schwieg eine Weile. Mir wurde ganz unbehaglich zumute. Aber plötzlich sprach Don Juan weiter.

»Das Geheimnis liegt im linken Auge«, sagte er. »Wenn ein Krieger auf dem Wege des Wissens bewandert ist, kann sein linkes Auge alles fassen. Meist hat das linke Auge eines Kriegers ein merkwürdiges Aussehen. Manchmal schielt er dauernd oder es wird kleiner als das andere, oder größer, oder irgendwie anders.«

Er schaute mich an und machte scherzhaft Anstalten, mein linkes Auge zu untersuchen. In gespielter Mißbilligung schüttelte er den Kopf und lachte.

»Sobald der Lehrling eingefangen ist, beginnt die Unterweisung«, fuhr er fort. »Die erste Handlung des Lehrers besteht darin, daß er dem Schüler die Vorstellung vermittelt, daß die Welt, die wir zu sehen glauben, nur eine Ansicht, eine Beschreibung der Welt ist. Alle Bemühungen des Lehrers zielen darauf ab, dem Schüler dies zu beweisen. Aber es zu akzeptieren scheint uns schwerer zu fallen als alles andere. Selbstgefällig sind wir in unserer partiellen Weltansicht befangen, die uns zwingt, so zu fühlen und zu handeln, als wüßten wir alles über die Welt. Vom allerersten Augenblick an bezweckt der Lehrer mit all seinem Tun, diese Ansicht zu stören. Die Zauberer nennen es ›den inneren Dialog anhalten‹, und sie sind davon überzeugt, daß dies die allerwichtigste Technik ist, die der Lehrling lernen kann.

Um einer Weltansicht ein Ende zu setzen, der wir von der Wiege an gehorchen, genügt es nicht, dies nur zu wollen. Wir brauchen dazu eine praktische Aufgabe. Diese Aufgabe ist das ›Richtige Gehen‹. Das erscheint harmlos und unsinnig. Wie alles, was Kraft in sich trägt oder selbst Kraft ist, entgeht das ›Richtige Gehen‹ unserer Aufmerksamkeit. Du hast es, zumindest viele Jahre lang, als eine komische Verhaltensweise verstanden und aufgefaßt. Erst letzthin dämmerte dir, daß es das wirksamste Mittel ist, deinen inneren Dialog anzuhalten.«

»Wie kann das ›Richtige Gehen‹ den inneren Dialog anhalten?« fragte ich.

»Diese besondere Art zu gehen überflutet das *Tonal*«, sagte

er. »Es durchströmt es. Siehst du, die Aufmerksamkeit des *Tonal* muß auf seine Schöpfungen gelenkt werden. Eigentlich schafft überhaupt erst diese Aufmerksamkeit die Ordnung der Welt. Das *Tonal* muß also aufmerksam auf die Elemente seiner Welt achten, um diese zu stützen, und muß vor allem die Ansicht der Welt als innerer Dialog aufrechterhalten.«
Das ›Richtige Gehen‹, sagte er, sei eine List. Dabei lenkt der Krieger, durch das Einkrümmen der Finger, seine Aufmerksamkeit zuerst auf seine Arme. Und dann, indem er – ohne seinen Blick zu zentrieren – auf irgendeinen Punkt geradeaus vor ihm auf einem an seinen Fußspitzen beginnenden und über dem Horizont endenden Bogen schaut, überflutet er buchstäblich sein »Tonal« mit Informationen. Das »Tonal«, sagt er, könne dann, ohne unmittelbaren Kontakt mit den Elementen seiner Beschreibung, nicht mehr mit sich selbst sprechen, und so entstehe das innere Schweigen.
Es komme dabei gar nicht auf eine bestimmte Stellung der Finger an, erklärte Don Juan. Es gehe lediglich darum, durch das Anspannen der Finger in verschiedenen ungewohnten Haltungen die Aufmerksamkeit auf die Arme zu lenken; das einzig Wichtige sei, daß die unkonzentriert blickenden Augen eine Unmenge Bilder von der Welt auffangen, ohne sie klar zu sehen. In diesem Zustand, fügte er hinzu, könnten die Augen Details aufnehmen, die zu flüchtig für die normale Beobachtung seien.
»Zusammen mit dem ›Richtigen Gehen‹«, fuhr Don Juan fort, »muß der Lehrer eine andere, noch schwierigere Fähigkeit lehren, nämlich die Fähigkeit, zu handeln, ohne zu glauben, ohne Belohnung zu erwarten – einfach drauflos zu handeln. Ich übertreibe wohl nicht, wenn ich dir sage, daß der Erfolg eines Lehrers davon abhängt, wie gut und wie harmonisch er seinen Lehrling in dieser Hinsicht leitet.«
Ich sagte Don Juan, ich könne mich nicht daran erinnern, daß er je das »Drauflosfhandeln« als besondere Technik behandelt hätte; höchstens seien mir seine häufigen, aber unzusammenhängenden Bemerkungen darüber präsent.
Er lachte und meinte, dies sei ein so unauffälliger Kunstgriff gewesen, daß er bis heute meiner Aufmerksamkeit entgangen sei. Nun erinnerte er mich an all die unsinnigen, beinahe

scherzhaften Aufgaben, die er mir stets gestellt hatte, wenn ich bei ihm war. Absurde Pflichten, bei denen ich Feuerholz in symmetrischen Mustern anordnete, rund um sein Haus eine Linie konzentrischer Kreise mit dem Finger in den Sand zeichnete, Staub von einer Stelle zur anderen fegte usw. Dazu gehörten auch Aufgaben, die ich zu Hause erfüllen mußte: eine schwarze Kappe tragen, den linken Schuh zuerst zubinden, den Gürtel von rechts nach links schnallen usw.
All dies faßte ich stets nur als Scherzaufgaben auf, denn immer wenn ich mir so etwas zur regelmäßigen Gewohnheit gemacht hatte, meinte Don Juan, ich dürfe es ruhig wieder vergessen.
Als er nun all die Pflichten rekapitulierte, die er mir aufgegeben hatte, erkannte ich, daß er, indem er mich zu so sinnlosen Routinehandlungen veranlaßte, mir tatsächlich einen Begriff davon vermittelt hatte, einfach zu handeln, ohne einen Nutzen davon zu erwarten.
»Doch der Schlüssel zur Welt der Zauberer ist das Anhalten des inneren Dialogs«, sagte er. »Alle übrigen Maßnahmen sind nur Stützen. Sie bewirken eigentlich nichts anderes, als das Anhalten des inneren Dialogs zu beschleunigen.«
Um das Anhalten des inneren Dialogs zu beschleunigen, gebe es zwei besonders wichtige Techniken: das Auslöschen der persönlichen Geschichte und das »Träumen«. Er erinnerte daran, daß er mir zu Beginn meiner Lehrzeit verschiedene spezifische Methoden zur Veränderung meiner Persönlichkeit empfohlen hatte. Ich hatte sie in meinen Aufzeichnungen festgehalten und dann jahrelang vergessen, bis ich ihre Bedeutung erkannte. Diese spezifischen Methoden erschienen mir zuerst als höchst idiosynkratische Maßnahmen, die mich zwingen sollten, mein Verhalten zu modifizieren.
Die Kunst eines Lehrers bestehe darin, erklärte er, die Aufmerksamkeit des Lehrlings von den Hauptsachen abzulenken. Ein schlagendes Beispiel dafür sei die Tatsache, daß ich bis heute nicht erkannt hätte, daß er mich tatsächlich durch einen Trick zum Erlernen einer der wichtigsten Techniken gebracht hatte: zu handeln, ohne Belohnung zu erwarten.
Gemäß dieser Regel, sagte er, habe er mein Interesse für das »Sehen« geweckt, welches – genaugenommen – ein Akt un-

mittelbaren Umgangs mit dem »Nagual« sei; ein Akt, der zwar ein unvermeidliches Resultat der Unterweisung, aber als Aufgabe *per se* unerreichbar sei.

»Warum war es denn wichtig, mich so auszutricksen?« fragte ich.

»Die Zauberer sind überzeugt, daß wir alle Toren sind«, sagte er. »Niemals können wir freiwillig unsere armselige Kontrolle aufgeben, darum müssen wir dazu getrickst werden.«

Indem er meine Aufmerksamkeit auf eine Scheinaufgabe, nämlich das »Sehen« lernen gelenkt habe, so seine Behauptung, habe er zwei Dinge erreicht. Erstens habe er die direkte Begegnung mit dem »Nagual« umschrieben, ohne sie direkt zu erwähnen, und zweitens habe er mich mit einem Trick dazu gebracht, die wesentlichen Punkte seiner Lehren als Nebensächlichkeiten zu betrachten. Tatsächlich waren mir das »Auslöschen der persönlichen Geschichte« und das »Träumen« nie so wichtig erschienen wie das »Sehen«. Ich hielt sie eher für einen recht unterhaltsamen Zeitvertreib. Ich meinte sogar, daß ich für diese Übungen die beste Begabung hätte.

»Die beste Begabung ...« sagte er spöttisch, nachdem er mich angehört hatte. »Ein Lehrer darf nichts dem Zufall überlassen. Ich sagte dir ja, daß du recht hattest, als du glaubtest, ausgetrickst zu werden. Das Problem war nur, daß du überzeugt warst, dieses Austricksen sei dazu bestimmt, deine *Vernunft* irrezuführen. Für mich war das Austricksen nur ein Mittel, deine Aufmerksamkeit abzulenken oder einzufangen, je nachdem, wie es erforderlich war.«

Er sah mich mit zusammengekniffenen Augen an und vollführte eine rasche kreisförmige Handbewegung.

»Das Geheimnis von alledem ist unsere Aufmerksamkeit«, sagte er.

»Was meinst du damit, Don Juan?«

»All dies existiert nur aufgrund unserer Aufmerksamkeit. Dieser Stein, auf dem wir hier sitzen, ist ein Stein, weil wir gezwungen sind, ihm als Stein Aufmerksamkeit zu schenken.«

Ich bat ihn, diese Vorstellung genauer zu erklären. Er lachte und drohte mir scherzhaft mit dem Finger.

»Dies ist eine Zusammenfassung«, sagte er. »Für Fragen ist später noch Zeit.«

Nur weil er mich geködert habe, sagte er, hätte ich angefangen, mich für das Auslöschen der persönlichen Geschichte und das »Träumen« zu interessieren. Er sagte, daß die Folgen dieser zwei Techniken ganz verheerend seien, wenn man sie ausschließlich übte, und daß seine Sorge folglich die Sorge jedes Lehrers gewesen sei, nämlich den Lehrling nichts tun zu lassen, was ihn in geistige Verwirrung und Depression stürzen könnte.

»Das Auslöschen der persönlichen Geschichte und das *Träumen* sollten nur Hilfsmittel sein«, sagte er. »Worauf der Lehrling sich stützen muß, das ist Mäßigung und Stärke. Deshalb führt der Lehrer ihn in die Lebensweise des Kriegers ein. Diese ist der Leim, der in der Welt der Zauberer alles miteinander verbindet. Stück um Stück muß der Lehrer sie schmieden und entwickeln. Ohne die Standhaftigkeit und Nüchternheit der Lebensweise des Kriegers ist es unmöglich, den Weg des Wissens zu bestehen.«

Das Erlernen der Lebensweise des Kriegers, sagte Don Juan, sei der Moment, da die Aufmerksamkeit des Lehrlings nicht abgelenkt, sondern im Gegenteil eingefangen werden müsse; und er habe meine Aufmerksamkeit eingefangen, indem er mich, jedesmal wenn ich ihn besuchte, aus meinen gewohnten Lebensumständen herausgerissen habe. Das Mittel dazu waren unsere Streifzüge durch die Wüste und die Berge.

Dieser Kunstgriff, bei dem er den Zusammenhang meiner alltäglichen Welt veränderte, indem er mich auf Wanderungen und auf die Jagd mitnahm, war ein weiteres Element seines Systems, das mir entgangen war. Die Auflösung des Zusammenhangs bedeutete, daß ich den Überblick verlor und meine Aufmerksamkeit ausschließlich auf das richten mußte, was Don Juan tat.

»Was für ein Trick! Eh?« sagte er lachend.

Ich lachte respektvoll. Ich hatte nie erkannt, daß er sich all dessen so bewußt war.

Dann zählte er alle Maßnahmen auf, durch die er meine Aufmerksamkeit eingefangen und gelenkt hatte. Am Ende seines Berichts fügte er hinzu, der Lehrer müsse die Persönlichkeit des Lehrlings berücksichtigen, und in meinem Fall habe er besonders vorsichtig sein müssen, denn ich sei ein

heftiger Charakter und hätte mich ohne weiteres aus Verzweiflung umbringen können.
»Was für ein komischer Kauz du doch bist, Don Juan«, witzelte ich, und er brach in ein unbändiges Lachen aus.
Um dem Schüler zu helfen, seine persönliche Geschichte auszulöschen, so erläuterte er, werde dieser in drei weiteren Techniken unterwiesen. Diese bezeichnete er wie folgt: das Gefühl eigener Wichtigkeit verlieren, Verantwortung übernehmen und den Tod als Ratgeber benutzen. Ohne die förderliche Wirkung dieser drei Techniken würde das Auslöschen der persönlichen Geschichte den Schüler nämlich unstet und wankelmütig machen und ihn in unnötige Zweifel an sich selbst und seinen Handlungen stürzen.
Don Juan fragte mich, was denn meine natürlichste Reaktion in Augenblicken der Belastung, Frustration und Enttäuschung gewesen sei, bevor ich sein Schüler wurde. Seine eigene Reaktion, sagte er, sei heftige Wut gewesen. Die meinige sei Selbstmitleid gewesen, sagte ich ihm.
»Obwohl es dir nicht bewußt wurde, mußtest du dir ein Bein ausreißen, um dieses Gefühl zu etwas für dich Selbstverständlichem zu machen«, sagte er. »Heute erinnerst du dich wohl nicht mehr an die gewaltige Anstrengung, die es dich kostete, das Selbstmitleid als Merkmal deiner Insel zu begreifen. Das Selbstmitleid begleitete alles, was du tatest. Es stand dir immer zur Seite, bereit, dir Rat zu geben. Ein noch besserer Ratgeber ist für den Krieger der Tod, den man ebenfalls dazubringen kann, alles, was man tut, zu begleiten, genau wie das Selbstmitleid oder den Zorn. Anscheinend hast du erst nach einem unsäglichen Kampf gelernt, dir wirklich leid zu tun. Genauso kannst du aber auch lernen, dein drohendes Ende zu spüren, und mithin kannst du lernen, mit dem Gedanken zu leben, daß dein Tod dir stets zur Seite steht. Als Ratgeber ist das Selbstmitleid nichts im Vergleich mit dem Tod.«
Dann ging Don Juan auf den scheinbaren Widerspruch im Begriff der Veränderung ein. Einerseits verlange die Welt der Zauberer eine tiefgreifende Veränderung, und andererseits behaupte die Erklärung der Zauberer, daß die Insel des »Tonal« komplett sei und kein einziges Element aus ihr

entfernt werden könne. Änderung bedeute also nicht, irgendeines dieser Elemente auszutilgen, sondern vielmehr, eine andere Verwendung davon zu machen.

»Nimm zum Beispiel das Selbstmitleid,« sagte er. »Es ist unmöglich, es für immer loszuwerden. Es hat einen bestimmten Platz und Charakter innerhalb deiner Insel, eine bestimmte, erkennbare Fassade. Immer wenn die Gelegenheit sich bietet, wird daher das Selbstmitleid aktiv. Es hat eine Geschichte. Wenn du also die Fassade des Selbstmitleids änderst, dann veränderst du damit nur seine Vorrangstellung.«

Ich bat ihn, mir die Bedeutung seiner Metaphern zu erklären, vor allem die Vorstellung einer Änderung der Fassade. Soviel ich verstand, meinte sie wohl das gleichzeitige Spielen mehrerer Rollen.

»Man verändert die Fassade, indem man die Verwendung der Elemente der Insel ändert«, antwortete er. »Nehmen wir wieder das Selbstmitleid als Beispiel! Es war für dich nützlich, weil du dir entweder wichtig vorkamst und meintest, bessere Bedingungen und eine bessere Behandlung zu verdienen, oder weil du nicht bereit warst, die Verantwortung für Handlungen zu übernehmen, die dich in jenen Zustand gebracht hatten, der das Selbstmitleid auslöste, oder weil du es nicht fertigbrachtest, den Gedanken an deinen drohenden Tod deine Handlungen begleiten und dich von ihm beraten zu lassen.

Das Auslöschen der persönlichen Geschichte und die drei Hilfstechniken sind das Mittel, dessen die Zauberer sich bedienen, um die Fassade der Elemente der Insel zu ändern. Indem du zum Beispiel deine persönliche Geschichte auslöschtest, weigertest du dich, zum Selbstmitleid Zuflucht zu nehmen. Damit dein Selbstmitleid funktionieren konnte, mußtest du dich wichtig, unverantwortlich und unsterblich fühlen. Als diese Gefühle sich irgendwie änderten, war es dir nicht mehr möglich, dir leid zu tun.

Dasselbe gilt für alle anderen Elemente deiner Insel, die du geändert hast. Ohne den Einsatz dieser vier Techniken wäre es dir nie gelungen, sie zu verändern. Aber das Verändern der Fassaden bedeutet nur, daß man einem vorher wichtigen Element einen zweitrangigen Platz zuweist. Dein Selbstmitleid ist immer noch ein Merkmal deiner Insel. Dort wird es jetzt im Hintergrund bleiben, genau wie der Gedanke an deinen drohenden Tod oder deine Bescheidenheit oder deine Verantwortung für deine Taten da waren, ohne je genutzt zu werden.«

Nachdem der Lehrling mit allen diesen Techniken bekannt gemacht worden sei, sagte Don Juan, komme er an einen Scheideweg. Je nach dem Grad seiner Sensibilität entscheide er sich dann für eine von zwei Möglichkeiten. Entweder nehme er die Empfehlungen und Vorschläge seines Lehrers unbesehen an und handele, ohne Belohnung zu erwarten, oder er fasse alles als Scherz oder als Verirrung auf.

In meinem Fall, sagte ich, habe mich das Wort »Techniken« irregeführt. Ich hatte nämlich stets präzise Anweisungen erwartet, aber er hatte mir nur vage Empfehlungen gegeben; daher konnte ich sie nicht ernst nehmen oder gemäß seinen Maßgaben handeln.

»Das war dein Irrtum«, sagte er. »Darum mußte ich auch entscheiden, ob wir Kraft-Pflanzen zu Hilfe nehmen sollten oder nicht. Ebensogut hättest du nur diese vier Techniken anwenden und deine Insel des *Tonal* aufräumen und neu ordnen können. Sie hätten dich zum *Nagual* geführt. Aber nicht allen Menschen ist es gegeben, auf einfache Empfehlungen zu reagieren. Du, und ich selbst übrigens auch, wir brauchten etwas anderes, um uns wachrütteln zu lassen. Wir brauchten diese Kraft-Pflanzen.«

Es hatte bei mir tatsächlich Jahre gedauert, bis ich die Bedeutung dieser ersten Empfehlungen Don Juans erkannte. Die außerordentliche Wirkung jener psychotropen Pflanzen hatte mir das Vorurteil eingegeben, daß deren Gebrauch der Schlüssel zur Lehre sei. An dieser Überzeugung hielt ich lange fest, und erst in den späteren Jahren meiner Lehrzeit erkannte ich, daß die bedeutsamen Veränderungen und Ergebnisse der Zauberei stets im Zustand nüchternen Bewußtseins erreicht werden.

»Was wäre passiert, falls ich deine Empfehlungen ernst genommen hätte?« fragte ich.

»Du wärst zum *Nagual* gelangt«, antwortete er.

»Aber wäre ich auch ohne einen Wohltäter zum *Nagual* gelangt?«

»Dafür sorgt die Kraft entsprechend deiner Makellosigkeit«, sagte er. »Hättest du diese vier Techniken ernsthaft geübt, dann hättest du genug persönliche Kraft gespeichert, um einen Wohltäter zu finden. Du wärst makellos geworden, und die Kraft hätte dir alle nötigen Wege eröffnet. Das ist die Regel!«

»Warum hast du mir denn nicht mehr Zeit gelassen?« fragte ich.

»Du hattest soviel Zeit, wie du brauchtest«, sagte er. »Die Kraft wies mir den Weg. Eines Nachts gab ich dir ein Rätsel auf. Du solltest deinen dir wohltätigen Platz vor meinem Haus finden. In dieser Nacht hast du dich unter dem Druck der Situation hervorragend gehalten, und gegen Morgen bist du über einem ganz bestimmten Stein eingeschlafen, den ich dorthin gelegt hatte. Die Kraft zeigte mir, daß du unbarmherzig angetrieben werden mußtest, sonst hättest du überhaupt nichts getan.«

»Haben die Kraft-Pflanzen mir geholfen?« fragte ich.

»Selbstverständlich«, sagte er. »Sie öffneten dich, indem sie deine Ansicht von der Welt unterbrachen. In dieser Hinsicht haben Kraft-Pflanzen dieselbe Wirkung auf das *Tonal* wie das ›Richtige Gehen‹. Beide überfluten es mit Informationen und gebieten dem inneren Dialog Einhalt. Die Pflanzen eignen sich hervorragend dazu, aber um einen hohen Preis. Sie fügen dem Körper unabsehbaren Schaden zu. Das ist ihr Nachteil, besonders beim Teufelskraut« (*Datura stramonium;* Anm. des Übers.).

»Wenn du doch wußtest, daß sie so gefährlich sind, warum hast du mir so viel – so oft – davon gegeben?« fragte ich.

Er beteuerte, die Einzelheiten des Verfahrens seien von der Kraft selbst vorgeschrieben worden. Obwohl die Unterweisung bei allen Lehrlingen dieselbe sein müsse, sagte er, sei die Reihenfolge bei jedem verschieden, und außerdem habe er wiederholt Anzeichen dafür festgestellt, daß ich viel Zwang brauchte, um überhaupt etwas ernst zu nehmen.

»Bei dir hatte ich es mit einem vorwitzigen Unsterblichen zu tun, der keinerlei Respekt vor seinem Leben oder seinem Tod hatte«, sagte er lachend.

Ich brachte die Tatsache zur Sprache, daß er diese Pflanzen

stets im Rahmen anthropomorpher Eigenschaften beschrieben und diskutiert hatte. Er hatte immer so von ihnen gesprochen, als hätten die Pflanzen eine eigene Persönlichkeit. Er erwiderte, dies sei ein vorgeschriebenes Mittel, um die Aufmerksamkeit des Lehrlings vom Eigentlichen abzulenken, nämlich dem Anhalten des inneren Dialogs.

»Wenn sie nur benutzt werden, um den inneren Dialog anzuhalten, in welcher Beziehung stehen sie dann zum Verbündeten?« fragte ich.

»Das ist schwer zu erklären«, sagte er. »Diese Pflanzen führen den Lehrling direkt zum *Nagual*, und der Verbündete ist ein Aspekt von diesem. Wir funktionieren ausschließlich mit dem *Vernunft*-Zentrum, ganz gleich wer wir sind und woher wir kommen. Die *Vernunft* kann natürlich alles, was innerhalb ihrer Weltsicht geschieht, auf die eine oder andere Weise erklären. Der Verbündete ist etwas, das außerhalb dieser Ansicht, außerhalb des Bereichs der *Vernunft* steht. Er kann nur mit dem *Willens*-Zentrum erlebt werden, in Augenblikken, wenn unsere normale Ansicht außer Kraft gesetzt ist. Daher ist er, genaugenommen, das *Nagual*. Doch die Zauberer lernen manchmal, den Verbündeten auf sehr problematische Weise wahrzunehmen, und dabei verstricken sie sich zu tief in eine neue Weltansicht. Um dich vor diesem Schicksal zu bewahren, habe ich dir daher den Verbündeten nicht so dargestellt, wie es die Zauberer in der Regel tun. Nach generationenlangem Gebrauch der Kraftpflanzen haben es die Zauberer gelernt, ihre Ansichten so weit zu erklären, wie sie überhaupt erklärbar sind. Ich möchte sagen, daß die Zauberer, indem sie ihren *Willen* benutzten, ihre Ansichten der Welt erweitern konnten. Mein Lehrer und mein Wohltäter waren die besten Beispiele dafür. Sie waren Männer von großer Kraft, aber sie waren keine Wissenden. Sie überwanden nie die Fesseln ihrer enormen Einsichten, und daher erreichten sie nie die Ganzheit ihres Selbst, doch sie wußten darum. Es war nicht so, daß sie ein zielloses Leben geführt und Dinge beansprucht hätten, die ihnen nicht zugänglich waren. Sie wußten, daß der Zug für sie abgefahren war und daß ihnen erst bei ihrem Tod das ganze Geheimnis offenbart werden würde. Die Zauberei hatte ihnen die Tür einen Spaltbreit geöffnet, aber ihnen nie wirklich ermöglicht, jene unfaßbare Ganzheit des Selbst zu erreichen.

Ich habe dir genug von der Ansicht der Zauberer vermittelt, ohne dich durch sie gefangennehmen zu lassen. Ich sagte, nur wenn man zwei Ansichten gegeneinander ausspielt, kann man zwischen ihnen hin- und herpendeln, um zur wirklichen Welt zu gelangen. Ich meinte damit, man kann die Ganzheit seines Selbst nur dann erreichen, wenn man vollkommen begreift, daß die Welt lediglich eine Ansicht ist, ganz gleich, ob diese Ansicht von einem normalen Menschen oder einem Zauberer vertreten wird.

In diesem Punkt weiche ich von der Tradition ab. Nach einem lebenslangen Kampf weiß ich, daß es nicht darauf ankommt, eine neue Beschreibung zu lernen, sondern die Ganzheit des Selbst zu erreichen. Man sollte das *Nagual* erreichen, ohne das *Tonal* zu schädigen, und vor allem, ohne seinen Körper zu verletzen. Als du jene Pflanzen einnahmst, vollführtest du genau dieselben Schritte wie ich damals. Der einzige Unterschied war, daß ich, statt dich in diese Erfahrung hineinzustürzen, dich damit aufhören ließ, als ich den Eindruck hatte, daß du genügend Ansichten des *Nagual* gespeichert hattest. Das ist auch der Grund, warum ich deine Begegnungen mit den Kraft-Pflanzen niemals diskutieren oder zulassen wollte, daß du zwanghaft darüber sprachst. Ich hielt es für sinnlos, über das Unaussprechliche zu debattieren. Dies waren echte Exkursionen in das *Nagual*, das Unbekannte.«

Ich wandte ein, daß mein Bedürfnis, über meine Wahrnehmungen unter dem Einfluß psychotroper Pflanzen zu sprechen, durch mein Interesse bedingt gewesen sei, eine eigene Hypothese zu überprüfen. Ich war nämlich davon überzeugt, daß er mir mit Hilfe dieser Pflanzen Erinnerungen an unvorstellbare Wahrnehmungsweisen vermittelt hatte. Diese Erinnerungen, die mir zu der Zeit, als ich sie erlebte, wohl als idiosynkratisch und weit entfernt von jedem Sinn erschienen, setzten sich später zu Sinn-Einheiten zusammen. Ich wußte, daß Don Juan mich jedesmal schlau und listig geleitet hatte und daß jede Zusammenfügung von Sinn unter seiner Führung geschehen war.

»Ich möchte diese Ereignisse nicht überbewerten oder sie

erklären«, sagte er trocken. »Das Nachgrübeln über Erklärungen würde uns genau dahin zurückwerfen, wo wir nicht sein wollen, das heißt, wir würden wieder in eine Ansicht der Welt, diesmal allerdings in eine viel größere, zurückgeworfen.«

Nachdem der innere Dialog des Lehrlings durch die Wirkung der Kraft-Pflanzen angehalten sei, sagte Don Juan, entwickle sich für diesen eine auswegslose Situation. Der Lehrling beginne seine ganze Lehrzeit zu bereuen. Wie Don Juan meinte, stelle sich auch beim bereitwilligsten Lehrling an diesem Punkt ein gefährliches Nachlassen des Interesses ein.

»Die Kraft-Pflanzen erschüttern das *Tonal* und bedrohen den Zusammenhalt der ganzen Insel«, sagte er. »Dies ist der Augenblick, wo der Lehrling sich zurückzieht, und er tut gut daran. Er will sich aus diesem ganzen Chaos retten. Aber dies ist auch der Augenblick, wo der Lehrer seine listigste Falle stellt, und zwar mit Hilfe des würdigen Gegners. Diese Falle dient zwei Zwecken. Erstens erlaubt sie dem Lehrer, seinen Lehrling zu behalten, und zweitens bietet sie dem Lehrling einen Bezugspunkt, der ihm später nutzen wird. Die Falle ist ein Kunstgriff, der einen würdigen Gegner ins Spiel bringt. Ohne die Hilfe eines würdigen Gegners, der nicht eigentlich ein Feind, sondern ein sorgsam ausgewählter Gegenspieler ist, gibt es für den Lehrling keine Möglichkeit, auf dem Weg des Wissens fortzuschreiten. Auch der Beste würde an diesem Punkt aufgeben, bliebe die Entscheidung darüber ihm überlassen. Ich gab dir als würdigen Gegner den besten Krieger, den man finden kann, die Catalina.«

Don Juan sprach von einer Zeit, sie lag Jahre zurück, als er mich in einen langwierigen Kampf mit einer indianischen Zauberin verwickelte.

»Ich brachte dich in körperlichen Kontakt mit ihr«, fuhr er fort. »Ich wählte eine Frau, weil du zu Frauen Vertrauen hast. Es war für sie sehr schwer, dieses Vertrauen auseinanderzunehmen. Nach Jahren gestand sie mir ein, daß sie lieber aufgegeben hätte, denn sie mochte dich gern. Aber sie ist eine große Kriegerin, und trotz ihrer Gefühle wischte sie dich fast von dieser Erde. Sie nahm dein *Tonal* so nachhaltig auseinander, daß es niemals wieder so wurde wie zuvor. Ja, sie verän-

derte die Gesichtszüge deiner Insel so tiefgreifend, daß ihre Taten dich in eine andere Welt versetzten. Man möchte meinen, sie selbst hätte deine Wohltäterin werden können, wäre es nicht so, daß du nicht dazu geschaffen bist, ein Zauberer ihrer Art zu werden. Irgend etwas stimmte nicht zwischen euch beiden. Du konntest keine Angst vor ihr haben. In einer Nacht, als sie dich anfiel, verlorst du fast die Hosen, aber trotzdem fühltest du dich zu ihr hingezogen. Für dich war sie eine begehrenswerte Frau, ganz gleich, wie sehr du dich fürchtetest. Das wußte sie. Ich habe dich einmal auf einem Marktplatz erlebt, wie du sie anschautest – du warst halb von Sinnen vor Angst, und doch versuchtest du, ihr zu schmeicheln.
Durch die Taten eines würdigen Gegners kann ein Lehrling also entweder in Fetzen zerrissen oder radikal verändert werden. Die Handlungen der Catalina dir gegenüber – nachdem sie dich nicht umbrachten, und zwar nicht, weil sie sich nicht genug angestrengt hätte, sondern weil du widerstandsfähig warst – hatten eine wohltätige Wirkung auf dich und ermöglichten dir eine Entscheidung.
Der Lehrer bedient sich des würdigen Gegners, um den Lehrling zur Entscheidung seines Lebens zu zwingen. Der Lehrling muß sich zwischen der Welt des Kriegers und seiner alltäglichen Welt entscheiden. Aber es kann keine Entscheidung geben, solange der Lehrling nicht die Entscheidung als solche begreift. Daher muß der Lehrer ein durchaus geduldiges und verständnisvolles Verhalten zeigen und seinen Mann mit sicherer Hand zu dieser Entscheidung hinführen, und vor allem muß er dafür sorgen, daß sein Lehrling die Welt und das Leben eines Kriegers wählt. Ich habe das geschafft, indem ich dich bat, mir zu helfen, die Catalina zu besiegen. Ich sagte dir, daß sie vorhabe, mich zu töten, und daß ich deine Hilfe brauchte, um sie loszuwerden. Ich gab dir eine faire Warnung hinsichtlich der Konsequenzen deiner Entscheidung und Zeit genug, um zu wählen, ob du es tun wolltest oder nicht.«

Ich erinnerte mich genau daran, daß Don Juan mir an diesem Tag freie Wahl gegeben hatte. Falls ich ihm nicht helfen wolle, hatte er gesagt, stünde es mir frei, zu gehen und nie wiederzu-

kommen. Ich hatte es in diesem Augenblick so empfunden, daß ich die Freiheit hatte, meiner Wege zu gehen, und ihm gegenüber nicht weiter verpflichtet war.
So verließ ich ihn und fuhr mit einer Mischung von traurigen und glücklichen Gefühlen fort. Ich war traurig, daß ich Don Juan verließ, und doch war ich glücklich, all seine beunruhigenden Machenschaften hinter mir zu lassen. Ich dachte an Los Angeles und an meine Freunde und all die Routinegewohnheiten meines täglichen Lebens, die mich erwarteten, jene kleinen Routinen, die mir immer so viel Vergnügen gemacht hatten. Eine Weile fühlte ich mich sogar euphorisch. Das Unheimliche an Don Juan und seinem Leben lag hinter mir, und ich war frei.
Meine glückliche Stimmung hielt aber nicht lange an. Mein Wunsch, die Welt Don Juans zu verlassen, war unhaltbar. Meine Routinen hatten ihre Macht eingebüßt. Ich versuchte an irgend etwas zu denken, was ich in Los Angeles tun wollte, aber da gab es nichts. Don Juan hatte mir einmal gesagt, daß ich mich vor Menschen fürchtete und gelernt hätte, mich zu schützen, indem ich nichts erwartete. Er sagte, das Nichts-Erwarten sei eine der besten Errungenschaften eines Kriegers. In meiner Dummheit hatte ich jedoch die Einstellung, nichts zu erwarten, verallgemeinert und es dahin gebracht, nichts mehr zu wollen. Dadurch war mein Leben langweilig und leer geworden.
Er hatte recht, und während ich auf dem Highway nordwärts brauste, überfiel mich schließlich mit voller Wucht eine unverhoffte Traurigkeit. Ich begann die Reichweite meiner Entscheidung zu ermessen. Tatsächlich war ich im Begriff, für mein bequemes, langweiliges Leben in Los Angeles eine magische Welt der dauernden Erneuerung aufzugeben. Ich erinnerte mich an meine leeren Tage. Besonders an einen Sonntag erinnerte ich mich. Den ganzen Tag über hatte ich mich unruhig gefühlt und nichts zu tun gehabt. Niemand von meinen Freunden war gekommen, mich zu besuchen. Niemand hatte mich zu einer Party eingeladen. Die Leute, die ich besuchen wollte, waren nicht zu Hause, und was das Schlimmste war, ich hatte alle Filme, die in der Stadt liefen, bereits gesehen. Am Spätnachmittag, in letzter Verzweiflung, durch-

stöberte ich noch einmal den Veranstaltungskalender und fand schließlich einen Film, der mich nie gereizt hatte. Er lief in einer Stadt, fünfunddreißig Meilen entfernt. Ich fuhr hin, und ich fand ihn scheußlich, aber das war immer noch besser, als nichts zu tun zu haben.

Unter dem Einfluß von Don Juans Welt hatte ich mich verändert. Eines zumindest stimmte: seit ich ihm begegnet war, hatte ich nie mehr Zeit gehabt, mich zu langweilen. Das allein genügte mir; Don Juan hatte tatsächlich dafür gesorgt, daß ich die Welt des Kriegers wählte. Ich kehrte um und fuhr zurück zu seinem Haus.

»Was wäre geschehen, falls ich mich entschieden hätte, nach Los Angeles zurückzukehren?« fragte ich.

»Das wäre ganz unmöglich gewesen«, sagte er. »Diese Wahl gab es nicht. Du brauchtest lediglich eines zu tun – deinem *Tonal* erlauben, sich bewußt zu werden, daß es bereits gewählt hatte, in die Welt der Zauberer einzutreten. Das *Tonal* weiß nicht, daß Entscheidungen dem Bereich des *Nagual* angehören. Wenn wir glauben, wir würden uns entscheiden, tun wir nichts anderes, als anzuerkennen, daß irgend etwas, das sich unserem Verständnis entzieht, den Rahmen unserer sogenannten Entscheidung bereits abgesteckt hat und wir dies nur noch stillschweigend hinnehmen können.

Im Leben eines Kriegers gibt es nur eines, nur eine Frage, die wirklich unentschieden ist: Wie weit kann einer auf dem Weg des Wissens und der Kraft fortschreiten? Dies ist eine offene Frage, und niemand kann ihr Ergebnis voraussagen. Ich habe dir einmal gesagt, daß ein Krieger nur die Freiheit hat, entweder makellos zu handeln oder wie ein Narr zu handeln. Makellosigkeit ist wirklich die einzige Tat, die frei ist, und mithin das wahre Maß für den Geist eines Kriegers.«

Don Juan sagte, nachdem der Lehrling seine Entscheidung getroffen habe, sich der Welt der Zauberer anzuschließen, stelle der Lehrer ihm eine praktische Aufgabe, er lege ihm eine Pflicht auf, die er in seinem alltäglichen Leben erfüllen müsse. Diese Aufgabe, erklärte er, die stets auf die Persönlichkeit des Lehrlings abgestimmt sein müsse, sei in der Regel irgendeine ungewöhnliche Lebenssituation, in die der Lehrling sich versetzen müsse – als Mittel, um seine Ansicht der Welt nachhaltig zu beeinflussen. Ich selbst hatte diese Aufgabe mehr als einen vergnüglichen Scherz denn als ernste Lebenssituation aufgefaßt. Im Lauf der Zeit aber dämmerte mir, daß ich sie ernst nehmen mußte.

»Nachdem der Lehrling seine Zauber-Aufgabe erhalten hat, ist er bereit, für eine andere Form der Unterweisung«, fuhr er fort. »Er ist nun ein Krieger. In deinem Fall, damals, als du nicht mehr Lehrling warst, lehrte ich dich die drei Techniken, die beim *Träumen* helfen: das Unterbrechen der Lebensroutinen, die Gangart der Kraft und das Nicht-Tun. Du warst sehr konsequent, schwer von Begriff als Lehrling und schwer von Begriff als Krieger. Pflichteifrig schriebst du alles auf, was ich sagte und was dir widerfuhr, aber du handeltest nicht genauso, wie ich es dir aufgetragen hatte. Darum mußte ich dich trotzdem mit Hilfe der Kraftpflanzen erschüttern.«

Nun zeichnete Don Juan Schritt um Schritt nach, wie er meine Aufmerksamkeit vom »Träumen« abgelenkt und mich glauben gemacht hatte, das eigentlich wichtige Problem sei eine sehr schwierige Aktivität, die er als Nicht-Tun bezeichnete und die aus einem Wahrnehmungsspiel bestand, bei dem ich meine Aufmerksamkeit auf Merkmale der Welt richten mußte, die für gewöhnlich übersehen werden, so etwa die Schatten der Dinge. Don Juan sagte, es sei seine Strategie gewesen, das Nicht-Tun hervorzuheben, indem er es mit dem striktesten Geheimnis umhüllte.

»Wie alles andere auch, ist das Nicht-Tun eine sehr wichtige Technik, aber es war nicht das Eigentliche«, sagte er. »Du bist auf die Geheimnistuerei hereingefallen. Du – ein Schwatzmaul – mußtest ein Geheimnis für dich behalten!«

Lachend meinte er, er könne sich gut vorstellen, welche Qualen es mir bereitet haben mußte, meinen Mund zu halten. Das Unterbrechen der Routine, die Gangart der Kraft und das Nicht-Tun, sagte er, seien Mittel, um neue Wahrnehmungsweisen der Welt zu lernen, und sie gäben dem Krieger eine Ahnung von ungeahnten Möglichkeiten des Handelns. Durch die Anwendung dieser drei Techniken, so Don Juans Vorstellung, werde das Wissen um eine separate und pragmatische Welt des »Träumens« ermöglicht.

»Das Träumen ist ein praktisches Hilfsmittel, das die Zauberer ersonnen haben«, sagte er. »Sie waren keine Narren, sie wußten, was sie taten, und suchten nach Möglichkeiten, das *Nagual* zu nutzen, indem sie ihr *Tonal* trainierten, sozusagen einen Moment loszulassen und dann wieder zuzupacken. Dieser Satz wird dir kaum verständlich erscheinen. Aber das war es, was du die ganze Zeit getan hast: du übtest dich, loszulassen, ohne gleich den Kopf zu verlieren. Das Träumen ist natürlich die Krone der Bemühungen der Zauberer, die höchste Möglichkeit, das *Nagual* zu nutzen.«
Er zählte all die Übungen des Nichts-Tuns auf, die er mich hatte durchführen lassen, die Routinegewohnheiten meines täglichen Lebens, auf die er mich hingewiesen hatte, damit ich sie unterbräche, und all die Gelegenheiten, da er mich zwang, mich in der Gangart der Kraft zu üben.
»Wir kommen jetzt zum Ende meiner Zusammenfassung«, sagte er. »Und jetzt müssen wir über Genaro sprechen.«
Don Juan sagte, es habe an dem Tag, als ich Don Genaro zum ersten Mal traf, ein sehr bedeutsames Omen gegeben. Ich sagte ihm, ich könne mich an nichts Ungewöhnliches entsinnen. Er erinnerte mich daran, wie wir an jenem Tag auf einer Bank im Park gesessen hatten. Davor habe er erwähnt, sagte er, daß er auf einen Freund warte, den ich noch nie gesehen hätte, und daß ich dann, als dieser Freund auftauchte, ihn inmitten einer großen Menschenmenge ohne Zögern erkannt hätte. Das sei das Omen gewesen, das ihn hatte erkennen lassen, daß Don Genaro mein Wohltäter sei.
Jetzt, da er es sagte, erinnerte ich mich daran, daß ich, während wir dasaßen und uns unterhielten, mich plötzlich umgedreht und einen kleinen, schlanken Mann gesehen hatte, der eine ungewöhnliche Vitalität oder Grazie oder einfach gute Laune ausstrahlte. Er war gerade um die Ecke in den Park gebogen. Scherzhaft aufgelegt, hatte ich zu Don Juan gesagt, sein Freund sei im Anmarsch, und nach seinem Aussehen zu urteilen, sei er höchstwahrscheinlich ein Zauberer.
»Von diesem Tag an hat Genaro stets geraten, was mit dir geschehen sollte«, fuhr Don Juan fort. »Als dein Führer zum *Nagual* gab er dir makellose Demonstrationen, und jedesmal, wenn er als *Nagual* eine Tat vollbrachte, warst du um ein

Wissen bereichert, das deine *Vernunft* herausforderte und ihr entzogen war. Er nahm deine Ansicht der Welt auseinander, obwohl du das immer noch nicht weißt. Auch in diesem Fall hast du dich genauso verhalten wie im Falle der Kraft-Pflanzen, die du mehr als notwendig brauchtest. Nur wenige Angriffe des *Nagual* sollten genügen, um die Ansicht eines Menschen zu demontieren. Aber sogar heute noch, nach all diesem Trommelfeuer des *Nagual*, scheint deine Ansicht unverletzlich zu sein. Seltsamerweise ist dies deine beste Eigenschaft.
Alles in allem war es also Genaros Aufgabe, dich in das *Nagual* einzuführen. Aber jetzt kommt eine komische Frage: Was wurde da eigentlich in das *Nagual* eingeführt?«
Augenzwinkernd drängte er mich, die Frage zu beantworten.
»Meine *Vernunft?*«
»Nein, die *Vernunft* ist hier belanglos«, antwortete er. »Die *Vernunft* bricht in dem Augenblick zusammen, da sie sich außerhalb ihrer engen, sicheren Grenzen befindet.«
»Dann war es wohl mein *Tonal?*« sagte ich.
»Nein, das *Tonal* und das *Nagual* sind die zwei zusammengehörigen Teile unseres Selbst«, sagte er scharf. »Sie können nicht ineinander übergeführt werden.«
»Meine Wahrnehmung?«, fragte ich.
»Du hast es!« schrie er, als sei ich ein Kind, das die richtige Antwort getroffen hat. »Jetzt kommen wir zur Erklärung der Zauberer. Ich habe dich ja schon gewarnt, daß sie nichts erklären wird, und doch . . .«
Er machte eine Pause und sah mich mit strahlenden Augen an.
»Dies ist noch einer von den Tricks der Zauberer«, sagte er.
»Was meinst du? Was ist der Trick?« fragte ich, leicht beunruhigt.
»Die Erklärung der Zauberer, natürlich«, erwiderte er. »Das wirst du gleich selbst sehen. Aber laß mich fortfahren! Die Zauberer behaupten, daß wir in einer Blase stecken. In einer Blase, in die wir im Augenblick unserer Geburt gesteckt werden. Zuerst ist die Blase offen, aber dann beginnt sie sich zu schließen, bis sie uns ganz eingeschlossen hat. Diese Blase ist unsere Wahrnehmung. Unser Leben lang leben wir in

dieser Blase. Und was wir an ihren gewölbten Wänden sehen, ist unser eigenes Spiegelbild.«

Er senkte den Kopf und sah mich schief an. Er kicherte.

»Du kneifst«, sagte er. »Hier solltest du einen Einwand machen.«

Ich lachte. Irgendwie hatten seine Warnungen vor der Erklärung der Zauberer, zusammen mit der Erkenntnis des staunenswerten Grades seiner Bewußtheit, angefangen, bei mir Wirkung zu zeigen.

»Welchen Einwand sollte ich denn machen?« fragte ich.

»Wenn das, was wir an den Wänden sehen, unser eigenes Spiegelbild ist, dann muß das, was gespiegelt wird, das Eigentliche sein«, sagte er lächelnd.

»Das ist ein guter Einwand«, sagte ich in scherzendem Ton. Diesem Argument konnte meine Vernunft folgen.

»Das, was da reflektiert wird, ist unsere Ansicht der Welt«, sagte er. »Diese Ansicht ist zuerst eine Beschreibung, die uns im Augenblick unserer Geburt gegeben wird, bis unsere ganze Aufmerksamkeit von ihr gefangengenommen wird und die Beschreibung eine Ansicht wird.

Die Aufgabe des Lehrers ist nun, diese Ansicht umzuordnen, das leuchtende Wesen auf den Zeitpunkt vorzubereiten, da der Wohltäter die Blase von außen her öffnet.«

Wieder machte er eine effektvolle Pause und beschwerte sich über meine mangelnde Aufmerksamkeit, da ich offenbar nicht in der Lage sei, eine passende Bemerkung zu machen oder Fragen zu stellen.

»Welche Frage hätte ich denn stellen sollen?« fragte ich.

»Warum sollte die Blase geöffnet werden?« antwortete er.

Er lachte laut auf und klopfte mir den Rücken, als ich sagte: »Das ist eine gute Frage.«

»Natürlich! Sie muß dir ja gut vorkommen, denn sie ist ja eine von deinen Fragen.«

»Die Blase wird geöffnet, um dem leuchtenden Wesen den Anblick seiner Ganzheit zu gestatten«, fuhr er fort. »Natürlich ist das Ganze, die Bezeichnung als Blase, nur eine bildliche Redeweise, aber in diesem Fall trifft sie buchstäblich zu.

Das schwierige Manöver, ein leuchtendes Wesen zur Ganzheit seines Selbst zu führen, verlangt, daß der Lehrer von inner-

halb der Blase und der Wohltäter von außerhalb arbeitet. Der Lehrer ordnet die Ansicht der Welt neu. Diese Ansicht habe ich die Insel des *Tonal* genannt. Ich sagte dir, daß alles, was wir sind, sich auf dieser Insel befindet. Die Erklärung der Zauberer sagt nun, daß die Insel des *Tonal* durch unsere Wahrnehmung entsteht, die geschult ist, sich auf gewisse Elemente zu konzentrieren. Jedes dieser Elemente und alle zusammen bilden unsere Ansicht der Welt. Die Aufgabe eines Lehrers, was die Wahrnehmung des Lehrlings betrifft, besteht darin, alle Elemente der Insel auf der einen Hälfte der Blase zu versammeln. Du mußt inzwischen erkannt haben, daß das Aufräumen und Neuordnen der Insel des *Tonal* nichts anderes bedeutet, als ihre Elemente auf die Seite der *Vernunft* umzugruppieren. Meine Aufgabe war es, deine alltägliche Ansicht umzuordnen, nicht sie zu zerstören, sondern sie zu zwingen, sich auf der Seite der *Vernunft* zu sammeln. Dies hast du besser geschafft als irgend jemand, den ich kenne.«
Er zeichnete einen imaginären Kreis auf den Fels und teilte ihn mittels eines vertikalen Durchmessers in zwei Hälften. Er sagte, es sei die Kunst eines Lehrers, seinen Schüler zu zwingen, seine Ansicht der Welt auf der rechten Hälfte der Blase zu gruppieren.
»Warum die rechte Hälfte?« fragte ich.
»Das ist die Seite des *Tonal*«, sagte er. »Der Lehrer wendet sich immer an diese Seite, und indem er seinen Lehrling einerseits mit der Lebensweise des Kriegers bekannt macht, zwingt er ihn zur Vernunftlosigkeit und Nüchternheit, zu charakterlicher und körperlicher Stärke. Und indem er ihn andererseits vor unausdenkbare, aber reale Situationen stellt, die der Lehrling sich nicht erklären kann, zwingt er ihn zu erkennen, daß seine *Vernunft*, obwohl sie etwas ganz Wunderbares ist, nur einen kleinen Bereich erfassen kann. Sobald der Krieger mit seiner Unfähigkeit konfrontiert ist, alles vernünftig zu ergründen, wird er jede Anstrengung machen, seine besiegte *Vernunft* zu stützen und zu verteidigen, und zu diesem Zweck wird er alles, was er hat, um sie versammeln. Dafür sorgt der Lehrer, indem er ihn unnachsichtig bearbeitet, bis seine Ansicht der Welt sich insgesamt auf der einen Hälfte der Blase befindet. Die andere, die freigehaltene Hälfte der

Blase kann dann von etwas beansprucht werden, das die Zauberer *Wille* nennen.
Dies läßt sich besser erklären, wenn wir sagen, daß die Aufgabe des Lehrers darin besteht, die eine Hälfte der Blase reinzufegen und alles auf der anderen Hälfte neu zu ordnen. Die Aufgabe des Wohltäters ist es dann, die Blase auf der leergefegten Seite zu öffnen. Sobald das Siegel gebrochen ist, ist der Krieger nicht mehr der gleiche. Dann steht ihm seine Ganzheit zu Gebot. Die Hälfte der Blase ist ganz und gar Zentrum der *Vernunft*, das *Tonal*. Die andere Hälfte ist ganz und gar Zentrum des Willens, das *Nagual*. Dies ist die Ordnung, die vorherrschen sollte. Jede andere Verteilung ist unsinnig und schäbig, weil sie gegen unsere Natur verstößt. Sie raubt uns unser magisches Erbe und reduziert uns auf ein Nichts.«
Don Juan stand auf, reckte Arme und Rücken, und lief umher, um seine Muskeln zu lockern. Inzwischen war es etwas kühl geworden. Ich fragte ihn, ob wir fertig seien.
»Wieso? Die Schau hat noch nicht einmal angefangen!« rief er lachend. »Das war erst der Anfang!«
Er schaute zum Himmel und wies mit einer nachlässigen Handbewegung nach Westen.
»Etwa in einer Stunde wird das *Nagual* hier sein«, sagte er.
Er setzte sich wieder.
»Eine Frage haben wir bisher ausgelassen«, fuhr er fort. »Die Zauberer nennen sie das Geheimnis der leuchtenden Wesen, und dieses ist die Tatsache, daß wir wahrnehmende Wesen sind. Wir Menschen und alle anderen leuchtenden Wesen auf Erden sind Wahrnehmende. Das ist unsere Blase, die Blase der Wahrnehmung. Unser Irrtum ist, daß wir glauben, die einzig anerkennenswerte Wahrnehmung sei das, was durch unsere *Vernunft* gefiltert ist. Die Zauberer glauben, daß die *Vernunft* nur ein Zentrum ist und daß man nicht gar so fest mit ihr rechnen sollte.
Genaro und ich haben dich die Sache mit den acht Punkten gelehrt, welche die Ganzheit unserer Blase der Wahrnehmung ausmachen. Sechs Punkte kennst du bereits. Heute werden Genaro und ich deine Blase der Wahrnehmung noch weiter leerfegen, und danach wirst du die zwei restlichen Punkte erkennen.«

Unvermittelt wechselte er das Thema und bat mich, ihm einen ausführlichen Bericht über meine Wahrnehmungen am Vortag zu geben, ausgehend von dem Augenblick, da ich Don Genaro auf einem Felsen neben der Straße hatte sitzen sehen. Er gab keinerlei Kommentar von sich und unterbrach mich nicht. Als ich geendet hatte, fügte ich noch eine eigene Beobachtung an. Am anderen Morgen hatte ich nämlich mit Nestor und Pablito gesprochen, und sie hatten mir von ihren Wahrnehmungen berichtet, die den meinen ganz ähnlich waren. Ich meinte nun, daß er selbst mir gesagt habe, das »Nagual« sei eine individuelle Erfahrung, die nur der Beobachter allein erleben könne. Am Vortag waren wir drei Beobachter gewesen, und alle hatten wir mehr oder minder dasselbe erlebt. Die Unterschiede drückten sich nur in der Art aus, wie jeder von uns auf spezifische Einzelheiten des ganzen Phänomens reagierte oder was er dabei empfand.
»Was gestern geschah, war eine Demonstration des *Nagual* für dich und für Nestor und Pablito. Ich bin ihr Wohltäter. Genaro und ich haben zusammen bei euch allen dreien das Zentrum der Vernunft ausgeschaltet. Genaro und ich hatten genügend Kraft, um euch zur Übereinstimmung über das zu bringen, was ihr erlebtet. Vor einigen Jahren waren du und ich eines Nachts mit einer Gruppe von Lehrlingen zusammen, aber ich allein hatte nicht genug Kraft, um euch alle dasselbe erleben zu lassen.«
Er sagte, daß er aufgrund dessen, was ich ihm über meine Wahrnehmungen am Vortag berichtet und was er an mir »gesehen« hatte, zu dem Schluß gekommen sei, daß ich für die Erklärung der Zauberer bereit sei. Pablito ebenfalls, setzte er hinzu, doch bei Nestor sei er sich nicht sicher.
»Für die Erklärung der Zauberer bereit sein, das ist eine sehr schwierige Errungenschaft«, sagte er. »Das sollte es nicht sein, aber wir lassen uns gehen und gefallen uns in unserer lebenslangen Ansicht der Welt. In dieser Hinsicht seid ihr, du, Nestor und Pablito, euch ähnlich. Nestor versteckt sich hinter seiner Scheu und Schwermut, Pablito hinter seinem entwaffnenden Charme. Du versteckst dich hinter deinem Vorwitz und hinter Worten. All dies sind Ansichten, die scheinbar nicht in Frage zu stellen sind. Und solange ihr drei darauf

beharrt, euch ihrer zu bedienen, so lange sind eure Blasen der Wahrnehmung nicht leergefegt, und die Erklärung der Zauberer hat für euch keinen Sinn.«
Witzig aufgelegt, meinte ich, diese berühmte Erklärung der Zauberer habe mir lange genug zu schaffen gemacht, aber je näher ich ihr käme, desto ferner erscheine sie mir.
»Wäre es nicht ein Ding, wenn die Erklärung der Zauberer sich als eine Niete herausstellte?« fragte er unter lautem Gelächter. Er klopfte mir den Rücken und schien vergnügt wie ein Kind, das sich über einen gelungenen Streich freut.
»Genaro ist ein pedantischer Verfechter der Regel«, meinte er in vertraulichem Ton. »Es hat nicht viel auf sich mit dieser verflixten Erklärung. Wäre es nach mir gegangen, dann hätte ich sie dir schon vor Jahren gegeben. Erwarte dir also nicht zu viel davon!«
Er blickte prüfend zum Himmel auf.
»Jetzt bist du bereit«, sagte er in dramatischem, feierlichem Ton. »Es ist Zeit, daß wir gehen. Aber bevor wir diesen Ort verlassen, muß ich dir noch ein letztes sagen: Das Mysterium oder das Geheimnis der Erklärung der Zauberer ist, daß es dabei um das Ausbreiten der Flügel der Wahrnehmung geht.«
Er legte die Hand auf meinen Schreibblock und meinte, ich solle jetzt ins Gebüsch gehen und meine körperlichen Funktionen verrichten, und danach sollte ich meine Kleider ausziehen und sie als Bündel hier, wo wir waren, zurücklassen. Ich schaute ihn fragend an, und er erklärte, ich müsse nackt sein, aber ich dürfe die Schuhe an und den Hut aufbehalten.
Ich wollte wissen, warum ich nackt sein müsse. Lachend sagte Don Juan, der Grund dafür sei eher ein persönlicher, und es gehe dabei um meine eigene Bequemlichkeit. Ich selbst hätte ihm gesagt, daß ich es so haben wolle. Diese Erklärung verblüffte mich. Ich glaubte, daß er sich über mich lustig machte oder, in Übereinstimmung mit seinen vorangegangenen Eröffnungen, einfach meine Aufmerksamkeit ablenken wollte. Ich wollte wissen, warum er dies tat.
Er erinnerte mich an ein Erlebnis, das ich vor Jahren gehabt hatte, als wir mit Don Genaro in den Bergen Nordmexikos waren. Bei dieser Gelegenheit hatten sie mir auseinandergesetzt, daß die »Vernunft« unmöglich alles erklären könne, was

in der Welt geschieht. Um mir eine unabweisbare Demonstration dessen zu geben, führte Don Genaro – als »Nagual« – einen ungeheuren Sprung vor und »dehnte sich aus«, bis er die Spitzen der etwa zwanzig Kilometer entfernten Berge erreichte. Daraufhin hatte Don Juan mir erklärt, daß ich das Wesentliche verpaßt hätte und daß Don Genaros Demonstration, was meine »Vernunft« betraf, ein Fehlschlag gewesen sei; doch im Hinblick auf meine körperliche Reaktion habe sie ja einen wahren Aufruhr ausgelöst.
Die Körperreaktion, auf die Don Juan anspielte, war etwas, woran ich noch immer eine lebhafte Erinnerung bewahrte. Ich sah damals Don Genaro vor meinen Augen verschwinden, als habe ein Windstoß ihn fortgeweht. Sein Sprung, oder was es auch sein mochte, hatte eine so tiefe Wirkung auf mich ausgeübt, daß ich glaubte, seine Bewegung habe mir die Gedärme zerrissen. Mir widerfuhr ein Unglück, und ich mußte mein Hemd und meine Hose wegwerfen. Meine Verlegenheit und Peinlichkeit waren grenzenlos; ich mußte nackt, nur den Hut auf dem Kopf, auf einem verkehrsreichen Highway bis zu meinem Auto gehen. Don Juan erinnerte mich daran, daß ich ihn damals gebeten hatte, nicht zuzulassen, daß ich mir noch einmal meine Sachen ruinierte.
Nachdem ich mich ausgezogen hatte, gingen wir einige hundert Schritt zu einem sehr hohen Felsen, der die gleiche Schlucht überragte. Er hieß mich hinabsehen. Die Wände stürzten fast senkrecht an die fünfzig Meter hinab. Dann befahl er mir, meinen inneren Dialog abzustellen und auf die Geräusche um uns her zu lauschen.
Nach einer Weile hörte ich das Geräusch eines von Fels zu Fels in die Schlucht kollernden Kiesels. Jeden einzelnen Aufprall des Steinchens hörte ich mit unvorstellbarer Klarheit. Dann hörte ich noch einen Stein fallen und dann noch einen. Ich hob den Kopf und brachte mein linkes Ohr in die Richtung, aus der das Geräusch kam, und da sah ich Don Genaro auf der Spitze des Felsens sitzen, vier bis fünf Meter von unserer Stelle entfernt. Gleichmütig warf er kleine Steine in die Schlucht hinab.
Als ich ihn entdeckte, schrie und lachte er und meinte, er habe sich dort versteckt und darauf gewartet, daß ich ihn entdeckte.

Einen Augenblick war ich bestürzt. Don Juan flüsterte mir immer wieder ins Ohr, daß meine »Vernunft« zu diesem Ereignis nicht eingeladen sei und daß ich den bohrenden Wunsch, alles unter Kontrolle zu halten, aufgeben solle. Er sagte, das »Nagual« sei eine nur für mich bestimmte Wahrnehmung, und dies sei auch der Grund, warum Pablito das »Nagual« in meinem Auto nicht gesehen habe. Als könne er meine unausgesprochenen Gedanken lesen, fügte er hinzu, daß das »Nagual«, obgleich nur allein für mich zu sehen, doch Don Genaro selbst sei.

Don Juan nahm mich am Arm und führte mich mit gespielter Behutsamkeit dorthin, wo Don Genaro saß. Don Genaro stand auf und kam näher. Sein Körper strahlte eine Wärme aus, die ich förmlich sehen konnte, ein Leuchten, das mich blendete. Er trat neben mich, und ohne mich zu berühren, brachte er seinen Mund ganz nah an mein linkes Ohr und fing an zu flüstern. Auch Don Juan fing an, in mein anderes Ohr zu flüstern. Ihre Stimmen waren synchron. Beide wiederholten sie immer die gleichen Sätze. Sie sagten, daß ich mich nicht fürchten solle, daß ich lange, kraftvolle Fasern hätte, die nicht dazu da seien, mich zu schützen, denn es gebe nichts zu beschützen oder nichts, vor dem ich beschützt werden müsse; vielmehr seien sie dazu da, meine Wahrnehmung des »Nagual« ganz ähnlich zu steuern, wie meine Augen meine normale Wahrnehmung des »Tonal« steuerten. Sie sagten, daß meine Fasern mich überall umgäben, daß ich durch sie alles gleichzeitig wahrnehmen könne und daß eine einzige Faser einen Sprung vom Felsen hinab in die Schlucht oder aus der Schlucht wieder auf den Felsen hinauf ermöglichen würde.

Ich hatte alles aufgenommen, was sie mir zuflüsterten. Jedes Wort schien eine einzigartige Bedeutung für mich zu haben; ich konnte jede ihrer Äußerungen behalten und mir wieder abspielen, als sei ich ein Tonbandgerät. Beide drängten mich, auf den Grund der Schlucht hinabzuspringen. Sie sagten, ich solle zuerst meine Fasern spüren und dann eine davon isolieren, die bis hinab zum Grund der Schlucht reiche, und dieser folgen. Während sie ihre Kommandos flüsterten, waren ihre Worte bei mir sogar von den entsprechenden Gefühlen begleitet. Ich spürte ein Jucken am ganzen Leib, besonders eine ganz eigenartige Empfindung, die an sich unbestimmbar war, aber dem Gefühl eines »anhaltenden Juckens« gleichkam. Mein Körper konnte tatsächlich den Grund der Schlucht fühlen, und ich spürte dieses Gefühl als ein Jucken an einer unbestimmten Stelle meines Körpers.

Don Juan und Don Genaro redeten weiter auf mich ein, ich solle an diesem Gefühl hinabgleiten, aber ich wußte nicht, wie. Dann hörte ich nur noch Don Genaros Stimme.

Er sagte, er werde mit mir zusammen springen; er packte mich oder stieß mich oder umarmte mich und stürzte sich mit mir in den Abgrund. Ich empfand die äußerste physische Pein. Es war, als ob mein Magen mir bis zum Hals aufstieß. Es war eine Mischung aus Schmerz und Lust und von solcher Heftigkeit und Dauer, daß ich nur mit aller Lungenkraft schreien und schreien konnte. Als diese Empfindung nachließ, sah ich ein unerklärliches Bündel von Funken und dunklen Massen, Lichtstrahlen und wolkenähnlichen Gebilden. Ich wußte jedoch nicht, ob meine Augen offen oder geschlossen waren oder wo meine Augen waren oder wo überhaupt mein Körper war. Dann empfand ich noch einmal die gleiche physische Pein, wenn auch nicht so ausgeprägt wie das erste Mal, und dann hatte ich den Eindruck, als sei ich eben erwacht, und ich fand mich zusammen mit Don Juan und Don Genaro auf dem Felsen wieder.

Don Juan sagte, ich hätte wieder versagt, denn es sei zwecklos zu springen, wenn die Wahrnehmung des Sprungs so chaotisch sei. Beide wiederholten mir zahllose Male in meine Ohren, daß das »Nagual« an sich nutzlos sei, daß es durch das »Tonal« bezähmt werden müsse. Sie sagten, ich müsse bereitwillig springen und mir meines Tuns bewußt sein.

Ich zögerte, weniger weil ich Angst hatte, sondern weil ich widerwillig war. Ich spürte mein inneres Schwanken ganz so, als ob mein Körper wie ein Pendel hin- und herschwankte. Dann ergriff mich eine seltsame Stimmung, und ich sprang – in aller Körperlichkeit. Während ich diesen Satz tat, versuchte ich zu denken, aber ich konnte nicht. Wie durch einen Nebel sah ich die Wände der engen Schlucht und die hervorspringenden Felsen am Boden des Grabens. Meine Wahrnehmung des Sturzes bildete keine Reihenfolge, vielmehr hatte ich das

Gefühl, sofort unten am Boden zu sein; ich konnte alle Eigentümlichkeiten der Felsen im engeren Umkreis unterscheiden. Ich bemerkte, daß meine Sicht nicht unilinear und auch nicht stereoskopisch war, sondern daß ich alles im Kreise um mich her sah, und zwar fotografisch flach. Im nächsten Augenblick geriet ich in Panik, und irgend etwas zog mich wie ein Jo-Jo hinauf.

Don Juan und Don Genaro ließen mich immer wieder springen. Nach jedem Sprung bedrängte Don Juan mich, ich solle weniger zurückhaltend und unwillig sein. Immer wieder sagte er, daß das Geheimnis der Zauberer bei der Nutzung des »Nagual« in unserer Wahrnehmung liege, daß das Springen nur eine Wahrnehmungsübung sei und daß ich erst dann aufhören dürfe, wenn es mir gelungen sei, ganz als »Tonal« wahrzunehmen, was sich am Boden der Schlucht befand.

Irgendwann hatte ich dann eine unglaubliche Empfindung. Ich war mir völlig nüchtern bewußt, daß ich an der Felskante stand, während Don Juan und Don Genaro mir in die Ohren flüsterten, und dann, im nächsten Augenblick, sah ich den Grund der Schlucht. Alles war völlig normal. Es war inzwischen fast dunkel, doch es gab immer noch genügend Licht, um alles exakt zu erkennen – wie in der Welt meines alltäglichen Lebens. Ich betrachtete gerade ein paar Büsche, als ich plötzlich ein Geräusch hörte, einen herabkollernden Felsbrocken. Im gleichen Augenblick sah ich einen ziemlich großen Stein über die Wand der Schlucht auf mich stürzen. Blitzartig sah ich auch, daß Don Genaro ihn geworfen hatte. Ich hatte einen Anfall von Panik, und im nächsten Augenblick wurde ich wieder an den alten Platz oben auf dem Felsen gehievt. Ich schaute mich um; Don Genaro war nicht mehr da. Don Juan fing an zu lachen und meinte, Don Genaro sei gegangen, weil er meinen Gestank nicht habe ertragen können. Erst jetzt wurde mir peinlich bewußt, daß ich mich tatsächlich besudelt hatte. Don Juan hatte recht gehabt, mich meine Kleider ausziehen zu lassen. Er führte mich zu einem Bach in der Nähe und wusch mich wie ein Pferd in der Schwemme, wobei er mit meinem Hut Wasser schöpfte und mich begoß, und ließ sich übermütig über die Tatsache aus, daß wir immerhin meine Hosen gerettet hatten.

Die Blase der Wahrnehmung

Den Tag verbrachte ich allein in Don Genaros Haus. Die meiste Zeit schlief ich. Am Spätnachmittag kehrte Don Juan zurück, und wir wanderten in tiefem Schweigen zu einer nahegelegenen Bergkette. Bei Einbruch der Dämmerung machten wir halt und setzten uns am Rand einer tiefen Schlucht, bis es beinahe dunkel war. Dann führte Don Juan mich an eine andere Stelle in der Nähe, zu einer gigantischen Klippe mit einer schier senkrechten Felswand. Die Klippe war von dem Weg aus, der zu ihr hinführte, nicht zu sehen. Aber Don Juan hatte sie mir schon einige Male zuvor gezeigt. Er hatte mich über den Rand hinunterspähen lassen und mir gesagt, daß die ganze Klippe ein Ort der Kraft sei, besonders aber ihre Basis, die in einem mehrere hundert Fuß tiefen Cañon lag. Jedesmal, wenn ich hinabschaute, hatte ich ein unangenehmes Frösteln empfunden. Der Cañon wirkte immer dunkel und bedrohlich.
Bevor wir die Stelle erreichten, sagte Don Juan, ich müsse nun allein weitergehen und würde am Rand der Klippe Pablito treffen. Er empfahl mir, mich zu entspannen und die Gangart der Kraft anzuwenden, um meine nervöse Müdigkeit abzuschütteln.
Don Juan trat zur Seite, links vom Weg, und die Dunkelheit verschluckte ihn einfach. Ich wollte stehenbleiben und nachschauen, wohin er gegangen war, aber mein Körper gehorchte mir nicht. Ich fing an zu traben, obwohl ich so müde war, daß ich mich kaum auf den Füßen halten konnte.
Als ich die Klippe erreichte, konnte ich nichts mehr sehen, und so trabte ich weiter auf der Stelle und atmete tief. Nach einer Weile fühlte ich mich entspannter; ich stand reglos mit dem Rücken gegen einen Felsen gelehnt, und dann entdeckte ich einige Meter vor mir die Gestalt eines Mannes. Er hockte dort und barg den Kopf in den Armen. Einen Augenblick hatte ich furchtbare Angst und fuhr zurück, aber dann erklärte ich mir, daß der Mann Pablito sein mußte, und ich näherte mich ihm, ohne zu zögern. Ich rief laut seinen Namen. Ich

überlegte, vielleicht war er sich nicht sicher gewesen, wer ich sei, und war so erschrocken, daß er seinen Kopf bedeckt hatte, um nicht hinschauen zu müssen. Aber bevor ich bei ihm war, ergriff mich eine unerklärliche Furcht. Mein Körper erstarrte auf der Stelle – mit ausgestrecktem Arm, bereit, ihn zu berühren. Der Mann hob den Kopf. Es war nicht Pablito! Seine Augen waren zwei riesige Spiegel, wie die Augen eines Tigers. Mein Körper schnellte rückwärts. Meine Muskeln spannten sich und lockerten wieder ihre Spannung, ohne die geringste Beteiligung meines Willens, und ich tat einen Satz nach hinten, so schnell und so weit, daß ich unter normalen Umständen allerlei Spekulationen darüber angestellt hätte, wie das nur möglich sei. In diesem Fall aber war meine Angst so überwältigend, daß ich keine Neigung zu Grübeleien verspürte, und ich wäre davongerannt, hätte nicht jemand mich gewaltsam am Arm festgehalten. Das Gefühl, daß jemand meinen Arm gepackt hatte, stürzte mich gänzlich in Panik; ich schrie. Mein Ausbruch war aber nicht der Aufschrei, den ich erwartet hätte, sondern ein langes, grauenerregendes Kreischen.

Ich wandte mich zu meinem Angreifer um. Es war Pablito, der noch heftiger zitterte als ich. Meine Nervosität erreichte ihren Gipfel. Ich konnte nicht sprechen, meine Zähne klapperten, und über meinen Rücken liefen Wellenbewegungen, die mich unfreiwillig auf- und abspringen ließen. Ich mußte durch den Mund atmen.

Zähneklappernd sagte Pablito, daß das »Nagual« ihn erwartet habe. Er sei ihm kaum entronnen, als er auf mich gestoßen sei, und ich hätte ihn dann mit meinem Schrei fast umgebracht. Ich wollte lachen und brachte die unheimlichsten Geräusche heraus, die man sich vorstellen kann. Als ich meine Ruhe wiedergefunden hatte, sagte ich Pablito, daß mir anscheinend dasselbe widerfahren sei. Auf mich hatte das Ganze schließlich die Wirkung, daß meine Müdigkeit verschwunden war; statt dessen empfand ich einen unbezähmbaren Ansturm von Kraft und Wohlgefühl. Pablito schien die gleichen Gefühle zu erleben. Wir fingen an, nervös und albern zu kichern.

Ich hörte die Laute von leisen, behutsamen Schritten in der Ferne. Ich bemerkte das Geräusch noch vor Pablito. Er schien auf meine Erstarrung zu reagieren. Ich hatte die Gewißheit, daß irgend jemand sich der Stelle näherte, wo wir waren. Wir drehten uns in die Richtung, aus der das Geräusch kam; einen Augenblick später wurden die Umrisse von Don Juan und Don Genaro sichtbar. Sie gingen gemächlich und blieben zwei, drei Meter vor uns stehen. Don Juan schaute mich an, und Don Genaro schaute Pablito an. Ich wollte Don Juan erzählen, daß irgend etwas mich halb zu Tode erschreckt habe, aber Pablito kniff mich in den Arm. Ich wußte, was er meinte. Es war irgend etwas Merkwürdiges um Don Juan und Don Genaro. Als ich sie anschaute, geriet mein Blick außer Kontrolle.

Don Genaro stieß ein scharfes Kommando hervor. Ich verstand nicht, was er sagte, aber ich »wußte«, daß er gemeint hatte, wir sollten nicht schielen.

»Die Dunkelheit hat sich über die Welt gesenkt«, sagte Don Juan und sah zum Himmel.

Don Genaro zeichnete einen Halbmond auf den harten Steinboden. Einen Augenblick kam es mir so vor, als habe er dazu eine Leuchtkreide benutzt, aber dann erkannte ich, daß er nichts in der Hand hatte; und doch nahm ich den imaginären Halbmond deutlich wahr, den er mit dem Finger gezeichnet hatte. Er ließ Pablito und mich am inneren Rand des nach außen gewölbten Bogens Platz nehmen, während er und Don Juan sich mit untergeschlagenen Beinen an die äußeren Spitzen des Halbmonds setzten, zwei bis drei Meter von uns entfernt.

Zuerst sprach Don Juan; er sagte, sie wollten uns nun ihre Verbündeten zeigen; er sagte, wir sollten auf ihre linke Körperseite schauen, etwa zwischen dem Hüftknochen und den Rippen, dort würden wir so etwas wie einen Lappen oder ein Taschentuch von ihren Gürteln hängen »sehen«. Don Genaro fügte hinzu, daß an ihren Gürteln, neben den Lappen, zwei runde, knopfartige Dinger hingen und daß wir ihre Gürtel unverwandt anschauen sollten, bis wir die Lappen und die Knöpfe »sehen« würden.

Noch bevor Don Genaro gesprochen hatte, bemerkte ich bereits einen flachen Gegenstand, etwas wie ein Stück Stoff, und einen runden Kiesel, die an ihren Gürteln hingen. Don

Juans Verbündete waren dunkler und bedrohlicher als die Don Genaros. Meine Reaktion war eine Mischung aus Neugier und Furcht. Dabei fühlte ich meine Reaktionen im Bauch und stellte keinerlei rationale Überlegungen an.
Don Juan und Don Genaro griffen nach ihren Gürteln und schienen die dunklen Stoffetzen abzunesteln. Sie nahmen sie in die linke Hand; Don Juan warf seinen über sich in die Luft, doch Don Genaro ließ seinen sacht zu Boden fallen. Die Stoffetzen streckten sich, als hätte das Emporschleudern und Fallenlassen bewirkt, daß sie sich wie sorgfältig gebügelte Taschentücher entfalteten; sie sanken langsam herab, wobei sie wie Papierdrachen hin- und herschaukelten. Die Bewegungen, die Don Juans Verbündeter ausführte, waren die exakte Wiederholung dessen, was ich ihn selbst hatte tun sehen, als er vor ein paar Tagen durch die Luft gekreiselt war. Die Stoffetzen näherten sich dem Boden, sie wurden fest, rund und massiv. Don Juans Verbündeter wuchs zu einem voluminösen Schatten an. Er setzte sich an die Spitze und bewegte sich auf uns zu, wobei er kleinere Steine und feste Erdklumpen zerquetschte. Er näherte sich uns bis auf ein, zwei Meter und verharrte genau an der inneren Krümmung des Halbmonds, zwischen Don Juan und Don Genaro. Einen Moment meinte ich, er werde uns sogleich überrollen und pulverisieren. Mein Entsetzen loderte wie Feuer. Der Schatten vor mir war gigantisch, vielleicht fünf Meter hoch und zwei Meter breit. Er bewegte sich, als müsse er sich blind seinen Weg ertasten. Er ruckte und taumelte hin und her. Ich wußte, daß er mich suchte. In diesem Augenblick barg Pablito seinen Kopf an meiner Brust. Das Gefühl, das seine Berührung in mir hervorrief, zerstreute ein wenig die furchtsame Aufmerksamkeit, mit der ich mich auf den Schatten konzentriert hatte. Der Schatten schien sich aufzulösen, jedenfalls nach seinen ziellosen Zuckungen zu urteilen, und dann machte er sich davon und verschmolz mit der uns umgebenden Dunkelheit.
Ich rüttelte Pablito. Er hob den Kopf und stieß einen gedämpften Schrei aus. Ich blickte auf. Ein seltsamer Mann starrte mich an. Er schien direkt hinter dem Schatten gestanden, vielleicht sich hinter ihm versteckt zu haben. Er war ziemlich groß und schlank, hatte ein längliches Gesicht, keine

Haare, und die linke Seite seines Kopfes war von einer Art Ausschlag oder Ekzem bedeckt. Seine Augen leuchteten wild. Sein Mund stand halb offen. Bekleidet war er mit einem eigenartigen Pyjama. Die Hosen waren ihm zu kurz. Ich konnte nicht feststellen, ob er Schuhe trug oder nicht. So stand er da und schaute uns, wie mir schien, lange Zeit an, als ob er auf eine Eröffnung wartete, um sich auf uns zu stürzen und uns zu zerreißen. In seinen Augen lag eine solche Intensität! Es war nicht Haß oder Gewalt, sondern irgendein tierisches Mißtrauen. Ich konnte die Spannung nicht länger ertragen. Ich wollte eine Kampfstellung einnehmen, die Don Juan mich vor Jahren gelehrt hatte, und das hätte ich auch getan, wäre da nicht Pablito gewesen, der mir zuflüsterte, daß der Verbündete nicht die Linie überschreiten könne, die Don Genaro auf den Boden gezeichnet hatte. Jetzt erkannte ich auch, daß dort eine helle Linie war, die das Unwesen vor uns zurückzuhalten schien.
Nach einer Weile wandte der Mann sich nach links ab, genau wie vorhin der Schatten. Ich hatte den Eindruck, daß Don Juan und Don Genaro beide zurückgerufen hatten.
Nun entstand eine kurze, stille Pause. Ich konnte Don Juan oder Don Genaro nicht mehr sehen; sie saßen nicht mehr auf den Spitzen des Halbmonds. Plötzlich hörte ich ein Geräusch, als ob an der Stelle, wo wir saßen, zwei Steinchen auf den festen Fußboden fielen, und blitzartig war die Fläche vor uns erleuchtet, als sei ein mildes, gelbliches Licht eingeschaltet worden. Vor uns stand eine raubgierige Bestie, ein riesiger, ekeleregend aussehender Kojote oder Wolf. Sein ganzer Körper war mit einem weißen Sekret bedeckt, vielleicht Schweiß oder Speichel. Sein Haar war zottig und feucht. Seine Augen blickten wild. Er knurrte in blinder Wut, und mich durchfuhr ein Schauer. Seine Kiefer zitterten und Speichelflocken flogen umher. Er scharrte den Boden wie ein außer Rand und Band geratener Hund, der sich von einer Kette zu befreien sucht. Dann richtete er sich auf den Hinterbeinen auf und bewegte wie rasend seine Vorderpfoten und das Gebiß. Seine ganze Wut schien darauf gerichtet, irgendeine Schranke vor uns zu durchbrechen.
Mir wurde bewußt, daß meine Angst vor dem rasenden Tier

von anderer Art war als die Angst vor den zwei Erscheinungen, die ich vorhin gesehen hatte. Meine Furcht vor dieser Bestie war ein physischer Abscheu und Horror. In äußerster Ohnmacht beobachtete ich ihr Toben. Plötzlich schien ihre Wildheit nachzulassen, und sie trottete davon.

Dann hörte ich, wie etwas anderes sich uns näherte, oder vielleicht spürte ich es; plötzlich erhob sich drohend vor uns die Gestalt einer kolossalen Raubkatze. Zuerst sah ich ihre Augen in der Dunkelheit. Sie waren riesig und starr, wie zwei das Licht spiegelnde Wasserpfützen. Sie schnaubte und knurrte leise. Sie atmete schwer und glitt vor uns hin und her, ohne den Blick von uns zu lassen. Sie hatte nicht jenes elektrische Leuchten, das der Kojote gehabt hatte. Ich konnte ihre Umrisse nicht klar erkennen, und doch war ihre Anwesenheit unendlich viel unheildrohender als die der anderen Bestie. Sie schien ihre Kräfte zu sammeln; ich spürte, sie war so wild entschlossen, daß sie alle Grenzen sprengen würde. Pablito mußte die gleiche Empfindung haben, denn er flüsterte mir zu, ich solle meinen Kopf einziehen und mich flach auf den Boden werfen. In der nächsten Sekunde sprang die Katze los. Sie raste auf uns zu – und dann sprang sie mit vorgestreckten Klauen. Ich schloß die Augen und verbarg den Kopf zwischen den Armen am Boden. Ich spürte, daß die Bestie die schützende Linie, die Don Genaro um uns gezogen hatte, durchbrach und jetzt tatsächlich über uns war. Ich spürte, wie ihr Gewicht mich niederdrückte. Das Fell ihres Bauches scheuerte an meinem Hals. Es schien, als steckten ihre Vorderpranken irgendwo fest; sie wand sich, um freizukommen. Ich spürte ihr Rucken und Stoßen und hörte ihr teuflisches Keuchen und Zischen. Jetzt wußte ich, daß ich verloren war. Ganz schwach empfand ich so etwas wie eine rationale Entscheidung, und ich beschloß, mich ruhig in mein Schicksal zu fügen und hier zu sterben, aber ich fürchtete mich vor dem körperlichen Schmerz eines Todes unter so schrecklichen Umständen. Dann stieg in meinem Körper irgendeine seltsame Kraft auf; es war, als ob mein Körper sich weigerte zu sterben und all seine Stärke an einem einzigen Punkt zusammenzog, nämlich in meinem linken Arm und der Hand. Ich spürte, wie eine unbezähmbare Aufwallung sie erfaßte. Irgend etwas Unkontrollierbares nahm von meinem Körper Besitz, etwas, das mich zwang, die massive, bedrohliche Last dieser Bestie von uns zu stoßen. Pablito hatte offenbar ganz ähnlich reagiert, und wir standen beide gleichzeitig auf; wir mobilisierten dabei so viel Energie, daß die Bestie wie eine Stoffpuppe durch die Luft flog.

Es war eine übermäßige Anstrengung gewesen. Ich brach am Boden zusammen und japste nach Luft. Meine Bauchmuskeln waren so hart gespannt, daß ich nicht Atem holen konnte. Ich achtete nicht darauf, was mit Pablito geschah. Schließlich merkte ich, daß Don Juan und Don Genaro mir halfen, mich aufzusetzen. Jetzt sah ich Pablito, der bäuchlings, mit ausgebreiteten Armen, am Boden lag. Anscheinend war er ohnmächtig geworden. Nachdem Don Juan und Don Genaro mir aufgeholfen hatten, kümmerten sie sich um Pablito. Beide rieben sie seinen Bauch und seinen Rücken ab. Sie stellten ihn auf die Füße, und nach einer Weile konnte er wieder aus eigner Kraft aufrecht sitzen.

Don Juan und Don Genaro setzten sich auf die Spitzen des Halbmonds, und nun begannen sie vor uns hin und her zu gleiten, als ob zwischen den beiden Punkten eine Schiene verlief – eine Schiene, die sie benutzten, um von einer Seite zur anderen zu gleiten. Vom Hinschauen wurde mir schwindlig. Schließlich machten sie neben Pablito halt und fingen an, ihm ins Ohr zu flüstern. Nach einer Weile standen sie auf, alle drei gleichzeitig, und gingen zum Rand der Klippe. Don Genaro hob Pablito hoch, als sei er ein kleines Kind. Pablitos Körper war brettsteif; Don Juan packte Pablito an den Fersen. Er wirbelte ihn herum, offenbar um Kraft und Schwung zu sammeln, und schließlich ließ er seine Beine los und schleuderte seinen Körper in weitem Bogen über den Rand der Klippe in den Abgrund hinaus.

Ich sah Pablitos Körper vor dem dunklen Westhimmel sich abheben. Er beschrieb Kreise, genau wie Don Juans Körper es vor Tagen getan hatte; die Kreisbewegungen waren langsam. Pablito schien Höhe zu gewinnen, statt hinabzustürzen. Dann wurde das Kreisen schneller. Pablitos Körper wirbelte einen Augenblick herum wie ein Diskus, und dann zerfiel er. Ich nahm wahr, wie er sich förmlich in Luft auflöste.

Don Juan und Don Genaro kamen zu mir, hockten sich neben mich und fingen an, mir in die Ohren zu flüstern. Jeder sagte etwas anderes, und doch fiel es mir nicht schwer, ihre Befehle zu befolgen. Es war, als würde ich »gespalten«, kaum daß sie die ersten Worte sagten. Ich spürte, daß sie mit mir dasselbe machten wie vorhin mit Pablito. Don Genaro wirbelte mich herum, und dann hatte ich einen Moment das ganz bewußte Gefühl, zu kreiseln oder zu schweben. Als nächstes sauste ich durch die Luft, stürzte ich mit ungeheurer Geschwindigkeit in den Abgrund. Im Fallen spürte ich, daß meine Kleider heruntergerissen wurden, dann fiel mein Fleisch von mir, und schließlich blieb nur noch mein Kopf übrig. Ich hatte die ganz klare Empfindung, daß ich, als mein Körper sich in Stücke auflöste, überflüssiges Gewicht verlor, und daß daher der Schwung meines Sturzes nachließ und meine Geschwindigkeit abnahm. Es war nun nicht mehr ein Sturz ins Bodenlose. Ich begann hin- und herzuschaukeln wie ein fallendes Blatt. Dann verlor auch mein Kopf sein Gewicht, und alles, was von »mir« übrigblieb, war ein Kubikzentimeter, ein Klümpchen, ein winziger, körnchengroßer Rest. In ihm konzentrierte sich all mein Fühlen. Dann schien das Körnchen zu zerspringen, und ich ging in tausend Stücke. Ich wußte, oder irgend etwas irgendwo wußte, daß ich mir der tausend Stücke gleichzeitig bewußt war. Ich war dieses Bewußtsein selbst.

Dann fing ein Teil dieses Bewußtseins an, sich zu regen, er stieg auf und wuchs. Ich konnte mich lokalisieren, und nach und nach gewann ich wieder das Gefühl von Grenzen, von wachen Empfindungen oder dergleichen, und plötzlich ergoß sich das »Ich«, das ich kannte und mit dem ich vertraut war, in den spektakulärsten Anblick aller vorstellbaren Kombinationen von »schönen« Szenen; es war, als ob ich Tausende von Bildern der Welt, von Menschen, von Dingen betrachtete.

Dann verwischten sich diese Szenen. Ich hatte den Eindruck, daß sie immer schneller vor meinen Augen vorbeihuschten, bis ich sie nicht mehr einzeln wahrnehmen und untersuchen konnte. Schließlich war es, als ob ich den Aufbau der ganzen Welt in einer ununterbrochenen, endlosen Kette vor meinen Augen ablaufen sähe.

Plötzlich fand ich mich neben Don Juan und Don Genaro auf

der Klippe wieder. Sie flüsterten mir zu, daß sie mich zurückgeholt hätten und daß ich das Unbekannte gesehen hätte, über das man nicht sprechen könne. Sie sagten, daß sie mich noch einmal in dieses Unbekannte schleudern würden und daß ich die Flügel meiner Wahrnehmung sich entfalten lassen und das »Tonal« und das »Nagual« gleichzeitig berühren solle, ohne mir bewußt zu sein, daß ich zwischen dem einen und dem anderen hin- und herpendelte.
Wieder hatte ich das Gefühl, durch die Luft geschleudert zu werden, zu kreiseln und mit ungeheurer Geschwindigkeit zu fallen. Dann explodierte ich. Ich löste mich auf. Irgend etwas in mir verteilte sich. Es setzte etwas frei, was ich mein Leben lang verschlossen gehalten hatte. Ich war mir deutlich bewußt, daß mein innerstes Reservoir angezapft war und daß es ungehemmt verströmte. Es gab nicht länger diese mir liebe Einheit, die ich »ich« nannte. Da war nichts, und doch war dieses Nichts erfüllt. Es war weder licht noch dunkel, weder heiß noch kalt, weder angenehm noch unangenehm. Nicht daß ich mich bewegt oder stillgestanden hätte oder geschwebt wäre, auch war ich keine vereinzelte Einheit, kein Selbst, wie ich mich zu erleben gewohnt bin. Ich war eine Myriade von Selbsten, die alle »ich« waren, eine Kolonie separater Einheiten, zwischen denen ein besonderer Zusammenhalt bestand und die unaufhaltsam zusammenstrebten, um ein einzelnes Bewußtsein, mein menschliches Bewußtsein zu bilden. Nicht daß ich jenseits aller Zweifel »gewußt« hätte – denn es gab nichts, womit ich hätte »wissen« können, sondern alle meine einzelnen Bewußtseine »wußten« –, daß das »Ich«, das »Selbst« meiner vertrauten Welt eine Kolonie, ein Konglomerat von isolierten, unabhängigen Gefühlen war, die einander in unauflösbarer Solidarität verbunden waren. Die unauflösbar Solidarität meiner zahllosen Bewußtseine, der Zusammenhalt dieser Teile untereinander, das war meine Lebenskraft.
Um diese einheitliche Empfingung irgendwie zu beschreiben, könnte man sagen, daß diese Körnchen Bewußtsein verstreut waren; jedes war seiner selbst bewußt, und keines überwog vor den anderen. Dann rührte irgend etwas sie auf, und sie vereinigten sich und strömten in eine Region, wo sie sich alle

auf einem Haufen versammeln mußten, dem »Ich«, das ich kenne. Und als »ich«, als »ich selbst« beobachtete ich dann eine zusammenhängende Szene irdischer Aktivität oder eine Szene, die anderen Welten angehörte und die ich für reine Imagination halten mußte, oder eine Szene, die dem »reinen Denken« zugehörte, das heißt, ich hatte Visionen von intellektuellen Systemen oder von Ideen, die zu Verbalisierungen gebündelt waren. In manchen Szenen sprach ich nach Herzenslust mit mir selbst. Nach jeder dieser zusammenhängenden Visionen löste das »Ich« sich auf und war wieder nichts.

Bei einer dieser Exkursionen in eine zusammenhängende Vision erlebte ich mich oben auf der Klippe neben Don Juan. Augenblicklich erkannte ich, daß ich nun das ganze, mir vertraute Ich war. Ich empfand meine Physis als real. Ich war in der Welt, statt sie nur anzuschauen.

Don Juan herzte mich wie ein Kind. Sein Gesicht war ganz nah. Ich konnte seine Augen in der Dunkelheit sehen. Sie waren freundlich. Sie schienen eine Frage aussprechen zu wollen. Ich wußte, was es war. Das Unaussprechliche war wirklich unaussprechlich.

»Gut?« fragte er leise, als bedürfe er meiner Bestätigung. Ich war sprachlos. Die Wörter »betäubt«, »bestürzt«, »verwirrt« usw. konnten keineswegs meine Gefühle in diesem Augenblick angemessen beschreiben. Ich war nicht aus festem Stoff. Ich wußte, daß Don Juan mich packen und mit Gewalt am Boden festhalten mußte, sonst wäre ich in die Luft geschwebt und verschwunden. Ich fürchtete mich nicht davor zu verschwinden. Ich sehnte mich nach dem »Unbekannten«, wo mein Bewußtsein nicht geeint war. Langsam führte Don Juan mich, wobei er meine beiden Schultern fest nach unten drückte, zu einem Ort nicht weit von Genaros Haus. Hier hieß er mich niederliegen und bedeckte mich dann mit weicher Erde von einem Haufen, der zu diesem Zweck vorbereitet zu sein schien. Er bedeckte mich bis zum Hals hinauf. Aus Laub machte er mir eine Art Kopfkissen und befahl mir, mich nicht zu bewegen und keinesfalls einzuschlafen. Er sagte, er wolle sich neben mich setzen und mir Gesellschaft leisten, bis die Erde meine Form wieder gefestigt hätte.

Ich fühlte mich sehr wohl und hatte ein unwiderstehliches

9

10

11

12

13

14

15

16

17

18

19

20

Schlafbedürfnis, aber Don Juan ließ es nicht zu. Er verlangte, ich solle über alles unter der Sonne sprechen, ausgenommen über das, was ich soeben erlebt hatte. Zuerst wußte ich nicht, worüber reden, dann fragte ich ihn nach Don Genaro. Don Juan sagte, Don Genaro habe Pablito mitgenommen und ihn irgendwo in der Gegend eingegraben, und er kümmere sich um ihn, genau wie er, Don Juan, sich um mich kümmerte.

Ich wollte gern das Gespräch fortsetzen, aber irgend etwas in mir war unvollständig; ich verspürte eine ungewohnte Gleichgültigkeit, eine Müdigkeit, die fast wie Langeweile war. Don Juan schien zu wissen, wie ich mich fühlte. Er fing an über Pablito zu sprechen und darüber, wie unsere Schicksale miteinander verwoben seien. Er sagte, daß er zur gleichen Zeit Pablitos Wohltäter geworden sei, als Don Genaro sein Lehrer wurde, und daß die Kraft Pablito und mich Schritt um Schritt zusammengeführt habe. Der einzige Unterschied zwischen Pablito und mir, stellte er nachdrücklich fest, sei der, daß Pablitos Welt als Krieger von Zwang und Furcht beherrscht sei, während meine von Zuneigung und Freiheit regiert werde. Dieser Unterschied, erklärte Don Juan, sei durch die wesensverschiedenen Persönlichkeiten der Wohltäter bedingt: Don Genaro sei herzlich und liebevoll und lustig, während er selbst streng, autoritär und direkt sei. Meine Persönlichkeit habe einen starken Lehrer, aber einen sanften Wohltäter verlangt, während es bei Pablito umgekehrt sei: er brauche einen freundlichen Lehrer und einen strengen Wohltäter.

Wir sprachen noch lange weiter, und dann brach der Morgen an. Als die Sonne über den Bergen am östlichen Horizont aufging, half er mir, aus dem Erdhaufen aufzustehen.

Nachdem ich am frühen Nachmittag erwacht war, setzten Don Juan und ich uns neben die Tür von Don Genaros Haus. Don Juan sagte, Don Genaro sei immer noch mit Pablito zusammen und bereite ihn auf die letzte Begegnung vor.

»Morgen werden du und Pablito in das Unbekannte gehen«, sagte er. »Ich muß dich jetzt darauf vorbereiten. Du wirst allein hineingehen. Gestern abend wart ihr beide wie zwei hin- und hergezogene Jo-Jos. Morgen wirst du auf dich allein gestellt sein.«

Dann hatte ich einen regelrechten Anfall von Neugier, und die Fragen hinsichtlich meiner Erfahrungen vom letzten Abend sprudelten nur so aus mir heraus. Er ließ sich durch mein Trommelfeuer nicht aus der Ruhe bringen.
»Heute muß mir ein ganz entscheidendes Manöver gelingen«, sagte er. »Ich muß zum letztenmal einen Trick mit dir anstellen. Und du mußt auf meinen Trick hereinfallen.«
Er lachte und schlug sich auf die Schenkel.
»Was Genaro dir gestern abend mit der ersten Übung zeigen wollte, das war, wie die Zauberer das *Nagual* nutzen«, fuhr er fort. »Man gelangt unmöglich zur Erklärung der Zauberer, solange man nicht willig das *Nagual* benutzt hat, oder besser, solange man nicht willig das *Tonal* genutzt hat, um seine Handlungen im *Nagual* zu verstehen. Um es vielleicht verständlicher auszudrücken, könnte man sagen, daß die Ansicht des *Tonal* vorherrschen muß, wenn man das *Nagual* nutzen will, wie die Zauberer es tun.«
Ich sagte ihm, ich fände in dem, was er eben gesagt hatte, einen eklatanten Widerspruch. Einerseits hatte er mir erst vor zwei Tagen eine unglaubliche Zusammenfassung all seiner wohlüberlegten Taten in einem Zeitraum von Jahren gegeben – Taten, die meine Weltsicht verändern sollten. Und andererseits wolle er nun, daß diese gleiche Ansicht vorherrsche.
»Das eine hat nichts mit dem andern zu tun«, sagte er. »Die Ordnung unserer Wahrnehmung gehört ausschließlich zum Bereich des *Tonal*. Nur dort können unsere Handlungen eine Reihenfolge haben, nur dort sind sie wie Leitern, auf denen man die Sprossen zählen kann. Im *Nagual* gibt es nichts dergleichen. Die Anschauung des *Tonal* ist also ein Werkzeug, und als solches ist es nicht nur das beste, sondern auch das einzige Werkzeug, das wir haben.
Gestern abend öffnete sich die Blase deiner Wahrnehmung, und ihre Flügel breiteten sich aus. Mehr kann man darüber nicht sagen. Es ist unmöglich zu erklären, was dir widerfuhr, darum werde ich es nicht versuchen, und auch du solltest es nicht versuchen. Es muß genügen, wenn ich sage, daß die Flügel deiner Wahrnehmung dazu bestimmt waren, deine Ganzheit zu berühren. Gestern abend schwanktest du immer und immer wieder zwischen dem *Nagual* und dem *Tonal* hin

und her. Du wurdest zweimal hineingeschleudert, um jeden Irrtum auszuschließen. Das zweite Mal erlebtest du die volle Wirkung der Reise ins Unbekannte. Und deine Wahrnehmung breitete ihre Flügel aus, als irgend etwas in dir deine wahre Natur erkannte. Du bist ein Bündel.
Dies ist die Erklärung der Zauberer. Das *Nagual* ist das Unaussprechliche. In ihm schwimmen all die möglichen Gefühle und Wesenheiten und Ichs wie Kähne im Wasser dahin, friedlich, unabänderlich, ewig. Dann bindet der Leim des Lebens einige von ihnen zusammen. Das hast du selbst gestern abend festgestellt, und auch Pablito hat es festgestellt, und auch Genaro, damals, als er in das Unbekannte aufbrach, und auch ich. Wenn der Leim des Lebens diese Gefühle zusammenbindet, dann wird ein Wesen geschaffen – ein Wesen, das das Gefühl seiner wahren Natur verliert und sich durch den Glanz und Lärm jener Region blenden läßt, in der die Wesen hausen, nämlich das *Tonal.* Das *Tonal* ist da, wo einheitliche Organisation herrscht. Ein Wesen taucht ins *Tonal* ein, sobald die Kraft des Lebens alle dazu nötigen Gefühle zusammenbindet. Ich sagte dir einmal, daß das *Tonal* mit der Geburt beginnt und mit dem Tod endet. Ich sagte dies, weil ich weiß, daß, sobald die Kraft des Lebens den Körper verläßt, alle diese Bewußtseine sich auflösen und wieder dorthin zurückkehren, woher sie kamen, ins *Nagual.* Was ein Krieger tut, wenn er in das Unbekannte aufbricht, ist ganz ähnlich wie sterben, außer daß das Bündel seiner einzelnen Gefühle sich nicht auflöst, sondern diese sich ein wenig ausdehnen, ohne ihren Zusammenhalt zu verlieren. Beim Tod jedoch fallen sie auseinander und bewegen sich unabhängig von einander, als hätten sie nie eine Einheit gebildet.«
Ich wollte ihm sagen, wie vollkommen seine Erläuterungen mit meiner Erfahrung übereinstimmten. Aber er ließ mich nicht zu Wort kommen.
»Es ist unmöglich, das Unbekannte zu benennen«, sagte er. »Man kann es nur erleben. Die Erklärung der Zauberer sagt, daß jeder von uns ein Zentrum hat, von dem aus das *Nagual* erlebt werden kann, den *Willen.* Ein Krieger kann sich also ins *Nagual* vorwagen und sein Bündel der Gefühle auf jede mögliche Weise sich anordnen und umordnen lassen. Ich sagte

dir, daß die Ausdrucksform des *Nagual* eine Frage der Persönlichkeit ist. Damit meinte ich, daß es dem einzelnen Krieger selbst überlassen ist, die Anordnung und Umordnung dieses Bündels zu dirigieren. Die menschliche Form, oder das menschliche Fühlen, ist die ursprüngliche Form, vielleicht diejenige, die uns unter allen am liebsten ist. Es gibt jedoch eine endlose Zahl alternativer Formen, die das Bündel annehmen kann. Ich sagte dir ja, daß ein Zauberer jede Form annehmen kann, die er wünscht. Das ist richtig. Ein Zauberer, der im Besitz der Ganzheit seines Selbst ist, kann die Teile seines Bündels dirigieren, so daß sie sich auf jede vorstellbare Weise vereinigen. Die Kraft des Lebens ist es, die alle diese Mischungen ermöglicht. Sobald sie erschöpft ist, gibt es kein Mittel mehr, dieses Bündel zu versammeln.
Dieses Bündel habe ich die Blase der Wahrnehmung genannt. Ich sagte auch, daß diese versiegelt, fest verschlossen ist und daß sie sich bis zum Augenblick unseres Todes nie öffnet. Und doch könnte sie geöffnet werden. Offenbar haben die Zauberer dieses Geheimnis gelernt, und obwohl sie nicht alle die Ganzheit ihres Selbst erreichen, wissen sie um deren Möglichkeit. Sie wissen, daß die Blase sich nur öffnet, wenn man ins *Nagual* stürzt. Gestern habe ich dir eine Zusammenfassung all der Schritte gegeben, die du einhalten mußtest, um diesen Punkt zu erreichen.«
Er sah mich prüfend an, als erwartete er einen Einwand oder eine Frage. Doch was er gesagt hatte, erübrigte alle Worte. Jetzt verstand ich, daß es ganz folgenlos geblieben wäre, wenn er mir dies alles vor vierzehn Jahren oder zu irgendeinem anderen Zeitpunkt meiner Lehrzeit gesagt hätte. Wichtig war allein die Tatsache, daß ich mit oder in meinem Körper die Voraussetzungen seiner Erklärungen erfahren hatte.
»Ich warte auf deine übliche Frage«, sagte er, wobei er die Worte langsam artikulierte.
»Welche Frage?« fragte ich.
»Die eine, die deiner *Vernunft* auf der Zunge liegt.«
»Heute verzichte ich auf alle Fragen. Ich habe wirklich keine, Don Juan.«
»Das ist nicht fair«, sagte er lachend. »Es gibt eine besondere Frage, die ich von dir brauche.«

Er sagte, daß ich, wenn ich nur einen Augenblick meinen inneren Dialog abstellte, erkennen könne, um welche Frage es sich handelte. Plötzlich kam mir ein Gedanke, eine momentane Einsicht, und ich wußte, was er erwartete.
»Wo war mein Körper, während all dies mit mir geschah?« fragte ich, und er brach in herzhaftes Lachen aus.
»Dies ist der letzte von den Tricks der Zauberer«, sagte er. »Oder sagen wir, was ich dir jetzt enthüllen werde, ist das letzte Stück der Erklärung der Zauberer. Bis jetzt ist deine *Vernunft* aufs Geratewohl meinem Tun gefolgt. Deine *Vernunft* ist bereit zuzugeben, daß die Welt nicht so ist, wie die Beschreibung sie darstellt, daß es mit ihr noch mehr auf sich hat als das, was unmittelbar ins Auge springt. Deine *Vernunft* ist beinahe gewillt und bereit zuzugeben, daß deine Wahrnehmung jene Klippe auf- und abschwebte oder daß irgend etwas in dir oder du insgesamt auf den Grund der Schlucht gesprungen bist und mit den Augen des *Tonal* untersucht hast, was es dort zu sehen gab, ganz als ob du körperlich an einem Seil oder über eine Leiter hinabgestiegen wärst. Dieser Akt, das Untersuchen des Bodens der Schlucht, war die Krönung aller dieser Jahre der Schulung. Du hast deine Sache gut gemacht. Genaro sah sein Quentchen Chance, als er einen Stein auf dich warf, auf das *Du,* das am Grund der Schlucht war. Du *sahst* alles. Da wußten Genaro und ich ohne jeden Zweifel, daß du bereit warst, in das Unbekannte geschleudert zu werden. In diesem Augenblick *sahst* du nicht nur, sondern du wußtest auch alles über den Doppelgänger, den Anderen.«
Ich unterbrach ihn und meinte, er lobe mich unverdientermaßen für etwas, das ganz außerhalb meines Verständnisses liege. Er antwortete, daß ich Zeit benötigte, um all diese Eindrücke zu verarbeiten, und daß, sobald ich dies getan hätte, die Antworten nur so aus mir heraussprudeln würden, ganz ähnlich wie bisher die Fragen.
»Das Geheimnis des Doppelgängers liegt in der Blase der Wahrnehmung, und in deinem Fall befand sich diese gestern gleichzeitig auf dem Gipfel der Klippe und am Grunde der Schlucht«, sagte er. »Das Bündel von Gefühlen kann dazu gebracht werden, sich augenblicklich überall zu versammeln.

Mit anderen Worten, man kann hier und dort gleichzeitig wahrnehmen.«

Er drängte mich, nachzudenken und mich an eine Reihe von Vorgängen zu erinnern, die so alltäglich seien, daß ich sie beinahe vergessen hätte.

Ich wußte nicht, wovon er redete. Er verlangte, ich solle mich anstrengen.

»Denk doch mal an deinen Hut!« sagte er. »Und denk daran, was Genaro mit ihm machte!«

Schlagartig kam mir die Erkenntnis. Ich hatte ganz vergessen, daß Don Genaro tatsächlich gemeint hatte, ich solle meinen Hut absetzen, weil der Wind ihn mir dauernd vom Kopf wehte. Aber ich wollte nicht auf ihn verzichten. Ich kam mir irgendwie blöd vor, nackt, wie ich war. Einen Hut zu tragen, was ich für gewöhnlich nie tat, das gab mir ein Gefühl der Fremdheit; so war ich nicht wirklich ich selbst, und in diesem Fall war es nicht so peinlich, ohne Kleider dazustehen. Don Genaro hatte dann versucht, mit mir die Hüte zu tauschen, aber seiner war zu klein für meinen Kopf. Er riß Witze über meinen Kopfumfang und die Proportionen meines Körpers, und schließlich nahm er mir den Hut ab und wickelte mir einen alten Poncho wie einen Turban um den Kopf.

Ich sagte zu Don Juan, daß ich diesen Vorgang vergessen hätte, der sich, dessen war ich sicher, zwischen den angeblichen Sprüngen abgespielt hatte. Und doch bildete meine Erinnerung an diese »Sprünge« eine Einheit.

»Gewiß waren sie eine ununterbrochene Einheit, aber das waren auch Genaros Kapriolen mit deinem Hut«, sagte er. »Diese beiden Erinnerungen können nicht hintereinander angeordnet werden, weil sie zur gleichen Zeit geschahen.«

Er bewegte die Finger seiner linken Hand, als ob sie nicht in die Zwischenräume zwischen den Fingern seiner rechten Hand passen wollten.

»Diese Sprünge waren nur der Anfang«, fuhr er fort. »Dann kam deine eigentliche Exkursion in das Unbekannte. Gestern nacht erlebtest du das Unaussprechliche, das *Nagual.* Deine *Vernunft* kann die physische Erkenntnis, daß du ein unbeschreibliches Bündel von Gefühlen bist, nicht abwehren. Deine *Vernunft* würde an diesem Punkt vielleicht sogar zuge-

ben, daß es noch ein anderes Zentrum der Sammlung gibt, den *Willen,* durch den es möglich ist, die außerordentlichen Wirkungen des *Nagual* abzuschätzen oder zu nutzen. Endlich dämmert es deiner Vernunft, daß man das *Nagual* durch den Willen reflektieren kann, obwohl man es niemals erklären kann.
Jetzt aber zu deiner Frage: Wo warst du, während all dies geschah? Wo war dein Körper? Die Überzeugung, daß es ein wirkliches *Du* gibt, ist eine Folge der Tatsache, daß du alles, was du hast, um deine Vernunft versammelt hast. In diesem Punkt räumt deine Vernunft ein, daß das *Nagual* das Unbeschreibliche ist, nicht weil Beweise sie überzeugt hätten, sondern weil es für sie sicherer ist, dies zuzugeben. Deine Vernunft steht auf sicherem Boden, alle Elemente des *Tonal* sind auf ihrer Seite.«
Don Juan machte eine Pause und sah mich prüfend an. Sein Lächeln wirkte freundlich.
»Laß uns jetzt zu Genaros Platz der ›Inneren Wahl‹ gehen«, sagte er unvermittelt. Er stand auf, und wir gingen zu dem flachen Stein, wo wir uns vor zwei Tagen unterhalten hatten; den Rücken gegen den Fels gelehnt, machten wir es uns an der gleichen Stelle bequem.
»Es ist stets die Aufgabe des Lehrers, der Vernunft das Gefühl der Sicherheit zu geben«, sagte er. »Ich habe deine Vernunft in die Auffassung hineingetrickst, das *Tonal* sei erklärbar und vorhersagbar. Genaro und ich, wir haben uns bemüht, dir den Eindruck zu vermitteln, als entziehe sich nur das *Nagual* dieser Erklärung. Daß der Trick erfolgreich war, beweist die Tatsache, daß es dir im Augenblick, trotz allem, was du durchgemacht hast, immer noch so erscheint, als gebe es einen innersten Kern, den du als dein eigen beanspruchen kannst, deine *Vernunft.* Dies ist eine Luftspiegelung. Deine kostbare *Vernunft* ist nur ein Zentrum der Sammlung, ein Spiegel, der etwas reflektiert, das sich außerhalb von dir befindet. Gestern abend erlebtest du nicht nur das unbeschreibliche *Nagual,* sondern auch das unbeschreibliche *Tonal.*
Der letzte Teil der Erklärung der Zauberer besagt, daß die Vernunft lediglich eine äußere Ordnung reflektiert und daß

die Vernunft nichts über diese Ordnung weiß. Sie kann sie nicht erklären, genausowenig wie sie das *Nagual* erklären kann. Die *Vernunft* kann nur die Wirkungen des *Tonal* erleben, aber niemals könnte sie es verstehen oder entschlüsseln. Die bloße Tatsache, daß wir denken und sprechen, weist auf eine Ordnung hin, die wir einhalten, ohne je zu wissen, daß wir es tun, oder was diese Ordnung eigentlich ist.«

Ich äußerte den Gedanken, daß vielleicht die im Westen betriebene Erforschung der Vorgänge im Gehirn eine mögliche Erklärung bieten könnte, was diese Ordnung sei. Eine solche Forschung, entgegnete er, könne nichts anderes bestätigen, als daß überhaupt irgend etwas geschieht.

»Das gleiche tun die Zauberer mit ihrem *Willen*«, sagte er. »Sie sagen, daß sie durch den *Willen* die Wirkungen des *Nagual* erleben können. Ich kann nun hinzufügen, daß wir durch die *Vernunft*, ganz gleich, was wir mit ihr tun oder wie wir es tun, lediglich die Wirkungen des *Tonal* erleben. In beiden Fällen gibt es keine Hoffnung, je zu verstehen oder zu erklären, was dies ist, das wir da erleben.

Gestern abend war es das erste Mal, daß du mit den Flügeln deiner Wahrnehmung geflogen bist. Du warst noch sehr ängstlich. Du bewegtest dich nur im Rahmen der menschlichen Wahrnehmung. Ein Zauberer kann diese Flügel benutzen, um andere Sensibilitäten zu erreichen, etwa die einer Krähe, eines Kojoten, einer Grille oder die Ordnung anderer Welten dort im unendlichen Raum.«

»Meinst du auf andere Planeten, Don Juan?«

»Selbstverständlich! Die Flügel der Wahrnehmung können uns an die entlegensten Grenzen des *Nagual* oder in die unvorstellbaren Welten des *Tonal* tragen.«

»Kann ein Zauberer zum Beispiel zum Mond fliegen?«

»Natürlich kann er das«, antwortete er. »Aber er könnte wohl keinen Sack voll Mondgestein mitbringen.«

Wir lachten und scherzten über diese Feststellung, aber es war ihm völlig ernst damit gewesen.

»Und damit sind wir beim letzten Teil der Erklärung der Zauberer«, sagte er. »Gestern nacht zeigten Genaro und ich dir die letzten beiden Punkte, die die Ganzheit des Menschen ausmachen, das *Nagual* und das *Tonal*. Ich habe dir einmal

gesagt, daß diese zwei Punkte außerhalb von uns und doch nicht außerhalb liegen. Dies ist das Paradox der leuchtenden Wesen. Das *Tonal* eines jeden von uns ist nur ein Reflex jenes unbeschreiblichen Unbekannten, das mit Ordnung erfüllt ist. Das *Nagual* eines jeden von uns ist nur ein Reflex jener unbeschreiblichen Leere, die alles enthält.
Und jetzt solltest du an Genaros Platz der ›Inneren Wahl‹ sitzenbleiben, bis es dämmert. Bis dahin solltest du die Erklärung der Zauberer in dich aufgenommen haben. Wie du hier sitzt, hast du nichts außer der Kraft deines Lebens, die dieses Bündel von Gefühlen zusammenhält.«
Er stand auf.
»Morgen wirst du die Aufgabe haben, dich allein in das Unbekannte zu stürzen, während Genaro und ich dich beobachten werden, ohne einzuschreiten«, sagte er. »Bleib hier sitzen und stell deinen inneren Dialog ab! Vielleicht kannst du die Kraft ansammeln, die du brauchst, um die Flügel deiner Wahrnehmung auszubreiten und in diese Unendlichkeit zu fliegen.«

Die innere Wahl zweier Krieger

Don Juan weckte mich bei Anbruch der Dämmerung. Er reichte mir eine mit Wasser gefüllte Kalebasse und einen Beutel Trockenfleisch. Schweigend gingen wir ein paar Meilen bis zu der Stelle, wo ich vor zwei Tagen mein Auto geparkt hatte.

»Diese Reise ist unsere letzte gemeinsame Reise«, sagte er mit ruhiger Stimme, als wir den Wagen erreichten.

Es gab mir einen Stich im Magen. Ich wußte, was er meinte. Während ich die Tür zum Beifahrersitz öffnete, lehnte er sich gegen den hinteren Kotflügel und blickte mich mit einem Gefühlsausdruck an, den er nie zuvor gezeigt hatte. Wir stiegen ein, aber bevor ich den Motor anließ, machte er einige dunkle Andeutungen, die ich ebenfalls mit völliger Klarheit verstand; er sagte, wir müßten ein paar Minuten im Auto sitzenbleiben und noch einmal ein paar sehr persönliche und bittere Gefühle streifen.

Ich saß ruhig da, aber mein Geist war rastlos. Ich wollte etwas zu ihm sagen, irgend etwas, das hauptsächlich mich besänftigen sollte. Vergeblich suchte ich nach den richtigen Worten, nach der Formel, die das eine ausdrücken könnte, das ich »wußte«, ohne daß es mir gesagt worden wäre.

Don Juan sprach über einen kleinen Jungen, den ich einmal gekannt hatte, und darüber, wie mein Gefühl für ihn sich mit den Jahren oder über die Entfernung hin nicht verändert habe. Don Juan sagte, er sei sicher, daß mein Geist, immer wenn ich an den kleinen Jungen dachte, vor Freude hüpfte und ich ihm ohne eine Spur von Selbstmitleid oder Verzagtheit Glück wünschte.

Ja, er erinnerte mich an eine Geschichte von einem kleinen Jungen, die ich ihm einmal erzählt hatte, eine Geschichte, die ihm sehr gefallen hatte und die, wie er fand, eine tiefere Bedeutung enthielt. Während einer Wanderung in den Bergen bei Los Angeles war der kleine Junge müde geworden und wollte nicht mehr laufen, darum hatte ich ihn auf meinen Schultern reiten lassen. Da überschwemmte uns beide eine

Woge von Glückseligkeit, und der kleine Junge juchzte seinen Dank an die Sonne und an die Berge hinaus.
»Das war seine Art, dir Lebewohl zu sagen«, sagte Don Juan.
Ich spürte meine Beklommenheit als Druck im Hals.
»Es gibt viele Arten Lebewohl zu sagen«, sagte er. »Die beste ist vielleicht, sich eine bestimmte Erinnerung der Freude zu bewahren. Wenn du zum Beispiel lebst wie ein Krieger, dann wird die warme Herzlichkeit, die du empfandest, als der kleine Junge auf deinen Schultern ritt, frisch und scharf sein, solange du lebst. Dies ist die Art des Kriegers, Lebewohl zu sagen.«
Rasch ließ ich den Motor an und fuhr schneller als gewöhnlich über den festen, steinigen Boden, bis wir die Sandstraße erreichten.
Wir fuhren ein kurzes Stück, und dann wanderten wir den Rest des Tages zu Fuß. Nach etwa einer Stunde erreichten wir eine Gruppe von Bäumen. Dort warteten Don Genaro, Pablito und Nestor auf uns. Ich begrüßte sie. Alle schienen sie so glücklich und energiegeladen. Als ich sie und Don Juan ansah, überkam mich ein tiefes Mitgefühl für sie alle. Don Genaro umarmte mich und klopfte mir liebevoll den Rücken. Er sagte zu Nestor und Pablito, ich hätte eine gute Leistung vollbracht, als ich zum Grund der Schlucht hinabgesprungen war. Die Hand noch immer auf meiner Schulter, sprach er mit lauter Stimme zu ihnen.
»Ja, meine Herren«, sagte er und sah sie an. »Ich bin sein Wohltäter, und ich weiß, was das für eine Leistung war. Das war die Krönung von Jahren des Lebens als Krieger.«
Er wandte sich zu mir und legte auch die andere Hand auf meine Schulter. Seine Augen leuchteten voller Frieden.
»Sonst weiß ich dir nichts zu sagen, Carlitos«, sagte er, wobei er die Worte bedächtig aussprach. »Außer, daß du eine erstaunliche Menge Scheißdreck im Gedärm hattest.«
Und damit brüllten er und Don Juan vor Lachen los, bis sie fast umfielen. Pablito und Nestor kicherten nervös und wußten nicht recht, was tun.
Als Don Juan und Don Genaro sich beruhigt hatten, sagte Pablito zu mir, er sei sich seiner Fähigkeit, allein in das »Unbekannte« zu gehen, nicht recht sicher.
»Ich habe nicht die blasseste Ahnung, wie ich es machen soll«,

sagte er. »Genaro sagt, man braucht nichts anderes als Makellosigkeit. Was meinst du?«
Ich sagte ihm, ich wisse noch weniger als er. Nestor seufzte und wirkte echt besorgt; nervös bewegte er Hände und Mund, als sei er im Begriff, etwas Wichtiges zu sagen, und wisse nicht, wie.
»Genaro sagt, ihr zwei werdet es schaffen«, sagte er schließlich.
Don Genaro gab mit der Hand das Zeichen zum Aufbruch. Er und Don Juan gingen nebeneinander, einige Meter vor uns. Fast den ganzen Tag folgten wir dem gleichen Bergpfad. Wir gingen in völligem Schweigen und machten kein einziges Mal halt. Jeder von uns hatte einen Vorrat an Trockenfleisch und eine Kalebasse mit Wasser, und es war ausgemacht, daß wir im Gehen essen würden. Irgendwann erweiterte der Pfad sich nachgerade zu einer Straße. Sie führte im Bogen um einen Berghang, und plötzlich öffnete sich vor uns der Ausblick in ein Tal. Es war ein atemberaubender Anblick, ein langgestrecktes grünes Tal, das im Sonnenlicht erstrahlte. Darüber standen zwei wunderbare Regenbogen, und hier und da hingen Regenschleier über den Bergen im Umkreis.
Don Juan blieb stehen und wies Don Genaro mit einer Kopfbewegung auf irgend etwas drunten im Tal hin. Don Genaro schüttelte den Kopf. Es war weder eine bejahende noch eine verneinende Geste; eher war es ein Ruck mit dem Kopf. Beide standen reglos da und spähten lange in das Tal hinunter.
An dieser Stelle verließen wir die Straße und nahmen, wie es schien, eine Abkürzung. Wir stiegen über einen schmaleren und gefährlicheren Pfad hinab, der zum nördlichen Ende des Tales führte.
Als wir die Ebene erreichten, war es hoher Nachmittag. Ein starker Duft von Flußweiden und feuchter Erde umfing mich. Einen Moment war der Regen wie ein leises grünes Raunen in den Bäumen zu meiner Linken, dann war er nur noch ein Beben im Schilf. Ich hörte einen Bach plätschern. Ich blieb einen Augenblick stehen, um zu lauschen. Ich schaute zu den Baumwipfeln hinauf; die hohen Zirruswölkchen am westlichen Horizont sahen aus wie über den Himmel verstreute

Wattebäusche. Ich stand da und betrachtete die Wolken, bis die anderen einen ziemlichen Vorsprung gewonnen hatten. Ich lief ihnen nach.
Don Juan und Don Genaro blieben stehen und drehten sich wie auf Verabredung um; sie rollten die Augen und richteten dann so gleichzeitig und präzise den Blick auf mich, daß sie ein und derselbe Mann zu sein schienen. Es war ein kurzer, ungeheuerlicher Blick, der mir ein Frösteln über den Rücken jagte. Dann lachte Don Genaro und meinte, ich liefe plumpsend daher wie ein dreihundert Pfund schwerer, plattfüßiger Mexikaner.
»Warum ausgerechnet ein Mexikaner?« fragte Don Juan.
»Ein plattfüßiger, dreihundert Pfund schwerer Indianer rennt nicht«, sagte Don Genaro in erklärendem Ton.
»Ach«, sagte Don Juan, als hätte Don Genaro wirklich etwas Bedeutendes erklärt.
Wir durchquerten das saftig grüne Tal und stiegen die Berge im Osten hinan. Am Spätnachmittag machten wir schließlich auf einer flachen, karstigen Mesa, einem Tafelberg, halt, von der aus man das Hochtal im Süden überblickte. Die Vegetation hatte sich merklich verändert. Ringsumher standen zerklüftete Berge. Das Land im Tal und an den Bergflanken war parzelliert und bebaut, und doch machte die ganze Szene den Eindruck unfruchtbarer Ödnis.
Die Sonne stand bereits niedrig am südwestlichen Horizont. Don Juan und Don Genaro winkten uns zum nördlichen Abbruch der Mesa heran. Der Ausblick von dort war erhaben. Nach Norden erstreckten sich endlos Täler und Berge, und nach Westen türmten sich hohe Sierras auf. Das Sonnenlicht, das sich auf den fernen Bergen im Norden brach, färbte sie orangefarben, ganz wie die Farbe der Wolkenbänke über dem Westen. Das Bild wirkte, trotz seiner Schönheit, traurig und einsam.
Don Juan reichte mir mein Schreibzeug, aber ich war nicht aufgelegt, mir Notizen zu machen. Wir setzten uns im Halbkreis, wobei Don Juan und Don Genaro außen Platz nahmen.
»Schreibend hast du den Weg des Wissens betreten, und genauso wirst du ihn vollenden«, sagte Don Juan.

Alle drängten sie mich zu schreiben, als ob es wichtig sei, daß ich schrieb.
»Du stehst jetzt genau am Rande, Carlitos«, sagte Don Genaro plötzlich. »Du und Pablito, ihr beide.«
Seine Stimme war sanft. Ohne den üblichen scherzenden Tonfall klang sie freundlich und besorgt.
»Andere Krieger, die in das Unbekannte aufbrachen, sind genau an dieser Stelle gestanden«, fuhr er fort. »Sie alle wünschen euch sehr viel Glück.«
Ich spürte eine Wellenbewegung in der Luft um mich her, als ob diese aus halbwegs fester Materic wäre und etwas sie in Bewegung versctzt hätte.
»Auch wir alle wünschen euch beiden Glück«, sagte er.
Nestor umarmte Pablito und mich und setzte sich dann in einigem Abstand von uns.
»Wir haben noch etwas Zeit«, sagte Don Juan und sah zum Himmel. Und dann, an Nestor gewandt, fragte er: »Was sollten wir in der Zwischenzeit tun?«
»Wir sollten lachen und uns vergnügen«, antwortete Nestor, gut gelaunt.
Ich sagte Don Juan, daß ich mich fürchtete vor dem, was mich erwartete, und daß ich ganz sicher sei, in all dies hineingetrickst worden zu sein. Ich, der ich mir nicht hätte träumen lassen, daß es Situationen wie diese gäbe, die Pablito und ich jetzt erlebten. Ich sagte, irgend etwas wirklich Furchtbares habe von mir Besitz ergriffen und mich nach und nach immer weiter geschoben, bis ich jetzt etwas gewärtigte, das vielleicht schlimmer als der Tod sei.
»Du beklagst dich«, sagte Don Juan trocken. »Du tust dir selbst leid – bis zur letzten Minute.«
Alle lachten. Er hatte recht. Was für ein unüberwindlicher Zwang! Und ich glaubte, ich hätte ihn schon aus meinem Leben verbannt. Ich bat sie alle, meine Idiotie zu verzeihen.
»Entschuldige dich nicht!« sagte Don Juan zu mir. »Entschuldigungen sind Unfug. Was wirklich zählt, ist, daß man an diesem einzigartigen Ort der Kraft ein makelloser Krieger ist. Dieser Ort hat die besten Krieger beherbergt. Sei ebenso gut, wie sie es waren!«
Dann sprach er zu Pablito und mir.

»Ihr wißt bereits, daß dies die letzte Aufgabe ist, bei der wir zusammensein werden«, sagte er. »Ihr werdet, allein durch die Stärke eurer persönlichen Kraft, in das *Nagual* und das *Tonal* eintreten. Genaro und ich sind nur hier, um euch Lebewohl zu sagen. Die Kraft hat beschlossen, daß Nestor nur als Zeuge dabeisein soll. So sei es.

Dies wird auch euer letzter Scheideweg sein, bis zu dem Genaro und ich euch begleitet haben. Sobald ihr aus eigenem Antrieb in das Unbekannte eingetreten seid, könnt ihr euch nicht mehr darauf verlassen, daß wir euch zurückholen. Darum ist eine Entscheidung geboten. Ihr müßt euch entscheiden, ob ihr zurückkehren wollt oder nicht. Wir vertrauen darauf, daß ihr beide stark genug seid, um zurückzukehren, falls ihr dies beschließt. Gestern abend wart ihr ohne weiteres fähig – vereint oder jeder einzeln –, den Verbündeten abzuschütteln, der euch sonst zermalmt hätte. Dies war ein Test eurer Stärke.

Ich muß auch hinzufügen, daß nur wenige Krieger die Begegnung mit dem Unbekannten überstehen, die euch bevorsteht, nicht so sehr, weil sie schwer wäre, sondern weil das *Nagual* über alle Maßen verlockend ist, und Krieger, die zu ihm aufbrechen, halten die Rückkehr ins *Tonal* oder in die Welt der Ordnung, des Lärms und des Leidens, für eine wenig erstrebenswerte Aussicht.

Die Entscheidung, zu bleiben oder zurückzukehren, wird durch etwas in uns gefällt, das weder unsere *Vernunft* noch unser Wunsch ist, sondern unser *Wille,* und daher ist es unmöglich, das Ergebnis im voraus zu wissen.

Falls ihr euch entscheidet, nicht zurückzukehren, dann werdet ihr verschwinden, als hätte die Erde euch verschluckt. Aber wenn ihr euch entscheidet, zu dieser Erde zurückzukehren, dann müßt ihr wie wahrhafte Krieger warten, bis eure besonderen Aufgaben abgeschlossen sind. Sobald sie abgeschlossen sind, sei es Erfolg oder Niederlage, werdet ihr die Herrschaft über die Ganzheit eures Selbst haben.«

Don Juan machte eine kurze Pause. Don Genaro sah mich an und blinzelte.

»Carlitos will wissen, was es heißt, die Herrschaft über die Ganzheit des Selbst zu haben«, sagte er, und alle lachten.

Er hatte recht. Unter anderen Umständen hätte ich danach gefragt. Diese Situation jedoch war zu feierlich für Fragen.
»Es bedeutet, daß der Krieger endlich die Kraft gefunden hat«, sagte Don Juan. »Niemand kann sagen, was der einzelne Krieger damit anfangen wird. Vielleicht werdet ihr beide friedlich und unbemerkt über das Antlitz der Erde wandeln, vielleicht werdet ihr euch als haßerfüllte Menschen erweisen, oder vielleicht berüchtigt sein, oder wer weiß. All dies hängt von der Makellosigkeit und der Freiheit eures Geistes ab. Das Wichtigste aber ist eure Aufgabe. Diese ist das Vermächtnis, das ein Lehrer und ein Wohltäter ihren Lehrlingen mitgeben. Ich bete darum, daß es euch beiden gelingen möge, eure Aufgaben zu einem Höhepunkt zu führen.«
»Das Warten auf die Erfüllung ist ein ganz besonderes Warten«, sagte Don Genaro ganz plötzlich. »Und ich will euch die Geschichte einer Gruppe von Kriegern erzählen, die vor Zeiten in den Bergen lebten, irgendwo in dieser Richtung.«
Er deutete nachlässig nach Osten, aber dann, nach kurzem Zögern, schien er es sich anders zu überlegen, stand auf und wies auf die fernen Berge im Norden.
»Nein. Sie wohnten in dieser Richtung«, sagte er, sah mich an und lächelte mit gelehrsamer Miene. »Genau einhundertundfünfunddreißig Kilometer von hier.«
Don Genaro imitierte mich offenbar. Sein Mund und seine Stirn waren angespannt, die Hände drückte er fest gegen die Brust, als halte er irgendeinen imaginären Gegenstand, vielleicht ein Notizbuch. So verharrte er in einer höchst lächerlichen Pose. Ich sagte, ich hätte einmal einen deutschen Gelehrten getroffen, einen Sinologen, der genauso aussah. Der Gedanke, daß ich all die Zeit unbewußt die Grimassen eines deutschen Sinologen imitiert haben könnte, belustigte mich sehr. Ich lachte vor mich hin. Dies war ein Spaß, der nur mir zu gelten schien.
Don Genaro setzte sich wieder und fuhr mit seiner Geschichte fort.
»Immer wenn ein Mitglied dieser Gruppe von Kriegern im Verdacht stand, eine Handlung begangen zu haben, die gegen ihre Gesetze verstieß, lag die Entscheidung über sein Schicksal in den Händen aller. Der Schuldige mußte seine Gründe

für seine Tat erklären. Seine Kameraden mußten ihm zuhören, und dann gingen sie entweder auseinander, weil seine Gründe sie überzeugt hatten, oder sie stellten sich mit ihren Waffen am Abhang eines flachen Berges auf – ganz ähnlich wie dieser Berg, auf dem wir hier sitzen –, bereit, sein Todesurteil zu vollstrecken, weil sie seine Gründe als unannehmbar erachteten. In diesem Fall mußte der verurteilte Krieger seinen alten Kameraden Lebewohl sagen, und seine Exekution begann.«

Don Genaro sah mich und Pablito an, als warte er auf ein Zeichen von uns. Dann wandte er sich an Nestor.

»Vielleicht kann der Zeuge uns sagen, was diese Geschichte mit den beiden hier zu tun hat?« sagte er zu Nestor.

Nestor lächelte schüchtern und schien eine Weile in tiefes Nachdenken zu versinken.

»Der Zeuge hat keine Ahnung«, sagte er und brach in ein nervöses Kichern aus.

Don Genaro forderte uns alle auf, uns zu erheben und mit ihm zu kommen, um über die westliche Kante der Mesa hinabzublicken.

Dort erstreckte sich ein leicht geneigter Hang bis ins Tal hinab, und daran schloß sich ein schmaler, flacher Landstreifen an und endete in einem Graben, der ein natürlicher Abfluß für das Regenwasser zu sein schien.

»Genau dort, wo der Wassergraben ist, stand in den Bergen, von denen die Geschichte erzählt, eine Baumreihe«, sagte er. Jenseits erstreckte sich ein dichter Wald.

»Nachdem der verurteilte Krieger sich von seinen Kameraden verabschiedet hatte, mußte er über den Hang hinunter zu den Bäumen gehen. Seine Kameraden brachten ihre Waffen in Anschlag und zielten auf ihn. Falls keiner von ihnen schoß oder falls der Krieger seine Verletzungen überlebte und den Waldrand erreichte, war er frei.«

Wir gingen zurück zu der Stelle, wo wir gesessen hatten.

»Und was nun, Zeuge?« fragte er Nestor. »Kannst du es sagen?«

Nestor war ein Ausbund von Nervosität. Er nahm den Hut ab und kratzte sich am Kopf. Dann barg er sein Gesicht in den Händen.

»Wie kann der arme Zeuge das wissen?« antwortete er schließlich heraufordernd und fiel in unser aller Lachen ein.
»Man sagt, daß es Männer gab, die unverletzt davonkamen«, fuhr Don Genaro fort. »Nehmen wir an, ihre persönliche Kraft tat ihre Wirkung auf die Kameraden. Eine Welle erfaßte sie, während sie auf ihn zielten, und keiner wagte es, seine Waffe zu gebrauchen. Oder vielleicht erfüllte seine Tapferkeit sie mit Ehrfurcht, und sie konnten ihm nichts antun.«
Don Genaro sah mich an und dann Pablito.
»Es galt auch eine besondere Regel für diesen Gang zum Waldrand hinab«, fuhr er fort. »Der Krieger mußte ruhig und gleichmütig gehen. Sein Schritt mußte sicher und fest sein, sein Blick friedlich geradeaus. Er mußte hinabgehen, ohne zu stolpern, ohne sich umzusehen und vor allem ohne zu rennen.«
Don Genaro hielt inne. Pablito pflichtete ihm kopfnickend bei.
»Falls ihr beide euch entscheidet, zu dieser Erde zurückzukehren«, sagte er, »werdet ihr warten müssen wie wahre Krieger, bis eure Aufgaben erfüllt sind. Dieses Warten ist ganz ähnlich wie der Gang des Kriegers in der Geschichte. Ihr seht, die menschliche Zeit des Kriegers war abgelaufen, und eure auch. Der einzige Unterschied ist, wer auf euch zielt. Die auf den Krieger zielten, das waren seine Kriegerkameraden. Aber was auf euch beide zielt, das ist das Unbekannte. Eure einzige Chance ist eure Makellosigkeit. Ihr müßt warten, ohne euch umzusehen. Ihr müßt warten, ohne Belohnung zu erwarten. Und ihr müßt all eure persönliche Kraft auf die Erfüllung eurer Aufgaben wenden.
Wenn ihr nicht makellos handelt, wenn ihr euch auflehnt und anfangt, ungeduldig zu werden und zu verzweifeln, dann werdet ihr von den Scharfschützen aus dem Unbekannten erbarmungslos niedergemacht.
Wenn hingegen eure Makellosigkeit und eure persönliche Kraft dazu angetan sind, daß ihr eure Aufgaben erfüllen könnt, werdet ihr das Versprechen der Kraft gewinnen. Und was ist dieses Versprechen, werdet ihr fragen? Es ist ein Versprechen, das die Kraft den Menschen als leuchtenden Wesen gibt. Jeder Krieger hat ein anderes Schicksal, deshalb

ist es unmöglich zu sagen, was dieses Versprechen für jeden für euch sein wird.«

Die Sonne stand im Begriff unterzugehen. Die helle Orangefärbung der fernen Berge im Norden war dunkler geworden. Die Szene vermittelte mir den Eindruck einer windgepeitschten verlassenen Welt.

»Ihr habt gelernt, daß es das Rückgrat eines Kriegers ist, bescheiden und tüchtig zu sein«, sagte Don Genaro, und seine Stimme ließ mich auffahren. »Ihr habt gelernt, zu handeln, ohne etwas dafür zu erwarten. Jetzt sage ich euch, daß ihr, um das, was jenseits dieses Tages vor euch liegt, zu überstehen, eure letzte Geduld brauchen werdet.«

Ich empfand einen Schock in der Magengegend. Pablito fing unmerklich an zu zittern.

»Ein Krieger muß immer bereit sein«, sagte er. »Es ist das Geschick von uns allen, wie wir hier sind, zu wissen, daß wir Gefangene der Kraft sind. Niemand weiß, warum ausgerechnet wir, aber das ist ein großes Glück!«

Don Genaro hörte auf zu sprechen und senkte den Kopf, als sei er erschöpft. Dies war das erste Mal, daß ich ihn mit solchem Ernst hatte sprechen hören.

»Hier nun ist es geboten, daß ein Krieger allen Anwesenden Lebewohl sagt – und auch allen, die er zurückläßt«, sagte Don Juan plötzlich. »Dies muß er in seinen eigenen Worten tun, und laut, damit seine Stimme auf ewig hier an diesem Ort der Kraft bleibe.«

Don Juans Stimme tat noch eine weitere Dimension meines augenblicklichen Gemütszustands auf. Unser Gespräch vorhin im Auto wurde mir noch eindringlicher. Wie recht hatte er, als er sagte, daß die Heiterkeit des Bildes um uns her nur eine Luftspiegelung sei und daß die Erklärung der Zauberer einem einen Schlag versetze, den niemand parieren könne. Ich hatte die Erklärung der Zauberer vernommen, und ich hatte ihre Prämissen selbst erlebt. Und da war ich nun, nackter und hilfloser denn je in meinem ganzen Leben. Nichts, was ich je getan hatte, nichts, was ich mir je vorgestellt hätte, war vergleichbar mit dem Schmerz und der Einsamkeit dieses Augenblicks. Die Erklärung der Zauberer hatte mich sogar meiner »Vernunft« beraubt. Don Juan hatte recht, wenn er sagte, ein Krieger könne nicht Leid und Kummer vermeiden, sondern nur, sich ihnen hinzugeben. In diesem Augenblick war meine Traurigkeit unbezähmbar. Ich konnte nicht aufstehen und denen Lebewohl sagen, die die Wendungen meines Schicksals mit mir geteilt hatten. Ich erzählte Don Juan und Don Genaro, daß ich mit jemandem einen Pakt geschlossen hätte, gemeinsam zu sterben, und daß meine Seele es nicht ertragen könne, allein zu scheiden.

»Wir alle sind allein, Carlitos«, sagte Don Genaro sanft. »Das ist unser menschlicher Zustand.«

Der Schmerz meiner Liebe zum Leben und zu den mir nahen Menschen preßte mir die Kehle zu; ich weigerte mich, ihnen Lebewohl zu sagen.

»Wir sind allein«, sagte Don Juan. »Aber allein sterben heißt nicht in Einsamkeit sterben.«

Seine Stimme klang gedämpft und trocken, fast wie Husten. Pablito weinte leise. Dann stand er auf und sprach. Es war keine Ansprache, auch kein Bekenntnis. Mit klarer Stimme dankte er Don Genaro und Don Juan für ihre Freundlichkeit. Er wandte sich an Nestor und dankte ihm, daß er ihm Gelegenheit gegeben hatte, sich seiner anzunehmen. Er wischte sich mit dem Ärmel über die Augen.

»Wie wunderbar war es, in dieser schönen Welt zu sein! In dieser wunderbaren Zeit!« rief er und seufzte.

Seine Stimmung überwältigte mich.

»Falls ich nicht wiederkehre, dann bitte ich dich, als eine letzte Gunst denen zu helfen, die ihr Schicksal mit mir teilten«, sagte er zu Don Genaro.

Dann wandte er sich nach Westen, in die Richtung seines Zuhauses. Sein schlanker Körper verkrampfte sich unter Tränen. Mit ausgestreckten Armen, als ob er liefe, jemand zu umarmen, rannte er zum Rand der Mesa. Seine Lippen bewegten sich, er schien leise zu sprechen.

Ich wandte mich ab. Ich wollte nicht hören, was Pablito sagte. Er kam zurück, wo wir saßen, fiel neben mir zu Boden und senkte den Kopf.

Ich war unfähig, etwas zu sagen. Dann aber schien eine Kraft von außen die Oberhand zu gewinnen, die mich aufstehen ließ, und ich äußerte meinen Dank und meine Trauer.

Wieder waren wir still. Der Nordwind rauschte leise und blies mir ins Gesicht. Don Juan sah mich an. Nie hatte ich so viel Freundlichkeit in seinen Augen gesehen. Er sagte mir, daß ein Krieger Lebewohl sage, indem er all denen danke, die Freundschaft und Sorge für ihn empfinden, und daß ich nicht nur ihnen meine Dankbarkeit aussprechen müsse, sondern auch all denen, die für mich gesorgt und mir auf meinem Weg geholfen hätten.
Ich wandte mich nach Nordwesten, in die Richtung von Los Angeles, und alle Sentimentalität meiner Seele floß aus mir heraus. Welch eine reinigende Befreiung war es, meinen Dank auszusprechen!
Ich setzte mich wieder. Niemand schaute mich an.
»Ein Krieger erkennt seinen Schmerz an, aber er läßt sich nicht in ihm gehen«, sagte Don Juan. »Die Stimmung eines Kriegers, der in das Unbekannte eintritt, ist daher nicht Traurigkeit, im Gegenteil, er ist fröhlich, weil er sich durch sein großes Glück begnadet fühlt, weil er darauf vertraut, daß sein Geist makellos ist, und vor allem, weil er sich seiner Tüchtigkeit bewußt ist. Die Fröhlichkeit eines Kriegers rührt daher, daß er sein Schicksal akzeptiert hat – und weil er sich aufrichtig auf das vorbereitet hat, was vor ihm liegt.«
Nun entstand eine lange Pause. Meine Traurigkeit erreichte den höchsten Punkt. Ich wollte irgend etwas tun, nur um mich von dieser Beklemmung zu befreien.
»Zeuge, bitte betätige deinen Geist-Fänger«, sagte Don Genaro zu Nestor.
Ich hörte das laute, lächerliche Geräusch von Nestors Apparat.
Pablito wurde fast hysterisch vor Lachen, und ähnlich erging es Don Juan und Don Genaro. Ich bemerkte einen sonderbaren Geruch, und dann wurde mir klar, daß Nestor gefurzt hatte. Das wahnsinnig Komische daran war sein völlig ernster Gesichtsausdruck. Er hatte nicht zum Spaß gefurzt, sondern weil er seinen Geist-Fänger nicht bei sich hatte. Er hatte versucht, behilflich zu sein, so gut er eben konnte.
Alle lachten ausgelassen. Welch eine Fähigkeit hatten sie doch, sich aus den erhabendsten Situationen in die alleralbernsten zu versetzen.

Plötzlich sprach Pablito mich an. Er wollte wissen, ob ich ein Dichter sei, aber noch bevor ich auf seine Frage antworten konnte, reimte Don Genaro:
»Carlitos, der ist allerhand, halb ist er Dichter, halb Depp und Ignorant.«
Wieder platzten alle los vor Lachen.
»Na, das ist eine bessere Stimmung«, sagte Don Juan. »Und jetzt, bevor Genaro und ich euch Lebewohl sagen, dürft ihr zwei alles sagen, was euch gefällt. Es könnte das letzte Mal sein, daß ihr ein Wort sagt – jemals.«
Pablito schüttelte verneinend den Kopf, aber ich hatte etwas zu sagen. Ich wollte meine Bewunderung, meine Ehrfurcht vor der hervorragenden Gesinnung von Don Juan und Don Genaros Kriegergeist zum Ausdruck bringen. Ich verhedderte mich in meinen Worten und sagte schließlich gar nichts. Oder noch schlimmer, es klang am Ende, als ob ich mich wieder beklagte.
Don Juan schüttelte den Kopf und schmatzte in gespielter Mißbilligung mit den Lippen. Ich mußte unwillkürlich lachen. Es machte mir aber nichts aus, daß ich meine Chance vertan hatte, ihnen meine Bewunderung auszudrücken, denn auf einmal ergriff ein ganz eigenartiges Gefühl von mir Besitz. Ich empfand Heiterkeit und Freude, ein köstliches Freiheitsgefühl, das mich zum Lachen brachte. Ich sagte Don Juan und Don Genaro, daß es mir ganz egal sei, wie meine Begegnung mit dem »Unbekannten« ausgehen werde, daß ich mich glücklich und vollkommen fühlte und daß es mir im Augenblick nichts ausmachte, ob ich lebte oder sterben würde.
Don Juan und Don Genaro schienen sich über meine Behauptungen fast noch mehr zu freuen als ich selbst. Don Juan schlug sich lachend auf die Schenkel. Don Genaro warf seinen Hut auf den Boden und stieß einen Schrei aus, als ob er auf einem wilden Pferd ritte.
»Wir haben uns vergnügt und gelacht, während wir warteten, genau wie der Zeuge es empfohlen hat«, sagte Don Genaro ganz plötzlich. »Aber es ist eine natürliche Ordnung, daß auch dies ein Ende hat.«
Er blickte zum Himmel.
»Es ist beinahe Zeit, daß wir auseinandergehen, wie die

Krieger in der Geschichte«, sagte er »Aber bevor wir unsere getrennten Wege gehen, muß ich euch ein Letztes sagen. Ich werde euch ein Geheimnis des Kriegers enthüllen. Vielleicht kann man es eine innere Wahl des Kriegers nennen.«
Er wandte sich besonders an mich und meinte, ich hätte ihm einmal gesagt, daß das Leben eines Kriegers kalt und einsam und leer an Gefühlen sei. Und er fügte hinzu, daß ich wohl auch in diesem Augenblick davon überzeugt sei.
»Das Leben eines Kriegers kann unmöglich kalt und einsam und gefühlsleer sein«, sagte er, »denn es gründet sich auf seine Liebe, seine Hingabe, seine Verehrung für seine Geliebte. Und wer, wirst du fragen, ist seine Geliebte? Ich werde sie dir jetzt zeigen.«
Don Genaro stand auf und ging langsam zu einer vollkommen ebenen Stelle, drei, vier Meter vor uns. Dort machte er eine merkwürdige Gebärde. Er bewegte seine Hände, als ob er Staub von seiner Brust und seinem Bauch fegte. Dann geschah etwas Seltsames. Ein Blitz von beinahe unwahrnehmbarem Licht durchzuckte ihn. Er kam aus dem Boden und schien seinen ganzen Körper zu entzünden. Er machte so etwas wie einen Salto rückwärts oder, genauer gesagt, einen Kopfsprung und landete auf Brust und Armen. Diese Bewegung führte er mit solcher Präzision und Geschicklichkeit aus, daß er mir wie ein gewichtsloses Wesen erschien, ein wurmartiges Geschöpf, das sich um sich selbst gedreht hatte. Am Boden führte er dann eine Reihe übernatürlicher Bewegungen aus. Er schwebte ein paar Zentimeter über dem Boden oder er rollte wie auf Kugellagern oder er schwamm darüber hin, wobei er Kreise beschrieb und sich mit der Schnelligkeit und Beweglichkeit eines Aales im Meer wand.
Irgendwann fingen meine Augen an zu schielen, und dann sah ich, ohne Übergang, eine leuchtende Kugel wie über die Fläche eines Eisparketts hin- und hergleiten, auf der Tausende Lichter glitzerten.
Es war ein erhabener Anblick. Dann blieb die Feuerkugel stehen und verharrte reglos. Eine Stimme schreckte mich auf und lenkte meine Aufmerksamkeit ab. Es war Don Juan, der sprach. Zuerst konnte ich nicht unterscheiden, was er sagte. Ich schaute wieder zu der Feuerkugel hin. Ich entdeckte nur

Don Genaro, der mit ausgebreiteten Armen und Beinen am Boden lag.
Don Juans Stimme war sehr klar. Sie schien eine Reaktion in mir auszulösen, und ich fing an zu schreiben.
»Genaros Liebe ist die Welt«, sagte er. »Jetzt eben hat er diese gewaltige Erde umarmt, aber da er so winzig ist, kann er nur in ihr schwimmen. Aber die Erde weiß, daß Genaro sie liebt, und sie schenkt ihm ihre Fürsorge. Deshalb ist Genaros Leben bis zum Rand erfüllt, und sein Dasein, wie immer es sein mag, ist Überfluß. Genaro wandert auf den Pfaden seiner Liebe, und wo immer er ist, da ist er ganz und gar.«
Don Juan hockte sich vor uns. Zärtlich streichelte er den Boden.
»Dies ist die ›Innere Wahl‹ zweier Krieger«, sagte er. »Diese Erde, diese Welt! Für einen Krieger kann es keine größere Liebe geben.«
Don Genaro stand auf und hockte sich für einen Augenblick lang neben Don Juan, währenddessen sie uns fest in die Augen blickten, dann setzten sie sich gleichzeitig mit untergeschlagenen Beinen hin.
»Nur wenn man diese Erde mit unerschütterlicher Leidenschaft liebt, kann man sich von seiner Traurigkeit befreien«, sagte Don Juan. »Ein Krieger ist immer fröhlich, weil seine Liebe unwandelbar ist und weil seine Geliebte, die Erde, ihn umarmt und ihn mit unvorstellbaren Gaben beschenkt. Die Traurigkeit ist nur bei denen, die gerade das hassen, was ihrem Dasein Obdach gibt.«
Wieder streichelte Don Juan den Boden voller Zärtlichkeit.
»Dieses liebliche Wesen, das bis in den letzten Winkel lebendig ist und jedes Gefühl versteht, besänftigte mich, es heilte mich von meinem Schmerz, und schließlich, als ich meine Liebe zu ihm ganz begriffen hatte, lehrte es mich Freiheit.«
Er machte ein Pause. Die Stille um uns war furchterregend. Der Wind rauschte leise, und dann hörte ich das ferne Bellen eines einsamen Hundes.
»Horcht auf dieses Bellen«, fuhr Don Juan fort. »Auf diese Weise will meine geliebte Erde mir helfen, euch noch dieses letzte nahezubringen. Dieses Bellen ist das Traurigste, was man hören kann.«

SAMSTAG

5

AUGUST

AUGUST

Wo	31	32	33	34	35
Mo		7	14	21	28
Di	1	8	**15**	22	29
Mi	2	9	16	23	30
Do	3	10	17	24	31
Fr	4	11	18	25	
Sa	5	12	19	26	
So	**6**	**13**	**20**	**27**	

SEPTEMBER

Wo	35	36	37	38	39
Mo		4	11	18	25
Di		5	12	19	26
Mi		6	13	20	27
Do		7	14	21	28
Fr	1	8	15	22	29
Sa	2	9	16	23	30
So	**3**	**10**	**17**	**24**	

SONNTAG

6

AUGUST

Wir schwiegen eine Weile. Das Bellen jenes einsamen Hundes war so traurig und die Stimmung um uns her so intensiv, daß mich ein betäubender Schmerz befiel. Ich mußte an mein eigenes Leben denken, meine Traurigkeit, mein Nichtwissen, wohin, was tun.

»Das Bellen des Hundes ist die nächtliche Stimme eines Menschen«, sagte Don Juan. »Sie kommt aus einem Haus in diesem Tal, gen Süden. Ein Mann schreit durch seinen Hund – denn sie sind als Sklaven Gefährten fürs Leben – seine Traurigkeit, seine Langeweile hinaus. Er fleht seinen Tod an, zu kommen und ihn von den stumpfsinnigen, trostlosen Ketten seines Lebens zu befreien.«

Don Juans Worte hatten einen schmerzenden Nerv in mir getroffen. Ich spürte, daß er direkt zu mir sprach.

»Dieses Bellen, und die Einsamkeit, die es erzeugt, all das spricht von den Gefühlen der Menschen«, fuhr er fort. »Der Menschen, für die das ganze Leben war wie ein gewisser Sonntagnachmittag, ein Nachmittag, der nicht gerade erbärmlich, aber heiß und stumpfsinnig und bedrückend war. Sie schwitzten und machten eine Menge Wirbel. Sie wußten nicht, wohin sie gehen, was sie tun sollten. Dieser Nachmittag hinterließ ihnen nur die Erinnerung an kleine Ärgernisse und Langeweile, und dann, plötzlich, war er vorbei. Schon war es Abend geworden.«

Ja, er erzählte eine Geschichte wieder, die ich ihm einmal berichtet hatte; von einem zweiundsiebzigjährigen Mann, der sich beklagte, sein Leben sei so kurz gewesen, daß er meinte, es sei erst gestern gewesen, als er ein kleiner Junge war. Er hatte mir gesagt: »Ich erinnere mich noch an den Pyjama, den ich mit zehn Jahren trug. Es scheint erst einen Tag her. Wo ist bloß die Zeit geblieben?«

»Und hier ist das Gegengift, das dieses Gift austreibt«, sagte Don Juan und liebkoste den Boden. Die Erklärung der Zauberer kann den Geist überhaupt nicht befreien. Schaut euch an, ihr beide! Ihr habt die Erklärung der Zauberer vernommen, aber daß ihr sie jetzt wißt, ändert gar nichts. Ihr seid mehr allein denn je, denn ohne eine unerschütterliche Liebe zu dem Wesen, das euch Schutz bietet, ist das Alleinsein Einsamkeit.

Nur die Liebe zu diesem strahlenden Wesen kann dem Geist eines Kriegers Freiheit geben, und Freiheit ist Freude, Tüchtigkeit und Unerschrockenheit im Angesicht von Widrigkeiten. Dies ist die letzte Lektion. Sie wird stets für den allerletzten Augenblick aufbewahrt, für den Moment der äußersten Einsamkeit, da ein Mann seinem Tod und seinem Alleinsein gegenübertritt. Erst dann versteht er.«

Don Juan und Don Genaro standen auf, reckten die Arme und krümmten den Rücken, als ob sie vom Sitzen steif geworden wären. Mein Herz schlug schneller. Sie hießen Pablito und mich aufstehen.

»Die Dämmerung ist der Spalt zwischen den Welten«, sagte Don Juan. »Sie ist die Pforte zum Unbekannten.«

Mit einer ausholenden Handbewegung wies er auf die Mesa, auf der wir standen.

»Dies ist die Schwelle vor jener Pforte.«

Dann deutete er zum nördlichen Abbruch der Mesa.

»Dort ist die Pforte! Dahinter ist ein Abgrund, und jenseits dieses Abgrunds ist das Unbekannte.«

Dann wandten Don Juan und Don Genaro sich an Pablito und sagten ihm Lebewohl. Pablitos Augen waren weit geöffnet und starr. Tränen liefen ihm über die Wangen.

Ich hörte Don Genaros Stimme mir Lebewohl sagen, aber Don Juans Stimme hörte ich nicht.

Don Juan und Don Genaro traten auf Pablito zu und flüsterten ihm kurz in die Ohren. Dann kamen sie zu mir. Aber noch bevor sie etwas flüsterten, hatte ich schon jenes eigenartige Gefühl, gespalten zu sein.

»Jetzt werden wir wie Staub auf der Straße sein«, sagte Don Genaro. »Vielleicht fliegen wir euch wieder mal ins Auge, eines Tages.«

Don Juan und Don Genaro traten zurück und schienen mit der Dunkelheit zu verschmelzen. Pablito hielt mich am Arm, und wir sagten einander Lebewohl. Dann ließ ein seltsamer Zwang, eine Kraft, mich zum nördlichen Rand der Mesa rennen. Ich spürte seinen Arm, der mich hielt, bis wir sprangen, und dann war ich allein.